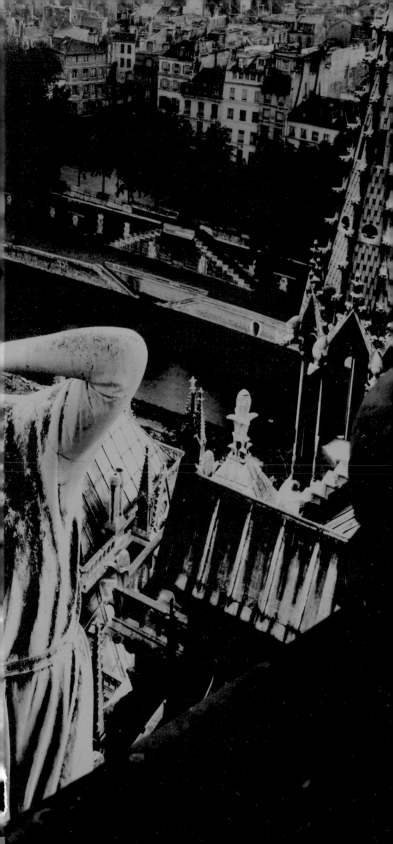

GUIDES GALLIMARD

DIRECTION
PIERRE MARCHAND
Assisté de :
HEDWIGE PASQUET

RÉDACTION EN CHEF
NICOLE JUSSERAND

COORDINATION
Graphisme : ELISABETH COHAT
Architecture : BRUNO LENORMAND
Cartographie : VINCENT BRUNOT
Nature : PHILIPPE J. DUBOIS, FRÉDÉRIC BONY
Photographie : ÉRIC GUILLEMOT, PATRICK LÉGER
Réactualisation : ANNE-JOSYANE MAGNIANT

FABRICATION
CATHERINE BOURRABIER

PARTENARIATS
PHILIPPE ROSSAT

COMMERCIAL
JEAN-PAUL LACOMBE

PRESSE ET PROMOTION
MANUÈLE DESTORS

LE GUIDE DE LA FRANCE MÉDIÉVALE
Coordination : MAYLIS DE KERANGAL
Édition : CATHERINE BRAY, VALÉRIE GUIDOUX (Nature), CATHERINE IANCO
MAYLIS DE KERANGAL.
Maquette : ISABELLE ROLLER
Iconographie : NATHALIE LASSERRE, FRANCE-NOËLLE PELLECER, FRÉDÉRIC DENHEZ (Nature)
Cartographie : EDIGRAPHIE
Infographie : KRISTOF CHEMINEAU
Illustrations : BRUNO LENORMAND et :
PHILIPPE BIARD, DENIS BRUMAUD, PHILIPPE CANDÉ, JEAN-MARIE GUILLOU,
JEAN-MICHEL KACÉDAN, JEAN-FRANÇOIS PENEAU, MAURICE POMMIER,
JEAN-SYLVAIN ROVERI, JEAN-CLAUDE SÉNÉ, AMATO SORO

RÉALISÉ EN COÉDITION AVEC LES ÉDITIONS DU PATRIMOINE

LES AUTEURS DU GUIDE DE LA FRANCE MÉDIÉVALE

CONSEILLER SCIENTIFIQUE
GUY BARRUOL, *Directeur de recherche au CNRS,*
chargé de mission auprès du sous-directeur
de l'Archéologie-Direction du Patrimoine-
Ministère de la Culture et de la Communication.

LE LEGS DU MOYEN ÂGE : ROBERT FOSSIER,
Professeur émérite à l'Université
de Paris I-Panthéon Sorbonne
COMPRENDRE LE MOYEN ÂGE
NATURE
ROBERT DELORT,
Professeur à l'Université de Genève
HISTOIRE
CHRONOLOGIE HISTORIQUE : ROBERT DELORT
LA CHRÉTIENTÉ MÉDIÉVALE, LES PAYSANS,
CLERCS ET MOINES, LE ROI MÉDIÉVAL, LES CROISADES :
ROBERT FOSSIER
LA CHEVALERIE, LA GUERRE DE CENT ANS,
VIE ET PASSION DE JEANNE D'ARC :
PHILIPPE CONTAMINE, *Membre de l'Institut,*
Professeur à l'Université de Paris-Sorbonne
LE MONDE MÉDIÉVAL
LA CONNAISSANCE DU MONDE, SCIENCES
ET TECHNIQUES AU MOYEN ÂGE : JACQUES VERGER,
Professeur à l'Université de Paris XIII
LA SYMBOLIQUE : MICHEL PASTOUREAU,
Directeur d'études à l'École pratique
des Hautes Études
LA FEMME AU MOYEN ÂGE : CÉCILE BÉGHIN,
Professeur agrégée d'histoire
L'HYGIÈNE ET LA SANTÉ : FRANÇOIS-OLIVIER TOUATI,
Maître de conférences à l'Université
de Paris XII
LA CUISINE AU MOYEN ÂGE : BRUNO LAURIOUX,
Maître de conférences à l'Université
de Paris VIII
LA NAISSANCE DE LA MUSIQUE OCCIDENTALE :
PASCAL IANCO, *Doctor of Musical Arts*
FÊTES ET RÉJOUISSANCES, LES JEUX ET LES LOISIRS :
JEAN VERDON, *Professeur à l'Université*
de Limoges
LE TOURNOI : PHILIPPE CONTAMINE
ARCHITECTURE
ALAIN ERLANDE-BRANDENBURG, *Directeur des*
Archives de France, Professeur en histoire
de l'art du Moyen Âge à l'École des Chartes

LES ARTS
FABIENNE JOUBERT, *Professeur en histoire de l'art*
du Moyen Âge à l'université de Paris IV-
Sorbonne et JEAN-PIERRE CAILLET, *Professeur*
en histoire de l'art du Moyen Âge
à l'Université de Paris X-Nanterre
LITTÉRATURE
SYLVIE LEFÈVRE, *Maître de conférences*
à l'École Normale Supérieure
À LA DÉCOUVERTE DE LA FRANCE MÉDIÉVALE
LES CHEMINS DE SAINT-JACQUES
XAVIER BARRAL I ALTET, *Professeur*
à l'Université de Rennes II
LES FORÊTS, LES VILLAGES ET LES JARDINS
LES FORÊTS : ROBERT DELORT
LES VILLAGES : ROBERT FOSSIER
LES JARDINS : ALAIN CHAIGNON, *Journaliste*
LES CHÂTEAUX FORTS
INTRODUCTION DE JEAN MESQUI, *Président*
de la Société française d'archéologie
LES MONASTÈRES
XAVIER BARRAL I ALTET (PAGES 266 À 277),
PHILIPPE PLAGNIEUX, *Maître de conférences*
à l'Université de Paris X-Nanterre
(PAGES 262 À 265 ; 278 À 285), THIERRY
SOULARD, *Docteur de l'Université de Paris IV-*
Sorbonne (PAGE 286-287)
LES SANCTUAIRES
VÉRONIQUE DEFAUW, *Docteur en histoire*
de l'art de l'université de Paris X-Nanterre
(PAGES 302 À 305 ; 322 À 325),
FABIENNE JOUBERT (PAGES 314 À 317)
MARGUERITE PENNEC *Conférencière honoraire*
des Monuments Historiques et des musées
de la Ville de Paris (PAGES 306 À 309),
PHILIPPE PLAGNIEUX (PAGES 310 À 313 ; 318 À 321),
THIERRY SOULARD (PAGES 290 À 297, 326 À 331)
LES VILLES
INTRODUCTION DE JACQUES HEERS, *Professeur*
à l'Université de Paris IV-Sorbonne
XAVIER BARRAL I ALTET (PAGES 342 À 345),
GEORGES JEHEL, *Professeur à l'Université*
d'Amiens (PAGES 338 À 341 ; 346-347 ; 350
À 353, 362 À 365, 370 À 377),
FABIENNE JOUBERT ET JEAN-PIERRE CAILLET (348-349),
JACQUES HEERS (PAGES 378 À 383)

TEXTES RELUS PAR LES AUTEURS ET PAR ROBERT DELORT

Tous droits de traduction, de reproduction et d'adaptation réservés pour tous pays.
© Editions Gallimard/Nouveaux-Loisirs, Caisse nationale des monuments historiques
et des sites/Éditions du patrimoine, Paris, 1997 et 1998.
1er dépôt légal : février 1998. Dépôt légal : octobre 1998.
Numéro d'édition : 88878. ISBN 2-74-240469-4.
Photogravure : France Nova Gravure (Paris). Impression : Kapp Lahure Jombart (Evreux).

LA FRANCE
MÉDIÉVALE

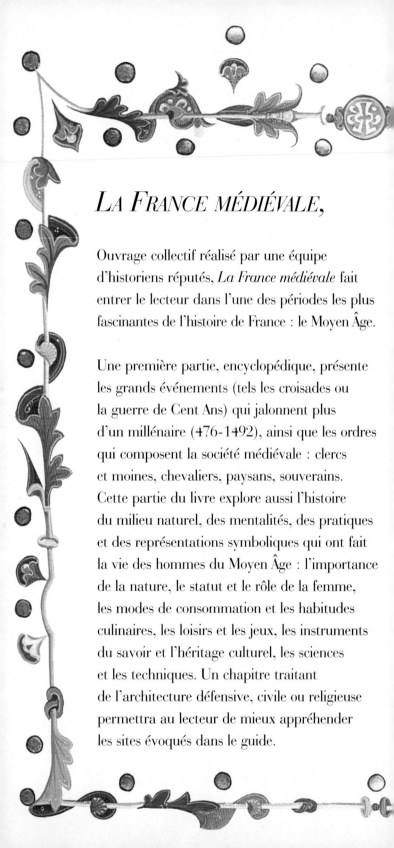

LA FRANCE MÉDIÉVALE,

Ouvrage collectif réalisé par une équipe
d'historiens réputés, *La France médiévale* fait
entrer le lecteur dans l'une des périodes les plus
fascinantes de l'histoire de France : le Moyen Âge.

Une première partie, encyclopédique, présente
les grands événements (tels les croisades ou
la guerre de Cent Ans) qui jalonnent plus
d'un millénaire (476-1492), ainsi que les ordres
qui composent la société médiévale : clercs
et moines, chevaliers, paysans, souverains.
Cette partie du livre explore aussi l'histoire
du milieu naturel, des mentalités, des pratiques
et des représentations symboliques qui ont fait
la vie des hommes du Moyen Âge : l'importance
de la nature, le statut et le rôle de la femme,
les modes de consommation et les habitudes
culinaires, les loisirs et les jeux, les instruments
du savoir et l'héritage culturel, les sciences
et les techniques. Un chapitre traitant
de l'architecture défensive, civile ou religieuse
permettra au lecteur de mieux appréhender
les sites évoqués dans le guide.

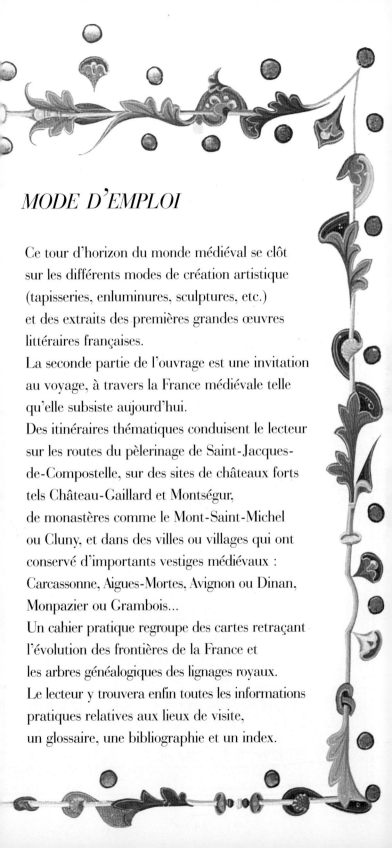

MODE D'EMPLOI

Ce tour d'horizon du monde médiéval se clôt
sur les différents modes de création artistique
(tapisseries, enluminures, sculptures, etc.)
et des extraits des premières grandes œuvres
littéraires françaises.
La seconde partie de l'ouvrage est une invitation
au voyage, à travers la France médiévale telle
qu'elle subsiste aujourd'hui.
Des itinéraires thématiques conduisent le lecteur
sur les routes du pèlerinage de Saint-Jacques-
de-Compostelle, sur des sites de châteaux forts
tels Château-Gaillard et Montségur,
de monastères comme le Mont-Saint-Michel
ou Cluny, et dans des villes ou villages qui ont
conservé d'importants vestiges médiévaux :
Carcassonne, Aigues-Mortes, Avignon ou Dinan,
Monpazier ou Grambois...
Un cahier pratique regroupe des cartes retraçant
l'évolution des frontières de la France et
les arbres généalogiques des lignages royaux.
Le lecteur y trouvera enfin toutes les informations
pratiques relatives aux lieux de visite,
un glossaire, une bibliographie et un index.

LE LEGS DU MOYEN ÂGE

La période de plus de mille ans qui s'étend
du milieu du Ve siècle au début du XVIe siècle
est appelée en Occident depuis le XVIIIe siècle
«Moyen Âge» parce qu'on y voyait une longue
phase obscure entre la brillante Antiquité gréco-
romaine et les temps modernes. On saisit mieux
aujourd'hui les marques profondes laissées par
elle dans notre vie de tous les jours, même si
le mot «moyenâgeux» est encore beaucoup trop
utilisé par les ignorants pour caractériser
la violence, l'obscurantisme et le désordre.

LE MOYEN ÂGE, UNE IMAGE RASSURANTE.
Évoquer le Moyen Âge dans la France
d'aujourd'hui, comme le font tant de films,
de romans ou d'expositions, c'est fixer

son regard sur des édifices encore debout, cathédrales, monastères, châteaux, remparts dont nous louons la hardiesse et la beauté ; c'est admirer miniatures et vitraux, goûter la polyphonie et quelque roman courtois. Des scènes et des figures familières surgissent, même si elles ne sont plus qu'un souvenir nostalgique : un moine copiant un manuscrit, un cavalier bardé de fer partant pour Jérusalem, un marchand vêtu de gros drap et comptant des piécettes, le roi rendant la justice sous son chêne à Vincennes, ou saint François parlant aux oiseaux.

LE LEGS PREMIER, LA SAISIE DU SOL. Si l'on veut prendre plus de recul, saisir l'ensemble du legs de ces dix siècles, on le rencontrera en quatre domaines. Tout d'abord c'est le moment où, en France et dans presque toute l'Europe, l'homme s'est définitivement rendu maître du sol. La répartition de notre habitat villageois, l'ancrage de nos villes, le parcellaire rural ou urbain ont alors pris les formes que nous voyons encore, au travers des fortes ruptures de notre siècle. Le réseau des chemins, les limites administratives sont de ces temps ; le paysage lui-même s'est alors fixé, prés, labours et forêts, au prix des efforts répétés d'une population qui a triplé en France entre l'an mille et 1300, atteignant, ici et là, des chiffres égaux à ceux de 1900. L'héritage des temps plus anciens n'est pas négligeable, certes, et Rome, elle aussi, nous marque fortement. Mais c'est justement le bilan le plus positif du Moyen Âge que d'avoir engagé, assimilé, développé et rendu définitive la fusion de tous ces apports.

LA NAISSANCE DE L'EUROPE. Car le deuxième legs est la formation, lente, souvent difficile, d'une communauté de peuples qui sont ceux de l'Europe d'aujourd'hui. Les pays du pourtour de la Méditerranée, la France du Sud, les péninsules

LE MOYEN ÂGE AUJOURD'HUI

En passant un sous-vêtement, en boutonnant sa veste, en enfilant ses gants, en tirant son mouchoir, en chaussant ses lunettes, en s'asseyant pour manger trois fois par jour, en feuilletant un livre, en regardant l'heure, en saisissant sa fourchette, en scrutant une carte, et, se promenant, en notant un nom sur une borne ou un brusque tournant du chemin, chacun de nous est un héritier du Moyen Âge.

Un meunier et sa meule apportant du grain au moulin, enluminure

Les hommes du Moyen Âge ont négligé l'enfant, mais valorisé la femme ; ils ont effacé le rôle de l'État, mais encouragé les formes de groupements locaux; ils ont dédaigné le profit mais glorifié le travail.

ibérique et italienne, un moment le Maghreb étaient le foyer occidental de la culture gréco-romaine, cette civilisation du pain, de l'huile et du vin, «blanche et nue» a-t-on dit, fervente de la parole et du soleil.

Au nord s'épanouissaient les cultures celte et germanique, une civilisation de la viande et des laitages, vêtue de cuir et de fourrures, amie de l'arbre et de l'eau. Il fallut plus de quatre siècles, entre 350 et 800, pour en réaliser l'union, ensuite étendue à l'extrême nord et vers l'est, tandis que s'en détachait, au contraire, tout le flanc sud devenu terre d'islam. Cette communauté quasi sans frontières, aux bases économiques complémentaires, aux régimes politiques semblables, connaissant la même foi, la même langue savante, les mêmes structures de pensée, de droit, de famille, ce fut la «Chrétienté occidentale», triomphante entre 1100 et 1400, avant de se dissoudre, et ce jusqu'à nos jours, en «nations» rivales.

Le couple et la machine. Enfin, c'est durant ce même millénaire que se sont défaits en Europe les liens de tribus et de clans, typiques de temps plus anciens. Par une évolution où l'Église chrétienne a joué un rôle capital, cette dissociation, liée aux transformations économiques, a fait triompher le couple comme cellule principale de la vie de famille. Le «feu», le foyer où vivent ce couple et leurs enfants non encore mariés, est aujourd'hui encore le noyau de notre vie collective. Sur un autre plan, enfin, la disparition de l'esclavage que ne purent compenser ni les progrès de la domestication du monde animal, ni la croissance du nombre des hommes, a entraîné la recherche

LE NORD ET LE SUD
Ci-dessus, en haut, cathédrale de Chartres, vitrail de saint Jacques le Majeur, marchand de fourrures.
Ci-dessus, en bas, scène de marché aux grains en Italie, miniature, XIVe siècle.

de procédés neufs, économisant et démultipliant l'effort humain. Dès le Xᵉ siècle, le moulin captant la force de l'eau ou du vent, au XIVᵉ le haut fourneau transformant avec succès le minerai sont la base du machinisme, sans lequel il ne nous aurait pas été possible d'atteindre le niveau et la qualité de production que nous jugeons nécessaires.

Un bilan du millénaire. Même en respectant les nuances qu'on imagine, le millénaire médiéval n'est ni un âge d'or, ni un âge noir. Les hommes de ces temps y ont largement négligé l'enfant, mais ils ont valorisé la femme; ils ont effacé le rôle de l'État, mais encouragé les formes de groupements locaux; ils ont dédaigné le profit mais glorifié le travail. Certes, ils ont amplement donné le premier rôle aux riches et aux puissants, mais on attendra bien longtemps ensuite un pareil souci de secourir les pauvres et les faibles. Les savants d'Église et les intellectuels de toute sorte ont parlé haut et fort, mais ils ont ménagé, voire prolongé les humbles formes de la culture populaire; ils ont été des «manuels» et des hommes du concret, mais la valeur de leurs idéaux et de leur réflexion égale celle des plus brillantes périodes de l'«aventure humaine». Le Moyen Âge est divers et il est long; mais la violence, l'injustice, le désordre et l'obscurantisme n'y ont certainement pas été pires qu'en bien d'autres moments de notre histoire passée, pour ne pas s'arrêter à la nôtre.

Pontifical de Guillaume Durand, Grotesques, enluminure, XIVᵉ siècle.

«Les quatre Âges de l'homme» *Livre de la propriété des choses* de Barthélémy l'Anglais, miniature du XVᵉ siècle.

17

POUR COMPRENDRE LE MOYEN ÂGE

À LA DÉCOUVERTE DE LA FRANCE MÉDIÉVALE

NATURE

L'ÉVOLUTION DU MILIEU

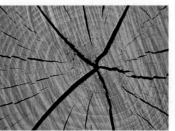

Notre climat dit subatlantique, établi depuis environ 800 ans av. J.-C., connaît des variations constantes. Sur les mille ans du Moyen Âge, on note ainsi un petit réchauffement à partir du Bas Empire romain (IVe-Ve siècle), qui s'est accéléré du IXe au XIIe, puis nettement ralenti du XIIIe au XVe, avec une courte embellie (fin XVe-début XVIe). Ces variations sont inscrites dans les feuillets de la glace polaire, le mouvement des glaciers alpins, les dépôts des fonds de lac, ou les cernes de croissance des arbres... Mais les archives en gardent aussi la trace : ainsi trouve-t-on des échos de sécheresses répétées (en 1053 ou 1078), ou du terrible hiver de 1364, au cours duquel le Rhône fut gelé pendant quinze semaines à Avignon.

VARIATIONS DE LA MER ET DU NIVEAU MARIN

Une légère augmentation de température amène, outre la lente fonte des glaciers, l'expansion thermique des océans (l'eau chauffée augmente de volume), d'où la hausse du niveau marin. Les grands courants se réorganisent : ainsi, le Gulf Stream monte plus au nord et un de ses rameaux vient caresser la Bretagne. Les régions basses des littoraux se trouvent parfois ennoyées : il y a «transgression marine». Les côtes françaises ont ainsi varié considérablement depuis le début du Moyen Âge.

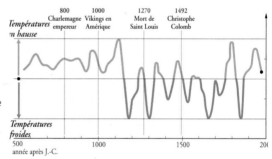

Températures en hausse

| 800 Charlemagne empereur | 1000 Vikings en Amérique | 1270 Mort de Saint Louis | 1492 Christophe Colomb |

Températures froides

500 année après J.-C.   1000   1500   2000

DENDROCHRONOLOGIE

Les anneaux bisannuels de croissance des arbres, relevés sur les poutres archéologiques, les charbons ou les macro-restes végétaux, permettent de reconstituer le climat, année après année. Les cernes sont plus étroits si le temps a été rigoureux, plus larges et plus denses dans le cas contraire.

VARIATIONS CLIMATIQUES DEPUIS L'AN 500

Une carotte prélevée dans la calotte glaciaire du Groenland contient un feuillet par année ; la proportion des isotopes de l'oxygène contenu dans la glace varie selon la température. On note ainsi la tiédeur du VIIIe au XIIe siècle : la température était alors de 1 à 2° supérieure à celle d'aujourd'hui.

Le littoral atlantique entre la Gironde et la Loire vers l'an Mille

Terres aujourd'hui émergées

Échelle de kilomètres
0   25

ANCIENS GOLFES

Le littoral atlantique est, vers l'an mille, ponctué d'énormes vasières et de golfes très profonds, comme le golfe des Pictons, actuel Marais poitevin.

Dans la baie du Mont-Saint-Michel, la digue est-ouest, érigée au XIe siècle avait permis de mettre en exploitation les marais de Dol, autour de la vieille cathédrale bretonne. Ci-dessous, des pèlerins profitent d'une marée basse pour rejoindre la citadelle, au XVe siècle.

ÉVOLUTION DES LITTORAUX

La mer a reculé devant les alluvions et les vases des principaux fleuves. L'action humaine (endiguement, drainage, mise en culture) a parachevé le colmatage. Certaines régions, comme le littoral atlantique ou la côte flamande, entre Calais et Ostende, ont été ainsi totalement métamorphosées.

Les prairies traversées par des canaux, qui constituent le paysage actuel du Marais de Brouage (Charente-Maritime) étaient au Moyen Âge d'énormes vasières. La mer était encore présente ou proche au XVIIe siècle, lors de l'essor de la ville de Brouage. Le marais n'a été totalement aménagé par les hommes qu'en 1968.

Les bras morts du confluent de l'Isère et du Rhône témoignent des variations mineures du cours des fleuves.

TECTONIQUE DES PLAQUES

Les mouvements de la croûte terrestre contribuent aussi à modifier notre paysage : les chevauchements de la plaque Afrique et de la plaque Europe sont à l'origine des variations du littoral méditerranéen, comme à Salses ou à Aigues-Mortes.

La forteresse catalane de Salses-le-Château (ci-dessous) défendait la frontière du royaume d'Aragon. Elle fut bâtie entre la montagne et la lagune, au pied des Corbières et à la lisière de l'étang de Salses (Leucate), aujourd'hui largement envasé.

Au XIIIe siècle, l'Aude abandonnant peu à peu Narbonne, Saint Louis voulut avoir un autre port sur la Méditerranée. Ainsi naquit Aigues-Mortes (ci-dessus). Il fallut toutefois aménager l'accès vers la mer à travers les lagunes, par Le Grau-du-Roi. Du XIVe au XVIe siècle, des galères relièrent Venise à Aigues-Mortes, avant que l'assèchement progressif de la lagune n'interdît la navigation.

*L*e milieu naturel a beaucoup changé depuis le Moyen Âge, en partie à cause de l'action des hommes, en partie du fait de la variabilité propre aux facteurs géophysicochimiques et bioécologiques de l'environnement.

ÉVOLUTION DU COURS DES FLEUVES

Les changements des réseaux hydrographiques ont été fréquents, avant la canalisation ou la mise sous surveillance très récente des cours d'eau. Les fleuves réagissent aux variations du niveau marin : lorsque le niveau monte, ils alluvionnent, créant îles et marécages ; si le niveau marin baisse, ils érodent les sols.

Ainsi, le cours des fleuves a pu changer fortement depuis le Moyen Âge : l'Aude est passée du nord au sud de Narbonne (Port-la-Nouvelle) dans le courant du XIIIe siècle ; le delta rhodanien a varié en superficie ; le coude du Rhône a évolué au niveau de Lyon, tout comme le réseau de l'Isère. Le cours du Rhin s'est modifié à Brisach et entre Kehl, la Bruche, et Rheingressen, autour de Strasbourg. Quant à la Seine, elle recoupe d'anciens méandres, comme le marais Vernier.

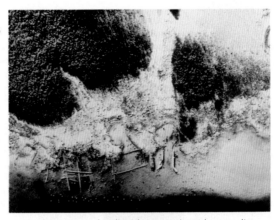

Un phénomène mal expliqué (rupture puis recolmatage d'un barrage naturel en aval ?) a fait émerger pendant 30 ans les bords du lac de Paladru (Isère). Quelques habitations s'y sont installées, vite submergées par la remontée spectaculaire du lac (8 m). Des milliers d'objets datant du début du XIe siècle se sont ainsi bien conservés sous l'eau (notamment des objets en cuir).

VOLCANS

Bien qu'ils ne soient plus actifs depuis environ 10 000 ans, les volcans d'Auvergne restent le plus important «point chaud» d'Europe (radioactivité, sources thermales, remontées d'eau chaude...).

Lignes isoséistes (échelle M.S.K. : XII étant le degré maximum)

- IX à XI : zone des dégâts maximaux
- VIII : fortes secousses et dégâts limités
- VII : secousses nettement ressenties et dégâts rares
- zone où les textes signalent de faibles secousses

SÉISMES

L'Europe médiévale a connu de nombreux tremblements de terre. L'un des plus importants eut pour épicentre, en 1356, Bâle et l'Alsace (où les dégâts furent considérables) : la secousse fut ressentie de Paris à Prague. Les pertes en vies humaines furent réduites grâce aux secousses préliminaires.

LA FORÊT

OMNIPRÉSENTE DANS L'ENVIRONNEMENT, LA FORÊT EST AUSSI UNE RESSOURCE VITALE POUR LES HOMMES DU MOYEN ÂGE. Ils prélèvent son sol fécond, l'humus, après le défrichement des feuillus, son bois, depuis les joncs ou les écorces jusqu'aux grumes de chênes, ses fruits ou ses feuilles, ses plantes, les «simples» aux multiples usages, et exploitent sa faune, des abeilles au grand gibier ou au bétail paissant. La nécessité de gagner des terres cultivables et l'usage massif du bois dans une société en expansion ont entraîné au milieu du Moyen Âge la destruction d'une grande partie de la forêt et une métamorphose considérable du paysage.

LA FORÊT MÉDIÉVALE

Certains espaces forestiers, comme la réserve biologique de Fontainebleau, peuvent donner une idée de ce qu'était la forêt médiévale. Avant les grands défrichements, cette forêt, issue d'une période fraîche et humide (les temps mérovingiens), engendrait par son ampleur une évaporation très importante, humidité qui lui a permis de se maintenir même lorsque le climat s'est réchauffé. Mais dès que la forêt était détruite, par le feu ou la coupe, puis par le pacage des moutons, elle ne se reconstituait que dans les régions favorables. C'est ainsi que les forêts méditeranéennes se sont transformées en maquis.

LA FORÊT DE FEUILLUS

Elle varie par l'effet des luttes entre les essences, comme le hêtre, qui ne tolère qu'un sous-bois restreint. Ainsi, une évolution naturelle voit se succéder bruyères et callunes, puis les essences de lumière : bouleaux, puis noisetiers et chênes, et enfin hêtres... Le cycle recommence quand les hêtres, ayant «épuisé» le sol, se retrouvent fragilisés.

L'oratoire de Saint-Jean-aux-Bois (Oise), assiégé de toutes parts par la forêt de Compiègne, montre comment des communautés religieuses, appuyées par des laïcs, ont pu élargir des clairières et créer des exploitations rurales, des champs de céréales ou des jardins sur des sols forestiers, dont l'humus est particulièrement fertile.

HÊTRE

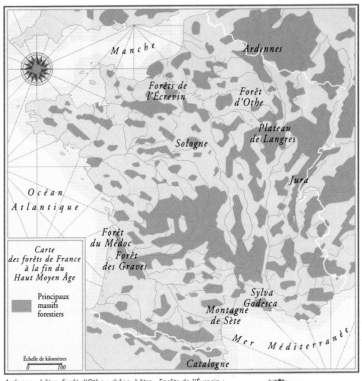

Ardenne : hêtre. Forêt d'Othe : chêne, hêtre. Forêts de l'Évrecin : chêne, hêtre, érable. Sologne : chêne, bouleau. Plateau de Langres : chêne, charme, hêtre. Jura : pin, sapin, épicéa. Forêt des Graves : chêne. Forêt du Médoc : chêne, pin. Sylva Godesca : pin. Montagne de Sète : pin. Catalogne : chêne, rouvre, bouleau, pin.

LES GRANDS DÉFRICHEMENTS

Vers l'an mille, le tiers de la France au moins est encore occupé par la forêt. Largement défrichée jusqu'au XIIIᵉ siècle, elle reprend sur la fin du Moyen Âge grâce à la crise démographique, puis les défrichements recommencent. C'est dans les années 1840 que la forêt atteint sa superficie minimale. À l'heure actuelle, sous l'effet des reboisements, la France est aussi boisée que vers l'an mille, mais les essences ont varié.

CHÊNE VERT

Le chêne vert (ou yeuse) a longtemps passé pour l'essence autochtone de la France méditerranéenne. Les dernières recherches semblent au contraire établir que c'est au cours du Moyen Âge que cet arbre, bien connu de Virgile, d'Ovide et d'Horace, a conquis, entre autres, la Provence. Dans cette région, les reboisements ont maintenant imposé des essences particulièrement sensibles au feu (grands résineux), alors que ces arbres sempervirents aux feuilles vernissées y résistaient mieux.

Pollen fossile
de charme

Pollen fossile
de chêne

Pollen fossile
de noisetier

Pollen fossile
de hêtre

PALYNOLOGIE

La végétation historique est connue grâce à la découverte dans les sédiments de grains de pollens fossiles (ci-dessus), que l'on peut identifier. L'ensemble des pollens retrouvés à chaque niveau permet de reconstituer les associations végétales propres à chaque période.

DIAGRAMME POLLINIQUE SYNTHÉTIQUE DE LA VÉGÉTATION DU JURA (800 M D'ALTITUDE)

Ce diagramme permet de noter trois temps forts pour la végétation.
1. Déprise du haut Moyen Âge : augmentation des arbres et arbustes, baisse des céréales.
2. Grands défrichements médiévaux : déclin du hêtre, du chêne et du sapin, augmentation des herbacées et des arbustes pionniers, comme le bouleau et le noisetier.
3. Effets de la guerre de Cent Ans et de la dépopulation sur le massif du Jura : abandon des cultures et des prairies, reprise de la forêt.

0 10 20 30 40 50 60 70 80 90 100%

EPOQUE MODERNE ET CONTEMPORAINE

③

1500

BAS MOYEN AGE

1000
HAUT MOYEN AGE
500

②

①

EPOQUE GALLO-ROMAINE

+1/-1

AGE DU FER

- 800

Pourcentage total des pollens d'arbres et d'arbustes
Pourcentage total des pollens d'herbacées

Récolte des châtaignes

L'Occident médiéval apparaît comme une immense forêt de feuillus, laissant place aux résineux dans le Nord ou sur le flanc des montagnes, et à la forêt maigre en Méditerranée. Les hommes y puisent d'innombrables ressources...

LE BOIS DE CONSTRUCTION

Cathédrales, églises, abbatiales ou simples granges... la construction médiévale exigeait énormément de bois, comme en témoigne la magnifique charpente du cellier du Clos-Vougeot. De même, les arbres anciens, aux troncs longs et réguliers, se faisaient rares dans les forêts, alors mal gérées.

LA CUEILLETTE

La forêt est l'espace de la cueillette, qui porte sur les champignons, les racines ou les rhizomes, les jeunes pousses d'arbres, les orties, les plantes odoriférantes, les sucres (érable, bouleau), les feuilles de frêne ou le houblon pour les boissons fermentées, et surtout les fruits, parmi lesquels la châtaigne constitue un aliment presque complet.

LA CHASSE EN FORÊT

Lynx, ours et loups qui menacent les troupeaux, cervidés et sangliers pour leur viande ou le plaisir de la chasse, martres ou écureuils pour leur fourrure... beaucoup d'animaux de la forêt sont la proie des chasseurs.

LE DÉBITAGE

La scie est rarement utilisée pour couper les arbres : elle sert à débiter les troncs.

L'ESSARTAGE

L'attaque de la forêt se fait à la grande hache (cognée).

LA FAUNE

LES ANIMAUX EXOTIQUES
Les grands seigneurs
du Moyen Âge élevaient
et exhibaient des animaux
exotiques (chameaux,
autruches, léopards, lions...).
Ci-contre, l'arche de Noé.

LA FAUNE DU MOYEN ÂGE DIFFÈRE DE CELLE DE NOTRE ÉPOQUE PAR LE FAIT QUE LES ANIMAUX SAUVAGES étaient beaucoup plus abondants, grâce à l'étendue des forêts et des zones humides. De nombreuses espèces alors présentes, comme le loup, l'ours ou la loutre, ont aujourd'hui pratiquement disparu de notre territoire. En revanche, d'autres espèces, très répandues de nos jours, furent introduites à l'époque médiévale.

LA PESTE

Le rat noir s'est installé peu à peu en Occident avant même l'âge du bronze, mais il n'était pas implanté partout aux Xe et XIe siècles, ce qui rend douteuse sa responsabilité lors de la première pandémie de peste (VIe au VIIIe siècle). En revanche, à partir de 1347, c'est sans doute lui qui, par l'intermédiaire de sa puce, contamina durablement l'Occident et permit, en maintenant des foyers d'infection, les reprises endémiques de la peste tous les 10 à 15 ans. Au total, des dizaines de millions d'Européens furent fauchés par la mort noire, jusqu'au début du XVIIIe siècle. Depuis lors, la peste est endiguée et le rat noir est supplanté en nombre par le rat surmulot.

SANGLIERS

Un frère de Saint-Louis fit tuer et saler 2 000 sangliers avant le départ en croisade, signe que cet animal était fort abondant. Sa chasse, plus dangereuse encore que celle de l'ours, exaltait le courage et la force des seigneurs. Gaston Phébus, comte de Foix, a vu mourir plusieurs de ses camarades, tués sur le coup.

LOUTRES

La forêt médiévale abritait de nombreux animaux à fourrure (écureuils, martres, hermines, fouines). Parmi les mammifères aquatiques, la loutre, très répandue, détruisait les viviers. Charlemagne en organisa la chasse, mais l'animal recula surtout devant les défrichements, la régularisation des rivières et la réduction des marais.

Le loup était fréquent, dangereux et indestructible, arrivant en bandes d'Europe centrale et de Sibérie, en particulier lors des vagues de froid. Lors des guerres, des famines, des crises, la pression des hommes étant moindre, il se multipliait jusqu'à entrer dans Paris (1435, 1438) : battues et chasses permanentes arrivaient à peine à le contenir.

LAPINS

Ils se sont répandus au nord de la Loire au cours du Moyen Âge. Les hommes les avaient installés dans des garennes, près des châteaux et des monastères, où ils se reproduisaient rapidement.
On lançait des furets pour les débusquer avant de les chasser.

OURS

«Très commune beste» selon Gaston Phébus, l'ours était présent en Auvergne, dans le Jura, dans les Alpes et les Pyrénées. Il était chassé par les seigneurs, avec leurs meutes de mâtins, mais aussi par des paysans qui luttaient parfois corps à corps avec lui.

es hommes du Moyen Âge côtoient les animaux et les connaissent bien, mais l'attitude de François d'Assise reste une exception : la bête appartient à un domaine inférieur et demeure à la totale disposition du roi de la création.

SAUTERELLES ET MOUSTIQUES
Venus de l'est (criquet migrateur) ou du sud (criquet pèlerin), de monstrueux essaims ravageaient périodiquement l'Occident. Les anophèles (moustiques), pullulaient à intervalles réguliers dans les marais et lagunes, porteurs de la pire des endémies, la malaria.

LA MALARIA (OU PALUDISME)
Cette maladie a dévasté l'Europe et continue à sévir dans les pays en voie de développement. Les Marais Pontins, la plaine corse, maints endroits d'Italie du Sud, la côte de Catalogne, mais aussi les Dombes ou encore la côte hollandaise étaient particulièrement insalubres.

AUROCHS

Encore chassé par Dagobert et Charlemagne, l'aurochs recule vers le nord-est de l'Europe. Disparu au XVIIᵉ siècle, il a été récemment «reconstitué».

LES OISEAUX

La littérature du Moyen Âge est remplie de chants d'oiseaux et d'admirables enluminures qui les dépeignent de mille couleurs. C'est sans doute l'époque qui les a le mieux connus et le plus aimés !

GRAND TÉTRAS

Cette espèce, devenue très rare, s'est propagée en France au Moyen Âge.
Le faisan, lui, fut alors sciemment relâché pour la chasse.

AIGLE ROYAL

Oiseau prisant les forêts, il était répandu partout au Moyen Âge, alors qu'actuellement il ne vit plus qu'en montagne.

LA FAUCONNERIE

Les faucons (et exceptionnellement les aigles) étaient dressés pour le haut-vol, les autours pour le bas-vol (chasse en forêt).

FAISAN DE COLCHIDE

CARPE

Nouveau venu, ce cyprinidé oriental fut très prisé par les moines qui en élevaient dans leurs étangs.

BALEINE

L'un des animaux marins qui ont le plus frappé les esprits, au Moyen Âge, fut la baleine de Biscaye, dont les énormes masses échouées ont suscité l'intérêt des Basques. Chassée du golfe de Biscaye (XIIIᵉ siècle) jusqu'à l'Islande et au Groenland, elle est devenue très rare aujourd'hui.

LA PÊCHE EN MER

À partir du Xᵉ siècle, la pêche du hareng des mers du Nord a concurrencé celle des thons et sardines du Sud. De Bretagne, de Guernesey, de Dieppe ou de Boulogne, les harengs «bouffis» ou «sauris» à l'épaisse fumée des chênes ou des hêtres partaient vers l'intérieur d'un pays chrétien observant les 150 jours de jeûne prescrits.

L'AGRICULTURE

La Gaule comportait déjà suffisamment de champs et de clairières pour permettre la constitution définitive, au Moyen Âge, d'un terroir en auréole autour des lieux habités : au pied des maisons, les «courtils», jardins aux cultures diversifiées ; plus loin, les champs céréaliers, puis les parcelles en voie de défrichement en bordure de la forêt (de feuillus), terres fertiles du fait de l'humus. Le mouvement s'accélère tout au long du Moyen Âge, et particulièrement du Xe au XIIIe siècle : en même temps que l'on défriche les forêts, on gagne des terres cultivables sur les marais, et même sur la mer. L'essor démographique peut ainsi s'appuyer sur des superficies croissantes qui assurent aux bouches nouvelles le pain quotidien des Écritures.

BOCAGE ET «OPEN FIELD»
Dans les régions atlantiques et celtiques, les parcelles gagnées sur la forêt s'entourent de fossés et de haies : c'est le bocage.
Dans les grandes plaines du Nord, les champs en lanières permettent aux attelages de tourner moins souvent. Le paysage, très ouvert, ressemble déjà à l'*open field* actuel.

FORMATION DU PAYSAGE DES CAMPAGNES
Le peintre Lorenzetti, pour le *Bon gouvernement* de Sienne, a représenté la campagne de son temps et le paysage, modelé par la nature et interprété par le travail paysan ; c'est celui que l'on voit encore. Juste à côté apparaît la ville : les paysans se rendant au marché croisent les nobles qui partent chasser.

Cueillette, chasse et pêche étaient encore
très importantes dans la France médiévale,
mais l'essentiel des subsistances provenait, depuis
la période néolithique, de l'agriculture. Celle-ci
conquiert au Moyen Âge de nouvelles terres.

CULTURES EN ÉTAGES

Dans les régions méditerranéennes se structurent des petits champs ou des vignes entre des murets. L'abondance des sols superficiels à épierrer a permis l'érection des murs, tandis que le relief tourmenté exigeait la constitution de replats et d'obstacles pour retenir la terre mince lors des violents orages.

TERRES GAGNÉES SUR LA MER

De la Somme à l'Escaut, notamment, digues et canaux ont permis de drainer et de dessaler des lagunes : des haies s'installent sur les levées, des moutons broutent sur les prés salés et piétinent le sol, qui se raffermit et s'enrichit de leurs déjections. Enfin, la place est laissée libre pour la culture du blé.

LES QUATRE SAISONS

Blés et vigne exigent du paysan un travail perpétuel : labours sur jachère, labours d'automne, moisson, moulin et four ; tailles, rénovations, vendanges, vinification, mise en tonneaux... L'automne est surtout consacré à la glandée des porcs qui seront sacrifiés à Noël, mais aussi à la préparation des bêtes à féconder pour l'agnelage de printemps. L'hiver voit se développer l'artisanat et, pour les paysans, le travail de révision des instruments aratoires.

NOUVEAUX OUTILS, NOUVEAUX ATTELAGES

La charrue est tirée par un robuste attelage de 4, 6, voire 8 bœufs, par exemple, avec timon central et joug aux cornes.
La herse, dont les nombreuses mais courtes dents égalisent le sol et enfouissent la semence, peut être tirée rapidement par un cheval, harnaché avec un collier d'épaule.
Les principaux outils (bêches, pelles, socs) restent le plus souvent en bois, simplement armés de fer.

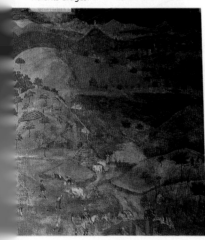

Du IXᵉ au XIᵉ siècle se répand l'usage de la lourde charrue à versoir, arrivée d'Europe centrale. Elle permet de retourner la terre, dont la fertilité se reconstitue grâce à l'azote de l'air fixé par les bactéries. Dans le Sud, sur les terrains minces, légers, caillouteux, exploités depuis longtemps, règne toujours l'araire avec son sillon droit et peu profond. La terre était jusqu'alors cultivée une année sur deux (rotation biennale). Le système demeure sur les sols relativement fertiles du Midi, mais dans les champs au sol compact et profond s'installe peu à peu la rotation triennale, à partir de Charlemagne et surtout du XIᵉ au XIIIᵉ siècle : une année, blé d'hiver ; l'année suivante, blé de printemps ; la troisième année, jachère.

Le vignoble

La vigne pousse partout où cela est possible, et le plus grand vignoble de France est alors autour de Paris. Du Poitou, du Bordelais ou de Cahors, le vin en excès peut gagner l'Angleterre, et les vins d'Auvergne, de Champagne ou de Bourgogne figurent parfois sur les tables flamandes.

Récolte de l'ail

Au jardin

Dans les jardins ou entre les sillons des blés poussent des cultures «dérobées» : pois, fèves, lentilles, vesces, poireaux, choux, courges... On y trouve aussi des oléagineux (œillette) dont beaucoup sont devenus légumes (navets, melons) ou fibres textiles (lin, chanvre) sans cesser de produire de l'huile. On cultive des plantes tinctoriales, comme la garance (pour le rouge), la gaude (le jaune) ou la guède (le bleu) dont les petits pâtés (pastels) ou les coques (les «cocagnes») enrichissent les paysans du Lauragais, de Provence ou de Picardie. Enfin, dans les cimetières des moines poussent des arbres fruitiers.

L'agriculture connaît deux importants progrès : la charrue à versoir, qui retourne et aère la terre, remplace l'araire et son maigre sillon droit ; l'assolement triennal assure une meilleure rentabilité des terres.

LA RÉCOLTE (août)

Après la moisson, les épis sont enlevés par gerbes. Le grain est obtenu par battage (au fléau), par dépiquage, ou en faisant passer sur l'aire à battre des animaux qui le piétinent ou de lourds rouleaux. Ensuite, on expose le grain au vent naturel ou artificiel (le «van») pour faire s'envoler la balle.

Les domaines des moines cisterciens comportaient d'immenses granges où s'entassaient les gerbes et les grains.

LES CÉRÉALES

La France, comme tout l'Occident, vit sous la dépendance des blés et partiellement de la vigne, pain et vin étant les espèces de l'Eucharistie. Les blés (céréales panifiables) sont le seigle, plus fruste et aux rendements meilleurs, le froment pour le pain blanc des riches, le méteil (mélange de seigle et de froment), l'orge de la cervoise et du gros pain, l'avoine de printemps pour les bouillies ou les chevaux.

TERRES VILLAGEOISES

L'assolement renforce la communauté : sur le terroir divisé en trois soles, les paysans entretiennent des parcelles dans chaque sole et tous, la même année, cultivent la même céréale ou pratiquent la jachère. Après la moisson, les chaumes, coupés hauts, sont livrés au troupeau communal (moutons).

L'ÉLEVAGE ET LES ANIMAUX DOMESTIQUES

*C*ERTAINES ESPÈCES, COMME LE PORC,
NE FOURNISSENT QUE DES PRODUITS MORTS :
viande, lard, etc. ; d'autres apportent des
produits vifs : laine, lait, œufs ou prestations
en travail (labour, charroi, bât, selle…). Tous
les animaux domestiques font l'objet d'un élevage
et leur reproduction est surveillée. Le seigneur
féodal exige l'utilisation, pour les saillies,
de son taureau, de son verrat, voire de son étalon
«banal». Il existe ainsi une fruste sélection,
au moins au niveau de la vigueur et de l'hygiène.

LA BASSE-COUR

Elle comprend quelques oies ou canards domestiques, parfois des cygnes, et surtout des poules caquetantes. Celles-ci pondent de Pâques à Noël, sous la surveillance des coqs. Les vieilles poules (les gélines), sont consommées plus souvent que les jeunes, aptes à pondre. Les œufs font partie du menu quotidien, sauf pendant le carême. Les pigeons sont nombreux, élevés davantage pour leur fumier très riche (la colombine), que pour leurs œufs, leur viande ou leur vol, propice aux communications à longue distance.

OISEAUX D'ORNEMENT

Le cygne et le paon, espèces domestiquées, se répandent en France et sont élevés dans les parcs comme oiseaux d'ornement.

CHAT

Il se répand au début du Moyen Âge, plutôt mal accueilli : on lui attribue perfidie, sensualité, paresse, sorcellerie. Sa fonction est de chasser les souris, surtout dans les villes, où il erre en bandes faméliques et où son espérance de vie ne dépasse guère deux ans. Il entre peu à peu dans les foyers.

LES RACES DOMESTIQUES

Les races d'animaux domestiques ont beaucoup évolué depuis le Moyen Âge, du fait des sélections et des croisements. On ne sait pas quelles étaient les races existantes, mais d'après les ossements, les bovins, les moutons, les porcs ou les chevaux étaient tous nettement plus petits qu'aujourd'hui.

CHIEN

Le chien est l'ami fidèle par excellence dans tous les milieux. Il défend les troupeaux contre les loups, son maître contre les voleurs. Pour les grands, c'est le noble compagnon de chasse, pour les dames, la fidèle levrette ou le petit bichon caressant et caressé. Saint-hubert, épagneuls, lévriers, dogues à ours, bassets à renard ou chiens d'oiseaux (qui aident le faucon à terre à maîtriser sa proie) sont des races ou des sélections créées au Moyen Âge.

La plupart des animaux domestiques sont apparus à l'époque néolithique. Tous sont connus à l'époque gréco-romaine. Parmi eux, le grand cheval de guerre et le chien, chasseur, compagnon ou gardien, sont particulièrement aimés.

ÂNE

Comme ce baudet du Poitou, il sert d'animal de selle pour les petit trajets.

MOUTON

Fournissant, outre la viande, laine, cuir, lard et produits laitiers, il concurrence le porc dès le IIe siècle, favorisé par le recul des feuillus et l'extension des céréales.

Mouton d'Ouessant

PORC

Familier, il entre sans aucune retenue dans les maisons pour dévorer les ordures (et parfois les nourrissons). La plupart du temps,

Le verrat, aux canines proéminentes, est une bête redoutable qui fait la police parmi

il hante les bois de feuillus, en troupeau, sous la lointaine surveillance du porcher du village. Noir, maigre, les soies rudes, il ressemble à son frère le sanglier.

les truies et les jeunes et n'hésite pas à chasser les loups. En octobre

et novembre, c'est le temps de la glandée : les porcs dévorent glands ou faînes et engraissent. Vient ensuite décembre, le mois sanglant, le temps du sacrifice de Noël

jambon, rillettes, bacon, lard maigre et saindoux, tout est consommé, y compris la peau entourant les principaux morceaux du porc, d'où la rareté de son cuir.

CHÈVRES

Elles se rencontrent plutôt vers le sud. Indociles, curieuses et douées pour grimper, on les trouve partout dans la maison ou les champs. Leur lait sert au fromage, le chevreau donne de la viande, le bouc fournit du cuir, et la peau avec ses poils est imperméable.

LE DESTRIER

Le cheval est l'animal familier par excellence, avant le chien, souvent même plus proche du chevalier que ne le sont sa femme ou ses enfants. La complicité du chevalier et de son coursier est célébrée dans les chansons de geste ou les romans courtois : le destrier y a un nom, une personnalité, une biographie.

VACHES

Les vaches sont utilisées avant tout en tant que productrices de bœufs de labour. Leur lait, réservé au veau, est très peu abondant : 4 à 6 l par jour... à comparer aux 40 à 60 l que peuvent produire certaines races laitières d'aujourd'hui ! Le lait n'est jamais bu tel quel : il est consommé principalement sous forme de fromage.

BŒUFS

Le bœuf sert surtout comme animal de trait. Il est universellement engraissé et consommé après des années de loyaux services comme laboureur. C'est au pas lent des bœufs qu'ont été transportés sur les routes la plupart des chargements et qu'ont été défrichés et labourés les millions d'hectares de la France médiévale.

Vache de Salers

LE CHEVAL DE TRAIT

Le cheval tire et travaille plus vite, mais les races impropres à la guerre ne concurrencent le bœuf que dans les riches champs ouverts du nord de la Loire, à partir du XIIIe siècle. Il est réputé fragile, exige de l'avoine, et sa viande est frappée d'un tabou : son seul produit mort est le cuir.

LES PRODUITS DU SOL

LES PREMIERS PRODUITS DU SOL SONT SES CONSTITUANTS : SABLE INDISPENSABLE AU VERRE, PIERRES ET CAILLOUX DES MURS, calcaire de la chaux, argile et boue de la tuile, de la brique et surtout des céramiques. Les minerais et métaux sont eux aussi exploités, du fer, abondant et facile d'accès, à l'argent extrait dans des mines. Enfin, l'un des plus importants produit du sol et de la mer est le sel, indispensable à la santé, à la saveur des plats, mais aussi à la conservation des viandes et des poissons.

LE SEL GEMME ET LES SOURCES SALÉES
Leur exploitation apparaît au Moyen Âge. Le sel était dissous dans l'eau, puis dirigé par des canalisations en bois vers les cuves où s'accélérait la concentration, puis vers des chaudières, en fer, dont les parois étaient chaulées. L'opération durait de 12 à 18 heures. Bois de chauffe, bois des canalisations, bois des tonneaux, le sel était gros consommateur de forêts.

La tour de Reculoz, à Salins-les-Bains (Franche-Comté), est un vestige (restauré) de l'ancienne exploitation de sel gemme.

Marais salants de Guérande. Ces chefs-d'œuvre hydrauliques sont aménagés dès le Moyen Âge.

LA VERRERIE

Le verre exige du sable, de la cendre (de fougères), des températures élevées. C'est dans les vitraux des églises gothiques que l'on remarque à la fois la maîtrise des couleurs minérales et les imperfections d'un verre épais, dont les défauts et les bulles font admirablement rayonner la lumière.

MURS DE TERRE

Le pisé des murs est un mélange de paille et de glaise.

L'ARGENT ET L'OR

L'argent est bien connu en Occident, et particulièrement en France, où les mines de Melle ont été exploitées dès l'époque de Charlemagne, celles de Brandes-en-Oisans étaient aussi renommées. En l'absence d'or, la France et l'Occident ont principalement frappé des monnaies d'argent. Ce métal peu altérable a beaucoup servi dans l'orfèvrerie liturgique.

Mine d'argent de Sainte-Marie-aux-Mines (Alsace)

POTERIES ET CÉRAMIQUES

Leurs innombrables et indestructibles tessons permettent de dater les fouilles, d'établir les techniques de cuisson, de préciser les formes, les décors et les usages des objets. Les potiers, qui utilisent en général le tour à pédales, sont bien implantés, dans les campagnes comme dans les villes.

Pichet en céramique polychrome (XIIIe siècle)

LE FER

Les loupes de dépôts sidérolithiques étant abondantes et superficielles, le fer peut s'obtenir partout où l'on trouve du combustible (bois ou charbon de bois). Une rivière autorise l'installation de martinets (dès le XIIIe siècle), de moulins à fer, de soufflets actionnés par l'énergie hydraulique. En augmentant la température, ils permettent d'obtenir un métal plus pur. L'acier est obtenu par adjonction de carbone, mais la fonte n'existe pas encore.

LES USAGES DU FER

Le fer est utilisé presque uniquement pour la guerre : épée, hache ou francisque, lance, poignard, pointe de flèche, carreau d'arbalète, casque, plaques de métal renforçant la «cuirasse» rembourrée de crins, cottes de mailles, étriers, éperons… Par-dessus tout apparaît le fer à cheval, mais aussi le renforcement des outils agricoles et l'universelle ferrure à clous.

HISTOIRE

LA LENTE NAISSANCE DE LA FRANCE (481-987)

LE PREMIER ROI CHRÉTIEN

Clovis embrassa la foi catholique (498 ?) sous l'influence de.saint Remi de Reims, de sainte Geneviève de Paris et, surtout, de son épouse Clotilde.

Le début du Moyen Âge, traditionnellement fixé à la chute de l'empire romain d'Occident (476), vit le roi Clovis succéder à son père Childéric à la tête des Francs Saliens, implantés autour de Tournai. Clovis, fondateur de la dynastie mérovingienne, soumit la quasi-totalité de la Gaule. Après sa mort, ses fils se partagèrent son royaume, divisé en Neustrie, Austrasie, Bourgogne et Aquitaine, et achevèrent de conquérir la Gaule. L'unité franque ne fut reconstituée que sous les règnes de Clotaire Ier (555-561), Clotaire II (585-628) et Dagobert Ier (629-639), apogée de l'ère mérovingienne.

Très vite, de sanglantes rivalités déchirèrent la famille mérovingienne. Les règnes s'achevant rapidement par le poignard ou la déposition, et plusieurs souverains mineurs s'étant succédé en Neustrie et en Austrasie, l'affaiblissement de la puissance royale permit l'essor des maires du palais, sortes de Premiers ministres, et l'avènement de la dynastie carolingienne. Son fondateur, l'austrasien Pépin de Herstal, s'octroya les mairies du Palais d'Austrasie, de Neustrie et de Bourgogne. Son fils, Charles Martel, arrêta les Arabes à Poitiers en 732, s'appuya sur des vassaux à qui il concéda des terres empruntées au clergé, et soutint la conversion de la Germanie. À sa mort, en 741, il partagea son pouvoir entre ses fils, Carloman et Pépin le Bref. Après le retrait de son frère, Pépin déposa le dernier souverain mérovingien et se fit reconnaître roi

Sa conversion lui assura le soutien du peuple et des évêques, ce qui l'aida à se maintenir dans la romanité dont il se réclamait et accéléra la fusion entre Germains et Gallo-Romains. Ci-dessus, le baptême de Clovis par saint Remi, *Grandes Chroniques de France*, d'après Grégoire de Tours, XIVe siècle.

450	500	550

481 Clovis succède à son père

511 Mort de Clovis et partage du royaume

476 Fin de l'empire d'Occident

498 ? Baptême de Clovis

590-604 Pontificat de Grégoire le Grand

par les grands. Il fut sacré à deux reprises : par saint Boniface en 751 puis, avec ses fils Carloman et Charles, futur Charlemagne, par le pape Étienne II. À la royauté magique des Mérovingiens succédait ainsi la royauté par le sacre.

Un monde décadent veillé par l'Église. On ne saurait comprendre la naissance de la France sans évoquer le rôle de l'Église. L'évêque, prêtre de la «cité» (l'actuel diocèse) oppose au comte laïc son autorité morale. Aidé de ses conseillers, il assume la plénitude du sacerdoce, instruit les fidèles, porte secours aux pauvres, dirige la conversion des campagnes. Le pape, évêque de Rome, impose peu à peu sa prééminence, surtout à partir du pontificat de saint Grégoire le Grand. Plus importante encore est l'influence du clergé régulier. L'art, la foi, les connaissances se développent dans les monastères ruraux fondés par des seigneurs ou par

Sainte Geneviève selon un psautier du XIIIe siècle.

LES GUERRIERS DE CHARLEMAGNE

Sur les quinze à dix-huit millions d'âmes que comptait l'Empire, seuls une centaine de milliers de guerriers étaient mobilisables, dont les 35 000 cavaliers, qui constituaient l'atout majeur de l'armée impériale. Chacun se munissait d'outils, d'armes, de vêtements pour six mois et de trois mois de ravitaillement. Il fallait les revenus de trois ou quatre manses pour équiper un fantassin, de douze manses pour un cavalier.

Ci-contre, fantassin wisigoth, miniature, *Sancti Beati de lebiana explanatio in Apocalypsine*, 1109.

47

629-639 Règne de Dagobert 1er	732 Charles Martel, maire du palais	768 Mort de Pépin le Bref
600 650 700	750	800
687 Pépin de Herstal gouverne Neustrie et Austrasie.	751 et 754 Sacres de Pépin le Bref	800 Couronnement impérial de Charlemagne

CHARLEMAGNE
L'empereur aimait les exercices physiques et intellectuels. Il parlait une langue germanique, savait probablement lire et écrire et connaissait le latin.
Ci-dessous à gauche, manuscrit des VIIIe ou IXe siècles.
Ci-dessous à droite, le *Miroir Historial* de Vincent de Beauvais, du XVe siècle.

des moines disciples de saint Benoît de Nursie ou de l'Irlandais saint Colomban. La religion imprègne la mentalité de cette époque bouleversée par le déclin des villes, la fuite des riches à la campagne, la décadence du commerce, la disparition de la monnaie, l'autarcie des grands domaines. Ces derniers, comprenant manses et réserve, sont exploités pour les propriétaires par des esclaves et des colons libres. C'est à l'organisation du travail paysan et aux rares surplus disponibles que l'on doit les débuts de la croissance économique et démographique de l'Occident.

LE SIÈCLE DE CHARLEMAGNE (751-888).

Après la mort de Pépin le Bref, en 768, ses deux fils règnent sur un ensemble cohérent de peuples et de territoires. Le décès de Carloman, en 771, laisse le trône au seul Charles (742 ou 747-814). Souverain guerrier mais très chrétien, il arrache aux musulmans la marche d'Espagne entre Pyrénées et Èbre, malgré sa défaite à Roncevaux, soumet les Saxons, avance sur la Bretagne, pousse la christianisation à l'est. En l'an 800, il parachève son ascension en ceignant à Rome la couronne d'empereur d'Occident

814 Mort de Charlemagne	**Fin VIIIe siècle** : Début des invasions normandes	**910** Fondation de Cluny
850	**900**	**950**
816 Sacre de Louis le Pieux	**888** Mort de Charles le Gros	**987** Élection d'Hugues Capet

Sceau
de Charles Le Chauve.

par laquelle il s'institue l'héritier du grand Empire romain.

Fixé à Aix-la-Chapelle à la fin du VIIIe siècle, Charles gouverne en s'appuyant sur des fonctionnaires locaux : les comtes, épaulés par les évêques qui dirigent les immunités. Des *missi dominici*, envoyés du maître, surveillent leur gestion. Le serment de vassalité, généralisé et doublé d'un serment de fidélité à l'empereur, assure la cohésion sociale. Un réseau de loyautés s'instaure de la sorte entre les libres, invités à se prononcer, à la veille de chaque campagne, sur les textes législatifs dus à l'empereur et rédigés en capitulaires. Ainsi se construit l'empire de plus d'un million de km^2 qu'hérite Louis-le-Pieux, seul fils survivant de Charles. Après le décès de Louis, ses fils Charles et Louis s'unissent contre leur aîné Lothaire par le serment de Strasbourg (842). En 843, le partage de Verdun, acte de naissance des futures France, Allemagne et Italie, divise l'empire entre les trois frères. Charles, bientôt appelé le Chauve, obtient une France en gestation. Il sera couronné empereur en 875.

LA FIN DES CAROLIGIENS (888-987).
Après la mort de Charles-le-Gros (881-887), les titulaires des grands commandements militaires usurpent les droits régaliens et constituent des principautés autonomes qui deviendront les provinces historiques de la France. Des rois carolingiens ou issus de la puissante famille des Robertiens se succèdent sur un trône disputé. Cette dernière l'emporte quand l'un des siens, Hugues Capet, est couronné en 987. Le royaume, déchiré par ces rivalités, subit en outre des attaques extérieures. Au sud sévissent les Sarrasins (musulmans), qui campent jusqu'en 972-973 dans les monts des Maures ; l'est vit sous la menace des Hongrois (895-955), le nord sous celle des Normands, fixés en 911 dans le futur duché de Normandie.

LA RENAISSANCE CAROLINGIENNE
Le système carolingien, associé à une longue paix intérieure et à la création d'une monnaie assainie, permit le développement d'échanges régionaux et internationaux. La création ou la résurrection de villes sur les routes ou près des ports attestèrent cet éveil économique, accompagné d'une véritable renaissance intellectuelle. Charlemagne encouragea les grands esprits de son temps et ordonna la création d'écoles au sein des monastères et des cathédrales. Les superbes manuscrits de cette époque témoignent aussi de son renouveau artistique.

LA FRANCE CAPÉTIENNE (987-1328)

À l'aube du IIe millénaire, trois nouvelles données transforment le destin de la France : l'avènement de la dynastie capétienne, l'accélération de la croissance occidentale, la structuration de la société

féodale. Vers 1027, Adalbéron, évêque de Laon, résume ainsi l'état de la société : ceux qui prient *(oratores)* et ceux qui combattent *(bellatores)* vivent du labeur des travailleurs *(laboratores)*, qu'ils protègent par la prière ou par les armes. Les paysans, installés sur les cellules agricoles regroupées autour des châteaux ou des églises paroissiales, acquittent des taxes en nature, en argent et en travail ; celles-ci sont perçues par les propriétaires du sol et par les usurpateurs de la puissance publique, les seigneurs, retranchés dans leurs citadelles en compagnie de leurs guerriers, les chevaliers. La paix féodale, défendue par les châtelains, surveillée par des associations de paix, imposée par les trêves de Dieu, va permettre à la classe laborieuse de profiter d'une amélioration climatique temporaire, de produire les surplus exigés par les seigneurs, d'étendre les terres cultivées au moyen du défrichement, d'élever plus d'enfants. La sujétion sociale et économique du serf s'allège progressivement.

L'ACCROISSEMENT DU ROYAUME.

Des villes ressuscitent ou se créent près des lieux d'échange, dans un monde rural peu à peu ouvert au commerce, percé de routes, désenclavé par l'usage de la monnaie. Certaines cités grandissent autour de leur cathédrale, obtiennent des libertés, une certaine autonomie : c'est le cas du Mans à partir de 1070, de Laon en 1112. Les plus grandes foires d'Occident ont lieu en Champagne dès le XIIe siècle, à Provins, Troyes, Lagny et Bar-sur-Aube. La France et Paris, qui compte au moins 200 000 habitants à la fin du XIIIe siècle, sont le royaume et la ville les plus peuplés d'Occident.

1000 Art roman

1054 Schisme entre l'Église
d'Orient et l'Église d'Occident

1095 Urbain II prêche
la première croisade

1000　　　　　　　　**1050**　　　　　　　　**1100**

v. 1030 Généralisation
de la Trêve de Dieu

1066 Bataille de Hastings

1099 Fondation du royaume
latin de Jérusalem

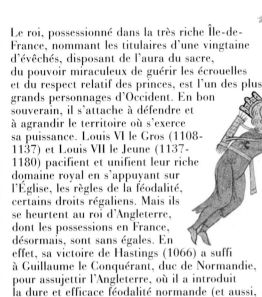

Le roi, possessionné dans la très riche Île-de-France, nommant les titulaires d'une vingtaine d'évêchés, disposant de l'aura du sacre, du pouvoir miraculeux de guérir les écrouelles et du respect relatif des princes, est l'un des plus grands personnages d'Occident. En bon souverain, il s'attache à défendre et à agrandir le territoire où s'exerce sa puissance. Louis VI le Gros (1108-1137) et Louis VII le Jeune (1137-1180) pacifient et unifient leur riche domaine royal en s'appuyant sur l'Église, les règles de la féodalité, certains droits régaliens. Mais ils se heurtent au roi d'Angleterre, dont les possessions en France, désormais, sont sans égales. En effet, sa victoire de Hastings (1066) a suffi à Guillaume le Conquérant, duc de Normandie, pour assujettir l'Angleterre, où il a introduit la dure et efficace féodalité normande (et aussi, pour quatre siècles, la langue française) ; Mathilde, sa petite-fille et héritière, épouse Geoffroi Plantagenêt, comte du Maine et d'Anjou

; leur fils Henri II prend pour femme la duchesse Aliénor d'Aquitaine, épouse répudiée du roi de France, et met la main sur la Bretagne. Les Plantagenêts dominent donc, outre l'Angleterre, les deux tiers de la France. Cette hégémonie prend fin sous les règnes des deux fils d'Henri II, Richard Ier Cœur de Lion (1189-1199) et Jean sans Terre (1199-1216), à qui le roi de France Philippe II Auguste (1180-1223) enlève

LA FRANCE PHARE DE L'EUROPE

La France capétienne voit se structurer l'essentiel du royaume, centralisé autour de Paris et de l'Île-de-France. Cette période est aussi marquée par la floraison de l'art roman et par le développement des monachismes clunisien et cistercien.

C'est encore en France que naîtront ensuite l'art gothique et les grandes cathédrales. L'Université de Paris, enfin, bien que postérieure à celle de Bologne, deviendra le phare de la pensée occidentale grâce aux deux plus grands savants et professeurs du Moyen Âge, les dominicains italien Thomas d'Aquin et allemand Albert le Grand.

v.1100 Diffusion du catharisme	**1152** Aliénor d'Aquitaine épouse Henri Plantagenêt.		**1209** Croisade contre les Albigeois
1150		1200	1250
v.1130 Rayonnement cistercien		**1189-1192** Troisième croisade	**1214** Victoire de Bouvines

successivement Normandie, Maine, Anjou, Touraine, Saintonge et la plus grande part du Poitou, malgré l'intervention de l'empereur Otton de Brunswick, battu à Bouvines en 1214. Au sud, Louis VIII le Lion (1223-1226) profite de la croisade contre les cathares, qui a lancé les guerriers du nord contre le Midi «hérétique», pour reprendre pied dans la région et pour préparer l'annexion du grand comté de Toulouse, effective sous Philippe III le Hardi (1270-1285), en mariant son fils Alphonse de Poitiers à l'héritière du dernier comte. Son successeur, Louis IX (Saint Louis, 1226-1270), n'agrandira pas le royaume ; mais il règle le problème de l'Aquitaine, restituée en 1259 au roi d'Angleterre moyennant son hommage, puis celui de la

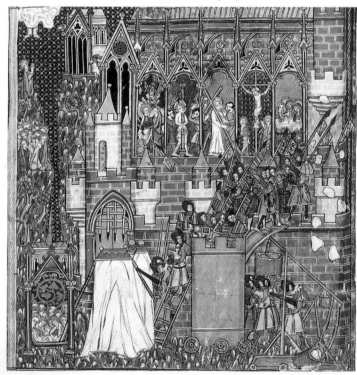

1248-1254 Septième croisade	**1307** Arrestation des Templiers	**1314** Mort de Philippe le Bel
	1300	
1270 Mort de Saint Louis	**1309-1377** Le pape en Avignon	**1315-1317** Crise économique

Philippe le Bel présidant une séance au parlement, *Actes du procès de Robert d'Artois*, manuscrit, 1330.

Catalogne en échangeant avec le roi d'Aragon leurs droits respectifs au nord et au sud des Pyrénées et des Corbières ; par ailleurs, il aide à l'installation de son frère Charles d'Anjou dans son comté de Provence puis dans son royaume de Sicile. Philippe le Bel (1285-1314), par son mariage, obtient le comté de Champagne et règne sur la Navarre. Ses fils, Louis X le Hutin (1314-1316), Philippe V le Long (1316-1322) et Charles IV le Bel (1322-1328) rattachent à la couronne leurs apanages. À l'est enfin, le royaume grignote les terres d'Empire au-delà de la Champagne, à Lyon, dans le Vivarais.

*L**A** F**RANCE CONTRE L'ISLAM.*** Le pays le plus riche et le plus peuplé d'Occident jouera un rôle essentiel dans la guerre contre l'Islam. Les chevaliers français assureront le grand départ de la Reconquête espagnole (1085, prise de Tolède), la récupération de l'Italie du Sud et de la Sicile (1040-1091), et enfin l'élan des croisades. C'est à Clermont, en 1095, que le pape Urbain II invite les Occidentaux à prendre les armes ; c'est à Vézelay qu'en 1147 saint Bernard prêche la deuxième croisade. La France finance les expéditions, fournit la majorité des contingents qui conquièrent Jérusalem (1099), fondent les États latins (1099-1291), constituent les principaux ordres militaires, Hospitaliers et Templiers, chargés de leur défense. Saint Louis lui-même conduit les deux dernières croisades : la septième (1248-1254), au cours de laquelle il est vaincu et fait prisonnier, et la huitième (1270), où il perd la vie.

LA JUSTICE DE SAINT LOUIS
Saint Louis, que l'Histoire a immortalisé rendant la justice sous un chêne, fut égal à sa légende : il s'intéressa aux questions judiciaires et s'efforça de protéger ses sujets contre les abus de ses administrateurs. Bréviaire parisien de l'atelier de Maître Boucicaut, vers 1420-1450.

LE TEMPS DES CRISES ET DE LA RECONSTRUCTION (FIN XIIIᵉ-DÉBUT XVIᵉ)

UN SIÈCLE SANGLANT

Tout au long du XIVᵉ siècle, Français et Anglais s'affronteront sur les champs de bataille et dans les chancelleries d'Europe : ils s'opposeront par exemple quant au choix du pape et à la politique ibérique. L'Angleterre, comme la France, connaîtra de graves problèmes intérieurs : révolte des Travailleurs (1383) ; agitation des *lollards*, partisans de l'hérétique Wycliffe ;

Dès la fin du XIIIᵉ siècle, l'Occident subit une série de crises causées par la poursuite de l'essor démographique (vingt millions d'habitants en 1328 pour la France considérée dans sa superficie actuelle) alors que la production agricole s'essouffle et qu'un seuil technique demeure infranchissable. Des famines locales ou régionales, le manque de stocks, les difficultés du commerce, l'extension fulgurante de la peste à partir de 1348 amorcent la décroissance démographique. Y contribuent également les conséquences du conflit franco-anglais qui s'étend à l'Italie, à l'Empire, à l'Espagne, avec son cortège de désastres : destruction des appareils de production, fiscalité accrue, mutations monétaires, frais occasionnés par les rançons des seigneurs prisonniers, les armées en campagne, la fortification des villes. Au sein d'une population diminuée d'un tiers, la stagnation, la crise agricole, la disparition ou la ruine des anciens seigneurs minent le moral des survivants, pourtant moins nombreux sur des terres plus fécondes. Les ordres et les tabous

déposition et assassinat du roi Richard II (1399-1400) ; soulèvement des Gallois (1400-1408) ; enfin, guerre civile dite des Deux Roses (1455-1485).

Ci-dessus, la peste à Tournai, *Antiquitates Flandriae* de Gilles le Muisys.

sont transgressés, partout la mort triomphe.

LA GUERRE DE CENT ANS (1337-1475).

Au début du XIVᵉ siècle, le roi de France avait confirmé sa prééminence en tenant en respect le duc d'Aquitaine et roi d'Angleterre, en matant la Flandre (1304) et en humiliant le pape (1303), amené à supprimer l'ordre des Templiers (1311-1312) et à s'installer à Avignon (1308, 1316-1377). Le Grand Schisme (1378) qui voit deux pontifes, l'un à Rome, l'autre à Avignon, se disputer le trône de saint Pierre, ne prendra fin

qu'au Concile de Constance (1415-1417) d'où sortira un pape unique. À la crise économique s'ajoutent donc une crise religieuse ainsi que des tensions politiques : les trois fils de Philippe le Bel ayant disparu sans héritier masculin, leur plus proche parent mâle est le fils de leur sœur Isabelle, Édouard III d'Angleterre (1327-1377). En 1337, ce dernier réclame la couronne de France à Philippe VI (1328-1350), dont il écrase la flotte à L'Écluse (1340) et l'armée à Crécy (1346). En 1356, Jean le Bon (1350-1364), successeur de Philippe VI, est battu et fait prisonnier à Poitiers. En son absence, la crise sociale atteint son comble : Étienne Marcel tente de soulever Paris mais laisse écraser la terrible jacquerie qui dresse les campagnes contre les nobles discrédités (1358). En 1360, le traité de Brétigny attribue un bon tiers de la France à Édouard III. Celui-ci, pourtant, ne peut empêcher la reconquête de Charles V (1364-1380) et Du Guesclin. Le conflit connaît alors un long répit (1380-1415),

la France, comme l'Angleterre, étant en proie à des difficultés intérieures : Charles VI (1380-1422) ayant perdu la raison, la guerre civile fait rage entre Armagnacs et Bourguignons, partisans du duc d'Orléans et de Jean sans Peur, duc de Bourgogne, qui se disputent le pouvoir. Profitant de cette conjoncture, les Anglais reprennent les hostilités. Henri V (1413-1422) écrase l'armée française à Azincourt (1415), conquiert la Normandie et obtient de Charles VI le traité de Troyes (1420) qui lui garantit la main de sa fille et la couronne de France. Il meurt en 1422, laissant les deux royaumes au petit Henri VI. Déshérité, le dauphin Charles réunit autour de lui la France du sud. Sauvé de la débâcle par Jeanne d'Arc qui délivre Orléans en 1429, le «roi de Bourges» se fait sacrer à Reims la même année, reconquiert la Normandie en 1450, la Guyenne (Aquitaine) en 1453.

CHARLES VII, LE BIEN-SERVI

Charles VII a le don de mobiliser en sa faveur talents et bonnes volontés. Il pourra s'appuyer sur Jeanne d'Arc, sur sa favorite, Agnès Sorel, qui le conseillera de façon judicieuse, et sur le grand marchand et financier Jacques Cœur. D'où son surnom : le Bien-Servi.

LA RECONSTRUCTION DU ROYAUME. Le règne de Louis XI (1461-1483) est marqué par la ligue du Bien public, qui lui permet d'assujettir la noblesse, et par l'écrasement du Grand Duc d'Occident, Charles le Téméraire. La Couronne obtient ainsi la Bourgogne et la Picardie, mais aussi l'Artois, la Franche-Comté et la Flandre, rétrocédés par Charles VIII (1483-1498) aux héritiers du Téméraire ; de même, le Roussillon et la Cerdagne sont rendus à l'Aragon en 1493. Le royaume s'agrandit du Dauphiné, de la Provence et du Barrois, et le domaine de l'Anjou, du Maine et de la Bretagne, apportée par la duchesse Anne qui épouse successivement Charles VIII et Louis XII (1498-1515). En revanche, les guerres d'Italie (1494) se soldent, pour le roi

1429 Jeanne d'Arc délivre
Orléans. Sacre de Charles VII

1450 Reconquête
de la Normandie

1477 Mort de Charles
le Téméraire

1450

1500

1431 Mort de Jeanne d'Arc

1453 Reconquête
de la Guyenne

1483 Mort de
Louis XI

de France, par la perte de Naples et de Milan.
Le Moyen Âge s'achève alors sur quelques dates
symboliques : invention de l'imprimerie (v. 1440
et 1455), chute de Constantinople (1453),
découverte de l'Amérique (1492). Tandis que
l'empereur Frédéric III de Habsbourg (1440-
1452-1493) se replie sur l'Allemagne et ses biens
patrimoniaux, que le pape se heurte aux
«nations» et aux hérétiques, le roi de France,
maître chez lui, préside à la genèse de l'État
moderne. Une fiscalité écrasante est maintenue.
Des taxes permanentes, aides, taille et gabelle,
s'ajoutent à celles dues aux seigneurs. La guerre a
presque épargné la France du sud, qui commerce
jusqu'en Europe centrale et orientale,
et les foires de Lyon, soutenues par
Louis XI, font concurrence à celles
de Genève. Les «bonnes villes»
prospèrent et délèguent leurs
bourgeois aux États généraux,
les marchands font fortune
et achètent des terres nobles, mais
l'essentiel de la richesse est aux
mains des titulaires d'offices, de la
noblesse de robe et des membres des
nouveaux parlements provinciaux ; l'aristocratie,
qui fournit une partie des cadres de l'armée,
désormais permanente, s'accroche à la terre
et résiste à la ruine de ses revenus, et c'est
le monde paysan qui profite le moins de la
reprise. Les villages désertés se sont multipliés ;
le prix des céréales tarde à se relever ; un nouveau
paysage apparaît çà et là, avec l'extension
des cultures maraîchères, de la vigne, de l'olivier
ou du pastel à côté des champs de lin, des
pacages, de la forêt et des broussailles.
Sur ce royaume en mutation règne un roi
incontesté. L'Église est contrôlée par la
Pragmatique Sanction de Bourges (1438),
la langue d'oïl se répand par le truchement
de la littérature et de l'administration, les princes
rebelles sont ralliés ou écrasés. Paris demeure
la capitale ; mais le roi hante surtout le Val
de Loire qui, comme la France, paraît un jardin,
reflet illusoire du paradis tant espéré.

**LA RECONQUÊTE
DE LA NORMANDIE**
La victoire de
Formigny (1450)
conduira à la chute
de Caen et
de Cherbourg.
La Normandie sera
reconquise en août
1450. En haut à
gauche, entrée de
Charles VII à Caen.
*Chronique de
Monstrelet*,
XVe siècle.

**LA FIN DU
TÉMÉRAIRE**
Le roi de France fait
piètre figure à côté
du maître des
florissantes Flandre
et Bourgogne. Défait
par Louis XI, Charles
Le Téméraire,
(ci-dessus avec
sa femme, Isabelle
de Bourbon) périra
misérablement
devant Nancy. Plutôt
que d'accepter la
protection de son
parrain, Louis XI,
sa fille, Marie
de Bourgogne,
épousera un
Habsbourg.

LA CHRÉTIENTÉ MÉDIÉVALE

DIEU À L'IMAGE DE L'HOMME
La foi médiévale accorde au Christ une importance considérable. Son image orne les sanctuaires qui partout s'élèvent à la gloire de Dieu. Ci-dessous, le Christ en majesté du tympan du Jugement dernier à Saint-Lazare d'Autun (XIIᵉ siècle).

Le monde médiéval d'Occident comprend quelques fortes communautés juives regroupées dans le sud de l'Europe et une faible minorité musulmane, mais l'écrasante majorité des invidus est chrétienne. Le christianisme imprègne profondément les comportements mentaux et les conceptions sociales.

LES ASPECTS DE LA FOI. On a dit que le Moyen Âge «n'avait pas été vraiment chrétien». En effet, si l'Église, entre le IVᵉ et le IXᵉ siècle, est parvenue à convertir l'ensemble de la société, si elle l'a soumise au contrôle de ses serviteurs, il s'en faut que les fidèles aient vraiment eu conscience de leur appartenance religieuse. Ils croient en un Esprit suprême, à l'immortalité de l'âme et au Jugement dernier ; ils vénèrent les morts, sont convaincus que Dieu s'est fait homme en Jésus ; ils estiment indispensable de se laver par le baptême d'une tache originelle. Mais leur pratique de la communion et de la confession est superficielle ; ils sont peu assidus aux offices, se contentent de suivre quelques rites traditionnels comme le jeûne du carême et l'aumône, ignorent les mystères de la foi, n'entendent rien aux dogmes compliqués. Leurs connaissances se bornent à quelques prières

et à de nombreux épisodes sacrés, plutôt tirés du Nouveau Testament que de l'Ancien. Leur vision du péché est sélective, imprégnée par les conceptions sociales : l'orgueil (*superbia*) n'est guère vu que comme la tare des puissants ; la cupidité (*avaritia*) n'est que le symbole d'une attitude sans noblesse, «ignoble» ; quant à la gourmandise (*gula*), c'est une insulte à la pénurie où se débat le plus grand nombre, d'où sa gravité. En pratique, l'attitude du chrétien est surtout dominée par la peur. Celle, bien sûr, de la disette et de l'insécurité ; et celle, plus intense encore, de ne pouvoir faire son salut. Le Diable, la tentation,

l'incompréhensible sont partout, qui assaillent le croyant ; la mort n'est redoutée que si elle survient avant que l'âme ait pu se laver de ses péchés. De ce fait, l'homme est très attentif au miraculeux, à l'inattendu, et le serment, omniprésent dans la vie courante, est une protection spirituelle beaucoup plus qu'une garantie juridique.

LES INTERMÉDIAIRES. Le besoin d'un intermédiaire quasi palpable entre le fidèle et un Dieu terrible et vengeur caractérise le monde chrétien d'Occident. Contrairement à l'Orient ou à l'Islam, l'Occident souhaite représenter Dieu qu'il se figurera sous les traits «humains» du Christ. Tous les éléments imprégnés par l'Esprit saint pourront jouer le rôle d'intercesseurs : ossements, vêtements, objets ayant appartenu à un apôtre, à un saint homme, dont ce sont les restes, les reliques (*reliquiae*). Ces dernières, offertes à la vénération des fidèles, font l'objet de prières, de touchers. Les plus célèbres provoquent de massifs déplacements de pèlerins, à Saint-Jacques-de-Compostelle, à Vézelay, à Cologne, à Rome, au Monte Gargano et, naturellement, en Orient. L'Église officielle, lors de ses conciles, s'efforce de limiter les excès idolâtres, particulièrement importants au XIe et au XIIe siècles. Bien entendu, le problème de l'authenticité des reliques et des miracles accomplis par leur intermédiaire est sans importance au regard de la croyance des fidèles. Grâce aux interventions des saints, à celle de la Vierge surtout, le chrétien peut espérer améliorer ses chances de salut. Mais l'Église a dû aller plus loin pour rassurer le croyant : elle a toléré l'idée qu'il pouvait être fait appel des jugements, qu'il pouvait exister une voie moyenne, au moins

> La société médiévale occidentale est réglée par la volonté divine, qui met chaque homme à sa juste place.

UNE FOI ENTACHÉE DE PAGANISME
L'Église n'est jamais parvenue à déraciner le culte des forces naturelles.
Bien souvent, elle a dû se contenter de christianiser en surface des rites et fêtes d'origine très ancienne, jeux de la lune, des équinoxes et des solstices, invocations aux esprits sylvestres.
De ce fait, les sorciers ont été longtemps tolérés.

«LE PREMIER PARMI SES PAIRS»
Les clercs dominent la pyramide sociale. Le pape, évêque de Rome, leur imposera peu à peu sa prééminence. Ci-dessous, le pape bénissant les cardinaux, *Très Riches Heures du duc de Berry.*

provisoire, entre une damnation effrayante et un paradis d'accès précaire : imaginé au XIIe siècle, le purgatoire pouvait offrir ce réconfort.

La société d'«ordres». Dire de la société médiévale qu'elle est une «société féodale» serait mettre en lumière un aspect uniquement structurel de cette société. Profondément, elle est réglée par la volonté divine, qui a placé chaque homme dans un «ordre», c'est-à-dire un type de fonction qui l'exclut de toute autre. Ce schéma en trois fonctions, d'origine indo-européenne, a été repris par les penseurs chrétiens ; ils l'ont formulé dès le IXe siècle, mais surtout à partir du XIIe siècle. Ainsi distinguera-t-on d'abord les serviteurs de la Divinité, qui prient et guident vers le salut (*oratores*) ; ce sont les membres du clergé, maîtres du Temps, du rythme du travail, qui régissent l'esprit et la foi. Puis les combattants, détenteurs des armes (*bellatores*) ; ce sont les guerriers de l'aristocratie, fiers de leur sang et de leur force, mais qui ne sont pas toujours les plus puissants dans le domaine de l'économie. Enfin viennent les producteurs, les travailleurs (*laboratores*), le «tiers état» qui, évidemment, inclut la majorité écrasante des hommes. Ce schéma pourrait laisser supposer que les deux premiers ordres, en dominant le troisième, créent une société profondément inégalitaire. Mais il faut nuancer ce jugement «moderne» : les clercs, s'ils échouent dans leur mission, seront plus sûrement damnés que les autres ; les guerriers, constamment soumis aux tentations du meurtre, de l'argent, voire du sexe, s'exposent eux aussi à

la damnation ; en sorte que, sur la voie du salut dont le souci obsède chaque chrétien, ce sont les travailleurs qui sont les mieux placés.

Un schéma social figé. La société, ainsi corsetée par la volonté divine, chacun ayant sa tâche à accomplir, son rôle dans l'harmonie de l'ensemble, valorise indiscutablement une certaine entente entre les hommes. Mais il est également évident qu'un tel schéma fige le statut des personnes, qu'il est conservateur, ennemi de toute promotion sociale, qu'il risque d'entraîner la formation de castes hermétiques, qu'il omet, de surcroît, le rôle perturbateur de l'argent. Ébranlé par les réalités économiques dès le milieu du XIIIe siècle, il se dissoudra en rivalités de «classes» à la fin du Moyen Âge.

LES RELIQUES
Elles font l'objet de prières, de touchers. On souhaite se faire inhumer dans une église où repose un saint ou à proximité, afin de bénéficier de sa protection, et les pèlerinages auprès de restes vénérés sont considérés comme le sommet de la vie religieuse.

LES PAYSANS, CEUX QUI TRAVAILLENT

Durant le millénaire médiéval, neuf hommes sur dix sont des paysans, surtout dans la France du Nord, où les villes sont plus rares. Le mot «paysan» (*paganus*) veut dire habitant d'un *pagus*, une contrée, mais signifie aussi «païen» parce que le christianisme fut longtemps un phénomène urbain.

ESCLAVES, SERFS, HOMMES LIBRES. L'économie et la société de l'Antiquité, aussi bien gréco-romaine que germanique, reposaient sur l'inégalité juridique. Des hommes asservis (*servi*), des «esclaves», assuraient la production, notamment agricole. Ces esclaves subsistèrent jusqu'au Xe siècle, exploités sans merci mais de moins en moins nombreux, non pas tant du fait de l'influence de l'Église qu'en raison du fléchissement de la «traite» de ce bétail humain. Il s'était en effet formé à leur côté une catégorie d'hommes ne jouissant pas de tous les droits naturels et tombés dans un état de semi-dépendance pour des raisons très diverses. Ce sont des «serfs», du même mot *servus* mais pris dans une acception moins radicale qu'autrefois. On leur déniait le droit de se déplacer, de se marier, d'hériter, d'ester (c'est-à-dire de témoigner ou de prendre à témoin) en toute liberté à moins d'en payer pour ce faire le prix fort. Cependant il arrivait qu'ils atteignissent un niveau de fortune satisfaisant. Selon les régions, ils ont pu représenter de 10 à 50% de la population. Les «affranchissements», qui en ont très amplement réduit le nombre à partir du XIIe siècle, sont en grande partie motivés par des raisons d'intérêt, leurs maîtres leur vendant très cher la liberté. Les autres hommes sont «libres», au moins juridiquement, car leur dépendance économique est certaine. Précisément parce que ce sont des hommes «libres» ils sont soumis aux contraintes publiques dont les serfs sont dispensés : servir à l'armée, payer les taxes, aller en justice ; mais en revanche ils ont toute leur dignité humaine.

LES PAYSANS ET LA TERRE. Toute terre mise en valeur a un exploitant connu («nulle terre sans

seigneur»). Cet exploitant peut être maître de son bien, et ne devoir de services ou d'argent qu'à la puissance publique ; on dit que son bien est un «alleu». On mesure mal le nombre de ces alleutiers parce qu'ils règlent leurs affaires eux-mêmes ou en famille. Selon les lieux et les temps, on a avancé qu'ils représentaient 10 à 50% des paysans. Les autres sont «tenanciers» : ils tiennent la terre en loyer, parfois aussi, avant l'an 1100 surtout, moyennant des services de travail au profit du propriétaire, appelés des «corvées» : labours, semailles, vendanges, charrois sur la terre du maître. Leur loyer est versé soit en argent, c'est alors un «cens» d'où leur nom de «censitaire», soit en argent et en nature («terrage», «agrière») et selon un montant fixé par l'usage, donc

LA MORTE SAISON

L'hiver est un temps mort entre deux années agricoles. Les jours courts et le froid maintiennent le paysan devant l'âtre. Ci-dessus, *Février* dans le calendrier des *Très Riches Heures du duc de Berry*, XVe siècle.

*S*i le monde paysan est loin de constituer une masse homogène et uniforme, il est tout entier soumis aux mêmes conditions de vie liées au climat, aux saisons, au relief, à la nature des sols.

LA CHARRUE
L'installation progressive du forgeron dans les campagnes entre le IXe et le XIe siècle, associée aux progrès de la métallurgie a bouleversé la vie des paysans. Ainsi la charrue à versoir a-t-elle permis la mise en valeur de nouveaux sols lourds et profonds. Lourde, elle nécessitait un attelage de plusieurs bêtes et coûteuse, elle a également bouleversé la société paysanne, favorisant l'émergence d'une couche de paysans aisés, les «laboureurs». Ci-dessus, paysans labourant, XVe siècle.

difficilement modifiable, soit, enfin, en pourcentage de la récolte («champart», «tasque») qui peut aller jusqu'à la moitié du produit obtenu («métayage»). À partir du XIIIe siècle, la pratique du bail «à ferme», établi sur contrat renouvelable mais modifiable, a donné beaucoup plus de souplesse à la perception. Dans la pratique, la hiérarchie économique se fixe plutôt sur le niveau d'équipement des travailleurs : «laboureur», voire «coq de village», le paysan dispose de trains de labour ; «manouvrier» ou «brassier», il lui faut les louer. Selon les techniques du temps et la qualité des sols, on compte de 3 à 5 hectares nécessaires pour nourrir un «feu»; vers 1300, on peut estimer que 20% des paysans sont dans ce cas, et qu'autant restent dans la misère.

*L*E CADRE DE LA SEIGNEURIE. Du Xe siècle, où elle se met en place, jusqu'au XVIIIe siècle, la seigneurie est le cadre normal où vivent les hommes ; un alleu, même de petite taille, est une seigneurie ; à plus forte raison, l'ensemble des tenanciers d'un ou plusieurs villages dépendant d'un seul maître. Le «système seigneurial» a été, durant cinq siècles, fondé sur un accord tacite, issu de l'insuffisance de l'autorité publique. Le seigneur (il peut être d'Église) dispose, à la place de l'État déficient, du «ban», c'est-à-dire du pouvoir d'assurer l'ordre par tous les moyens : il a la puissance, le droit de

poursuivre. De ce fait il peut rendre la justice, exiger un service armé qu'on appelle «ost» ou «chevauchée», ou encore des taxes pour l'entretien de sa forteresse (c'est la «taille» ou «queste»). Éventuellement, il réclame, en plus des amendes, une «aide» en argent exceptionnelle. Mais, en revanche, les paysans protégés, jugés, conduits, vaille que vaille, à la guerre, payent sans trop réclamer. À partir du XIIe siècle, ils achèteront, ou on leur cédera, des garanties : limitation de l'arbitraire dans la levée des taxes (c'est l'«abonnement»), accès libre aux «usages» dans les bois ou sur les eaux, pour la coupe, la chasse ou la pêche. Souvent ils obtiendront même une autoadministration avec leurs propres représentants, «échevins» au nord, «consuls» ou «syndics» au sud. Les révoltes paysannes, mis à part les cas de famine ou d'exaspération, seront donc le fait des catégories les plus aisées de la paysannerie, quand elles estimeront que le contrat de services réciproques a été rompu du fait de l'impéritie des seigneurs : c'est le cas de la célèbre «jacquerie» du XIVe siècle. Ces mouvements sont d'ailleurs toujours sauvagement réprimés. On notera donc que le cliché de l'«anarchie médiévale» est, ici, particulièrement absurde : jamais dans l'histoire de notre pays, les hommes n'ont été plus strictement gouvernés, mais localement, il est vrai.

CLERCS ET MOINES

LA FLORAISON
MONASTIQUE

La période entre le
VIIe et le XIIe siècles
voit naître les
bénédictins et les
cisterciens. Au XIIIe
siècle, des franciscains
et des dominicains,
suivant les exemples
de leurs fondateurs,
saint François d'Assise
et saint Dominique
d'Osma, s'installent
en ville pour mendier,
prêcher et offrir
leurs services.
Mais cette époque a
connu bien d'autres
voies régulières, des
chartreux, ermites
vivant ensemble, aux
chanoines réguliers
demeurés maîtres
de leurs biens.

En haut à droite, la
Grande Chartreuse.
En bas à droite,
l'abbaye de
Fontfroide.

Aucune civilisation, même antique, n'a connu une telle proportion d'«hommes de Dieu» que le Moyen Âge occidental. Clercs vivant dans le monde, dans le siècle (séculiers), hommes retirés de ce monde et vivant selon une règle (réguliers) ont pu représenter, vers 1250-1300, de 4 à 5% de la société.

LE CLERC. Le clerc est l'homme qui a choisi (c'est le sens de ce mot) de servir Dieu. Il a reçu à cet effet les ordres, couronnés par la prêtrise ; un prêtre peut être sacré évêque ; selon son niveau, il peut participer aux rites, distribuer les sacrements ou pratiquer une pastorale, c'est-à-dire propager la foi et le dogme. C'est un homme invité puis, à partir du XIe siècle, contraint au célibat ; il porte un habit et une coiffure destinés à le distinguer du laïc. Il jouit d'un statut juridique autonome, le «for» (de *foris*, en dehors de), qui le met à l'abri de la justice civile. Ses moyens de vie sont assurés, selon son état, par un bénéfice ou une prébende. Certains de ces religieux ont des responsabilités dans l'entourage de l'évêque : ce sont les chanoines et divers clercs mineurs ; d'autres ont le soin (*cura*) des âmes des fidèles dans chaque paroisse : ce sont les curés et leurs vicaires. Cette hiérarchie très stricte est régulièrement affirmée, ainsi que la discipline et le dogme, à l'occasion de conciles, réunions soit locales, soit générales des évêques, ces dernières présidées par le pape, évêque de Rome. Toute l'organisation matérielle de l'Église s'est mise en place avec une grande lenteur : les diocèses, dirigés par les évêques, sont les héritiers des anciennes cités romaines ou les ont imitées au fur et à mesure de la christianisation, accomplie entre les IVe et Xe siècles ; les paroisses, d'abord très vastes puis réduites à un village ou à un quartier urbain, ont lentement suivi : en France, leur réseau n'est en place qu'au XIe siècle.

LE CURÉ ET LA PAROISSE. Pour le fidèle ordinaire, l'évêque est trop loin, parfois plus absorbé par la politique que par son sacerdoce. C'est le curé qui représente Dieu,

De nombreux chrétiens se vouent à Dieu et parfois choisissent de quitter le siècle. Vers 1250-1300, ils représentent peut-être de 4 à 5% de la société occidentale.

qui aura à connaître de la santé morale de ses ouailles, tranchera les problèmes familiaux, représentera les habitants dans un procès ou auprès du seigneur. C'est un homme d'origine modeste, de science médiocre, de mœurs parfois critiquables ; mais, en général, il exerce correctement son «métier» (*ministerium*). En revanche, le niveau de l'encadrement religieux assuré par ses soins est parfois peu élevé. De ce fait, le bas clergé sera souvent critiqué,

par exemple au XIᵉ et au XVᵉ siècles. Dans l'ensemble, pourtant, l'impôt qui assure la subsistance du curé depuis le IXᵉ siècle (la «dîme», soit le dixième de la production) est payé sans trop de récriminations.

La désignation du desservant de la paroisse ou la levée de la dîme ont été très souvent usurpées par les puissants du monde laïc, malgré les protestations de l'Église, mais ces pratiques, très répandues jusqu'à la fin du Moyen Âge, n'ont pas sérieusement altéré le fonctionnement paroissial. La paroisse est donc demeurée aux yeux des fidèles leur principale référence territoriale. Avec d'infimes variations, nos communes en sont les héritières.

LE MOINE. En ces temps de foi profonde, un grand nombre d'hommes et de femmes – ces dernières dans une moindre mesure – choisissent de quitter le siècle, par dégoût, par crainte, par intérêt ou, plus chrétiennement, par souci de méditer, de prier, de briser son corps par des privations. Ils font vœu de pauvreté, de chasteté, d'obéissance. Certains sont clercs, les autres non ; certains sont savants, les autres ignares. Jamais le Moyen Âge n'a manqué de vocations, avec des phases de grand repli hors du monde, surtout aux Xᵉ-XIᵉ, XIIIᵉ ou XVᵉ siècles.

Le mot moine (du grec *monos*, «seul»), semble démentir le mode de vie de ces religieux, retirés du monde mais vivant en groupe. L'Occident, en effet, a connu peu d'ermites. Isolés au «désert», en fait en forêt, ce sont de pieux hommes, vénérés et consultés. Certains ont pratiqué la prédication, mais l'Église établie s'est toujours méfiée de ces esprits forts. Elle leur préfère les communautés, groupées sous le contrôle d'un abbé et vivant cloîtrées dans un monastère. À partir du VIIIᵉ siècle, les moines se recommandent d'une règle unique, celle de saint Benoît de Nursie, formulée au VIᵉ siècle et caractérisée par une modération faisant place égale à la prière, au chant, à la méditation et au travail manuel – culture du sol, artisanat ou copie de manuscrits – selon les aptitudes de chacun. C'est le cas des Bénédictins qui, sous des formes et réformes

*L'*apport des moines à la civilisation occidentale fut essentiel : ils ont fait progresser la réflexion philosophique, sauvé les connaissances et la littérature.

diverses, ont ouvert en Europe plusieurs milliers de couvents. Du début du Xe à la fin du XIe siècle, Cluny et son «empire» dominent l'Occident. Par réaction contre leur liturgie somptueuse et compliquée, Cîteaux, au XIIe siècle, souhaitera revenir à la pureté initiale.

Page de gauche et ci-dessus : ermite lisant, détail, *Horae ad usum Parisiensem*, XVe siècle.

*L*ES MOINES ET LE SIÈCLE. Dans l'ensemble la papauté a protégé l'éclosion monastique. Pour limiter l'autorité des évêques et des seigneurs, elle a généreusement accordé l'exemption de tout contrôle extérieur aux couvents, encouragé leur emprise sur l'enseignement, la pastorale et la vie politique. Les fidèles ont longtemps envié et admiré le sort des moines, hommes de vertu et de prière. Mais l'abondance de leur propre générosité a provoqué la formation d'immenses domaines fonciers et une mainmise sur des secteurs entiers de l'économie ; or l'administration monastique, soucieuse de rigueur et de rentabilité, s'est vite montrée insupportable à ses paysans et à ses bourgeois. L'hostilité grandissante envers les monastères a fortement ébranlé le prestige de l'Église à la fin du Moyen Âge. L'apport des moines, pourtant, fut primordial : les écoles, les universités ensuite, ont vu se maintenir grâce à eux le niveau intellectuel hérité des élites antiques ; les progrès de la réflexion philosophique leur sont dus pour la plupart et ce sont les efforts de leurs copistes qui ont sauvé l'essentiel de la littérature ancienne.

LES ORDRES MENDIANTS
Ils comprennent les frères prêcheurs (dominicains) et mineurs (franciscains). Leur influence fut considérable au XIIIe siècle. Ci-dessus, frère mendiant présentant une supplique au pape, *Décret de Gratien*, XIVe siècle.

LA CHEVALERIE

Sans doute la chevalerie représente-t-elle encore aujourd'hui le legs le plus estimé, sinon le plus vivant, de l'héritage médiéval : qualifier quelqu'un de chevalier, estimer chevaleresque un comportement, une action, c'est formuler un éloge, au reste non dépourvu d'ironie dans la mesure où la notion de chevalerie est censée renvoyer à d'autres temps et à d'autres mœurs.

Combat de chevaliers, *La Chanson de Garin de Montlenne,* XVe siècle.

LE CHEVALIER

Au Moyen Âge, un chevalier était d'abord un guerrier protégé par un haubert et un heaume, par une armure de plates et un bassinet, et susceptible de se battre à cheval essentiellement au moyen de la lance et de l'épée. Ci-contre aiguière française en bronze en forme de chevalier, XIVe siècle.

CHEVALIERS ET SERGENTS À CHEVAL

Dès la fin du XIIe siècle, les chevaliers furent distingués des sergents à cheval, dont le rôle ne devait pas être tellement différent sur les champs de bataille, mais dont l'équipement était sans doute plus modeste.

*U*N GUERRIER QUI SE BAT À CHEVAL. Qui dit chevalerie dit combat à cheval. C'est à partir de l'époque carolingienne que les cavaliers lourdement armés devinrent une pièce maîtresse du dispositif militaire. Guillaume le Conquérant à Hastings (1066), Godefroy de Bouillon lors de la première croisade (1096-1099) l'emportèrent avant tout grâce à la valeur et à l'ardeur de leurs chevaliers. Les sources latines du temps les appellent *milites,* les opposant aux gens de pied (*pedites*). Dans la France de la fin du Moyen Âge, les armées s'organisaient autour de trois types de combattants : les gens de pied, sommairement protégés, aptes à manier l'arbalète ou l'arc mais aussi l'épée et un bâton plus ou moins long terminé par un fer de lance de forme variée, les gens de trait à cheval, pourvus de l'arc et de l'arbalète et mettant normalement pied à terre pour tirer, enfin les gens d'armes, autrement dit la cavalerie lourde, héritière de la chevalerie des temps féodaux. Mais les chevaliers n'étaient pas l'équivalent pur et simple des cuirassiers ou des hussards du XIXe siècle : ils n'étaient pas seulement des militaires au service des princes et des rois qui, le cas échéant, les enrôlaient et les soldaient. Ils étaient les compagnons d'armes de ces rois et

*Q*ui dit chevalerie dit combat à cheval. C'est à partir de l'époque carolingienne que les cavaliers lourdement armés devinrent une pièce maîtresse du dispositif militaire.

de ces princes et faisaient en majorité partie de l'aristocratie guerrière. Leurs armes et leurs chevaux leur appartenaient, ils avaient des écuyers ou des valets d'armes à leur service, leurs revenus leur assuraient des loisirs qui leur permettaient de se préparer au difficile combat équestre. Il y eut un temps où la plupart des nobles étaient des chevaliers. Ils possédaient des terres, en général des fiefs, qu'ils transmettaient sous certaines conditions à leur descendance.

L'ADOUBEMENT. Toutefois, en raison même de la compétence militaire qu'impliquait l'état de chevalier, nul ne l'était de naissance. On devenait chevalier à la suite d'un acte volontaire et conscient qui s'insérait en général dans un rituel. À la faveur de ce rituel, l'aspirant à la chevalerie, qualifié d'écuyer, devenait «chevalier nouveau», il recevait le «baudrier de chevalerie» (*cingulum militiae*). Bien souvent, la cérémonie était expéditive : un chevalier faisait venir l'impétrant et le faisait chevalier «au nom de Dieu et de saint Georges» en lui donnant la colée, c'est-à-dire en le frappant au cou soit du plat de l'épée soit de la paume de la main. Mais à partir du XIIe siècle

GEOFFROI PLANTAGENÊT PREND LES ARMES

Lorsque Geoffroi Plantagenêt eut quinze ans, son père, sur ordre du roi de France, lui prescrivit de se rendre à Rouen auprès du roi pour la Pentecôte afin d'y prendre les armes en même temps que d'autres compagnons de son âge. Ainsi fit-il. Louis VI, entouré de ses propres chevaliers, fit bon accueil au jeune homme et prononça à son intention un discours exposant la signification de la chevalerie. Geoffroi y répondit sobrement et prudemment. Puis lui et ses compagnons prirent un bain afin de se laver de leurs péchés et revêtirent leurs plus beaux habits. Des chevaux et des armes leur ayant été apportés, ils purent déployer leurs talents. Geoffroi reçut un cheval d'Espagne d'une grande rapidité, un haubert aux doubles mailles, et le roi tira de son trésor une épée exceptionnelle. Geoffroi chaussa des éperons dorés et, sans étrier, fit preuve à cheval d'une merveilleuse maîtrise.

On devenait chevalier à la suite d'un acte volontaire et conscient qui s'insérait en général dans un rituel : l'adoubement

apparaissent des exemples d'usages beaucoup plus élaborés, de véritables liturgies, visant à donner tout son sens à l'adoubement.

L'IDÉAL CHEVALERESQUE. L'Église entendit faire de l'entrée en chevalerie une cérémonie chrétienne, presque un sacrement. Le nouveau chevalier recevait la bénédiction ainsi que son épée. Les formules liturgiques employées rappelaient l'idéal chevaleresque, qui était sensiblement le même que l'idéal proposé aux rois : le chevalier devait combattre pour le droit et la justice, protéger les clercs, les femmes, les faibles, les pauvres, et faire preuve de chasteté, d'humilité et d'obéissance. Les ordres religieux de chevalerie (en France, surtout les Templiers et les Hospitaliers) étaient censés réunir des chevaliers, par la vocation, par les activités, par le milieu d'origine qui fussent en même temps des moines par leur mode de vie (pauvreté et piété, obéissance et chasteté).

DISCIPLINA MILITARIS. La mentalité féodale n'était guère favorable à la discipline militaire. Aussi, à partir du XIIe siècle, des penseurs suggérèrent de reprendre le modèle romain et jugèrent que devenir chevalier impliquait de prêter serment d'obéissance au prince. Une expression se répandit, comme un

Rois et chevaliers
Ci-dessus,
Chroniques des rois de France, Clovis et Alaric II.

Loui XI entouré de ses chevaliers en armure, miniature tirée des *Mémoires* de Philippe de Commynes (1524).

mot d'ordre : *disciplina militaris*. Elle fut successivement traduite par discipline de chevalerie, discipline militante et enfin discipline militaire. C'est dire que la construction ou la reconstruction des armées se firent en bonne partie autour de la notion de chevalerie.

LA CHEVALERIE, UNE RÉALITÉ DISPARUE MAIS UNE NOTION VIVANTE À LA FIN DU MOYEN ÂGE. À partir du XIIIe siècle, un nombre croissant de nobles ne se soucia plus de devenir chevalier, dès lors qu'être chevalier entraînait un train de vie trop dispendieux. Leur vie durant, ils demeurèrent écuyers, ce qui ne les empêcha pas de revendiquer et d'obtenir tous les privilèges de la noblesse. À l'intérieur du royaume de France, peut-être y avait-il quelques milliers de chevaliers en 1300 contre quelques centaines en 1500. Mais la notion de chevalerie demeure encore vivante à cette dernière date, même si l'on constate une usure des formules, un désengagement de la part de l'Église, une moindre créativité, une moindre conviction. En pleine Renaissance, Bayard n'est-il pas qualifié de «chevalier sans peur et sans reproche», et, surtout, la fin du Moyen Âge ne voit-elle pas naître des ordres de chevalerie, dont certains (la Jarretière et la Toison d'or) existent encore aujourd'hui?

«L'ADOUBEMENT»
Histoire du Graal,
de Robert de Boiron,
miniature
du XIVe siècle.

LA CHEVALERIE COURTOISE
Mériter l'amour de la dame, se soumettre et triompher des épreuves les plus dangereuses... La chevalerie courtoise est décrite dans les romans de Chrétien de Troyes au XIIe siècle. Ci-contre, Sir John Luttrell, sa femme et sa belle-sœur, XIVe siècle.

LE ROI MÉDIÉVAL

La France n'est pas le seul royaume d'Occident au Moyen Âge. Mais aucun prince, aucune puissance supérieure, qu'il s'agisse du pape ou de l'empereur, n'a jamais tenté de détrôner son souverain ni de l'éliminer. Il est, en effet, le seul à porter le vieux et prestigieux titre de roi des Francs.

LE ROI, UN PERSONNAGE HORS DU COMMUN. Élu de Dieu, comme David, défenseur de la Chrétienté, comme Charlemagne, tout-puissant, comme César, capable de tout entreprendre, comme Alexandre, le roi de France est, en outre, censé posséder toutes les qualités du corps et de l'esprit, comme le roi Arthur. Et peu importe que la réalité historique le démente, puisqu'on l'a fermement cru. De surcroît, le «miracle capétien» a assuré une succession régulière des deux branches de la dynastie pendant cinq siècles, ce qui est exceptionnel ; la canonisation de Louis IX à la fin du XIIIe siècle a ajouté à ce prodige l'auréole de la sainteté.
Son sacre (qui n'a pas toujours lieu à Reims) fait du roi un homme d'Église intouchable, capable d'opérer des miracles ; son couronnement devant le «peuple» (en réalité les grands princes qui le représentent) lui assure le rôle de protecteur de la Paix ; sa parole, son *verbum*, est la Loi ; sa nécropole (qui n'est pas toujours Saint-Denis) est sans égale dans toute l'Europe ; sa justice est suprême et sans

appel (et le chêne de Vincennes est resté un symbole qui frappe). Pourtant on notera que le roi gouverne avec toute sa famille : mère, épouse, frères ont barre sur lui et ne se privent pas de le faire sentir. C'est la marque d'un clan familial et «domestique» (qui vit dans son «hôtel», sa «maison»). Ses conseillers personnels, très souvent des hommes d'Église, et ses officiers de cour – sénéchal, connétable, chancelier – pèsent fortement sur ses décisions.

*L*ES ARMES ET LES OBSTACLES. Les hommages qu'il reçoit (lui-même n'en prêtant jamais) placent le roi au sommet de la pyramide des fiefs et des principautés ; il peut exiger le service armé, faire évoquer devant ses agents, baillis ou sénéchaux, ou devant sa seule personne, les affaires qu'il estimera mal jugées. Plus son autorité croîtra, plus il interviendra en matière de justice, en «appel» devant sa cour siégeant «en parlement», en matière de finances, par la levée d'une taille royale ou fouage, et sur les questions touchant à l'armée. À la fin du XIIIe siècle, les hommes de loi à son service diront qu'il est «empereur en son royaume».
Mais la source première de sa puissance grandissante est son domaine personnel, ses biens de famille, ou ceux qu'il hérite lorsqu'une branche princière s'éteint. Or ce domaine est

À gauche, *Le Sacre de Saint Louis*, peinture sur bois, XVIe siècle.

Ci-dessus, deux étapes de la consécration et du couronnement, décrites par le *Pontifical de Châlons-sur-Marne*, vers 1220.

Ci-dessous à gauche, Saint Louis rendant la justice, *Vie et Miracles de Saint Louis* par G. de Saint-Pathus, 1330-1350.

LE MODÈLE DES ROIS CHRÉTIENS

Louis IX (page suivante), canonisé en 1298, passe pour le grand homme de la dynastie capétienne : d'abord par son exemple et son prestige de saint homme, ensuite parce qu'il a établi un accord durable avec l'Anglais, étendu, directement ou non, son contrôle sur la Bretagne, le Languedoc et de là, la Provence, unissant ainsi le nord et le sud du royaume, enfin parce qu'il a préparé l'annexion du Toulousain et de la Champagne.

Le roi de France est l'oint du Seigneur, le protecteur de la paix, le défenseur de la Chrétienté, le modèle de toutes les vertus. Sa parole a force de loi, sa justice est suprême.

solidement implanté là où il y a le plus d'hommes et de blés : Île-de-France dès le Xe siècle, Picardie et Normandie à la fin du XIIe siècle, Val de Loire et Toulousain au XIIIe siècle. Si l'on ajoute à cette prospérité l'appui, presque sans défaillance, des évêques et des plus riches abbayes, on aura l'image d'un prince sans soucis. Ils existent cependant : il a fallu soumettre la petite aristocratie seigneuriale, ce qui n'est chose faite que vers 1250 voire 1280 ; les grands princes territoriaux ont été moins dangereux parce que leurs imprudences ou des hasards, heureux pour le roi, les ont perdus ; l'empereur invoque sa prééminence mais ne fait rien pour l'établir ; quant au pape, il s'appuie sur le Capétien contre l'Allemand et se contente de critiquer la conduite privée des souverains. Seul, le roi d'Angleterre, même vassal du Capétien, est redoutable : au milieu du XIIe siècle, la famille Plantagenêt, originaire d'Anjou, domine l'archipel et, sur le continent, tout

Une succession ininterrompue pendant cinq siècles : tel est le «miracle capétien».

l'ouest du royaume, de Rouen aux Pyrénées. Mais ce n'est qu'au moment de la guerre de Cent Ans que les rois anglais prétendront être, aussi, rois de France.

LE ROI DE FRANCE MAÎTRE CHEZ LUI. C'est à l'intérieur des limites établies vers l'est à Verdun en 843 (Escaut, Meuse, Saône, Rhône) que s'établira l'unité au bénéfice du roi, avant qu'au XIVe siècle cette ligne soit franchie. Si la notion de «France» n'est sans doute pas nettement perçue avant le XVe siècle, la majeure partie du territoire français a été «rassemblée» autour du domaine royal entre le XIe et le XIVe siècle. La tradition, probablement injuste car elle minimise la part des autres, en fait crédit à quelques princes de la dynastie. Mais tous, apportant leur pierre à l'édifice, ont renforcé la puissance capétienne, jusqu'à faire du roi de France le maître de l'Occident. Philippe le Bel démontra cette suprématie avec éclat : en 1303, il n'hésita pas à faire arrêter le pape Boniface VIII, qui prétendait limiter les pouvoirs des princes au profit de l'Église, en son palais d'Italie.

CES ROIS QUI ONT FAIT LA FRANCE

Trois rois ont brillé d'un éclat particulier : Philippe II Auguste (1180-1223) (ci-dessus), grand initiateur de l'expansion territoriale, a ramené le danger Plantagenêt à d'étroites limites. Sa victoire de Bouvines (1214), sa prudence lors de l'écrasement des Cathares ont définitivement établi la supériorité du pouvoir royal. Louis IX (1226-1270) incarna l'idéal du roi chrétien. Et si Philippe IV le Bel (1285-1314) a surtout grignoté les possessions anglaises et pénétré dans l'Empire, c'est son règne qui a vu se fixer les rouages d'une administration dominante et la force du droit royal.

Ci-contre, Édouard Ier d'Angleterre rend hommage à Philippe le Bel, miniature de Jean Fouquet, XVe siècle.

LA CROISADE

Cavalier croisé,
Roman de Meliaclus,
XIIIᵉ siècle.

Tous les ans, durant deux siècles, des croyants, quittant tout, sont partis vers la Terre sainte pour occuper, en pays d'Islam, les lieux où vécut le Christ. Cette longue aventure, qui vit périr tant d'hommes des deux côtés, a profondément marqué l'Islam et la Chrétienté.

LA MENACE DE L'ISLAM. La foi musulmane s'est imposée, souvent sans beaucoup de difficultés, sur tout le Maghreb, la péninsule ibérique, l'Italie du Sud, les grandes îles voisines et le littoral provençal entre le milieu du VIIᵉ et la fin du IXᵉ siècle. Ce fut l'œuvre de populations maures, berbères, syriennes, sous commandement arabe. Arrêtés plus au nord par les Francs au

La croisade fut un prodigieux élan seigneurial et populaire, désordonné et xénophobe, sans rois, sans pape, souvent à pied, sans vivres, sans cartes.

VIIIe siècle, puis lentement refoulés de Gaule, d'Espagne et d'Italie, non sans de brusques retours en force, les Sarrasins tiennent encore au milieu du XIe siècle l'Europe du sud et la Méditerranée. Plus à l'est, l'empire grec d'Orient, dit byzantin, contient difficilement Arabes, Turcs et Syriens en Asie Mineure. Mais le milieu du XIe siècle est aussi le moment où débute la forte poussée démographique en Europe, où le commerce se réveille, où la foi s'affirme. Repousser l'Islam et, surtout, reconquérir la mer en «délivrant» le Saint-Sépulcre où les pèlerins ne peuvent se dispenser de subir le contrôle des «infidèles», tout cela encourage l'idée d'un pèlerinage armé, d'une «guerre sainte» d'inspiration chrétienne. Vers 1090, la résistance musulmane en Espagne et une poussée des Turcs vers Constantinople rendent une issue violente inévitable.

LA GUERRE SAINTE. La tradition attribue au pape Urbain II l'appel, en 1095, à une expédition armée vers Jérusalem. Ce fut un prodigieux élan, seigneurial et populaire, désordonné et xénophobe, sans rois, sans pape, souvent à pied, sans vivres, sans cartes. Jérusalem tomba, en 1099, avec toute la façade maritime du Proche-Orient. Des États, un royaume, se créèrent au milieu d'un Islam paralysé par la stupeur. Les Italiens prirent le contrôle de la mer. Et d'énormes forteresses, aujourd'hui encore d'une stupéfiante beauté, jaillirent du sol. Chaque année, des pèlerins affluaient, faisant souche, créant des fermes, se mêlant aux musulmans ou aux Arméniens de l'endroit. On enrôlait les nouveaux venus, on dotait de fiefs les cadets ; des ordres religieux de «moines soldats», Templiers et Hospitaliers, sorte de gendarmerie chrétienne, encadrèrent ces combattants de métier ou d'occasion. Faut-il voir ici une «colonisation» médiévale ? En fait les chrétiens installés

EN QUÊTE DES «RÉCOMPENSES ÉTERNELLES»
Le pape avait exhorté brigands, mercenaires et fauteurs de «guerres privées, au grand dam des fidèles», à partir pour la Terre sainte. La *Bible abrégée en français*, du XIIIe siècle, retrace leur épopée.

Ci-dessus, prise de Jérusalem et du Temple ; combats entre croisés et musulmans.

Le rêve, finalement déçu, de la Jérusalem chrétienne hanta l'Occident pendant deux siècles. Les croisades n'en furent pas moins un gâchis humain et financier.

L'APPEL D'URBAIN II

«[...] Je vous exhorte, je vous supplie – et ce n'est pas moi qui vous exhorte, c'est le Seigneur Lui-même – vous, les hérauts du Christ, à persuader tous [...], chevaliers ou piétons, riches ou pauvres, de se rendre à temps au secours des chrétiens [...]. Je le dis à ceux qui sont ici, je le mande à ceux qui sont absents : le Christ l'ordonne.»

durablement en Terre sainte, ou «poulains», adoptèrent complètement les mœurs locales, et, chez les musulmans, on n'a guère de preuves d'une hostilité autre que princière.
En revanche, l'essentiel du commerce caravanier venu de l'est vers les ports ou escales (dites aussi «échelles») du Levant passa sous le contrôle chrétien, des villes d'Italie surtout.

LE REFLUX. Resté un moment sans réaction, l'Islam oriental se ressaisit vers 1150. Ses mouvements de troupes, partis d'Égypte ou de Syrie, provoquèrent l'envoi de renforts chrétiens, d'abord avec l'empereur et le roi de France, puis avec l'empereur, les rois de France et d'Angleterre. En vain puisqu'en 1187 le sultan d'Égypte, Saladin, reprit Jérusalem. Les efforts tentés ensuite, essentiellement en frappant l'Égypte, comme s'y employa Saint Louis au milieu du XIIIe siècle, ne purent aboutir. Réduits à la frange côtière et d'ailleurs déchirés par des querelles internes, les chrétiens perdirent, les unes après les autres, les villes qu'ils tenaient ; la dernière, Saint-Jean-d'Acre, tomba en 1291. Entre-temps s'étaient produits deux événements majeurs. Sous prétexte de briser la duplicité qu'on prêtait aux Grecs, en fait pour s'assurer le contrôle de leur commerce, les Italiens attaquèrent Constantinople. La prise de la cité fut suivie d'un saccage éhonté qui vit des chrétiens piller les biens d'autres chrétiens (1204). La perte de temps, de forces et d'argent

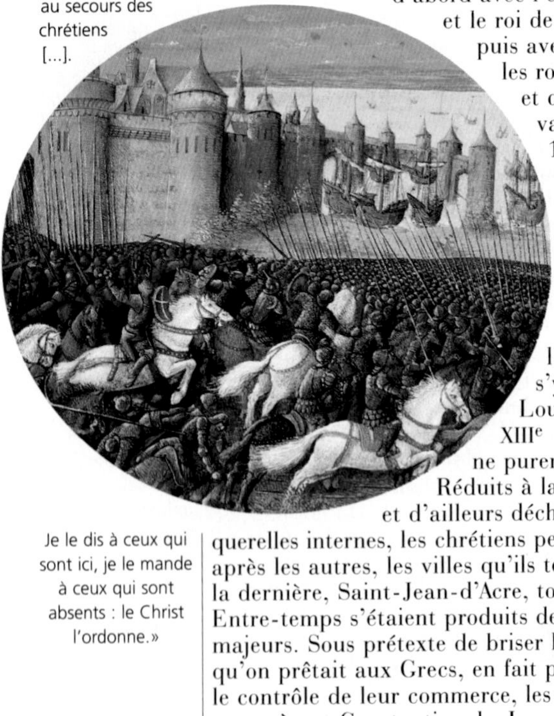

Ci-dessus, *Le Siège de Tyr.*, manuscrit du XVe siècle.

provoquée par cette scandaleuse sottise altéra
à la fois la vigueur des Byzantins et celle des
chrétiens de Terre sainte.

Peu après, la formation du gigantesque empire
mongol de Gengis Khàn, vers 1220, bouleversa
l'Asie et l'Europe centrale. Les rois d'Occident
crurent, un moment, à un secours inattendu venu
des steppes non musulmanes ; mais cet espoir
resta vain. Un autre désastre les attendait : dans
leur avance vers l'ouest, les Mongols entraînèrent
avec eux de nouvelles tribus turques. Celle des
Ottomans, surtout après 1330 et 1350, put ainsi
profiter de l'affaiblissement des chrétiens d'Orient
et commencer une lente conquête qui la mena de
Constantinople (1453) jusqu'aux portes de Vienne
(1525).

Les croisades coûtèrent cher en hommes et en
argent. Leur résultat politique fut nul et même
terriblement négatif. Les contacts intellectuels
féconds provinrent en réalité beaucoup plus
d'Espagne que d'Orient. En revanche, l'Église
s'enrichit des biens laissés en gage par les pèlerins
et les Italiens s'assurèrent durablement le contrôle
de la Méditerranée. Mais l'essentiel n'est pas là :
le rêve, finalement déçu, de
la Jérusalem chrétienne hanta
l'Occident pendant deux siècles
et soutint sa foi. Il n'y eut pas
que Saint Louis à prononcer
le mot de «Jérusalem» avant
d'expirer. La croisade fut
un grand moment pour
les hommes du Moyen Âge.

LE KRAK DES CHEVALIERS

Symbole du rêve
oriental, ce fort
arabe tomba aux
mains des croisés
en 1098. Le comte
de Tripoli le céda
en 1142 aux
Hospitaliers, qui lui
firent subir
de nombreuses
transformations.

LA GUERRE DE CENT ANS

Certains conflits ont été désignés d'après leur
durée : guerre de Trente ans, guerre des Six
jours… Pour ce qui est de la guerre de Cent Ans –
une manière de record ! – l'expression, d'origine
française, n'a été forgée qu'en 1825, à des fins
pédagogiques et mnémotechniques : comme elle
était parlante, elle fut reprise et traduite dans
toutes les langues. Auparavant, l'historiographie
française évoquait volontiers les «grandes
guerres» contre les Anglais. Toujours est-il que
les populations qui vécurent ces hostilités
éprouvèrent une claire conscience de leur
exceptionnelle durée, au point que dès le début
du XVe siècle les Anglais furent qualifiés d'«anciens
ennemis et adversaires» (tout comme les Écossais
d'«anciens alliés»), tandis que les diplomates
et les généraux se rendaient parfaitement compte
de l'unité du conflit, et cela en dépit
de ses multiples interruptions.
En 1328 se produisit en France ce qui fut
considéré comme un changement dynastique :
bien qu'issu en ligne directe par les mâles de

> *Nous vous signifions qu'aidé par Notre-Seigneur Jésus-Christ et par notre droit, nous nous proposons de recouvrer le droit à cet héritage que vous nous déniez si violemment...*
>
> Lettre de défi d'Édouard III à Philippe VI

l'antique lignée capétienne, Philippe VI (1328-1350) fut perçu comme le fondateur d'une nouvelle dynastie : celle des Valois. Parmi ceux qui considérèrent son avènement comme une usurpation figura Édouard III, duc de Guyenne et roi d'Angleterre (1327-1377) qui, à partir de 1340, revendiqua officiellement la couronne de France comme son héritage légitime. Sans doute alors espérait-il seulement des compensations territoriales. Mais il se trouve qu'il rencontra des appuis dans le royaume de France et surtout qu'il remporta des succès éclatants, sur mer comme sur terre. Le rêve lui parut dès lors à sa portée. Non seulement le roi de France se trouva déstabilisé, mais il y eut désormais en Angleterre toute une classe pour considérer la guerre sur le continent comme une aventure honorable et profitable.

En 1356, le fils de Philippe VI, Jean le Bon (1350-1364) fut vaincu et fait prisonnier à la bataille de Poitiers. Pour obtenir sa libération, il accepta, par le traité de Brétigny-Calais (1360), de verser une énorme rançon et d'abandonner à son adversaire le tiers de son royaume, y compris ce qui allait devenir la grande principauté d'Aquitaine.

La guerre aurait pu s'arrêter là, mais le fils de Jean le Bon, Charles V (1364-1380), prit l'initiative

de la rupture, en arguant du fait que l'arrêt des hostilités n'avait pas mis fin aux dévastations des «grandes compagnies», et en tablant sur la fidélité des provinces perdues ainsi que sur la création d'une armée plus efficace. C'est ainsi qu'en quelques années, grâce à des chefs comme Bertrand du Guesclin, Olivier de Clisson et Jean de Vienne, les Français reconquirent la majeure partie de l'Aquitaine, les Anglais ne conservant plus en France que quelques têtes de pont, Calais, Cherbourg, Brest et Bordeaux.

LA PAIX AVORTÉE. À la fin du XIVe siècle, tout semblait devoir aboutir au rétablissement *de facto* de la paix entre les protagonistes. Mais la folie de Charles VI (1380-1422) suscita la division au sein des princes des fleurs de lys. En 1407, Louis, duc d'Orléans, frère du roi, fut assassiné sur ordre de son cousin, Jean sans Peur, duc de Bourgogne. Ainsi débuta une longue période d'insécurité.

Pendant deux générations, la guerre constitua l'horizon indépassable des Français. Henri V, arrière-petit-fils d'Édouard III, profita de ces rivalités intérieures pour débarquer sur le continent : il remporta la victoire d'Azincourt (1415), conquit la Normandie (1417-1419) et s'allia à Philippe le Bon, nouveau duc de Bourgogne, à la suite de l'assassinat de Jean sans Peur. Alors fut conclu le traité de Troyes par lequel Henri V devenait régent du royaume de France, suite au déshéritement du dernier fils de Charles VI, le dauphin Charles, futur Charles VII (1422-1461). Encore fallait-il le vaincre : ce dernier, non sans peine, résista, Henri V mourut, puis Charles VI. Les principales puissances européennes, dont la papauté, reconnurent Charles VII comme le roi légitime de la France. Contrairement à l'esprit et à

De haut en bas : détail de l'entrée de Charles VII à Rouen. *Abrégé de la chronique d'Enguerrand de Monstrelet,* XVe siècle ; la bataille de Poitiers, miniature du XIVe siècle ; Charles V fait Du Guesclin connétable, *Chroniques de Du Guesclin.*

La guerre entre Armagnacs et Bourguignons culmina avec l'assassinat du duc d'Orléans par Jean sans Peur, duc de Bourgogne, représenté ci-contre dans l'*Abrégé de la chronique d'Enguerrand de Monstrelet*, du XVe siècle.

la lettre du traité de Troyes, la lutte fut perçue non point comme une guerre franco-française mais comme une guerre franco-anglaise. De nombreux Français ne voulaient pas d'un roi anglais. De ce sentiment national, Jeanne d'Arc fut la sublime expression. Son action rétablit la situation, d'autant que de l'autre côté de la Manche l'opinion se désintéressait d'un conflit coûteux. La paix d'Arras de 1435 marqua la réconciliation, au moins officielle, de Philippe le Bon et de Charles VII. En 1437, ce dernier entrait en vainqueur à Paris. Mais les Anglais étaient tenaces, la France était exsangue, son roi manquait d'énergie, rencontrait des oppositions intérieures. Ce ne fut qu'en 1449-1450 que, grâce à une réforme militaire réussie, la Normandie fut reconquise. La prise définitive de Bordeaux intervint en 1453. Dans le royaume de France, les Anglais ne conservaient plus que Calais. Certes, aucun traité de paix ne fut conclu entre les rois de France et d'Angleterre (lesquels, pendant des siècles, persistèrent à s'intituler rois de France). Le rêve d'Édouard III n'en avait pas moins tourné court.

LES GRANDES COMPAGNIES

Entre chaque campagne, les mercenaires employés par les deux puissances belligérantes se retrouvaient désœuvrés. Ils formaient alors ces «routes» ou «compagnies» qui s'illustrèrent tristement en ravageant le pays de France. Certaines de ces unités se regroupèrent, constituant de «grandes compagnies». Charles V s'efforça en vain de tenir en respect ces armées de pillards. Elles disparurent progressivement à la fin du XIVe siècle.

Ci-contre, l'entrée de Charles VII à Rouen. *Abrégé de la chronique d'Enguerrand de Monstrelet*, XVe siècle.

VIE ET PASSION DE JEANNE D'ARC

L'ENFANCE DE JEANNE`

Jeanne d'Arc, fille d'honnêtes paysans, naquit vers 1412 à Domremy. La partie du duché de Bar auquel appartenait le village était rattachée au royaume de France et farouchement anti-anglaise. Grâce aux trente-quatre témoins interrogés en 1456 lors du procès qui devait aboutir à la réhabilitation de la Pucelle, l'on connaît nombre de détails sur son enfance et son adolescence : «Jeannette» était une fille simple et pieuse, qui participait aux travaux, aux joies et aux peines de son entourage.

Jeanne d'Arc rencontra son destin en 1425. Des voix accompagnées d'apparitions qu'elle identifia bientôt comme saint Michel, saint Gabriel, sainte Marguerite et sainte Catherine, révélèrent alors à la jeune fille qu'elle avait été choisie par Dieu pour porter remède à «la pitié qui était au royaume de France». Non sans mal, elle parvint à convaincre Robert de Baudricourt, capitaine de Vaucouleurs, de lui fournir une petite escorte afin qu'elle puisse gagner la «France» et y exposer sa mission à Charles VII, mission que l'on peut qualifier de prophétique. L'entrevue eut lieu au château de Chinon le 6 mars 1429. Jeanne dut subir ensuite le long et minutieux examen des gens d'Église. On put ainsi constater qu'il n'y avait en elle rien de suspect ni de répréhensible, et le Conseil du roi décida qu'il n'était pas opportun de rejeter ce qui pouvait fort bien être un secours providentiel. De fait, il y avait urgence : depuis huit mois, les Anglais assiégeaient Orléans, dont les défenseurs commençaient à se décourager ; or, la chute de la cité aurait provoqué l'effondrement militaire de Charles VII. L'intervention de Jeanne se révéla décisive :

eanne fut une sorcière aux yeux des Anglais, une supercherie aux yeux des Bourguignons. Pour le peuple de France, elle apparut comme un ange du ciel.

ayant subi des assauts répétés, les Anglais se résignèrent le 8 mai 1429 à lever le siège. La Pucelle avait donné le signe promis. Dès lors, une grande partie du peuple de France vit en elle un ange venu des cieux. Puis Jeanne décida Charles VII à se faire sacrer et couronner à Reims (17 juillet 1429). Manifestement, son idée était de mener à vive allure, avec les seules forces royales, la reconquête de la France. Mais les principaux conseillers du roi estimaient qu'il fallait au préalable se réconcilier avec le duc de Bourgogne, Philippe le Bon, même au prix de lourdes concessions : c'est ce parti qui l'emporta, le fulgurant dynamisme de la Pucelle devenant du même coup presque sans objet. Ne pouvant se résigner à de tels atermoiements, Jeanne, de son seul chef et à l'insu du roi, alla porter secours à «ses bons amis de Compiègne» qu'assiégeait une armée bourguignonne au nom de Henri, roi de France et d'Angleterre. Victime de son indomptable courage, la Pucelle fut capturée sous les murs de Compiègne le 23 mai 1430. Son procès, conduit par Pierre Cauchon, évêque de Beauvais et conseiller du roi Henri, commença le 9 janvier 1431. Jugée, entre autres charges, comme hérétique et schismatique, elle abjura publiquement ses erreurs le 24 mai 1431. Puis, reconduite en prison, elle se ressaisit et revendiqua de nouveau le caractère divin de ses révélations. Elle devenait relapse : d'où un second procès à l'issue duquel elle fut brûlée, le 30 mai, sur la place du Vieux-Marché à Rouen.
Jeanne ne fut reconnue innocente qu'en 1456, après le procès de réhabilitation ouvert officiellement à la demande de la famille d'Arc, officieusement par Charles VII et son entourage. Par la suite, le souvenir de la Pucelle d'Orléans continua de susciter la ferveur. Au XVIIe et surtout au XVIIIe siècle, on s'employa à repérer, à réunir, voire à publier les principales sources de son histoire. En voyant en elle la «sainte de la patrie», la France du XIXe siècle et du début du XXe s'inscrivit dans le prolongement d'une tradition qu'elle ne fit, en un sens, que couronner.

JEANNE L'HÉRÉTIQUE
Le problème politique fut laissé de côté tout au long du procès de Jeanne. Le port d'habits d'homme lui fut bien sûr reproché. Mais l'essentiel est ailleurs. Les juges concentrèrent leurs attaques sur le fait qu'elle refusait de se soumettre à l'Église militante, représentée par l'évêque de Beauvais, le vice-inquisiteur de France, les théologiens et les canonistes de l'université de Paris, quant à la nature de ses voix et de ses visions. Du même coup, elle apparaissait comme une hérétique et une schismatique. Elle se défendit pied à pied, à travers des réponses simples, habiles et souvent émouvantes.

LE MONDE
MÉDIÉVAL

LA CONNAISSANCE DU MONDE

LES ÉRUDITS

Les astronomes, aidés de manuscrits arabes et d'instruments de mesure comme l'astrolabe, dressèrent aux XIIIe et XIVe siècles des tables décrivant le mouvement apparent des étoiles et des planètes sans trop se soucier de concilier ces données rigoureuses avec la cosmologie des sphères.

Le computiste déterminait par le calcul les dates et périodes essentielles de l'année liturgique.

Ci-dessous, *Astrologue avec un astrolabe entre un copiste et un computiste*, XIIe-XIIIe siècle.

Aujourd'hui, les sciences de la nature reposent sur l'observation et l'expérimentation. Sans les ignorer totalement, les hommes du Moyen Âge ne leur reconnaissaient qu'un rôle secondaire. Pour eux, tout le savoir ou du moins les principes essentiels de celui-ci étaient contenus dans des livres faisant «autorité» qu'il suffisait donc de lire et commenter attentivement. Il y avait en premier lieu la Bible dont le livre le plus étudié était la Genèse, le récit de la Création. Puis venaient les traités des savants grecs, de Platon (le *Timée*) et Aristote jusqu'à Ptolémée (IIe siècle apr. J.-C.). Cet héritage faillit se perdre au haut Moyen Âge. Avec l'oubli du grec, on ne disposait plus, hors de la Bible dont on privilégiait une lecture essentiellement symbolique, que de bribes élémentaires du savoir antique préservées en latin chez Boèce (v.480-524) et Isidore de Séville (570-636).

LE RENOUVEAU DE LA PENSÉE AU XIIe SIÈCLE. Tout change au XIIe siècle avec l'essor général de l'Occident. Dans les zones de contact entre chrétienté et islam (Espagne, Sicile) on s'est mis à traduire en latin, le plus souvent à partir de versions arabes, beaucoup de textes philosophiques et scientifiques grecs, parfois enrichis de

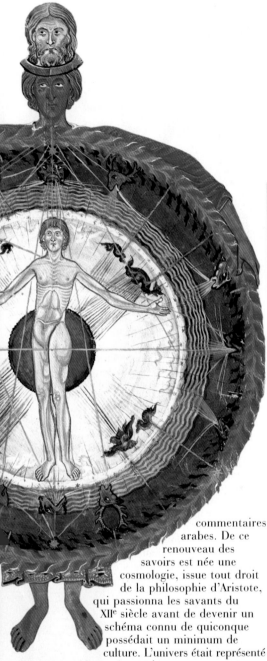

commentaires arabes. De ce renouveau des savoirs est née une cosmologie, issue tout droit de la philosophie d'Aristote, qui passionna les savants du XIIe siècle avant de devenir un schéma connu de quiconque possédait un minimum de culture. L'univers était représenté comme un système géocentrique et conçu comme un emboîtement d'enveloppes concentriques. On pouvait discuter du nombre exact des sphères célestes mais, il s'agissait toujours d'un univers fini (au-delà de la dernière sphère il n'y avait rien, ni espace vide, ni autre monde possible) et plein, car les sphères célestes étaient, pensait-on, composées d'une substance très subtile, l'éther ; ces sphères avaient une certaine épaisseur et leurs

Etudiants au travail, bas-relief sur un tombeau italien, XIVᵉ siècle.

L'ENSEIGNEMENT

Le renouveau du savoir au XIIᵉ siècle a donné un vif élan à la pensée occidentale et à l'enseignement. Les textes traduits étaient alors étudiés dans les écoles qui se créaient, notamment à Chartres et Paris. Leur succéderont au XIIIᵉ siècle les universités où l'on enseignait, sous l'appellation globale de philosophie, non seulement toute la pensée d'Aristote mais encore des textes scientifiques grecs ou arabes. Peu de maîtres devaient cependant dépasser un niveau élémentaire et produire traités et commentaires du savoir antique, tout en conciliant celui-ci avec la Révélation chrétienne, ce qui n'était pas sans poser problème.

surfaces se touchaient, ce qui permettait au mouvement de se transmettre de l'une à l'autre. S'il fut aisé aux auteurs médiévaux d'identifier à Dieu le «Premier Moteur immobile» d'Aristote, source de la rotation des sphères, ils refusèrent en revanche la proposition aristotélicienne, contraire à celle de Création, selon laquelle l'univers était éternel. Ce schéma universellement accepté permettait d'intégrer des disciplines plus précises capables de rendre compte des phénomènes particuliers, parmi lesquelles l'astronomie.

Le Moyen Âge retint aussi d'Aristote que le monde sublunaire était différent, dans sa nature, de celui, incorruptible et immuable, des sphères célestes, car il était au contraire sujet au changement et à la corruption. Les quatre éléments qui le composaient, le feu, l'air, l'eau et la terre, ne cessaient de se combiner et de se transmuer l'un en l'autre, chez les êtres vivants comme dans les objets inanimés. Cette conception permettait de ne pas isoler l'homme au sein de la Création. L'astrologie, qui déterminait les influences astrales, l'alchimie qui prétendait contrôler et accélérer les transmutations élémentaires, trouvaient aisément une justification scientifique dans la pensée cosmologique du Moyen Âge.

La prestigieuse cosmologie d'Aristote, redécouverte au XIIᵉ siècle, représentait le monde comme un système géocentrique : la Terre est le cœur de l'univers.

LE VACILLEMENT DE LA PENSÉE TRADITIONNELLE AU XIVᵉ SIÈCLE. Mais, peu à peu, l'affinement des observations astronomiques en même temps que les critiques de plus en plus fortes de l'aristotélisme ébranlèrent la vision du monde traditionnelle, même s'il n'était pas encore question de lui substituer un autre système aussi cohérent. L'idée de la liberté infinie de Dieu répugnait au déterminisme de la physique aristotélicienne. Nicolas Oresme (v. 1322-1382), grand maître du collège de Navarre qui appartenait à l'université de Paris, pressentit que, notre perception même du mouvement étant relative, on pourrait imaginer un système où la Terre ne serait plus seule immobile au centre des sphères célestes en mouvement ; mais après avoir exposé lucidement l'hypothèse de la rotation de la Terre, il préféra s'en tenir à la thèse traditionnelle. Le même auteur attaqua aussi l'astrologie, à laquelle il déniait tout statut scientifique. À la fin du Moyen Âge, malgré le prestige persistant de la vieille cosmologie aristotélicienne, c'était donc de plus en plus d'une vision du monde en miettes que devaient se contenter clercs et philosophes en attendant que, de Copernic à Newton, les grands savants de l'époque moderne vinssent lui redonner la cohérence d'une théorie générale.

OUVERTURE AU MONDE
Sous le regard de la connaissance, discussion entre un juif, un chrétien, un musulman et un gentil, détail, début du XIVᵉ siècle.

LES «SPHÈRES CONCENTRIQUES»
Selon le système aristotélicien, venaient au-dessus du globe terrestre les sphères des planètes (la Lune, Mercure, Vénus, le Soleil, Mars, Jupiter, Saturne) puis celles des étoiles fixes, identifiées au firmament de la Genèse. Au-delà, était l'empyrée, où siégeait Dieu. Ci-contre, *Mélange scientifique et philosophique*, de Gauthier de Metz, 1276.

Sciences et techniques au Moyen Âge

Le Moyen Âge a-t-il été une époque de bas niveau technique, où l'homme était exposé sans défense aux contraintes du milieu, impuissant face aux intempéries et aux maladies, condamné à une exploitation extensive des richesses du sol et du sous-sol, ne disposant que de sources d'énergie limitées ? Ce jugement négatif est aujourd'hui contesté par beaucoup d'historiens qui soulignent le dynamisme créateur des artisans et techniciens médiévaux.

MÉPRIS DES ARTS MÉCANIQUES

Les clercs avaient hérité des Anciens le dédain des «arts mécaniques», indignes de l'homme libre et par conséquent de tout effort de mise en forme scientifique et d'enseignement. Aussi, l'empirisme resta de règle jusqu'à la fin du XIVᵉ siècle et l'apprentissage oral de maître à disciple la forme normale de transmission des savoirs techniques. Le Moyen Âge a ainsi laissé peu de textes techniques, et la documentation écrite renseigne moins ici que l'archéologie ou l'iconographie. Ci-dessus, *Saint Paul*, manuscrit du XIVᵉ siècle.

DE FORMIDABLES OBSTACLES CULTURELS ET MENTAUX. Le pessimisme chrétien du haut Moyen Âge incitait au «mépris du monde», celui-ci apparaissant seulement comme une forêt de symboles à déchiffrer pour accéder à l'intelligence des choses surnaturelles, et non comme une réalité à maîtriser et transformer en vue du bien-être de l'homme ici-bas. De fait, si les techniques progressèrent réellement à partir de cette époque, ce fut surtout de manière empirique, anonyme, sans que cela ne s'accompagnât de la constitution d'un savoir technologique lié aux sciences exactes et enseigné dans les écoles.

APPRÉHENDER L'ESPACE. Durant le haut Moyen Âge, l'appréhension de l'espace relevait d'une perception religieuse de la réalité. Textes et représentations figurées donnent l'image d'un espace indifférencié, uniquement balisé par les lieux sacrés – cathédrales, monastères, tombes des saints – où se

La technique permet à l'homme de maîtriser la nature et d'y exercer une action efficace afin d'en tirer sa subsistance. Mesurer le temps et l'espace, mobiliser l'énergie nécessaire à un travail productif sont les fondements de l'effort technique.

rencontraient en quelque sorte la terre et le ciel. Une perception nouvelle émerge aux XIIᵉ-XIIIᵉ siècles avec l'essor des voyages, découlant du dynamisme humain de l'Occident, du progrès des techniques de transport terrestre (diffusion du fer à cheval, de l'étrier, du collier d'épaule, de la traction en ligne) ou maritime (voilure complexe, gouvernail axial, boussole) et de l'amélioration des infrastructures (routes, ponts). Si la littérature géographique resta longtemps surtout friande de merveilleux, les manuels de marchands, comme la *Pratica della mercatura* de Pegolotti (1345), contenaient des indications précises sur la longueur des routes et les ressources et usages des pays lointains. Vers 1290 apparaissent les portulans, qui donnaient un tracé exact et réaliste des côtes, des routes et des reliefs, utile au voyageur comme à l'homme d'Église ou d'État, soucieux d'avoir une représentation correcte du territoire qu'il dominait.

MESURER LE TEMPS. Longtemps, il n'y eut que le cadran solaire et l'antique clepsydre pour rythmer l'alternance des jours et des nuits, et le retour régulier des saisons. Le calcul astronomique permettait de définir la durée variable des heures et les dates majeures, comme celle de Pâques. Ainsi, c'était bien la religion qui, à travers le cycle journalier de la prière et le calendrier liturgique, commandait la perception du temps. Les premières horloges mécaniques capables de donner une mesure neutre, régulière, homogène, du temps apparurent vers 1300. D'abord curiosités isolées, ces horloges se sont multipliées et les villes les ont accrochées à leur beffroi. Tandis que les cloches scandaient le temps de l'Église en appelant à la prière, les horloges urbaines mesuraient le temps mécanique des

L'ASTROLABE
Parmi les objets représentés dans *L'Horloge de Sagesse,* (page suivante), on reconnaît à gauche un astrolabe. Introduit en Europe au Xᵉ siècle, il est le plus ancien mais aussi le plus perfectionné des instruments de mesure du Moyen Âge, permettant de calculer la hauteur des astres et de déterminer le moment exact du jour ou de la nuit. Précieux, il fut toujours exécuté avec autant de finesse qu'une œuvre d'art.

LES INSTRUMENTS DE LA DÉCOUVERTE
Ce panneau de marqueterie figure un globe terrestre, un livre et une équerre. Ci-contre, le globe de Martin Behaim restitue les informations cartographiques connues, à l'aube des Grandes Découvertes.

administrateurs et des marchands, celui qui fixait les horaires de travail et les échéances des contrats.

ACCROÎTRE LES FORCES. Les hommes de la fin du Moyen Âge devinrent aussi capables de soumettre la nature à des forces plus grandes. Les progrès de la traction animale et de la navigation permirent d'obtenir des animaux plus de force pour travailler la terre et accélérèrent les transports. Les appareils de levage se perfectionnèrent également, mais c'est surtout l'utilisation systématique de l'énergie hydraulique, connue dès l'Antiquité mais peu diffusée avant le XIIe siècle qui fut l'apport le plus important : les rivières firent désormais tourner partout les moulins à blé, à huile, à foulon, à papier. Ces capacités énergétiques accrues exigeaient un matériel solide, associant le métal au bois. L'essor de la sidérurgie fut suivi par celui de l'exploitation minière et, à partir du XIVe siècle, on put forer des galeries sous terre.

Ces progrès ne profitèrent pas d'égale façon à toutes les classes de la population ni à tous les pays d'Occident. Les princes et les hommes d'Église ne leur prodiguèrent que des encouragements limités, tandis que les hommes de savoir n'y portèrent qu'une attention distraite, sans leur faire vraiment place dans leur réflexion ou leur enseignement.

MUTATION CULTURELLE À L'AUBE DE LA RENAISSANCE. Ce n'est qu'à la fin du XIVᵉ siècle que l'accumulation des progrès techniques entraîna la promotion sociale de ces savoirs et des hommes – architectes, ingénieurs, maîtres artisans – qui en faisaient profession. Le poids de leurs inventions dans la vie quotidienne était désormais asez grand pour contribuer à cette mutation des mentalités qui donnera à l'Europe de ce temps, malgré pestes et guerres, l'élan nécessaire pour partir à la conquête du monde.

L'ÉNERGIE ÉOLIENNE
Les moulins ont aussi utilisé la force du vent à partir du XIIIᵉ siècle.
Ci-dessous, paysan apportant son grain à moudre, manuscrit du XIVᵉ siècle.

LA SYMBOLIQUE

LA LUNE
La symbolique
médiévale est plus
curieuse de la lune
que du soleil. La lune
fascine et inquiète à
la fois, et ses cycles
incessants semblent
rendre fous ceux qui
cherchent à en
percer les mystères.
D'où parfois
l'association du vert
et du jaune – les
couleurs de la folie –
pour la mettre en
scène. Email de
la fin du
XIe siècle.

Au Moyen Âge, le symbole se construit presque toujours autour d'une relation de type analogique, c'est-à-dire sur une relation fondée sur la ressemblance plus ou moins vague entre deux objets, deux mots, deux notions, ou bien sur la correspondance entre une chose et une idée. Cette pensée analogique s'efforce d'établir un lien entre quelque chose qui est apparent et quelque chose qui est caché ; et, plus encore, entre ce qui est présent dans le monde d'ici-bas et ce qui a sa place parmi les vérités éternelles de l'au-delà. Un mot, une forme, une couleur, une matière, un nombre, un geste, un animal, un végétal et même une personne peuvent ainsi être revêtus d'une fonction symbolique et, ce faisant, représenter ou signifier autre chose que ce qu'ils prétendent être ou montrer. L'exégèse consiste à cerner cette relation entre le matériel et l'immatériel et à l'analyser pour retrouver la vérité cachée des êtres et des choses.

AMBIVALENCE DES SYMBOLES : ANIMAUX ET COULEURS. La nature et l'histoire sainte sont les deux grands domaines où cette symbolique se manifeste de la manière la plus fréquente. De nombreux ouvrages (textes patristiques et liturgiques, encyclopédies, bestiaires, floraires et lapidaires) permettent de l'étudier. Mais ces ouvrages, qui semblent tout dire de la symbolique de tel ou tel animal, végétal, couleur, nombre, figure ou épisode biblique, sont souvent contradictoires. A cela plusieurs raisons, dont la principale tient sans doute à l'ambivalence de chaque symbole. Le lion, par exemple, est à la fois diabolique et divin : d'un côté il y a le lion cruel et redoutable du livre des Psaumes, de l'autre celui des bestiaires en langue vulgaire, qui passe pour ressusciter ses petits mort-nés et qui est l'image même de Dieu. Presque tous les animaux sont ainsi dotés d'une

Lettrine, *Miroir de la salvation humaine*, de Jean Miélot, XVe siècle.

98

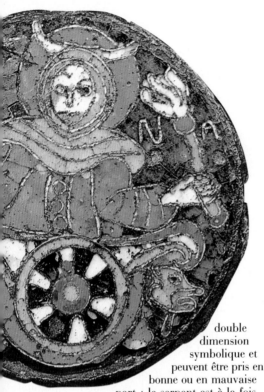

L'HÉRALDIQUE

L'héraldique est le grand système de signes créé par la société médiévale. Toutefois, les armoiries, apparues dans le courant du XIIe siècle, ne sont pas des symboles, seulement des emblèmes. Elles ont pour fonction de dire l'identité de l'individu, de la famille ou de la communauté qui en fait usage. En revanche, les figures et les couleurs qui les composent peuvent être chargées d'une signification symbolique. Armoiries picardes du milieu du XVe siècle peintes dans l'*Armorial Lebreton*.

double dimension symbolique et peuvent être pris en bonne ou en mauvaise part : le serpent est à la fois perfide et plein de science ; le corbeau se nourrit de charognes mais connaît l'avenir ; le sanglier est tout ensemble le symbole de la colère et celui du courage ; le chien, celui de la saleté et de la fidélité ; l'âne celui de la paresse et de l'obéissance ; le renard, celui de la tromperie et de l'intelligence. Et ce qui est vrai des animaux l'est encore plus des couleurs, dont la symbolique complexe a parfois été très mal interprétée par l'histoire littéraire et par l'histoire de l'art. Non sans raison : au Moyen Âge, le vert peut très bien être à la fois la couleur de l'espoir et celle du désespoir, la couleur de la jeunesse et celle de l'éternité ; le bleu, la couleur de la science et celle de la sottise, la couleur des rois et celle des paysans ; le jaune, la couleur de la vérité et celle du mensonge, la couleur de la richesse et celle de l'envie ; le noir, la couleur de la tempérance et de l'humilité et celle du péché et de la mort. Quant au rouge, sa riche palette symbolique s'articule autour de quatre pôles : il est presque toujours associé soit au feu soit au sang ; or il existe un bon et un mauvais feu comme il existe un bon et un mauvais sang.

La nature et l'histoire sainte sont les deux grands domaines où la symbolique médiévale se manifeste de la manière la plus fréquente.

Chien, lettrine dans un *Commentaire de l'Apocalypse* de Béatus de Lebiana, XIᵉ siècle.

LE LION

Ce n'est qu'au tournant des XIIᵉ-XIIIᵉ siècles que le lion est définitivement devenu dans la culture occidentale le roi des animaux. Auparavant, il partageait ce trône avec l'ours, roi de la forêt et roi des animaux dans toute l'Europe du Nord. Mais au fil des siècles, l'Eglise donna partout préférence au lion, animal scripturaire et exotique, donc peu dangereux, sur l'ours, animal par trop anthropomorphe. Miniature d'un bestiaire anglais du début du XIIIᵉ siècle.

Le rouge feu pris en bonne part, c'est celui de la Pentecôte et de l'Esprit Saint ; il est purificateur, tandis qu'à l'opposé se trouve le rouge destructeur des flammes de l'enfer. De même, le rouge sang salvateur et rédempteur de la Passion s'oppose au rouge impur et mortel du péché. En fait, dans la symbolique médiévale comme dans tout autre système de valeurs ou de correspondances, rien ne fonctionne hors contexte. Un animal, un végétal, un nombre, une couleur ne prend tout son sens que s'il est associé ou opposé à un ou plusieurs autres animaux, végétaux, nombres, ou couleurs. Il faut donc se méfier de toute généralisation abusive.

DU QUANTITATIF AU QUALITATIF : LES NOMBRES. En outre, il est impossible de séparer les pratiques symboliques des faits de sensibilité. Dans le monde des symboles, suggérer est souvent plus important que dire, évoquer que prouver. C'est pourquoi l'analyse actuelle des symboles médiévaux est souvent anachronique, car trop mécanique. Les nombres en sont le meilleur exemple. Au Moyen Âge, ils expriment autant

des qualités que des quantités. Souvent ils ne doivent pas être interprétés en termes arithmétiques ou comptables mais en termes symboliques. Ainsi, trois, quatre, cinq ou sept signifient toujours plus que les seules quantités de trois, quatre et sept. Douze ne représente pas seulement une douzaine d'unités mais aussi une totalité, un ensemble parfait. Quant à quarante, récurrent en tous domaines, il ne doit pas se comprendre comme un nombre précis mais comme l'idée générique d'un grand nombre, à la façon dont nous employons aujourd'hui cent ou mille. Sa valeur n'est pas quantitative mais qualitative et suggestive et s'adresse plus à l'imaginaire qu'à la raison.

SYMBOLIQUE ET CULTURE MATÉRIELLE : LES VÉGÉTAUX. Prenons, pour terminer, l'exemple des matériaux, domaine où l'on pourrait penser que le symbole intervient peu. Or il y est fortement présent, et cette présence explique pourquoi au Moyen Âge tout matériau est d'abord un animal, un végétal ou un minéral avant d'être de la corne, de l'ivoire, du bois ou de la pierre. Ainsi, un bois n'est jamais n'importe quel bois : c'est une essence précise, qui possède son histoire, ses légendes, ses propriétés, qui ne sont pas seulement physiques et chimiques. Il existe certes des bois durs et des bois tendres, des bois poreux et des bois imperméables, des bois lisses et des bois rugueux. Mais aussi des bois masculins et des bois féminins, des bois nobles et des bois roturiers, des bois justiciers (l'orme, le chêne), punitifs (le bouleau), guerriers (le frêne) ou musiciens (le tilleul). Il existe surtout des bois bénéfiques (le chêne, le hêtre, le noisetier) et des bois jugés plus inquiétants (l'aulne), plus néfastes (le noyer), voire mortifères (l'if).

LES BOIS

L'artisan qui fabrique un outil ou un instrument ne taillera jamais un outil destiné à être manié par un homme dans un bois réputé féminin ni le contraire. En revanche, il emploiera volontiers pour un instrument de musique du bois de tilleul, non seulement parce que celui-ci est tendre et léger et qu'il possède d'indéniables propriétés acoustiques, mais surtout parce que le tilleul – l'arbre préféré des abeilles – est pour les poètes et les encyclopédistes l'arbre musical par excellence.

LA FEMME AU MOYEN ÂGE

LE PRIX DE LA FEMME

La vocation du mariage est de perpétuer la famille, sauvegarder et accroître son patrimoine, maintenir son honneur. Celui-ci se manifeste par les prestations monétaires qui accompagnent l'alliance. *Morgengabe* dans les sociétés franque et carolingienne, dot et douaire à partir de l'époque féodale, ces transferts de richesses soudent entre elles les familles alliées tout en excluant la femme de la succession paternelle. Ci-dessous, un mariage, XIIIᵉ siècle.

Être née dans un corps de femme, comment imaginer sort moins enviable ? C'est la réflexion que se fait au début du XVᵉ siècle Christine de Pisan dans sa *Cité des dames*, consciente de la pesante misogynie masculine qui fait de la femme, *«imbecillitas sexus»*, un être avant tout défini par son corps, faible, fragile, dangereux, sur lequel on se doit d'exercer un contrôle permanent. Pourtant, loin des fantasmes des clercs, les femmes ont su marquer de leur empreinte la vie médiévale.

DE L'ÉCHANGE DES FEMMES AU SACREMENT CHRÉTIEN. Gages de paix, instruments utiles à la réalisation d'ambitions politiques, économiques ou lignagères, les femmes sont au centre d'un processus d'échanges qui s'opère par la médiation de l'alliance. Affaire privée, l'alliance se voit, à partir du VIIIᵉ siècle, de plus en plus encadrée par l'Église, qui parvient, après le concile de Latran (1215), à imposer un modèle chrétien du mariage, acte indissoluble, fondateur de la famille, sacrement reposant sur un échange de consentements. Mais si l'Église, par ce biais, engage une promotion du statut de la femme, elle ne parvient guère à remettre en cause le poids de la société patrilinéaire sur l'alliance : le premier devoir de la femme

*L*es femmes médiévales, des «monstres
enfantés par la Nature» ?
Elles apparaissent davantage comme le centre
de la famille, dont elles incarnent l'honneur, assurent
la reproduction, accroissent la fortune.

reste l'obéissance au chef de famille. Aussi le
mariage n'est-il que rarement la réponse donnée
à une inclination réciproque. Le droit et les
coutumes limitent ainsi la capacité d'action des
femmes en les maintenant sous la tutelle masculine.

Ni Ève, ni Marie... Au sein de la famille, le
rôle de la femme est surtout celui de la reproduction
physique et culturelle. La vie d'une femme est
rythmée par les grossesses et l'allaitement (avec
un intervalle de 21 mois entre chaque naissance) et
absorbée par la lourdeur des travaux domestiques
que nécessitent son rôle de nourricière de la famille,
d'éducatrice des enfants, de productrice des
vêtements (filage, tissage, couture, broderie sont
des tâches exclusivement domestiques jusqu'au
XIIIe siècle). Ainsi, enfermée (la femme qui sort
risque de faire naître des désirs de luxure) mais
active, l'épouse parfaite est douce, tempérante,
modeste, avisée, vertueuse, et respecte l'autorité
naturelle de son époux. Les discours normatifs ou
moralisateurs dissimulent pourtant des expériences
féminines plus variées. Le mariage est également
un dispositif de travail. Dans les campagnes comme
dans les villes, les femmes travaillent, main-
d'œuvre familiale dans les champs, les potagers,

**LE TRAVAIL
DES FEMMES**
Subordonnées,
dévalorisées, sous-
payées, les femmes
sont cependant
nombreuses
à s'employer dans
les métiers textiles,
la fabrication ou
la vente de denrées
alimentaires, le
service domestique
et parfois dans
la métallurgie ou
le bâtiment. Sages-
femmes, barbières
et chirurgiennes
témoignent d'une
compétence
féminine à donner
des soins médicaux.

Ci-dessous, femmes
fauchant les blés
et tissant la laine,
XIIIe siècle.

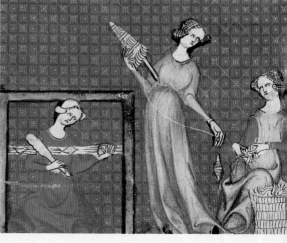

les ateliers et les boutiques, mais aussi parfois salariées ou artisans indépendants. Par ailleurs, la gestion du patrimoine familial peut entrer dans les attributions féminines. Ainsi, dans les pays de droit écrit, les époux s'associent fréquemment pour gérer dot et biens communs et les épouses peuvent seules administrer leurs biens propres. Une fois veuves, les femmes se retrouvent souvent à la tête

du patrimoine familial. Elles possèdent alors un véritable pouvoir économique qui peut, dans la noblesse, se doubler d'un pouvoir politique lorsqu'il faut diriger une seigneurie ou un royaume jusqu'à la majorité de l'héritier.

La recherche du salut.

Les femmes du Moyen Âge ont manifesté sous diverses formes une véritable quête spirituelle. Ainsi, les aristocrates ont largement contribué à la diffusion de la foi chrétienne dans les premiers siècles de l'époque médiévale, créant des monastères, fondant des abbayes, dirigeant des communautés. Les femmes de toutes origines sociales ont grossi les rangs des hérétiques vaudois et surtout cathares, sans hésiter à mourir pour défendre leur foi. Pour préserver leur virginité ou gagner leur salut, certaines se sont fait recluses ou ermites, beaucoup ont tout quitté pour se marier au Christ. Pour toutes, abbesses, moniales, recluses ou Bonnes Femmes, la foi pouvait se révéler être le meilleur moyen d'accomplir un destin qui leur fût propre et de faire entendre leur voix.

ARTISTES ET INTELLECTUELLES
Les femmes prennent part à la vie artistique et intellectuelle. Dans son *Livre des clères et nobles femmes* (XIVe siècle), Boccace évoque ainsi des femmes peintres, sculpteurs, copistes, écrivains. Rencontres, discussions ou disputes ont lieu, qui favorisent l'apparition de réseaux de sociabilité féminine, loin de l'isolement prôné par les clercs.

ÉDUQUER
L'alphabétisation est l'une des fonctions maternelles de la femme qui sait lire. Ci-dessous, Christine de Pisan et son fils (vers 1430).

L'HYGIÈNE ET LA SANTÉ

LES AFFECTIONS ENDÉMIQUES
Leur vulnérabilité expose les populations aux affections endémiques : lèpre, phtisie, scrofules tuberculoïdes, trachome, «pestilences» diverses dont la plus diffuse est le paludisme en région méridionale.
De même occasionne-t-elle une forte sensibilité, aux allures de flambée épidémique, à l'irruption de la grippe, de la variole, du typhus et surtout à la peste avec laquelle s'ouvre (entre 542 et 767) et se clôt la période (à partir de 1348).

Au Moyen Âge, le corps est indissociable de la totalité de la nature créée par Dieu. Aussi ses thérapeutes sont-ils avant tout des «physiciens», c'est-à-dire des spécialistes de la nature (*physica*). À la manière de l'«homme zodiaque» représenté dans les manuscrits (ci-contre, manuscrit du XVᵉ siècle), chaque individu résume l'univers, qu'il est appelé à maîtriser mais dont il dépend étroitement du fait de sa précarité, de sa soumission aux aléas de l'environnement, et de la fragilité des équilibres alimentaires.

L'ALIMENTATION ET LA SANTÉ DU CORPS. Malgré l'absence de toute notion bactériologique, les rapprochements perspicaces opérés par les savants ou les praticiens favorisent l'alimentation, son assimilation et son évacuation comme facteurs primordiaux de la santé. De leurs caractères découlent la constitution et l'équilibre des quatre «humeurs» (sang, phlegme, bile noire, bile rouge) censées circuler dans le corps et à partir desquelles sont formées ses composantes fondamentales. Les carences alimentaires occasionnent dysenterie, rachitisme, malformations, coxalgie, arthrose, dermatoses, intoxications collectives (tel le «mal des ardents» dû à la consommation de seigle moisi),

ARCHITECTURE HOSPITALIÈRE
Les hospices de Beaune (ci-contre) ou la maladrerie Saint-Lazare de Beauvais (ci-dessus) comptent parmi les plus beaux édifices hospitaliers du Moyen Âge.

aménorrhée d'où stérilité, et des difficultés de lactation qui, jointes à celles de l'accouchement, expliquent la très forte mortalité infantile (30 à 40% avant 10 ans) et donc une espérance de vie statistiquement basse (35 ans environ) ainsi qu'une plus grande mortalité des femmes en âge de procréer, laissant en revanche les sujets les plus robustes et les mieux protégés atteindre un âge de décès élevé.

LES PRINCIPALES RÈGLES DE L'HYGIÈNE.

Les praticiens privilégient six grands domaines sur lesquels agir selon la complexion de chaque personne (son «tempérament»), son âge, son sexe, ses activités. 1. L'air, entendu au sens climatique le plus large, est le premier facteur : sont appréciés ses degrés de pureté, de chaleur et d'humidité. Repoussant toute exhalaison nocive ou odeur mauvaise, synonyme de putréfaction : le feu, le vinaigre, les parfums d'aromates (boule d'ambre, encens) ou de plantes (rose, violette), les vêtements (soie, lin) étant, eux, en mesure de pallier les effets d'une inhalation d'air vicié. 2. Le régime alimentaire préconisé vise à la sobriété : volaille et pain blanc constituent l'idéal, la gloutonnerie, elle, étant vivement dénoncée, de même que la nourriture la plus courante, poissons salés ou légumes secs, dont la répétition est condamnée. 3. Des critères éthiques mais aussi sociaux distinguent également les formes d'exercice physique appréciées pour leurs qualités échauffantes, évacuantes et fortifiantes. 4. Le sommeil est vu comme favorable à la digestion (hormis la sieste, à éviter) ; il humidifie les membres et apaise les sens. 5. L'évacuation des «superfluités» croise les préoccupations précédentes : il s'agit d'éviter

Hippocrate, Aristote et Dioscoride.

L'HÉRITAGE DE L'ANTIQUITÉ
Savants et praticiens sont les héritiers partiels de l'Antiquité, étant donné le renouveau des connaissances par le biais des traductions de l'arabe en latin à partir de la fin du XIe siècle.

«Le chirurgien incise le front» d'un malade. *Cyrurgie*, maître Henri de Mondeville, manuscrit XIVe siècle.

Les règles d'hygiène définies au Moyen Âge privilégient six grands domaines : l'air, le régime alimentaire, l'exercice physique, le sommeil, l'évacuation des «superfluités» et la considération des «passions».

LA TOILETTE, ÉVACUATION DES SUPERFLUITÉS.

La toilette quotidienne à l'eau des parties visibles du corps (mains, visage, dents, bains des yeux, pieds), de même que la menstruation et/ou le coït sont perçus comme évacuateurs du surplus humoral. Bains additionnés de substances variées, pratique des étuves (représentées au XIIIe siècle au porche de la cathédrale d'Auxerre) et bien sûr épouillage complètent l'arsenal. Ci-dessous, *Traité de diététique* : se baigner une fois par semaine, spécialement au réveil, lettre historiée, XIVe siècle.

l'engorgement des humeurs circulant dans le corps et par suite leur pléthore, leur corruption et la maladie. Ce chapitre préconise l'élimination complète des matières fécales et urinaires, la purgation des humeurs par vomissement ou saignées régulières, une «bonne» transpiration et expectoration, ainsi que l'épilation afin de libérer les conduits des pores, et la toilette quotidienne.
6. Enfin, l'étude des «passions» qui encourage la gaieté, à l'opposé de toute tristesse ou colère, jugées refroidissantes ou échauffantes et susceptibles d'altérer le corps, illustre l'attention portée aux facteurs psychosomatiques. Si l'on peut douter que ces préceptes qui remplissent les livres médicaux et se diffusent plus largement aux XIIIe et XIVe siècles, se soient appliqués au plus grand nombre ils semblent ne pas avoir été sans conséquence, comme en témoignent la littérature noble, les livres de raison et les règles des monastères qui accueillent pauvres et malades avant d'être relayés par les hôpitaux à partir du XIIe siècle. La santé du corps ne saurait faire oublier le salut de l'âme, dictant la vocation religieuse des hôtels-Dieu pour les malades «passants ou trépassants», des léproseries ou des «aveugleries» pour les affections chroniques.

LES MESURES SANITAIRES URBAINES.

L'extension de la civilisation urbaine au XIe siècle contribue à une délimitation plus stricte du pur et de l'impur.

À la recherche de sécurité et d'ordre se mêle alors un souci plus vif à l'encontre du putride, des émanations nauséabondes liées à la proximité des ordures, des cadavres, des drains d'aisance ou des porcs errants. On note également une crainte envers les denrées gâtées et une méfiance à l'égard de l'eau. Cette répulsion suscite l'intervention des pouvoirs publics, l'aménagement de la voirie, le recours à des médecins pensionnés par les municipalités et à des règlements de police urbaine. Ces mesures s'accentuent avec l'arrivée de la peste noire en 1348, cataclysme démographique qui sévit de façon persistante jusqu'au XVIIIe siècle : la notion du danger du contact avec les malades s'établit plus fermement, transformant ainsi le regard sur l'autre.

Hôtel-Dieu, Paris,
XVe siècle.

LES HÔPITAUX
Existence d'un
réseau d'écoulement
des eaux, présence
de latrines, fréquence
du blanchiment du
linge, exigences du
régime alimentaire
et recours à des
praticiens ne
sauraient réduire
les hôpitaux à
de simples lieux
d'hospitalité.

La cuisine au Moyen Âge

La cuisine médiévale a longtemps subi les préjugés attachés à la période qui l'avait vue naître. Les gastronomes de l'époque moderne et du XIXᵉ siècle ne pouvaient imaginer que cet âge réputé noir ait pu connaître des raffinements culinaires qui valaient bien les leurs et les historiens contemporains ont davantage insisté sur les famines et les difficultés frumentaires que sur les moyens dont disposaient les contemporains de Saint Louis ou de Jeanne d'Arc pour cuisiner et satisfaire leur gourmandise.

UN ART CULINAIRE Manuscrits et livres de cuisines révèlent les raffinements de la table médiévale. Cependant, ouverte aux influences extérieures et soumise aux aléas de la mode, la cuisine des élites qui se lit dans les livres ne saurait témoigner de la nourriture de tous. Ci-dessus, un repas galant en été, XVᵉ siècle ; au menu, galantine de poulet et de pigeon.

LES LIVRES DE CUISINE. Pourtant, il y a bien un art culinaire du Moyen Âge, dont témoignent les manuscrits qui nous en ont transmis les recettes. Certes, les livres de cuisine français sont peu nombreux et concentrés sur les XIVᵉ et XVᵉ siècles. Œuvres de professionnels au service de grandes maisons princières, ils nous renseignent sur la cuisine des élites et adoptent le point de vue du maître-queux, qui fait l'impasse sur les techniques de base, les proportions et même les durées de cuisson. Mais, s'ils se copient souvent les uns les autres, ils savent parfois s'adapter aux conditions locales ou aux goûts du moment. Ce sont donc bien eux qui révèlent les fondements d'une pratique culinaire partagée entre les

contraintes et les désirs, travaillée par des évolutions et des préférences régionales.

L E GRAS ET LE MAIGRE. Si pour presque tous la nourriture dépend des caprices du climat et du hasard des sols, les plus riches s'attachent à étonner leurs convives par une table qui puise à toutes les régions voire à tous les pays : ainsi bourgeois et princes font-ils préparer par leurs cuisiniers des mets aux noms exotiques et, lorsqu'ils résident dans le nord du pays, se plaisent-ils à servir agrumes ou huile d'olive importés à grand frais des abords de la Méditerranée. Il en est de même pour les contraintes qu'impose l'Église. Deux jours par semaine, le vendredi et le samedi, tout chrétien doit s'abstenir de viande et de graisse animale. S'ajoutent à ces jours maigres d'assez longues périodes de jeûne précédant les grandes fêtes religieuses. Au total, ce sont plus de 150 jours par an durant lesquels paysans et ouvriers se contentent avec peine de légumes bouillis et surtout du sempiternel hareng apporté en masse des pêcheries de la mer du Nord ou de la Baltique. Pour le Parisien aisé, c'est au contraire l'occasion de goûter ces poissons frais que les chasse-marées acheminent de Dieppe en une nuit de cheval. Pour le seigneur, c'est l'occasion d'exploiter les ressources de ses étangs ou de ses viviers, et le cuisinier fait montre de son habileté en préparant des mets «contrefaits», imitant avec les ingrédients autorisés les plats carnés.

L E GOÛT DES ÉPICES. Par leur variété et leur quantité, les épices constituent comme les poissons frais des signes de distinction sociale, mais elles n'en sont pas moins recherchées par

LE «VIANDIER»

Constamment recopié durant plus de deux siècles puis imprimé de 1486 jusqu'au règne de Louis XIII, le *Viandier* est le premier *best-seller* de la cuisine française. La fin du Moyen Âge l'attribue à Taillevent, de son vrai nom Guillaume Tirel, qui fut cuisinier des rois Philippe de Valois, Charles V, Charles VI. Or, le *Viandier* était déjà écrit au début du XIVe siècle, alors que Guillaume Tirel n'était qu'un enfant de cuisine. Au fil des manuscrits, ce recueil de recettes lapidaires, œuvre d'un cuisinier professionnel, s'adapta au goût du jour et aux besoins des bourgeois.

LES JOURS GRAS

Un cochon donnait de 80 à 100 kg de viande grasse. Ci-contre, miniature du XIVe siècle.

LE CARÊME

La période de jeûne
la plus durement
ressentie est celle du
carême, qui s'ouvre
plus de 40 jours avant
Pâques, le mercredi
des Cendres. On
comprend que cette
tension alimentaire
puisse déboucher sur
les débordements
du mardi gras
et du carnaval.

**LA SAVEUR
DU MERVEILLEUX**

Selon Jean de Joinville,
qui accompagne
Saint Louis durant sa
croisade en Égypte, la
cannelle, exportée
d'Alexandrie vers
l'Europe, est tombée
des arbres de l'Éden
dans le Nil. La
maniguette, quant
à elle, est la «graine
de paradis», nom qui
influença sans doute
la mode dont elle fit
l'objet malgré son
coût prohibitif, au
début du XVe siècle.

Vendeur de cannelle,
miniature française,
XVe siècle.

tous, jusqu'aux paysans qui parviennent à se procurer quelques grains de poivre. Le désir d'épices l'emporte sur les considérations économiques. Substances aromatiques d'origine exotique, les épices sont importées à grand frais d'Orient par les marchands italiens ; seuls le safran et le sucre – considéré à l'époque comme une épice – sont produits sur place, en Espagne, en Italie. Jamais la cuisine française n'a été aussi épicée qu'au Moyen Âge. Les recettes des XIVe et XVe siècles ne mentionnent pas moins d'une quinzaine d'épices, dont certaines totalement oubliées aujourd'hui, comme le poivre long d'Insulinde ou la maniguette d'Afrique. Cette large gamme n'est accessible qu'aux plus fortunés, petits nobles et bourgeois devant se contenter des substances de base, gingembre, safran, cannelle. Quant au poivre, largement accessible, il n'est plus guère considéré par les cuisiniers des grandes maisons. À ce goût à la fois partagé et différencié, on est bien en peine de trouver des raisons générales. Contrairement à ce qui a été souvent écrit, les épices ne peuvent servir à masquer la putréfaction de viandes avariées. Chaudes et sèches, elles sont réputées favoriser la digestion, conçue comme une cuisson par la médecine des humeurs. Mais c'est peut-être leur charge symbolique qui explique leur succès : on les croit originaires d'un Orient merveilleux contigu au paradis terrestre et participant de ce fait aux vertus d'immortalité et à tout le moins de longévité qui en émanent.

UNE OU DES CUISINES FRANÇAISES ?

De la lecture des recettes médiévales ressortent les traits distinctifs d'une cuisine française bien différente de ses voisines. Aux saveurs édulcorées ou aigres-douces que prisent les Anglais aussi bien que les Italiens, elle préfère des goûts verts et pointus. Le fond des sauces et des ragoûts associe un mélange d'épices à une substance acide, vinaigre, verjus – jus de

La cuisine au Moyen Âge

...aisin vert – ou encore petit vin blanc acide d'Île-de-France ; le tout est lié à la mie de pain ...u au jaune d'œuf, sans adjonction de farine ni ...l'huile, et encore moins de beurre. Cuisine jeune ...t vive, que ne renieraient pas les diététiciens ...l'aujourd'hui. Longtemps rétifs au sucre, qu'ils ...oyaient comme un médicament tout juste ...on pour les malades, les palais français s'y ...onvertissent lentement durant le Moyen Âge sous ...'effet d'une certaine internationalisation des ...goûts. Nullement statique, la cuisine évolue... Le ...poivre, devenu trop plébéïen, est rejeté, au profit ...notamment de la graine de paradis. Toutefois, ...celle-ci s'efface brusquement, lorsque, à la toute ...fin du Moyen Âge, on la découvre non pas sur ...les arbres de l'Éden mais sur les côtes d'Afrique.

LA NAISSANCE DE LA MUSIQUE OCCIDENTALE

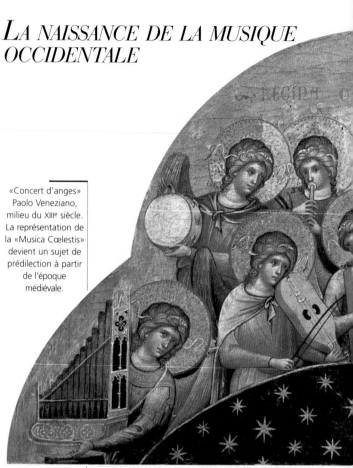

«Concert d'anges» Paolo Veneziano, milieu du XIIIᵉ siècle. La représentation de la «Musica Cœlestis» devient un sujet de prédilection à partir de l'époque médiévale.

Ci-dessous, une illustration du *Roman de Fauvel* par Germain du Bus, XIVᵉ siècle.

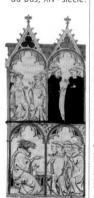

Au Moyen Âge, la musique est l'affaire des savants. Certes, le peuple chante mais ses chansons ne se soucient ni de rationalité, ni de métaphysique. La musique «sérieuse», en revanche, est enseignée à l'école. Elle est considérée comme une science, au même titre que l'arithmétique, la géométrie et l'astronomie, avec lesquelles elle constitue le *quadrivium*, les quatre branches des mathématiques. Science à part entière donc, la musique qu'étudient les clercs est un héritage de Pythagore. Le penseur grec a établi que deux cordes, dont l'une fait deux fois la longueur de l'autre, produisent un son et l'octave de ce son ; des proportions simples expliquent, de même, les intervalles de quinte et de quarte. Ainsi, la consonance entre deux notes correspond à un rapport numérique ; plus il est simple, plus elle est parfaite. L'idée pythagoricienne selon laquelle le nombre serait le principe de toute chose donne la clé de l'harmonie universelle comme de l'harmonie acoustique. L'espoir d'éclairer le monde par les nombres alimente d'innombrables

D'abord chanteurs, les anges deviennent instrumentistes à partir du XIIIe siècle. On reconnaît des instruments prisés au Moyen Âge parmi lesquels, le tambourin, le luth, la cithare et l'orgue portatif.

spéculations au cours des siècles, à commencer par celles de Platon. Le Moyen Âge est imprégné de ces réflexions. Père de la musique médiévale, Boèce (480-524) opère la synthèse entre l'Antiquité et le Moyen Âge naissant. Pour ce philosophe, Dieu a créé l'univers selon Sa raison, dans une parfaite harmonie. La musique au sens médiéval la reflète selon une triple réalité dont les deux premiers aspects relèvent pour nous de la philosophie : la *musica mundana*, concordance entre les éléments de la mécanique céleste ; la *musica humana*, accord entre l'âme et le corps humain ; enfin, la *musica instrumentalis*, reflet de l'harmonie universelle par l'art des sons. La musique est faite pour louer le Créateur, pour élever l'homme et le mettre à l'unisson de l'*harmonia mundi*, que le musicien s'attache à comprendre. Il doit fonder son œuvre sur les justes proportions, les consonnances les plus belles et les plus simples, l'octave, la quinte et la quarte. Les dissonances sentent le soufre : on appellera *diabolus in musica* la quarte augmentée.

LA NOTATION MUSICALE.

À ses débuts, la musique savante médiévale est strictement religieuse. Spéculation théologique sur l'ordre du monde, elle ne conçoit pas l'expression personnelle, qui en entâcherait l'objectivité. D'inspiration divine, textes et musiques doivent être transmis comme parole d'Évangile. Cette transmission est d'abord orale. Les chantres suivent un enseignement de dix ans et mémorisent un vaste répertoire liturgique. D'où la nécessité d'une notation. À partir du IXe siècle apparaissent les premiers neumes. Ce sont des aide-mémoire qui symbolisent graphiquement les mouvements ascendants et descendants des mélodies, sans indiquer précisément la hauteur des notes. On remédiera à cette lacune par des systèmes de notation alphabétique inspirés des Anciens. Dans un but pédagogique, Guido d'Arrezzo, (v. 990-1050) inventera la portée musicale, originellement à six lignes afin de représenter les six cordes de la cithare. Il baptisera les degrés de la gamme d'après les premières syllabes de l'hymne à saint Jean : *Ut queant laxis/ Resonare fibris/Mira gestorum/ Famuli tuorum/Solve polluti/ Labii reatu/(Sancte Ioannès).*

L'INVENTION MUSICALE

Les tropes dialogués, drames liturgiques représentés dans l'église et illustrant des scènes de l'Évangile, seront à l'origine du théâtre médiéval, attesté à partir du Xe siècle. Aux XIIe et XIIIe siècles, *tropare* donnera les mots «troubadour» au sud de l'Europe et «trouvère» au nord de la France, termes désignant les musiciens-poètes qui chantent l'amour courtois.

Ci-dessus, David jouant de la lyre, *Tropaire et prosaire* de Saint-Martial de Limoges, Xe siècle. Ci-contre, musiciens, 1028.

LA MUSIQUE LITURGIQUE.

Les premiers chants de l'Église viennent du judaïsme, le christianisme,

à l'origine, se confondant avec ce dernier. Ensuite, les Églises utilisent leurs propres musiques et langues, parfois mélangées à l'hébreu, au grec ou au latin. Ces particularismes disparaissent quand les papes imposent le rite romain en latin. Le chant grégorien, qui se répand dans toute la Chrétienté à partir de la réforme liturgique du pape Grégoire Ier (VIIe siècle), exprime cette volonté d'unification sur le plan musical.

La liturgie évolue à mesure que s'élabore le catholicisme, et la musique, à son tour, est forcée de s'adapter. À partir du IXe siècle, à Saint-Gall, en Suisse, ou à Saint-Martial de Limoges, on associe textes nouveaux et mélodies anciennes ou, au contraire, textes anciens et mélodies nouvelles. Parfois aussi, on crée musiques et textes originaux. Ces innovations sont appelées tropes (du latin *tropare*, trouver). La stricte liturgie grégorienne, peu à peu, cède sous ce flot de nouveautés ; elles irrigueront ensuite toute la création médiévale, du théâtre aux chants des troubadours.

Feuillet d'antiphonaire, XVe siècle.

LA MUSIQUE POLYPHONIQUE

Au IXe siècle, on trouve les premières descriptions de l'*Organum*, origine de la musique polyphonique. Celle-ci sera illustrée au XIIe siècle par les maîtres parisiens Léonin et Pérotin et, au XIVe siècle, par le mouvement de l'*Ars nova* dont le plus grand représentant sera le poète-compositeur Guillaume de Machaut.

Anglais et Bourguignons domineront ensuite la musique occidentale.

FÊTES ET RÉJOUISSANCES

Le travail fut la valeur de référence pour l'immense majorité des hommes du Moyen Âge. Cette prééminence du labeur explique le besoin, parmi le peuple mais aussi chez les princes, de repos et de divertissement. Mais l'initiative revenait aux doctrinaires de l'Église, y compris pour tout ce qui touchait aux festivités. Le calendrier liturgique rythmait l'année, cependant l'esprit païen reprenait ses droits en débordant la stricte observance religieuse, au grand dam des clercs.

LE CALENDRIER DES FÊTES.

Carnaval tire probablement son origine des fêtes grecques en l'honneur de Dionysos et des saturnales romaines, périodes de réjouissances fastueuses où tous les excès étaient permis. Cette fête, qui, jusqu'au XVIIe siècle, couvrait les quatre mois d'hiver, célébrait l'équinoxe de printemps.

Le premier dimanche du cycle de Carnaval-carême portait le nom de dimanche des Brandons car des feux étaient allumés, des marches aux flambeaux effectuées. Les célèbres fêtes des Fous et de l'Âne étaient des critiques ouvertes de l'ordre établi. Quant à la fête des Saints-Innocents, elle débutait dans la cathédrale même avant de se répandre à l'extérieur. Au Moyen Âge, l'année commençait le plus souvent à Pâques, la fête la plus importante des calendriers liturgiques juif et chrétien. Pâques, en hébreu *Pessah*, c'est le passage de la mort à la vie. Aux significations historique et religieuse s'ajoute la dimension naturelle : les «Pâques fleuries» célébrent ainsi le retour du printemps. En outre, cette fête mobile mettait fin au carême, période d'abstinence et de diète sévère comprise entre le mercredi des Cendres et le dimanche de Pâques,

LE CARNAVAL DE NUREMBERG

L'historien du XIe siècle Orderic Vital décrit la procession de Carnaval en ces termes :
«Le géant Arlequin, armé d'une massue monumentale, s'avance en conduisant une troupe fort disparate. Devant, viennent des hommes vêtus de peaux de bêtes, qui portent un attirail culinaire et domestique.»
«Carnaval» viendrait du bas latin *carne levare*, «supprimer la viande», et rappelait qu'au lendemain de cette fête commençait le temps maigre du Carême.

> « Gentils pasteurs, qui veillez en la prée,
> Abandonnez tout amour terrien,
> Jésus est né et vous craignez de rien,
> Chantez Noël de jour et de vesprée. »
>
> Jean Daniel, XVe siècle

ce qui explique que la célébration pascale donnait lieu à des excès. Saint Césaire d'Arles (470-543), moine et évêque gaulois, stigmatisa les hommes qui se travestissaient ou se déguisaient en bêtes sauvages. Les conciles tentèrent de mettre fin à ces pratiques ou de les intégrer dans le giron de l'Église. Le cycle de Mai, le mois de Marie, s'ouvrait le 3 par la fête de la Sainte-Croix. Suivaient les rogations, ou processions, qui pendant les trois jours précédant l'Ascension consistaient à demander la protection divine pour les récoltes. Les jeunes gens « tournaient le mai » : ils allaient en forêt couper un arbre vert (le mai), l'enrubannaient et le plantaient au centre du village avant de danser autour. Ce « mai » est l'ancêtre du mât de cocagne. Le joli mois de Mai était aussi celui de la courtoisie et des déclarations amoureuses. Ces manifestations dégénéraient souvent en querelles, voire en meurtres. Les fêtes chrétiennes suivantes (Pentecôte, la Fête-Dieu et ses chapeaux de roses, la Saint-Jean-Baptiste et ses feux de joie, l'Assomption de la Vierge célébrée le 15 août, la Toussaint ou la Saint-Martin d'hiver) montraient combien les réjouissances populaires étaient liées aux fêtes religieuses. Noël est l'une des fêtes les plus anciennes, qui célèbre primitivement le solstice d'hiver. Le 25 décembre, en effet, est le jour le plus court de l'année, et, à partir du 26, les jours allongent. Voilà pourquoi, l'Église chrétienne, qui célèbre en Jésus-Christ le « soleil de justice », choisit cette date pour fêter la Nativité. « Noël » vient du latin *natalis dies*, qui signifie « naissance du jour ». Ce mot était souvent lancé comme un cri de joie et d'espérance, par exemple pour accueillir un roi dans une ville. La fête de Noël entraînait maints préparatifs : la maison était décorée, les anciens vêtements faisaient place aux habits neufs et la messe de la nuit de Noël était suivie de fêtes. Le sapin de Noël, présent dans un mystère médiéval orné de pommes et d'hosties, symbolisait l'arbre d'Éden.

LE CHARIVARI

Il s'agissait de tourner en dérision les mariages mal assortis ou mal acceptés. De jeunes gens affublés de peaux de bêtes dansaient leur chahut à la porte des mariés, en imitant les cris d'animaux sauvages. Ce charivari était scandé par le bruit des poêles et des chaudrons frappés. Les danseurs n'arrêtaient leur vacarme que lorsque les nouveaux mariés leur offraient à boire.

Le charivari était également connu des patriciens, comme le montre le *Roman de Fauvel*, de Gervais du Bus (ci-dessus). Quatre danseurs périrent dans le charivari organisé le 28 janvier 1393, sous Charles VI, également connu sous le nom de « Bal des Ardents ».

FÊTES PRINCIÈRES
Dans les cours princières et royales, les festins se transformaient en de véritables fêtes, ainsi qu'en témoigne le *Banquet du Faisan* organisé par le duc de Bourgogne Philippe le Bon en 1454 (ci-contre).
Ci-dessous, Réjouissances à la Cour, *Grandes Chroniques de France*, Jean Froissart.

FÊTES URBAINES ET ENTRÉES PRINCIÈRES.

La ville n'offrait pas les mêmes festivités que la campagne. La rue, du lever du soleil au couvre-feu, était remplie de mouvement et de bruit. Sur les places, la foule aimait regarder et entendre jongleurs et autres amuseurs publics. Des fêtes célébraient les grands événements, comme les victoires militaires, les naissances ou les mariages princiers. De solennelles actions de grâces étaient alors rendues dans toutes les églises de Paris, les cloches mises en branle. Les entrées princières étaient particulièrement appréciées. À la fin du XIIIe siècle, lorsque le roi arrivait dans l'une de ses bonnes villes, il souhaitait avant tout le vivre et le couvert. Au milieu du siècle suivant, l'entrée royale s'accompagnait de réjouissances. Les membres du cortège revêtaient une livrée exécutée pour la circonstance. La cérémonie qui tendait de plus en plus à glorifier le roi se transforma en une manifestation bruyante et colorée qui donnait lieu à des spectacles, particulièrement à des représentations théâtrales.

MYSTÈRES ET THÉÂTRE.

Aux Xe et XIe siècles, les offices de Pâques et de Noël étaient dramatisés. Dans l'église, les fidèles contemplaient des scènes qui se déroulaient dans les lieux matérialisés, la crypte se transformant en tombeau ou l'autel en crèche. Puis on fit appel à des professionnels pour les mises en scène plus sophistiquées, qui abandonnèrent le chœur et la nef. Les mystères, qui s'inspiraient autant de la Bible que des Évangiles apocryphes ou des commentaires allégoriques, étaient censés ramener les pécheurs dans le droit chemin en même temps qu'ils mettaient l'accent sur l'existence terrestre et les souffrances de Jésus.

LE THÉÂTRE
Le théâtre comique français naquit au XIIIe siècle, quelques décennies après le théâtre religieux en langue vulgaire. Au XVe siècle, plusieurs genres existent : la comédie scolaire latine, qui perpétue celle du XIIe siècle, le monologue dramatique et le sermon joyeux, enfin la farce, souvent grossière. Ci-contre à gauche, *Récitants et acteurs, Codex Membranacus*, manuscrit, XVe siècle.

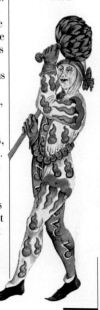

LES JEUX ET LES LOISIRS

UNE PARTIE D'ÉCHECS
Une partie d'échecs constituait un spectacle. Ci-dessous, autour de la table de jeux, les membres de l'aristocratie et le fou observent la partie, *Joueurs d'échecs*, manuscrit, XVe siècle

Il paraît encore difficile d'associer les plaisirs et le Moyen Âge, époque trop longtemps perçue comme violente et obscure. Or les plaisirs, qu'ils soient sportifs ou festifs, ont eu une large place dans la vie des hommes du Moyen Âge.

LES JEUX D'EXERCICE ET D'ADRESSE.

Les exercices physiques font partie intégrante de la vie des hommes du Moyen Âge. On sait ainsi que l'empereur Charlemagne, outre l'équitation, pratiquait assidûment la natation. Parmi les jeux d'exercice, la soule

était à la fin du Moyen Âge, assurément
le plus populaire. Ce jeu brutal, connu dans
la plupart des régions de France, mais surtout
en Picardie, Vermandois, Normandie et Bretagne,
est peut-être l'ancêtre du football ou du rugby.
Il est fort apprécié des paysans : la partie se déroule
tantôt de «pays» à «pays», tantôt entre habitants
d'un même village et, dans ce dernier cas, oppose
généralement les gens mariés et les célibataires.
Il s'agit, pour un joueur, de s'emparer
du «ballon» ou de l'éteuf (le plus souvent
une bille de bois ou une boule de cuir
bourrée d'étoupe) et de le porter dans
un endroit convenu
des deux équipes.
Les bourgeois
et aristocrates, eux,
préfèrent le jeu de paume.
Ce dernier tire son nom
du creux de la main utilisé
pour lancer la balle. Cette
manière de jouer est la seule
usitée jusqu'au milieu
du XVe siècle, époque
à laquelle la paume
de la main est remplacée
par une raquette. On jouait
également à la quintaine :
il s'agit d'un mannequin,
monté sur un poteau
pivotant, qui, lorsqu'on
le frappait maladroitement
avec la lance, tournait
et assenait un coup au
mauvais jouteur.

ᴸES JEUX DE RÉFLEXION OU DE HASARD.
L'homme médiéval pratique
également des jeux qui
requièrent plus de réflexion
ou de hasard que de force
ou d'adresse. C'est à partir
de 1100 que les
témoignages relatifs

Jeu de Choule à la crosse, Heures
de la Duchesse
de Bourgogne,
XVe siècle.

LA SOULE
La soule connaît
deux variétés :
la soule au pied
(il s'agit de pousser
du pied la boule
ou l'éteuf) et la
soule à la crosse
(les joueurs, pour
lancer le ballon,
utilisent un bâton
plus ou moins long
pourvu d'une
extrémité
recourbée).
Ainsi, la soule peut
être considérée
comme l'ancêtre du
football et du rugby,
mais aussi du hockey
sur gazon ou encore
du polo.

LES PERTES ET LES GAINS
Les comptabilités
princières montrent
que les Grands
perdent des
sommes bien
moins importantes
aux échecs qu'aux
dés ou aux cartes.
Une certaine
dissociation
s'opérerait donc
entre jeux
de réflexion
et de hasard.

$\mathcal{D}$urant leurs loisirs, les hommes du Moyen Âge s'adonnent aux jeux : tandis que les paysans combattent corps à corps à la soule, les puissants s'affrontent au jeu de paume.

Banquet à la cour
de Charles le
Téméraire
miniature et détails,
XVe siècle.

aux échecs se multiplient. Les joueurs médiévaux s'emploient à n'utiliser qu'un nombre réduit de pièces et, après avoir «déblayé» le terrain, ils recherchent la mise en échec et le mat. Deux types de mat sont mentionnés : en ligne droite et dans l'angle. Les dés constituent un passe-temps très prisé dans toutes les classes de la société. Cette distraction qui diminue la fortune des riches prend parfois jusqu'au dernier denier de la bourse des pauvres. Le jeu de dés donne d'ailleurs lieu à de fréquentes tromperies. Villon, dans ses ballades en jargon, évoque ces gentils compagnons, les saupiquets, qui utilisent des dés avantagés. Enfin, les cartes n'apparaissent en France qu'au début du règne de Charles VI et leur vogue date de l'époque de Charles VII.

$\mathcal{L}$A CHASSE. La chasse à courre est le loisir favori des souverains et des seigneurs, qu'il s'agisse de la vénerie ou de la volerie. Ils y font montre de leur pouvoir et de leur aptitude à régner. Mais les clercs sont hostiles à la chasse. Ainsi, au IXe siècle, Jonas, évêque d'Orléans, critique sévèrement les propriétaires francs : «Les jours de fête et le dimanche, écrit-il, ces derniers délaissent l'office divin pour aller chasser, trouvant moins de plaisir aux hymnes des anges qu'aux aboiements des chiens.» La nécessité d'être riche pour pratiquer ces distractions, plus encore que les interdictions, les réserve aux personnes de condition aisée. Cela n'empêche pas les paysans de trouver du plaisir dans une chasse plus humble. La pêche qui réclame plus de patience que de bravoure est laissée aux roturiers pour leur profit ou plaisir.

LES FESTINS ET LES BANQUETS.

Nombre de textes littéraires décrivent les festins auxquels participent les membres de la noblesse. Dans la grande salle sont installés les sièges, les tables et les dressoirs que l'on pare. Un seul côté est occupé, le milieu de la salle restant libre. Le repas est annoncé par des serviteurs qui présentent aux invités des bassins au-dessus desquels, à l'aide d'aiguières, on leur verse de l'eau parfumée. Les entremets (mot qui signifie «entre les mets») sont le temps des divertissements qui agrémentent les repas.

TAVERNES, BAINS PUBLICS ET BORDELS.

Les tavernes, aux temps mérovingiens comme au bas Moyen Âge, font partie du paysage urbain et rural. Elles se reconnaissent au rameau de verdure et au cerceau joint à leur enseigne. En dehors des taverniers, bien des gens vendent le vin de leur récolte. Ainsi, le poète Villon raffole de l'hypocras, vin chaud additionné de cannelle, de gingembre et de poivre. Les bains publics sont nombreux à Paris : en 1292, la ville compte vingt-six étuveurs inscrits sur le livre de la taille. Mais ces étuves ont de plus en plus mauvaise réputation et deviennent bien souvent de véritables maisons de tolérance. À la fin du Moyen Âge, d'ailleurs, la plupart des villes possèdent un bordel public que fréquentent les célibataires, car les hommes se marient tard.

LES PLAISIRS INTELLECTUELS.

La bibliophilie paraît assez répandue dans l'aristocratie à la fin du Moyen Âge. Le livre manuscrit est fort différent du livre imprimé : il s'agit d'un objet rare et précieux, réalisé par de nombreux artisans dont le scribe, l'enlumineur, la brodeuse, qui revêt l'ouvrage d'étoffe, et le relieur de cuir. Le livre coûte donc fort cher et pour certains grands seigneurs le contenu compte sans doute moins que l'objet lui-même.

Joute sur l'eau, *Très Riches Heures du Duc de Berry*, XVe siècle.

CHASSE ET POUVOIR FÉODAL

La chasse était l'apanage exclusif des seigneurs et des princes. À ce titre, elle apparaît comme un thème récurrent des cahiers de doléances de 1789 où le peuple revendiqua l'accès à la chasse pour tous.

LE GOÛT DES ARTS

Les arts agrémentent aussi les loisirs d'une élite. La musique est appréciée de grands seigneurs, comme Charles le Téméraire. Mais les bergers jouent de la cornemuse, de la flûte.
Bergers musiciens. Chartres, cathédrale,

LE TOURNOI

LE COMBAT

Le choc même des épées entraînait un mouvement tournant des protagonistes, d'où le terme de tournoi, qui peut également s'expliquer par les demi-tours qu'il leur arrivait régulièrement de pratiquer. Ces rencontres viriles faisaient des blessés et des morts. Elles duraient longtemps et se déroulaient à l'origine non point dans un champ clos mais dans un espace largement ouvert. Attestée à partir de 1130, la joute constitua une variante du tournoi. Deux cavaliers tenant leur lance à l'horizontale se lançaient l'un contre l'autre. Chacun cherchait à briser sa lance sur l'armure ou le bouclier de l'adversaire, ce qui pouvait le désarçonner.

Selon une chronique angevine du XIIe siècle, le tournoi devrait son origine à Geoffroy de Preuilly, qui mourut près d'Angers en 1066. Mais la pratique d'exercices équestres au cours desquels deux troupes s'affrontaient à la lance et surtout à l'épée est bien attestée au début du XIIe siècle. Ces combattants mettaient leur valeur guerrière à l'épreuve et luttaient pour étendre leur renommée. Les vainqueurs capturaient leurs adversaires – qui pourraient payer une rançon – et s'emparaient de leurs montures. Désireuse de mettre un terme à ces rencontres belliqueuses et à leurs excès, l'Église réagit vigoureusement : «Nous interdisons formellement ces foires détestables où les chevaliers prennent l'habitude de se rassembler pour montrer leur force et leur audace insensée, d'où il s'ensuit souvent la mort pour les hommes et le péril pour les âmes.» (concile de Latran II) Mais les protestations successives des autorités ecclésiastiques n'eurent aucun effet car pendant des générations, les tournois constituèrent l'une des activités favorites de la classe noble. De leur côté, les rois et les princes territoriaux estimaient tantôt que le tournoi constituait un bon exercice, individuel aussi bien que collectif ; tantôt que cet attroupement pouvait devenir prétexte à intrigue.

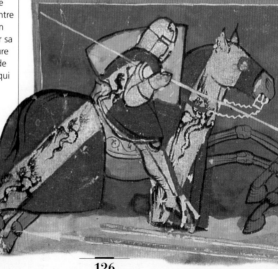

*S*i l'un d'eux y périt, il sera privé de la sépulture chrétienne, sans que lui soient retirés ni la pénitence ni le viatique.

Concile de Latran II (1139)

En outre, nombre d'entre eux affirmaient que les tournois affaiblissaient la noblesse, et, partant, le potentiel militaire d'une domination. C'est ainsi qu'au début du XIVe siècle, l'essayiste Pierre Dubois vantait le tournoi comme la meilleure préparation à la croisade, tandis que Philippe le Bel cherchait à l'interdire. Les tournois proprement dits commencèrent de se raréfier au tournant du XIVe et du XVe siècle, au profit des duels à cheval ou à pied – et de leurs variantes les tables rondes, les pas d'armes, les pardons d'armes, les béhours – qui opposaient des protagonistes répartis en deux camps. Prenant place dans un décor et suscitant toute une littérature, ces joutes devinrent des fêtes aristocratiques où l'on s'affrontait à armes courtoises sous le regard d'arbitres vigilants. Les domaines des ducs de Bourgogne de la maison de Valois furent le cadre privilégié de ces réunions qui attiraient les foules. Dans les villes du nord de la France, des bourgeois désireux d'imiter le faste aristocratique organisèrent leurs propres joutes. Si Charles V, Charles VII et Louis XI furent allergiques à ces combats, d'autres rois de France les encouragèrent et allèrent jusqu'à y participer, tels Charles VI, Charles VIII et Louis XII.

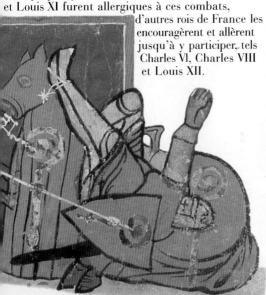

LE BOUCLIER

Peu à peu ritualisés et civilisés, les tournois devinrent un spectacle à l'occasion duquel on devait se faire valoir auprès des dames. D'ailleurs, les liens sont étroits entre le tournoi et la civilisation courtoise. Le développement de l'héraldique doit également beaucoup aux tournois.

LE DÉCLIN DES TOURNOIS

Si, vers 1500, les tournois proprement dits avaient à peu près disparu, joutes et pas d'armes restaient en vogue, comme l'attestent maints récits et représentations figurées. Un accident est resté célèbre en France : en 1559, Henri II fut mortellement blessé par le coup de lance que lui donna le comte de Montgomery lors d'une joute organisée pour célébrer la paix de Cateau-Cambrésis.

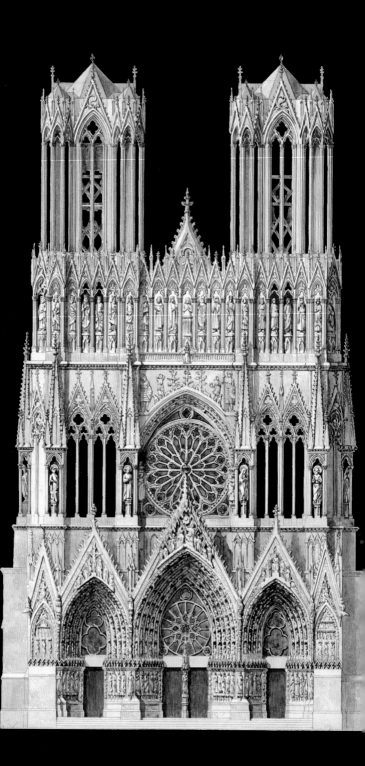

ARCHITECTURE

ARCHITECTURE DÉFENSIVE :

DE LA MOTTE AU DONJON

MOTTE DE DINAN
(broderie de Bayeux)

La société du Xe siècle est atomisée. Les seigneurs, qui ont récupéré des parcelles de l'autorité, n'ont les moyens de créer que des forteresses à bas prix : une motte de terre surmontée d'une construction en bois. Elles permettent de voir au loin, ce qui définit les limites du pouvoir de leurs propriétaires. Souvent artificielle, la motte féodale est constituée de la terre tirée du fossé circulaire qui l'entoure. Le fossé, parfois en eau, peut être bordé par un remblai de quelques mètres de haut, surmonté d'une palissade en bois qui délimite la «basse cour». La motte est surmontée d'une tour en bois, de plan rectangulaire, haute de plusieurs étages. C'est elle qui assure la surveillance, mais son rôle défensif peut être renforcé par une palissade propre qui circonscrit la «haute cour». L'accès s'effectue par une barbacane, enceinte avancée qui enjambe le fossé et la palissade principale.

DU BOIS À LA PIERRE
(ci-contre, donjon de Loches)
Au début du XIe siècle, les seigneurs les plus riches construisent non plus en bois mais en pierre. Ils conservent le principe de la tour de plan rectangulaire, et lui donnent une finalité nouvelle en adjoignant à son rôle défensif une fonction résidentielle.

LE DONJON EN PIERRE
Les ouvertures sont réduites dans la partie basse, et l'accès se trouve au premier étage. La circulation se fait par des échelles en bois ou par des escaliers ménagés à l'intérieur des murs. La résidence et la salle de cour (*aula*) occupent la partie haute.

L'architecture défensive correspond à des besoins ponctuels, et ses modèles sont vite dépassés lorsque les conditions changent ; ainsi s'explique l'abandon de nombreux sites.

   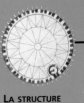

LA TOUR CIRCULAIRE (donjon de Coucy, plans et coupe)

Le premier tiers du XIIᵉ siècle voit le retour des grands seigneurs et donc des conflits entre puissants. La tour circulaire en pierre, qui apparaît dans le nord de la France, est alors à finalité défensive, et sa signification emblématique s'affirme davantage. Les ingénieurs de Philippe Auguste vont en perfectionner le schéma et l'associer à un ensemble défensif qu'elle domine de toute sa hauteur.

LA STRUCTURE

La forme circulaire de la tour assure une meilleure cohésion à la maçonnerie et résiste mieux aux tentatives de sape. Son diamètre varie de 11 à 15 m, et sa hauteur de 20 à 30 m. L'épaisseur des murs peut atteindre plusieurs mètres dans la partie inférieure. L'accès se fait toujours à l'étage. La partie haute peut comporter des hourds en bois qui permettent une défense plongeante.

AMÉNAGEMENTS

À la fin du XIIᵉ et au XIIIᵉ siècle, le confort apparaît, et la tour circulaire évolue, notamment dans sa distribution intérieure. Les planchers sont remplacés par des voûtes, des escaliers sont construits dans l'épaisseur des murs, on aménage de vastes salles avec cheminées, ainsi que des latrines.

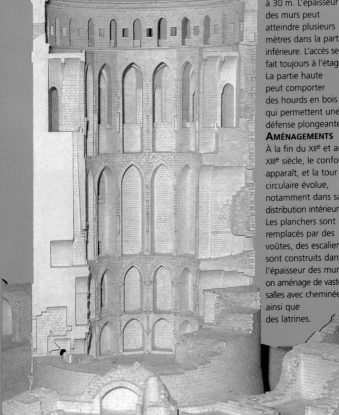

*D*ans la seconde moitié du XIIe siècle
s'élabore un nouveau château, destiné
à la résidence et à la défense.

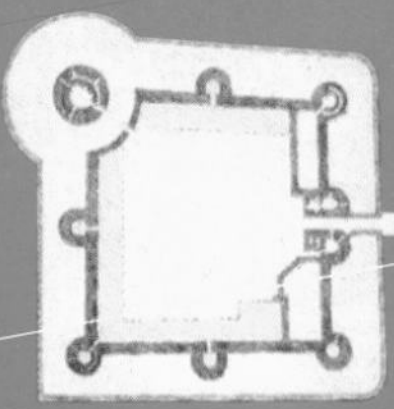

PLAN D'UN CHÂTEAU DE PLAINE
(Dourdan)

L'ORGANISATION EXTÉRIEURE ET INTÉRIEURE

Le château est protégé par des fossés, généralement en eau. Aux angles se dressent de hautes tours, reliées par des courtines surmontées de créneaux. Un châtelet protège l'entrée. Ce parti architectural, bien que renouvelé, perdurera tout au long du Moyen Âge. En revanche, l'évolution du goût et la recherche du confort amènent des changements importants. À partir du XIIIe siècle apparaissent des éléments résidentiels, d'abord en bois puis rapidement en pierre. Ces bâtiments, clairement identifiés, sont adossés aux courtines et prennent le jour sur la cour intérieure. Ils se répartissent en logements spacieux et confortablement aménagés ; une grande salle accueille la cour lors des fêtes et des repas ; une chapelle et des bâtiments fonctionnels complètent cet ensemble.

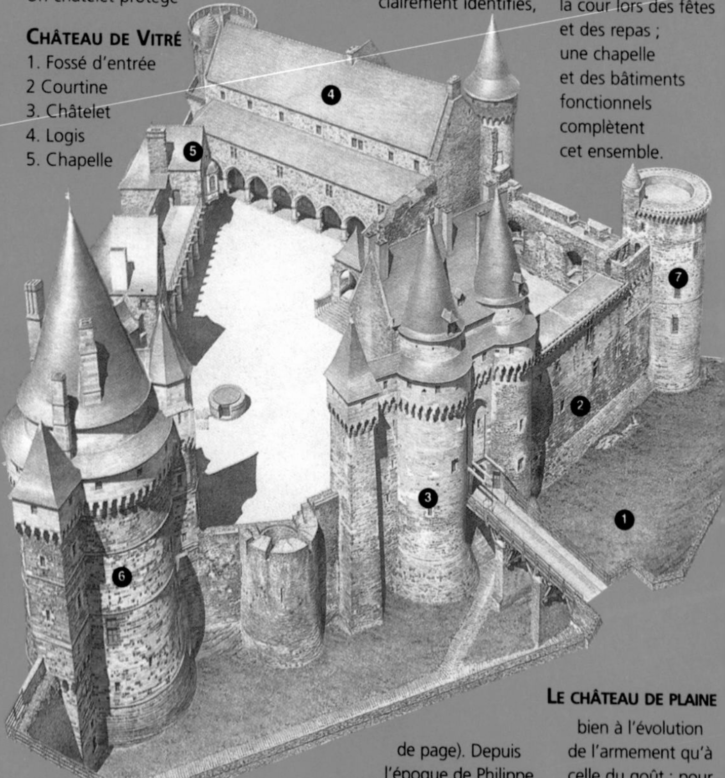

CHÂTEAU DE VITRÉ

1. Fossé d'entrée
2. Courtine
3. Châtelet
4. Logis
5. Chapelle

6. Tour Saint-Laurent
7. Tour de la Madeleine

LE CHÂTEAU DE PLAINE

Le site de plaine permet de bâtir le château selon un tracé régulier (Dourdan, en haut de page). Depuis l'époque de Philippe Auguste, il occupe un quadrilatère ou un carré, entouré de fossés secs ou en eau vive. Il s'adapte aussi bien à l'évolution de l'armement qu'à celle du goût : pour l'agrément, les plans d'eau seront étendus, et les courtines percées de larges ouvertures.

LE CHÂTEAU DE PLAISANCE
(château du Verger)
La guerre de Cent Ans achevée, les grands seigneurs du val de Loire amplifient l'aspect résidentiel de leurs châteaux. Si l'extérieur reste régulier et sévère, il s'embellit sur la cour intérieure d'un décor flamboyant. Les baies, surmontées de lucarnes, se multiplient, selon un programme de façade élaboré. Une avant-cour abrite les communs.

LE CHÂTEAU DE MONTAGNE
(Puylaurens)
Il surveille une région ou une route, et peut abriter une petite garnison. Il est construit avec les pierres extraites du rocher qui le soutient, parfois retaillé à cette occasion pour le rendre plus escarpé et difficile d'accès. Les éléments habituels à tous les châteaux sont présents, mais resserrés sur eux-mêmes.

LE CHÂTEAU DE MER (château d'If)
La défense des côtes et des ports est assurée par des fortifications sur le littoral, auxquelles s'ajoute une protection éloignée lorsque la présence d'îlots le permet. Une muraille de pierre épouse les contours du terrain ; à l'intérieur se dresse un château, parfois de plan régulier, destiné à abriter la garnison. Celle-ci est présente en permanence quand il s'agit de protéger l'entrée d'un port.

LE CHÂTEAU ENTERRÉ
Le développement de l'artillerie dans la seconde moitié du XIVe siècle rend inefficaces les hautes murailles et les tours, en même temps qu'il amène une professionnalisation des armées.

CHÂTEAU DE SALSES

Le choix du site évolue pour répondre au nouvel art de la guerre. Le château s'enterre pour mieux résister au tir rasant, en même temps qu'il est aménagé pour de longs sièges.

ARCHITECTURE DÉFENSIVE :

LE CHÂTEAU ET SON DÉCOR

Les premières armes utilisées pour l'attaque à distance sont des armes de jet, arcs ou arbalètes, dont la portée reste réduite.

L'architecture défensive était complétée par des éléments chargés de tenir éloigné l'assaillant, ou le ralentir dans sa progression. Moins bien connus car disparus, les haies vives, les levées de terre surmontées de pieux en bois et les fossés pouvaient former des avancées sur plusieurs centaines de mètres. Venaient s'y ajouter des artifices de construction, en bois, en pierre, ou même en terre, tel le talutage des murs pour les protéger de la sape.

CHÂTELET D'ENTRÉE

L'entrée piétonne et charretière a toujours été le point sensible de la défense. Elle est protégée par les tours qui l'enserrent, mais aussi par des installations en avant ou en arrière. Le pont-levis (1) est constitué d'une partie dormante (fixe) et du tablier qui se relève pour venir se rabattre sur la porte. La herse en bois (2) descend dans des raineaux ménagés dans les murs. Elle est manœuvrée depuis la salle de garde (3). L'assommoir (4), large trou creusé dans la voûte,

et la bretèche (5) assurent la protection rapprochée en cas d'avancée des assaillants.

L'ARTILLERIE

À compter du milieu du XIVe siècle se répandent les armes à feu. Les boulets, d'abord en pierre, sont en fer à partir du premier tiers du XVe siècle.

Ce sont les remparts, construits en pierre, qui assurent la protection extérieure du château contre les tentatives de sape et les attaques des armées.

LES REMPARTS

Ils sont constitués d'une courtine (6), mur qui s'étend entre les organes de défense, tels que les tours semi-circulaires (7). Dans la partie supérieure, le chemin de ronde (8) est protégé par des merlons, qui alternent avec des créneaux ouverts servant au tir. La largeur du chemin de ronde peut être doublée par une passerelle en bois.

LE DONJON (9)

Il comporte : un magasin (10), une entrée haute (11), une grand-salle (12), des latrines (13), la chambre du seigneur (14), et enfin des archives et/ou un arsenal (15).

LES TOURS SEMI-CIRCULAIRES (7)

Elles scandent à intervalles réguliers la courtine (6) qu'elles dominent et sur laquelle elles sont en saillie plus ou moins prononcée. Fermées ou ouvertes vers l'intérieur, elles assurent la surveillance et la protection du rempart. C'est là que se tiennent les hommes de garnison.

*A*rchitectes et maîtres d'œuvre ont toujours été attentifs à l'aspect esthétique des châteaux. Ils ont utilisé les possibilités décoratives de la pierre, donné des formes assez étonnantes aux tours, ou imaginé des plans parfois très recherchés.

LA RECHERCHE ESTHÉTIQUE
(château d'Angers)

C'est une constante de l'architecture défensive qui s'affirme dans l'utilisation de matériaux variés, parfois de couleurs différentes, pour réaliser des motifs. Ainsi à Angers , militaire ne rime pas avec austérité.

POLYCHROMIE
(Angers)
Les assises de calcaire alternent avec des assises en schiste sombre.

LE DÉCOR
(château de Saumur)
À l'austérité de l'architecture sous Philippe Auguste, succède un foisonnement ornemental : hautes lucarnes, larges fenêtres à meneaux et tour d'escalier concourent à la verticalité de la composition d'ensemble.

LE FAÎTE DES MURS
Les bretèches remédient au problème des angles morts, tandis que les mâchicoulis permettent de surveiller la base des remparts. En cas de danger imminent, l'on édifie parfois des hourds en bois, établis en surplomb, mais qui ont l'inconvénient d'être aisément incendiés.

BRETÈCHE
(Aigues-Mortes)

MÂCHICOULIS SUR CORBEAUX
(Avignon)

MÂCHICOULIS SUR ARCS
(Avignon)

BOSSAGE
(Carcassonne)
Le bossage consiste à ne tailler que les contours des pierres pour laisser au centre une forme bombée, épannelée, et ce dans un but décoratif.

*L*e goût pour l'embellissement extérieur prend une ampleur extraordinaire dans la seconde moitié du XIVe siècle, à l'exemple des transformations apportées par Charles V à l'austère forteresse du Louvre.

LE PLAN
(Vally-sur-Sauldre)
La recherche de régularité dans le plan des châteaux réapparaît dès le XIIIe siècle en Italie, en référence à l'Antiquité. On la retrouve ensuite parfois en France. L'esthétique l'emporte en même temps que s'affirme la diversité.

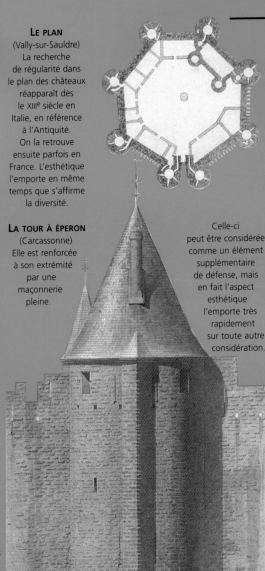

L'ESCALIER
(château de Saumur)
Il devient à partir du milieu du XIVe siècle un élément majeur de l'architecture civile, à l'imitation de l'escalier en vis du Louvre.
Il n'est plus intégré à l'édifice, mais hors œuvre, facilitant ainsi la circulation verticale en même temps qu'il offre un support à la décoration.

CORBEAU OUVRAGÉ
(Loches)
L'ornementation des éléments secondaires comme le corbeau, est traitée avec un souci égal à celle des parties nobles.

LA TOUR À ÉPERON
(Carcassonne)
Elle est renforcée à son extrémité par une maçonnerie pleine.

Celle-ci peut être considérée comme un élément supplémentaire de défense, mais en fait l'aspect esthétique l'emporte très rapidement sur toute autre considération.

URBANISME :
L'ENCEINTE DE VILLE

REMPART D'AVIGNON

L'enceinte des villes médiévales joue un rôle important et multiple. Au IVe siècle, au moment des invasions, ce sont des protections isolées, palliant la défaillance des frontières. Ces défenses «arrière», réalisées avec beaucoup de soin, ne protègent que la partie la plus aisément défendable de chaque ville ouverte, celle qui abrite les bâtiments publics. Au XIIe siècle elles se révèlent trop étroites en raison de l'accroissement démographique. Les nouvelles enceintes édifiées alors répondent à une triple finalité : lotissement des sols, appel au peuplement et protection des habitants. Suivant les sites, elles sont régulières et de leurs portes partent des rues qui se croisent à angle droit, ou au contraire elles s'adaptent au mouvement du terrain. Leur construction se plie au même schéma jusqu'au XIVe siècle.

L'ENCEINTE ANTIQUE

Quand, au IVe siècle, les architectes du Bas-Empire élaborent des enceintes, ils sont aussi attentifs à leur résistance qu'à leur aspect. Les murs offrent souvent un décor savant par l'agencement des pierres, pouvant former des motifs géométriques, parfois de teintes différentes. Ci-contre, les remparts du Mans.

*L*a ville médiévale, à la différence des villes modernes, qui sont des ensembles ouverts, est fermée par une enceinte qui peut être en terre, surmontée d'une palissade en bois ou en pierre.

L'ENCEINTE DE PLAINE

(ci-dessus, Avignon) Les nouvelles enceintes des XIIIe et XIVe siècles sont en pierre. En plaine, l'absence de contrainte permet l'élaboration de plans réguliers. Portes et tours rythment l'ensemble, et l'appareillage est soigné.

L'ENCEINTE DE RELIEF

(ci-dessous, Carcassonne) Les enceintes bâties sur sites accidentés s'y adaptent plus ou moins habilement. L'irrégularité du tracé rend nécessaire la multiplication des tours et ouvrages de flanquement.

PORTE DU XIIIe SIÈCLE

(Carcassonne) Les architectes des XIIIe et XIVe siècles ont apporté un soin particulier aux portes des villes. Elles jouent un rôle à la fois d'accueil et de protection. Leur monumentalité se veut impressionnante.

PORTE DU XVe SIÈCLE

(Loches) Au XVe siècle, la fonction défensive devient secondaire, même s'il en subsiste des éléments comme le pont-levis, les corbeaux ou les poivrières. Baies et lucarnes s'élargissent et sont décorées.

*L*es villes médiévales obéissent à un schéma irrégulier ou parfaitement organisé. Le premier, spontané, se met progressivement en place, l'habitat suivant l'évolution de la population. Le second est celui des villes créées.

Certaines agglomérations s'organisent spontanément sur un axe ou un croisement d'axes : les maisons s'alignent le long de ceux-ci, rejetant les jardins vers l'extérieur. D'autres s'ordonnent de façon plus ou moins concertée autour d'un monument. Leurs limites peuvent se voir confirmées à une certaine époque par une enceinte légère, en bois ou en pierre. La ville créée obéit au contraire à une volonté précise. Les architectes des XIIe et XIIIe siècles s'inspirent des plans romains où les rues se croisent à angle droit.

Une fois défini le périmètre de la future ville, le terrain est réparti en parcelles régulières, séparées par des rues qui s'organisent autour de l'église, de la place ou du site de marché, cœur (parfois excentré) de la vie communale.

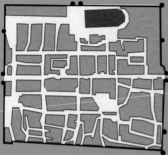

LA VILLE ANTIQUE (Orléans)
L'enceinte régulière, bâtie au moment des grandes invasions, réduit le périmètre de la ville et coupe un certain nombre de voies, limitant ainsi les accès. Les citadins vivent dans ces villes «réduites» jusqu'au XIIe siècle.

LA VILLE ÉLARGIE (Paris)
L'élargissement répété de l'enceinte obéit à des motifs politiques : il favorise le phénomène de peuplement tout en lui fixant des limites.

LA VILLE NEUVE
(ci-dessus, Rabastens)
La création de villes neuves au plan régulier dans le Nord, et de bastides dans le Midi, aux XIIe et XIIIe siècles, obéit à des motifs politiques, économiques et humains. Peuplées par appel d'hôtes, elles garantissent à leurs habitants la sécurité d'une enceinte, des possibilités marchandes, etc.

LA VILLE RÉUNIE
(ci-contre et
ci-dessus, Reims)
À partir du XIIᵉ siècle,
bourgs et faubourgs
se développent
à l'extérieur des cités.
L'érection d'une
nouvelle enceinte,
réunissant ces
ensembles éclatés,
incite la population
à venir combler
les espaces vides.

LA VILLE D'AXE
(ci-dessous, Castelsarrasin)

Certaines villes
se sont développées
le long des axes
de communication
les plus fréquentés
par les marchands,
les pèlerins, etc.

De ce fait, leur plan
a pris une forme
plutôt régulière,
où généralement
l'église (A) reste
à l'écart des rues
principales.

**LA VILLE
CONCENTRIQUE**
(ci-dessus, Bram)
Elle s'est déployée
en une série
d'anneaux circulaires
autour d'un édifice
important, souvent
une église.
Son organisation
concentrique fait
office de rempart.

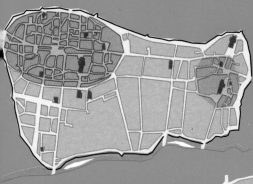

FONDATION ROYALE
Certaines villes
créées répondent
à des besoins précis.
Saint Louis fonda
Aigues-Mortes pour
doter le royaume
d'un port sur
la Méditerranée.
La tour de Constance
(B), symbole du
pouvoir royal, servait
de phare et de vigie.

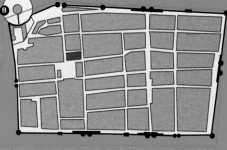

ARCHITECTURE CIVILE :

LE PALAIS

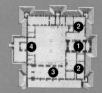

PLAN DU PALAIS DES ROIS DE MAJORQUE (Perpignan)
Ce palais reprend la conception élaborée à Aix-la-Chapelle.
Mais ici l'ordonnancement est modifié :
La chapelle (1) est flanquée des appartements royaux (2),
la grande salle se trouve au sud (3), tandis que la loggia
qui abrite le trône (4) fait face à la chapelle.

La Gaule n'avait pas de capitale ; Rome suffisait. Charlemagne décida d'installer à Aix-la-Chapelle une résidence qui pût symboliser l'unité de l'Empire qu'il constituait face à Constantinople. Il confia à Eudes de Metz la réalisation du palais qu'il avait imaginé. Celui-ci devait s'organiser suivant deux espaces, emblématiques des responsabilités civile et religieuse du souverain, auxquels s'adjoindrait la résidence. En 794, pour la première fois en Occident, l'architecture matérialisait une conception politique. Souverains et seigneurs du Moyen Âge imitèrent cette vision du pouvoir, rapprochant davantage encore l'espace religieux, ou chapelle, de l'espace civil, c'est-à-dire l'*aula*, ou grande salle de gouvernement et de cour.

Les évêques, héritiers des préfets romains, firent de même, ajoutant par ailleurs au schéma général l'idée de la chambre dans une tour.

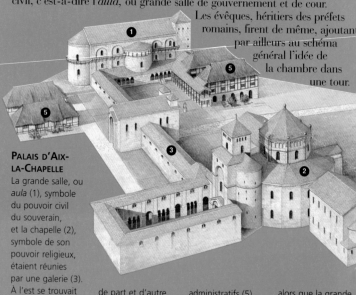

PALAIS D'AIX-LA-CHAPELLE
La grande salle, ou *aula* (1), symbole du pouvoir civil du souverain, et la chapelle (2), symbole de son pouvoir religieux, étaient réunies par une galerie (3). À l'est se trouvait la résidence impériale (4), et au centre, de part et d'autre de la galerie, les bâtiments administratifs (5) vraisemblablement construits en bois, alors que la grande salle et la chapelle étaient en pierre.

PALAIS DES ROIS DE MAJORQUE (Perpignan)
La position centrale et dominante de la chapelle exprime la prépondérance du spirituel sur le temporel. La loggia du trône lui fait face.

En 794, pour la première fois en Occident, l'architecture signifia de façon visible les sources du pouvoir.

PALAIS DES PAPES
(Avignon)
Les évêques comme
les papes appliquent
à leurs palais
le modèle inauguré
à Aix-la-Chapelle :
la trilogie «chapelle,
grande salle (aula),
résidence». Toujours
élevés à proximité
de la cathédrale,
ces palais gardent
un aspect défensif,
notamment
par leurs tours.

LA GRANDE SALLE
Espace
de réception
et d'apparat,
la «grande salle»
est l'attribut
d'une autorité, civile
ou religieuse. Celle
du palais de la Cité
(ci-dessus), à Paris,
avait été construite
par Philippe le Bel.
De dimensions
exceptionnelles, son
décor affirmait la
continuité dynastique
des rois de France.

LA RÉSIDENCE
(palais épiscopal
de Narbonne)
À la fin du XIIIe
siècle les pouvoirs
sont de plus
en plus séparés.
La résidence
de l'évêque, avec
ses tours, prend
alors dans le midi
de la France
un aspect défensif
marqué. Elle est
le témoin de relations
souvent tendues
entre l'évêque,
la communauté
urbaine et
le pouvoir civil.

LA CHAPELLE
La Sainte-Chapelle de Saint Louis à Paris
(île de la Cité) comme celle de Charles V
à Vincennes (ci-dessus) affirment
l'attachement des souverains à la religion
en même temps qu'elles mettent
en évidence leur puissance.

ARCHITECTURE CIVILE :
LES CONSTRUCTIONS ÉDILITAIRES

PONT ROMAN (Airvault)

À compter du XIᵉ siècle, qui voit la disparition de l'esclavage, le centre dynamique de l'Europe bascule vers le nord, qui connaît un important essor démographique. Les conséquences sont nombreuses. Le réseau routier romain est en grande partie abandonné au profit d'un nouveau, irradiant depuis Paris, qu'il faut aménager et doter de ponts pour franchir les cours d'eau. Les villes connaissent aussi de nouveaux besoins : équipements de santé pour les familles, structures commerciales pour fournir les denrées nécessaires à la population, etc. Enfin, le rythme de vie de cette communauté essentiellement civile n'est plus dicté par les cloches des églises.

LE GROS-HORLOGE (Auxerre)

Au début du XIVᵉ siècle en Italie, au milieu du XIVᵉ siècle en France, apparaît l'horloge civile avec cadran. Elle est installée sur des bâtiments publics comme les hôtels de ville, les beffrois ou les portes de ville. Des édifices seront même construits à cet effet.

LA HALLE

(ci-dessous, Évron)
La halle signifie la richesse d'une ville, car elle est le lieu privilégié des échanges économiques. Vaste espace, aéré, et protégé des intempéries, elle est le plus souvent en bois, et offre de remarquables œuvres de charpente.

LE PONT (pont gothique Valentré, Cahors)

Le bouleversement du réseau routier au Moyen Âge a nécessité la construction de nouveaux ponts.

Point de passage obligé, le pont est un moyen de contrôle, tant des personnes que des marchandises.

Il se voit alors doté d'éléments défensifs, d'un octroi et parfois même d'une chapelle.

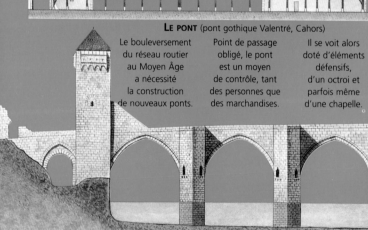

Les profonds changements que connaît la société médiévale à partir du XIᵉ siècle font naître le besoin de nouveaux équipements, tant en matière de réseau routier que dans les villes.

HÔTEL-DIEU (Paris)
Traditionnellement, c'est l'Église qui pourvoit à l'accueil et aux soins des plus pauvres. Au fil des siècles, les maisons de charité deviennent de grands hôpitaux.

SALLE DES MALADES
(hôpital Saint-Jean, Angers)
Il s'agissait d'une grande salle, aérée et claire, occupée par des rangées de lits. Une chapelle la jouxtait.

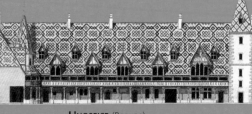

L'HOSPICE (Beaune)
Dès la fin du XIIIᵉ siècle, les seigneurs prennent le relais de l'Église et fondent à leur tour de vastes hospices.
Ceux-ci comprennent une salle des malades et une chapelle, ainsi que les bâtiments indispensables au service.

LA GALERIE
L'organisation de la circulation horizontale se faisait à l'extérieur par des galeries ouvertes.

ARCHITECTURE CIVILE :

LES ESPACES PUBLICS

HALLE DE VILLERÉAL

HALLE D'ÉGREVILLE

La ville médiévale n'existe que par ses rapports avec l'extérieur : campagne dont les ressources l'alimentent ; «étrangers» venus d'un ailleurs proche ou lointain, qui la traversent ou parfois s'y installent, et créent de nouveaux besoins. Les activités d'échange et de commerce exigent des espaces vastes et dégagés. Dans un premier temps, elles occupent les parvis des églises et envahissent régulièrement les abords des enceintes. Certaines villes s'agrandissent en incorporant ces sites, apparus sans doute de façon désordonnée. Dans les villes neuves, on prévoit des places centrales à proximité des églises. À l'image des galeries, les couverts facilitent la circulation, tout en abritant de la pluie et du soleil. La communauté urbaine éclatée s'organise peu à peu : apparaissent le beffroi et la maison commune, lieu de réunion de ceux qui gèrent la ville.

LES PLACES (ci-dessous, Arras)
Les places jouent un rôle économique essentiel par leur capacité à accueillir les marchands et leurs étals. Les foires, qui se tiennent à intervalles réguliers, réclament de vastes espaces, mais sont une garantie d'enrichissement ; certaines villes l'ont compris et leur réservent des emplacements définis.

LES COUVERTS (Mirepoix, détail)
Les concepteurs des villes neuves ont reçu pour consigne d'aménager de vastes places, bordées de maisons à étages, dont le rez-de-chaussée (les couverts) permet la circulation à l'abri des intempéries.

LA LOGE DE MER
(Perpignan)
Édifice majeur pour l'économie, la halle prend une forme particulière dans le Midi : la «loge de mer», bâtie en pierre, dont le rez-de-chaussée est ouvert et l'étage réservé à l'administration.

La ville médiévale,
spontanée ou organisée,
est le creuset d'une forme sociale
jusqu'alors inconnue :
la convivialité.

LA PLACE AMÉNAGÉE (Monpazier, détail de façades)
Le programme préétabli et la forme
des villes neuves impose de sa charpente.
un certain nombre On assure ainsi
de contraintes aux l'harmonie des rues
acheteurs de parcelles et des places.
à construire. Non Les échoppes occupent
seulement la largeur les rez-de-chaussée :
de la maison est fixée le volet, relevé la nuit
(par le parcellaire), mais par protection, s'abaisse
également sa hauteur le jour pour servir d'étal.

L'HÔTEL DE VILLE ET LE BEFFROI (ci-dessous, Arras)
Un ensemble original apparaît dans les villes
du Nord et de l'Est, à la fin du Moyen Âge :
l'hôtel de ville, qui abrite des boutiques
au rez-de-chaussée, et une grande salle
de réunion à l'étage. Son beffroi est
directement inspiré du clocher d'église.

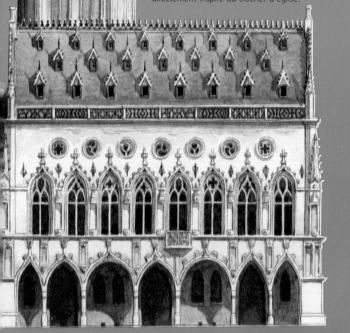

*L*e citadin médiéval travaille et vit en famille. La nécessité de conjuguer ces deux aspects en un même lieu a déterminé l'aménagement de sa demeure, dont il ne sort guère.

La demeure urbaine abrite vie privée et vie professionnelle, mais les sépare dans l'espace, soit en hauteur, soit en profondeur. Dans le cas le plus simple, boutique et entrepôt occupent le rez-de-chaussée et le sous-sol, le ou les étages étant réservés à la vie familiale et sociale. Dans le second cas, le bâtiment sur rue est destiné à la vie professionnelle et conviviale, et la cour à la vie de famille. Progressivement, l'espace consacré à l'exercice du métier se restreint au profit de l'aire privée. Autre nouveauté, le seigneur, qui vivait le plus souvent à la campagne, vient résider en ville pour participer à la vie courtoise : l'hôtel urbain apparaît dès la fin du XIIIe siècle, mais ne s'affirmera en tant que tel qu'au XVe siècle.

LA MAISON À PAN DE BOIS
(maison d'Adam, Angers)

La construction en bois, la moins coûteuse et la plus souple, a longtemps perduré malgré les risques d'incendie. Les bois constituent l'ossature et forment le colombage, au remplissage de torchis et de briques. Cette technique autorise de nombreuses ouvertures en façade. Les encorbellements permettent d'aboutir au même résultat que les couverts, en protégeant la partie basse de la rue des intempéries.

L'HÔTEL URBAIN (hôtel de Cluny, Paris)

Le modèle de l'hôtel urbain apparaît dans le nord de la France, dès le milieu du XVe siècle. Fermé côté rue par un mur, il s'ouvre de l'autre sur un jardin. Ses ailes s'ordonnent autour d'une cour intérieure. Plus compact que le palais urbain, il occupe moins d'espace au sol.

ARCHITECTURE CIVILE :

LA DEMEURE URBAINE

UN TISSU URBAIN DENSE

(ci-dessus, place Plumereau, Tours)

La recherche d'une harmonie dans l'aspect extérieur des maisons exprime le souci d'identité des villes. Leur étroitesse a été longtemps imposée par le parcellaire : il n'est pas rare de voir des maisons à une ou deux travées, couvertes de toitures à pignon aigu.

LA MAISON À ARCADES ET BAIES (Arras)

Comme les couverts, Les maisons à arcades s'ouvrent sur l'extérieur en ménageant un espace convivial au rez-de-chaussée. Le décor de la façade est subordonné à la structure et traduit l'organisation interne.

La rue

LA MAISON POLYVALENTE

(Saint-Antonin) Dans le Midi, la maison noble affirme ses fonctions polyvalentes dès le XIIe siècle : au rez-de-chaussée, les boutiques ; à l'étage, la grande salle, largement ouverte sur l'extérieur ; au second étage, le logement. La tour rappelle la noblesse du propriétaire.

LA MAISON BOURGEOISE

Ci-dessus, cette coupe d'une maison du XIVe siècle, à Montpellier, montre clairement la répartition entre espace professionnel (à gauche) et espace intime (à droite), et comment ils communiquent par l'escalier de la cour intérieure. Une tour d'angle souligne les prétentions d'un riche commerçant.

ARCHITECTURE RELIGIEUSE :
L'ENSEMBLE CATHÉDRAL

Au IVe siècle, se dressent au cœur des cités deux édifices de culte ainsi qu'un baptistère isolé, une résidence épiscopale et parfois une maison destinée aux démunis. Bientôt le pouvoir civil disparaît, et les évêques dirigent la destinée des communautés. L'afflux de la population vers les villes, à partir du XIe siècle, nécessite des lieux de culte aptes à accueillir un grand nombre de fidèles, et mieux adaptés à la sensibilité nouvelle. De vastes programmes sont lancés, qui modifient l'aspect des cités : on reconstruit un seul et vaste sanctuaire, un large enclos canonial (résidence des chanoines), un palais épiscopal, un hôtel-Dieu, etc. Ces derniers bâtiments ont généralement disparu, estompant la signification de la cathédrale comme lieu de réunion de la communauté des vivants et des morts, civils et religieux.

LA CATHÉDRALE IDÉALE (ci-dessus) Au milieu du XIXe siècle, Viollet-le-Duc imagine la cathédrale idéale du XIIIe siècle en empruntant différents éléments à des cathédrales existantes. Il insiste surtout sur le nombre de tours et de flèches.

LE BAPTISTÈRE (Fréjus) Le baptistère, de plan centré, était destiné à abriter en son centre une piscine, creusée dans le sol, où l'on baptisait les futurs chrétiens. Une coupole percée abondamment permettait d'inonder de lumière l'intérieur de l'édifice.

L'ENSEMBLE CATHÉDRAL (Lyon) À la fin du Moyen Âge, l'ensemble cathédral était enfermé dans une enceinte en pierre, qui abrita les édifices de culte, l'enclos canonial, le palais épiscopal et les différents autres bâtiments. Il constituait une ville sainte dans la ville.

La décision, au IVe siècle, d'implanter
la cathédrale au centre de la cité antique,
nouvellement fortifiée, a été déterminante dans
la civilisation urbaine occidentale. Elle s'accompagne
d'un programme architectural conséquent.

UN SYMBOLE DU MONDE MÉDIÉVAL

(ci-dessous, Laon)
La cathédrale
présente en général
deux tours en façade.
Le transept, parfois
très débordant,
peut être pourvu
d'une tour
à la croisée,
et de deux autres
à chacune
de ses extrémités,
ce qui donne
à l'édifice
une verticalité
accentuée.

UNE VILLE DANS LA VILLE

À Paris,
les urbanistes
tentèrent,
au moment
de la reconstruction
de la cathédrale,
d'organiser
le quartier religieux.
Une rue rectiligne
donne accès
au parvis. Enclos
canonial et palais
sont disposés
de part et d'autre
de l'édifice de culte ;
à droite, l'ancien
Hôtel-Dieu.

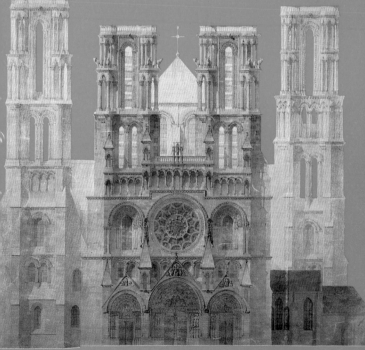

*L'*église constitue le centre du monastère. Les autres édifices sont disposés autour : à proximité, le cloître et les bâtiments communs des religieux ; plus loin, les convers ; et, au-delà, les bâtiments de service.

Dès l'origine du christianisme, le cénobitisme a posé le problème de l'organisation matérielle de la vie religieuse en communauté. Les monastères d'époque mérovingienne comptaient généralement trois édifices de culte, disposés de façon anarchique. Louis le Pieux demanda à Benoît d'Aniane (750-821) de concevoir un plan mieux ordonné. Ses propositions aboutirent à un modèle qui devait marquer toute l'Europe médiévale. Dès lors, le monastère se centre sur l'église, autour de laquelle sont disposés les autres édifices, le cloître et les bâtiments communs des religieux étant les plus proches. Abbayes bénédictines, cisterciennes ou d'autres ordres s'inspireront de ce modèle suffisamment souple pour s'adapter aux différentes règles monastiques. Quant aux chartreux, ils réussiront à produire une synthèse entre la vie cénobitique et la vie érémitique.

DU PLAN IRRÉGULIER... AU PLAN RÉGULIER

Les trois édifices de culte d'époque mérovingienne de Saint-Pierre de Corbie, implantés irrégulièrement (ci-dessus), ont subsisté jusqu'à la Révolution, séparés par des jardins et des cloîtres. À l'époque carolingienne, les monastères ne comptent plus qu'une seule église, destinée à réunir les religieux mais aussi tous les membres de la communauté. Le monastère Saint-Gall (ci-dessous) s'organise, en fonction de son église, en îlots à la finalité bien définie. Ainsi l'abbaye organise et concilie la vie matérielle et spirituelle.

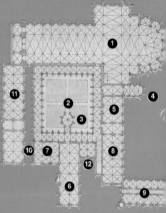

UN EXEMPLE DE PLAN RÉGULIER
(ci-dessus, Royaumont)

1. Église
2. Cloître
3. Lavabo
4. Chapelle de l'abbé
5. Salle capitulaire
6. Réfectoire
7. Cuisine
8. Salle des moines
9. Infirmerie
10. Aile des conver[s]
11. Cellier
12. Chauffoir

ARCHITECTURE RELIGIEUSE :
LE MONASTÈRE

LE CLOÎTRE (Cîteaux)

ÉGLISE, RÉFECTOIRE ET SALLE CAPITULAIRE
(ci-dessus, coupe de l'abbaye du Thoronet)

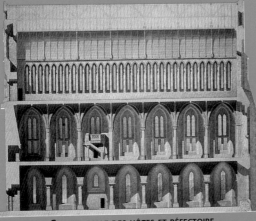

CELLIER, SALLE DES HÔTES ET RÉFECTOIRE
(coupe de la Merveille, Le Mont-Saint-Michel)

LES BÂTIMENTS CONVENTUELS
Les abbayes cisterciennes reprennent le modèle bénédictin au XIIe siècle. Dans le prolongement du transept de l'église, se trouve la salle capitulaire, qui est surmontée du dortoir. À l'époque romane, l'architecture demeure très sévère. À l'époque gothique, elle devient très lumineuse et d'une grande hardiesse.

LA CHARTREUSE
(Villeneuve-lès-Avignon)
Les chartreux vivent une vie érémitique à l'intérieur de cellules. Celles-ci s'ouvrent d'un côté sur un cloître, et de l'autre sur un jardin particulier où sont cultivés légumes et plantes médicinales. L'église est le seul lieu communautaire.

ARCHITECTURE RELIGIEUSE :

L'ÉGLISE ROMANE

SAINT-PAUL (Rome)
Le modèle de référence
pour l'époque carolingienne
reste la basilique constantinienne.

Au début du XIe siècle prédomine l'esthétique, élaborée au IVe siècle, de la vaste basilique charpentée, aux murs minces percés de larges ouvertures. Pendant près d'un siècle, les architectes romans ne songent pas à modifier cette formule, qui est en outre d'une construction aisée. Cependant, dès cette époque, la réflexion porte sur le traitement du chevet afin de mieux prendre en compte les conséquences du culte des reliques. C'est ainsi qu'est élaboré le déambulatoire à chapelles rayonnantes. À la fin du XIe siècle, les architectes imaginent de voûter leurs édifices en pierre. Ils ont recours dans un premier temps aux berceaux plein cintre, parfois soulagés de doubleaux ; puis ils utilisent des berceaux brisés, et parfois une file de coupoles qui permet de conserver une grande largeur au vaisseau central, en reportant le poids des coupoles sur de gros supports intérieurs.

LE CHEVET

Le chevet à déambulatoire (1), conçu à l'époque carolingienne, permet de circuler autour du chœur.
Une formule plus simple est l'abside encadrée de deux absidioles : c'est le chevet échelonné (2).

LE DÉAMBULATOIRE

(ci-dessus, cathédrale de Rouen)
Il permet de circuler autour du sanctuaire. L'essor du culte des reliques amène la création, autour du déambulatoire, de chapelles destinées à abriter l'autel, et de reliquaires dans la crypte. Celle-ci supportait un sanctuaire surélevé.

CHEVET DE SAINT-BENOÎT-SUR-LOIRE

Le déambulatoire à chapelles rayonnantes a permis à l'architecte roman de créer des masses d'une grande subtilité : une succession de volumes semi-circulaires, étagés, viennent buter sur un transept rectangulaire, dont la croisée est surmontée d'une tour.

es carolingiens puis les premiers architectes romans restent fidèles à la tradition, élaborée au IVe siècle, des basiliques charpentées, qui offrent de vastes espaces, lumineux et aérés, bien adaptés à la célébration du culte.

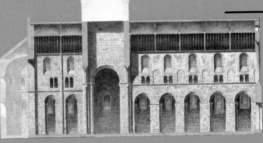

LE COUVREMENT EN BOIS (Bernay)
La première architecture romane reste fidèle au couvrement charpenté, si léger que les murs peuvent être percés d'arcades et de baies.

LE COUVREMENT À FILE DE COUPOLES (Fontevraud)
Les architectes romans, pour libérer le vaisseau devenu unique, inventent le couvrement constitué d'une série de coupoles, dont la retombée s'effectue sur de gros supports rectangulaires.

LE COUVREMENT EN PIERRE (Sainte-Foy de Conques)
À la fin du XIe siècle, les architectes lancent sur le vaisseau central (1) de lourdes voûtes en pierre, qu'ils contrebutent par des tribunes (2) portées par des collatéraux (3). Ils doivent renoncer à éclairer directement le vaisseau central, se contentant de percer des baies dans les tribunes et les collatéraux.

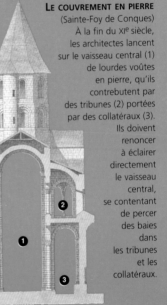

LA LUMINOSITÉ DES ÉGLISES À COUPOLES (Saint-Front de Périgueux)
De nombreuses baies sont percées dans les murs latéraux, qui ne sont plus directement porteurs de coupoles mais de simples parois. Le volume intérieur se trouve ainsi baigné de lumière.

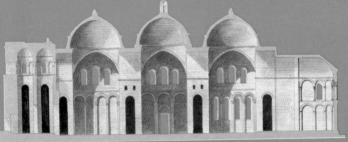

ARCHITECTURE RELIGIEUSE :

L'ÉGLISE GOTHIQUE

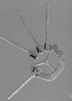

SAINTE-CHAPELLE (PARIS)
Détail de l'ancrage des tirants
métalliques situés au-dessus
de l'abside : ils assurent la cohésion
des maçonneries évidées.

HAUTEUR DE VOÛTE

LAON (24 m)   **ALBI** (30 m)   **BOURGES** (30,15 m)   **POITIERS** (29,50 m

À l'époque romane, le couvrement en pierre avait eu l'inconvénient de réduire la largeur de la nef à environ 8 m. Les architectes d'alors y avaient remédié grâce à la file de coupoles, conservant au vaisseau central une largeur d'environ 20 m. Les architectes gothiques imaginent une solution semblable avec la voûte d'ogives, légères et retombant sur des piliers. Ceci permet de fusionner les différents volumes et de réduire l'enveloppe extérieure à une cloison, qui peut être abondamment percée pour laisser pénétrer la lumière. Les architectes lancent les voûtes toujours plus haut, en montant de grandes arcades, en jouant sur les formes, en agrandissant démesurément les baies. C'est au cours de l'époque rayonnante (débutant avec Saint-Denis, vers 1230) que l'audace est poussée à l'extrême avec la «pierre armée» : réduite à un squelette, la pierre est renforcée par un système très élaboré en métal.

LA PIERRE ARMÉE
(Sainte-Chapelle, Paris)
L'architecte gothique
désire réduire
l'architecture
à une simple ossature,
pour pouvoir agrandir
les arcades et
les baies. Il remplace
les arcs-boutants,
qui compensaient
les poussées
des voûtes, par une
armature métallique,
qui est noyée
dans la maçonnerie
et est apparente
dans les combles.

LA ROSE
Elle devient un
élément déterminant
de la construction
dès lors que sont
maîtrisées
les difficultés telles
que l'écrasement,
l'éclatement des
meneaux sous le poids
de la maçonnerie,
la résistance
au vent… Les tailleurs
de pierre réalisent des
roses d'une grande
complexité d'après les
épures très poussées
des architectes.

LA ROSACE DE SÉES
Ici la rosace, repoussée
en creux à l'intérieur,
est dissociée du mur
porteur, ce qui a
permis à l'architecte,
en l'inscrivant dans
un carré, d'éclairer
les angles hauts.

Grâce à une maîtrise technique exceptionnelle, les architectes gothiques ont pu lancer les voûtes de plus en plus haut, et ouvrir de larges baies pour inonder l'espace intérieur de lumière.

CHARTRES (36 m)

BEAUVAIS (46,77 m)

PARIS (35 m)

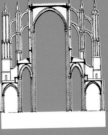

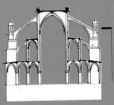

LA CATHÉDRALE GOTHIQUE
Elle présente deux tours (1) en façade. À l'intérieur, la longue nef (2) est réservée aux fidèles. Le vaisseau transversal forme le transept (3) et sépare la nef du chœur (4) où se tiennent les clercs. Ce sanctuaire peut être amplifié par un déambulatoire (5) et par des chapelles rayonnantes (6).

CATHÉDRALE NOTRE-DAME
(Paris)

❶

❸

❼

❷

❽

❹

❺

❻

❻

❻

L'ARC-BOUTANT (7)
Il a permis aux architectes d'élever les voûtes du vaisseau central en canalisant leur poussée vers les contreforts extérieurs (8).

ARCHITECTURE RELIGIEUSE :

LA FAÇADE

QUAND LES CATHÉDRALES ÉTAIENT PEINTES...
Ce dessin d'un *Christ en gloire*, qui ornait la façade de la cathédrale de Strasbourg, rappelle qu'autrefois les cathédrales étaient peintes.

Les architectes carolingiens conservèrent le modèle romain de l'édifice de culte très vaste, précédé d'une cour à portique qui établissait une rupture avec la cité. Cette tradition est remise en cause à l'époque romane, à la demande des religieux soucieux d'établir un rapport plus direct avec les fidèles. La partie occidentale de l'église était généralement constituée d'un massif, qui ne facilitait pas l'accès. Dès le début du XIᵉ siècle, plusieurs schémas furent élaborés dont l'un eut un grand succès : la façade harmonique, qui avait l'avantage de réunir en un seul ensemble le ou les portails, ainsi que deux clochers tournés vers la ville, ceux-ci se dressant dans le prolongement du soubassement. Le plus ancien exemple conservé est Saint-Étienne à Caen. Les architectes gothiques réussirent à renouveler cette disposition en jouant sur les clochers ou en travaillant sur le soubassement. Ils parvinrent même à l'adapter aux bras du transept, conçus comme de véritables façades en élévation, réduites en largeur. Cependant, pour des édifices plus simples, les architectes élaborèrent des façades plates, percées d'un ou trois portails, parfois placées sur le côté de l'église.

LA FAÇADE HARMONIQUE
(Jumièges)
L'élaboration de la façade se fit par tâtonnements : l'avant-corps de tradition carolingienne fut aligné avec les tours, et la base de celles-ci fut percée d'un portail.

LA FAÇADE-ÉCRAN
(Angoulême)
Elle est conçue sans tenir compte de la structure architecturale et de ses aménagements internes. Elle reçoit un abondant décor, qui se déploie à l'intérieur d'arcades aveugles.

*R*épondant au souci d'établir un rapport plus direct avec les fidèles, plusieurs partis furent élaborés au début du XIe siècle pour remplacer le massif occidental. Celui de la façade harmonique remporta le plus grand succès.

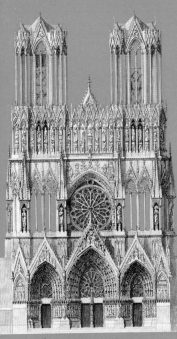

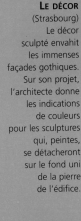

LE DÉCOR
(Strasbourg)
Le décor sculpté envahit les immenses façades gothiques. Sur son projet, l'architecte donne les indications de couleurs pour les sculptures qui, peintes, se détacheront sur le fond uni de la pierre de l'édifice.

LA FAÇADE GOTHIQUE
(ci-dessus, façade rayonnante, Reims ; ci-contre, façade de transept, Chartres) Les architectes gothiques conservent le principe de la façade harmonique. Sans remettre en cause le schéma initial, ils développent un important programme autour du portail, s'attachant surtout à son iconographie et à sa monumentalité.

PARVIS DE NOTRE-DAME DE PARIS

LE PARVIS
Devant la façade s'étend le parvis, espace qui n'est plus civil, mais qui n'est pas consacré. Ce périmètre, signalé au sol par des bornes, relevait cependant de la seule autorité religieuse.

LES ARTS

LES ARTS DE LA COULEUR :

LA PÉRIODE ROMANE

La fin de l'Antiquité avait vu l'émergence des premiers manuscrits chrétiens ornés de peintures. À l'époque mérovingienne et aux premiers temps carolingiens, l'illustration figurative connaît une éclipse, mais en contrepartie se développe une importante ornementation d'entrelacs, de motifs végétaux ou animaliers, issus du répertoire de l'orfèvrerie ; ils transforment certaines pages en véritables frontispices, mais décorent également les initiales et les marges. Sous les règnes de Charlemagne et de ses successeurs, s'affirme la volonté de retour aux idéaux antiques. On retrouve notamment les grands portraits d'évangélistes, ou les suites narrant plusieurs épisodes de la Bible. Fréquemment apparaît le souverain en majesté :

figurée en contrepoint du texte sacré, son image rappelle le rôle essentiel du roi comme guide du peuple chrétien. Quant au style de ces enluminures, divers courants y coexistent, qui se réfèrent à des modèles antiques d'esthétiques différentes : tantôt il est plutôt linéaire et assez statique, tantôt plus pictural, dynamique, voire expressionniste. Si la peinture des manuscrits occupe une place capitale dans la production de cette époque,

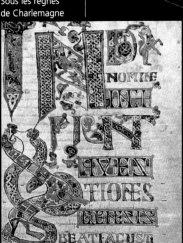

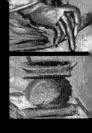

les réalisations monumentales n'ont pas dû être moins importantes, ce qu'attestent les rares mosaïques ou peintures murales conservées, dont la facture est remarquable. De la fin du IXe siècle à la fin du Xe, la période est marquée par l'effondrement de la plupart des grands foyers culturels carolingien et voit un net fléchissement artistique en Francie occidentale. C'est le redressement monastique, autour de l'an mille, qui permet la reprise d'une activité importante dans les *scriptoria*.

..AMENTVM:FECIT: hIC hAROLD:DVX:
..MO DVCI:

1. Initiale avec un moine bûcheron, Œuvres de Grégoire le Grand (*Moralia in Job*), XIIᵉ siècle.
2. Dieu bénissant Noé, voûte de la nef, Saint-Savin-sur-Gartempe, vers 1100.
3. Peinture de l'abside de l'église de Berzé-la-Ville, XIIᵉ siècle.
4. Psautier de Saint Louis, manuscrit du milieu du XIIIᵉ siècle.

Sans négliger la Bible et les grands écrits patristiques, et en coïncidence avec le nouvel essor de la dévotion aux reliques, on s'attache alors particulièrement à la transcription des vies de saints et à leur illustration, qui deviennent un aspect majeur de l'enluminure romane.

Par ailleurs, cette dernière renoue largement avec une fantaisie ornementale héritée du très haut Moyen Âge, que les Carolingiens, dans un souci de clarté, avaient tenté d'assagir. On note ainsi un goût très affirmé pour les initiales ornées ou lettrines : s'y trouvent souvent inclus des personnages, et parfois même des scènes assez complexes ; comme dans la sculpture, les combinaisons végétales et animalières y prolifèrent. Différents styles peuvent de nouveau être distingués, suivant les régions et les influences qu'y exercent les grands centres voisins.

Ainsi en Bourgogne, les illustrations de certains manuscrits d'apparence somptuaire témoignent de l'ascendant des productions ottoniennes. L'impact des modèles germaniques se retrouve

dans le Nord, où il se conjugue à un style plus nerveux, de lointaine origine carolingienne rémoise, passé entre-temps par l'Angleterre saxonne puis normande… Les diversités d'orientation formelle s'observent également dans plusieurs grands ensembles monumentaux, qui déploient une égale richesse iconographique.

Ainsi au prieuré de Cluny, à Berzé, la thématique, qui insiste sur la transmission de la Loi par le Christ aux apôtres, fait allusion aux attaches romaines de la grande abbaye bourguignonne ; le hiératisme de la plupart des figures témoigne d'ailleurs d'une grande réceptivité à l'esthétique byzantinisante

qui prévaut alors dans la péninsule. Dans l'Ouest en revanche, l'aspect «dynamique» hérité du style carolingien s'avère prédominant : à Saint-Savin, une particulière mobilité caractérise les personnages à la gestuelle expressive ; ce même édifice offre aussi un excellent exemple de la distribution des thèmes en

accord avec la destination des espaces liturgiques. Enfin, le panorama des arts de la couleur à l'époque romane ne saurait s'achever sans que soient évoqués les supports textiles : dans la célèbre broderie de Bayeux se retrouve un art narratif plein de verve et de vivacité, cette fois dans sa version idiomatique anglo-normande.

La période gothique engendre un changement décisif quant à l'élaboration des manuscrits. Les *scriptoria* des grandes abbayes disparaissent, et la confection des livres et de leur décor s'effectue dans des officines laïques qui travaillent pour une clientèle élargie. À Paris, ces ateliers, placés sous le contrôle de l'Université, acquièrent une réputation qui assurent leur primauté pendant plus d'un siècle. Dès lors, aux côtés des ouvrages liturgiques ou théologiques, se multiplient des textes profanes, principalement romanesques ou historiques. L'évolution de la sensibilité et des pratiques religieuses encourage dès le XIVe siècle

	4
1	
2	3

une notoriété dont témoigne l'attachement que leur portent des princes mécènes, comme les rois Jean le Bon ou Charles V. L'un de ces artistes, Jean Pucelle, semble avoir joui d'une célébrité qui dura près d'un siècle, et que l'on est tenté d'attribuer à son talent insigne. Il est le premier à essayer d'appliquer les nouveaux principes de construction de l'espace expérimentés en Italie par des peintres comme Giotto et Duccio, dont il semble bien connaître l'œuvre. C'est lui aussi qui impose le goût des manuscrits peints en grisaille, si caractéristiques de l'esthétique monochrome du XIVe siècle. Plus rares et souvent incomplètes sont les œuvres monumentales conservées de cette époque, qui préférait souvent la peinture sur verre – le vitrail – à la peinture murale. De même les tableaux de chevalet, produits en bien moins grand nombre que les livres peints, restent rares. Ils sont néanmoins importants du point de vue de l'évolution des styles. L'exemple le plus ancien, le portrait de Jean le Bon (Louvre) témoigne de l'apparition en France d'une nouvelle forme de représentation, que l'Italie avait inaugurée quelques décennies plus tôt.

l'essor des livres de dévotion privée, parmi lesquels s'impose le «livre d'heures». Celui-ci offre au laïc un ensemble d'offices et de prières réunis dans un ouvrage précieux, souvent minuscule, dont les peintures seront le support idéal de la méditation. Dans le même temps, les peintres sortent de l'anonymat et acquièrent, pour certains d'entre eux,

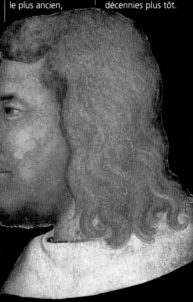

Coment langle mena saint pierre
hors de le prison herode ·

Pair

Pair

Pair

Pair

Pair

Pair

Pair

Hic sco deit
quia misit dus angtin sui

Pair

Pair

Pair

Pair

Pair ·

Pair

'est dans le domaine e la tapisserie ue la France joue n rôle moteur et ionnier, grâce à deux rinces de Valois, ouis d'Anjou t Philippe le Hardi. Ces objets d'art sont articulièrement daptés à la vie tinérante de bien es princes d'alors, atisfaisant à la fois ur besoin de confort, e décor mais aussi d'ostentation. es tapisseries, fort oûteuses, assurent a richesse des régions qui les produisent, lacées sous a domination des ucs de Bourgogne. Ces derniers en sont es meilleurs clients t ambassadeurs, apidement suivis par e grands prélats qui commandent des tentures de chœur –, a noblesse et parfois de grands bourgeois amateurs e scènes de genre, de représentations llégoriques ou de ycles mythologiques. À côté de cette production à laquelle ravaillent les plus rands peintres, e tableau en bois e développe u XVe siècle. est le plus souvent destination

religieuse, composé de plusieurs volets constituant un retable qui peut être dressé derrière l'autel ; ses scènes évoquent volontiers l'Eucharistie. Comme dans le domaine du livre enluminé, de la tapisserie, ou de la peinture murale, les initiatives privées se multiplient, et les modes s'enrichissent d'innombrables cas particuliers. Alors que la France devient une terre de rencontre entre les deux grands foyers artistiques du moment, l'Italie et les Flandres, l'épanouissement d'un style dans une région dépend surtout de la mobilité des peintres et de leur disponibilité.

Bien des artistes du Nord sont sollicités, tel Rogier Van der Weyden, dont l'œuvre la plus célèbre, le *Polyptyque du Jugement dernier*, lui est commandée par le chancelier de Bourgogne, Nicolas Rolin, pour l'hôtel-Dieu qu'il a fondé à Beaune. La Provence, particulièrement prospère sous le règne de René d'Anjou, accueille aussi quelques grands maîtres, tel Enguerrand Quarton. L'art original de cet émigré de Picardie reproduit avec

la minutie flamande les paysages urbains de sa terre d'accueil qu'il éclaire d'une lumière toute méridionale. Cependant, c'est sans doute le génial Jean Fouquet qui offre, au milieu du XVe siècle, la synthèse la plus équilibrée du puissan naturalisme flamand de la savante figuration de l'espace et de l'ornementation italiennes, et d'une vision très personnelle bien qu'ancrée dans la tradition monumentale française.

LA SCULPTURE

Le haut Moyen Âge (VIe-Xe siècle) semble marqué par une nette régression de la plastique monumentale. Le phénomène est bien observable dans l'art funéraire, où les sarcophages du VIe au VIIIe siècle n'offrent guère que des décors symboliques traités en méplat, et parfois simplement gravés. Cependant, un groupe de monuments, à Jouarre, constitue une notable exception à cet égard, de même que, dans une moindre mesure, des éléments en partie figuratifs, à Poitiers ou à Metz. Mais c'est après l'an mille qu'intervient une véritable résurgence de la sculpture sur pierre. Cela se manifeste en premier lieu sur les chapiteaux, à l'intérieur des édifices comme aux galeries des cloîtres.

Les spécimens des premières décennies du XIe siècle reprennent volontiers le schéma antique de la corbeille végétale, ainsi que celui de l'atlante (qui correspond bien à la fonction portante). Très rapidement, des créatures fantastiques viennent s'y associer. Malgré l'exiguïté du champ, les sculpteurs ne tardent pas à y introduire des scènes à plusieurs personnages, tirées de l'Ancien ou du Nouveau Testament. D'autre part, l'«appel» aux pèlerins dans les églises pourvues de reliques incite à transposer en façade des programmes jusqu'alors essentiellement cantonnés aux culs-de-four des absides : on assiste ainsi à la floraison des grands portails, dont l'apogée se place dans la première moitié du XIIe siècle. Ce sont les compositions traduisant la majesté divine qui s'y imposent, de même que les épisodes de l'Apocalypse. Dans le même temps, le chœur liturgique ou ses abords reçoivent des groupes à plusieurs figures en bois polychrome.

1. Chapiteau à atlante, crypte de Saint-Bénigne, Dijon, début du XIe siècle.
2. Portail occidental de l'abbatiale à Moissac, vers 1115-1130.
3. Chapiteau au «moulin mystique», Sainte-Madeleine, Vézelay, vers 1120-1130.
4. Christ en bois dit *Christ Courajod*, deuxième quart du XIIe siècle.

La proximité de l'autel y explique la préférence pour les thèmes de la Passion – dont la Descente de croix – que commémore l'Eucharistie. Au point de vue formel, toutes ces œuvres s'avèrent empreintes d'une plus ou moins forte stylisation, bien caractéristique de l'âge roman. Mais, plus on avance dans le XIIe siècle, plus la figure tend à conquérir son autonomie, amorçant la transition vers l'art gothique.

Un pas décisif est franchi avec la création de la statue-colonne, figure conçue en avant de la colonne qui lui sert de support : c'est ce processus de libération à l'égard du cadre monumental qui marquera

les grandes étapes de la sculpture gothique. Mais l'évolution, avant d'être formelle, est intellectuelle, et les programmes déployés sur les portails abordent les doctrines théologiques en introduisant une logique, mais aussi un humanisme nouveaux. Ainsi, la vision apocalyptique se voit désormais supplantée par le Jugement dernier ; Marie, qui à l'époque romane présentait l'Enfant sur ses genoux, est désormais figurée lors de son Couronnement par son Fils, et apparaît à son égal sur les tympans. La place grandissante accordée aux figures de saints, ou à l'évocation de leur vie, est encore un indice de l'évolution de l'iconographie, qui suit celle des pratiques religieuses.

Le XIIIe siècle est à la fois marqué par un renouveau de la prédication, désormais en langue vulgaire, et par la multiplication des discours édifiants sur les clôtures de chœur, les jubés, les retables… La vie du Christ, et surtout sa Passion, parfois combinée aux martyres des saints, y rappellent le mystère de la Rédemption en un langage imagé, intelligible de tous.

Le XIIIe siècle est également marqué, dans ses choix formels, par le souci de donner une image plus fidèle de la Création divine. Les modèles antiques, mieux connus grâce aux croisades, semblent avoir joué un rôle majeur dans l'inspiration des sculpteurs, désormais préoccupés de représenter les physionomies humaines ou la nature environnante. Mais le ton demeure idéalisé, et ne changera qu'aux derniers siècles du Moyen Âge. La sculpture est alors l'expression de nouvelles formes de piété, suscitées par les calamités de l'époque : en premier lieu la peste noire, mais aussi la guerre de Cent Ans font de la mort une compagne de la vie. La sensibilité religieuse s'exacerbe, et les dévotions entraînent la multiplication des images, statues de saints intercesseurs, ou œuvres plus élaborées, où se jouent certains épisodes dramatiques de la Passion du Christ, aux forts accents réalistes, comme la Mise au tombeau.

LES ARTS SOMPTUAIRES

Des milliers d'objets de parure vestimentaire nous sont parvenus de la période mérovingienne. Il s'agit pour l'essentiel de plaques-boucles et de fibules, pour la plupart de production presque industrielle et de métal commun.

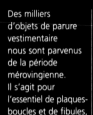

Mais les spécimens recueillis dans les tombes princières sont d'or ou d'argent, souvent rehaussés de grenats enchâssés dans des alvéoles, suivant la technique du «cloisonné». Dès le haut Moyen Âge s'est également développée une orfèvrerie religieuse : couronnes ou croix souvent enrichies de gemmes, parures d'autel (dont l'iconographie figurative est réalisée au «repoussé»), reliures de manuscrits incorporant fréquemment des ivoires sculptés, et reliquaires.

Quant à ces derniers, une évolution très nette se dessine. À l'époque romane, le souci de valorisation des reliques vénérées amène à privilégier les formes évoquant le plus concrètement la présence du saint, en représentant soit sa personne entière, soit un élément de son corps. À l'époque gothique se multiplient les reliquaires avec une partie en verre qui permet de voir la relique, alors que, parallèlement, le nombre des statuettes en pied augmente. Par ailleurs, les reliquaires configurés en forme d'église connaissent aussi une grande vogue depuis le XIIe siècle. Sur le plan technique, le recours à l'émail a permis de conférer à beaucoup de ces œuvres l'éclat de la polychromie : émaillerie champlevée à partir du XIIe siècle, émaillerie translucide sur basse-taille introduite d'Italie au XIVe siècle, émaillerie sur ronde-bosse au XVe siècle.

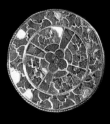

À côté de l'orfèvrerie, l'ivoirerie constitue l'autre grand domaine de la production somptuaire, et les mêmes types d'objets s'y retrouvent. On constate au XIIIᵉ siècle une prédilection pour les groupes sculptés de format assez considérable, cela en coïncidence avec une importation accrue d'ivoire brut, permise par l'implantation des Latins en Orient méditerranéen au moment des croisades.

À partir du XIVᵉ siècle, parallèlement au maintien des statuettes, diptyques ou triptyques à sujets chrétiens, on observe la multiplication de miroirs ou coffrets à scènes profanes, ce qui est l'indice d'un élargissement de la clientèle, et de l'émergence de préoccupations nouvelles dans les derniers siècles du Moyen Âge.

SAINTE FOY
Statue-reliquaire
IXᵉ-Xᵉ siècle,
Conques.

COURONNEMENT DE LA VIERGE
Groupe en ivoire du XIIIᵉ siècle.

LITTÉRATURE

DE LA NAISSANCE DU FRANÇAIS À L'ÉPANOUISSEMENT D'UNE LITTÉRATURE FRANÇAISE

Il est difficile de dire quand est né le français, ou plutôt ce que le Moyen Âge dénomma à juste titre *roman*, en raison de son origine romaine, c'est-à-dire latine. Cette langue, en effet, ne s'est différenciée que peu à peu, au fil de plusieurs siècles, du latin parlé sur le territoire de l'ancienne Gaule romaine, pour finir par lui devenir apparemment étrangère.

DE L'ORAL À L'ÉCRIT : LA LENTE RECONNAISSANCE DU FRANÇAIS. C'est entre le VIIe et le IXe siècle que l'on prit véritablement conscience du fossé qui s'était creusé entre latin et langues vulgaires parlés dans le royaume franc puis l'Empire carolingien, mais aussi entre le latin du temps et celui d'autrefois. D'ailleurs la renaissance du IXe siècle tentée par Charlemagne et les lettrés de sa cour voulut imposer un retour à la correction latine classique. Dans le même temps, le concile de Tours de 813 entérina la différence des langues, en prescrivant de prêcher au peuple non plus en latin mais en «langue populaire romane ou germanique». Cette concession de l'Église à une parole vivante, en langue vulgaire, n'allait pas encore jusqu'à la parer des prestiges de l'écrit. Et pendant tout le Moyen Âge le lien premier entre écriture et latin restera fort : c'est en latin que l'on apprend à lire et écrire, et avant longtemps il n'existera pas de grammaire, c'est-à-dire de normes consacrées, du français. Pourtant un événement de 842 nous a conservé le premier texte existant en français. Il s'agit des *Serments de Strasbourg*, par lesquels Charles le Chauve et Louis le Germanique confirment leur alliance contre Lothaire. Chacun des demi-frères jura dans la langue majoritairement parlée dans le domaine de l'autre : Louis en français donc et Charles en allemand. Or Nithard, leur cousin, au sein de son *Histoire des fils de Louis le Pieux* en latin, au lieu de traduire ces serments, en donna le texte original. Innovation qui identifie une langue à un territoire et que l'on peut lire comme l'acte de naissance politique du français.

ET LA LITTÉRATURE ? Les premières œuvres que nous conservions (IXe-Xe siècle) sont toutes nées à l'ombre de l'Église et comme en marge de modèles latins, à commencer par la plus ancienne, la Séquence de sainte Eulalie (v. 881-882), œuvre proprement liturgique. Puis, à la fin du XIe siècle, une littérature profane, qui rompt avec les lettres latines, se fait jour ; une littérature qui, avant d'être transcrite dans les manuscrits, a pu être d'abord transmise

n 842, lors des serments de Strasbourg,
Louis le Germanique jura en français.
La transcription de son serment, identifiant pour
la première fois une langue à un territoire donné,
constitue l'acte de naissance politique du français.

ralement. Nous pensons à la chanson de geste et à la poésie lyrique des
troubadours (en langue d'oc), puis des trouvères (en langue d'oïl).
Ensuite vinrent le roman en vers (XIIe siècle) et en prose (XIIIe siècle), la
poésie non lyrique (XIIe siècle), le théâtre (XIIe siècle), la prose historique
(XIIIe siècle), etc. Enfin, les deux derniers siècles du Moyen Âge connurent
quelques révolutions littéraires : la fin de l'alliance de la musique et du
texte dans la poésie lyrique, la fixation des formes poétiques (ballade,
rondeau, etc.), la conscience toujours plus affirmée du rôle de l'écrivain
auprès du prince et dans la cité. Et puis, mais s'agit-il toujours de
littérature ? le français s'avança jusque dans les terres réservées du latin :
le commentaire philosophique et scientifique avec Nicole Oresme et
Évrard de Conty au XIVe siècle. En tout cas, à la fin du XVe siècle,
commence à s'élaborer une histoire de la littérature française, au travers
des premières listes de bons auteurs, au premier rang desquels
figurent Jean de Meun et son *Roman de la Rose*.

LA CHANSON DE ROLAND

*Cette chanson de geste de la fin du XIe siècle se fonde sur
le souvenir de la défaite de l'arrière-garde de Charlemagne
à Ronceveaux en 778. La mort de Roland, neveu de l'empereur,
en est un des moments les plus beaux, par son usage de tous
les moyens de la laisse (couplet) assonancée épique.*

Laisse 168

Ço sent Rollant que la mort li est prés :
Par les oreilles fors s'en ist li cervel.
De ses pers primes prïet Deu que's apelt,
E pois de lui a l'angle Gabrïel.
Prist l'olifan, que reproce n'en ait,
E Durendal s'espee en l'altre main ;
Plus qu'arcbaleste ne poet traire un quarrel,
Devers Espaigne en vait en un guaret.
Ensum un tertre, desuz dous arbres bels,
Quatre perruns i ad de marbre faiz ;
Sur l'erbe verte si est cäeit envers
La s'est pasmét, kar la mort li est près.

Roland sent bien que sa mort est proche :
sa cervelle sort par ses oreilles.
Il prie d'abord pour ses pairs, que Dieu les appelle à lui,
et pour lui-même ensuite à l'ange Gabriel.
Pour éviter tout reproche, il prit l'olifant,
et Durendal son épée dans l'autre main.
Plus loin encore qu'une portée d'arbalète,

il se dirige vers l'Espagne, dans un guéret.
En haut d'un tertre, sous deux beaux arbres,
il y avait quatre blocs taillés dans le marbre.
Sur l'herbe verte, il est tombé à la renverse ;
il s'est pâmé, car sa mort est proche.

Laisse 174

Ço sent Rollant que la mort le tresprent,
Devers la teste sur le quer li descent ;
Desuz un pin i est alét curant,
Sur l'erbe verte s'i est culchét adenz,
Desuz lui met s'espee e l'olifan.
Turnat sa teste vers la paiene gent :
Pur ço l'at fait quë il voelt veirement
Que Carles dïet e trestute sa gent,
Li gentilz quens, qu'il fut mort cunquerant.
Cleimet sa culpe e menut e suvent,
Pur ses pecchez Deu puroffrid lo guant.

Quand Roland sent que la mort s'empare de lui,
que de la tête elle lui descend au cœur,
il est allé en courant sous un pin ;
sur l'herbe verte il s'est couché face contre terre,
sous lui il met son épée et l'olifant.
Il se tourna, la tête face à l'ennemi païen ;
et il l'a fait parce qu'il veut à tout prix
que le roi Charles et tous les siens disent
du noble comte qu'il est mort en conquérant.
Il bat sa coulpe à petits coups répétés,
pour ses péchés il présenta à dieu son gant.

ROLAND, LAISSES 168 ET 174, ÉD. ET TRAD. IAN SHORT
LE LIVRE DE POCHE, «LETTRES GOTHIQUES», 1990

CAN VEI LA LAUZETA

*Illustre troubadour du XIIᵉ siècle, Bernart de Ventadour fut créateur
de mots et de musique, comme tous les poètes lyriques d'alors,
et chanta l'amour en langue d'oc. Cette chanson commence par le
bonheur de la fascination et par la dépossession de soi par l'autre.*

Can vei la lauzeta mover
de joi sas alas contra-l rai,
que s'oblid'e-s laissa chazer
per la doussor c'al cor li vai,
ai ! tan grans enveya m'en ve

Quand je vois l'alouette bouger de joie
ses ailes contre un rayon,
s'évanouir et se laisser tomber
de la douceur qui au cœur lui va,
ah ! tant grande envie m'en vient

Avant d'être transcrite dans les manuscrits, la littérature profane qui naît à fin du XIe siècle eut une existence orale : chanson de geste, poésie lyrique des troubadours (poètes en langue d'oc) puis des trouvères (poètes en langue d'oïl).

de cui qu'eu veya jauzion,
meravilhas ai, car desse
lo cor de dezirer no-m fon.

Ai, las ! tan cuidava saber
d'amor, e tan petit en sai !
car eu d'amar no-m posc
    tener
celeis don ja pro non aurai.
Tout m'a mo cor, et tout m'a me,
e se mezeis'e tot lo mon ;
e can se-m tolc,
    no-m laisset re
mas dezirer e cor volon.

de ceux que je vois joyeux,
que je m'étonne qu'aussitôt
le cœur de désir ne me fonde.

Hélas ! je croyais tant savoir
d'amour et j'en sais si peu,
puisque je ne peux me retenir
    d'aimer
celle dont je n'aurai jamais rien.
Elle m'a pris mon cœur et moi,
elle-même et le monde entier ;
si elle me prive
    je n'ai plus rien
que désir et cœur envieux.

BERNART DE VENTADOUR, *CAN VEI LA LAUZETA* (2 STROPHES SUR 8), ÉD. C. APPEL, HALLE, 1915, TRAD. JACQUES ROUBAUD DANS *LA FLEUR INVERSE* (P. 48), PARIS, RAMSAY, 1986.

TRISTAN

AUSI CONME UNICORNE SUI

Comte de Champagne puis roi de Navarre, Thibaut de Champagne (1201-1253) fut un trouvère (poète de langue d'oïl) important. Dans cette chanson dont on possède la musique, il renouvelle les thèmes de l'amour courtois par le recours au bestiaire (la licorne), et à des personnifications presque dramatiques (Dangier).

Ausi conme unicorne sui
Qui s'esbahit en regardant
Quant la pucele va
 mirant.
Tant est liee de son ennui,
Pasmee chiet en son giron ;
Lors l'ocit on en traïson.
Et moi ont mort d'autel
 senblant
Amors et ma dame, por voir ;
Mon cuer ont, n'en puis
 point ravoir.

Dame, quant je devant
 vos fui
Et je vos vi premierement,
Mes cuers aloit si tresaillant
Qu'il vos remest
 quant je m'en mui.
Lors fu menés
 sanz raençon
En la douce chartre en prison,
Dont li piler sont de talent
Et li huis sont de biau veoir
Et li anel de bon espoir.

De la chartre a la clef Amors,
Et si i a mis trois portiers :
Biau Semblant a non
 li premiers,
Et Biautez ceus en
 fait seignors ;
Dangier a mis a l'uis devant,

Je suis semblable à la licorne
qui regarde, fascinée,
la jeune fille qu'elle est en train
 de contempler.
Elle est si ravie de son tourment
qu'elle tombe évanouie sur son sein.
Alors traîtreusement on la tue.
Moi aussi, j'ai été tué, de la même
 façon,
par Amour et ma dame, c'est vérité :
ils détiennent mon cœur,
 je ne peux le reprendre.

Dame, quand je me trouvai
 devant vous,
quand je vous vis pour la première fois,
mon cœur tremblant bondit si fort
qu'il resta auprès de vous
 quand je m'en fus.
Alors on l'emmena sans accepter
 de rançon,
captif dans la douce prison
dont les piliers sont faits de désir,
les portes de belle vision
et les chaînes de bon espoir.

La clef de cette prison, Amour la détient
et il y a placé trois gardiens :
Beau Visage est le nom
 du premier;
Amour leur a donné Beauté
 comme maître ;
devant, sur le seuil, il a mis Refus,

Enfin lorsque [...] Thomas reprit la légende, il s'efforça [...] d'accorder l'amour sauvage, contracté comme une mauvaise fièvre par le "vin herblé", à cet amour que célébraient les troubadours».

Georges Duby

Un ort felon, vilain puant,	un répugnant traître, un rustre dégoûtant,
Qui mult est maus et pautoniers	qui est très mauvais et méchant homme.
Cist troi sont et viste et hardi ;	Ces trois-là sont prompts et hardis ;
Mult ont tost un home saisi.	ils ont vite fait de s'emparer d'un homme.
Qui porroit soufrir la tristors	Qui pourrait endurer les vexations
Et les assaus de ces huissiers ?	et les assauts de ces portiers ?
Onques Rollans ne Oliviers	Jamais Roland ni Olivier
Ne vainquirent si fors estors ;	ne triomphèrent en si rudes batailles ;
Il vainquirent en conbatant,	eux vainquirent en combattant,
Mais ceus vaint on humiliant.	mais ceux-là, on les vainc en s'humiliant.
Soufrirs en est gonfanoniers,	Patience est le porte-bannière
En cest estor dont je vos di,	en cette lutte dont je vous parle,
N'a nul secors que de merci.	il n'y a de secours que dans la pitié.

THIBAUT DE CHAMPAGNE, *AUSI CONME UNICORNE SUI* (4 STROPHES SUR 6)
ÉD. ET TRAD. S. ROSENBERG, H. TISCHLER ET M.-G. GROSSEL
(ADAPTÉE POUR LA PRÉSENTE ÉDITION) DANS *CHANSON DES TROUVÈRES*,
LE LIVRE DE POCHE, «LETTRES GOTHIQUES», 1995.

TRISTAN ET YSEUT

Thomas vécut sans doute dans l'Angleterre d'Henri II Plantagenêt, lieu d'épanouissement de la littérature en français au XIIe siècle. Auteur d'une des deux grandes versions de Tristan et Yseut, *son œuvre nous est parvenue fragmentairement. Cette scène située sur un bateau vient d'être retrouvée : elle livre un des premiers dialogues amoureux, où les amants s'avouent leur amour au travers du polysémique «lamer».*

«Si vus ne fussez, ja ne fusse,	«Si vous n'aviez pas été là, je ne me serais pas trouvée ici non plus,
Ne de lamer rien ne seüsse.	et je n'aurais rien connu de "lamer".
Merveille est k'om lamer ne het	Il est étonnant que ne haïsse pas "lamer"
Qui si amer mal en mer set,	qui connaît un mal si amer en mer,
E qui l'anguisse est si amere !	et chez qui l'angoisse est si amère.
Si je une foiz fors en ere,	Si jamais je parvenais à m'en délivrer
Ja n'i enteroie, ce quit. »	je n'y retournerais plus jamais, je vous le dis.»
Tristran ad noté chescun dit,	Tristan a prêté attention à chacun de ses mots,
Mes el l'ad issi forsvëé	mais elle lui a si bien brouillé la piste

Par «lamer» que ele
   ad tant changé
Que ne set si cele dolur
Ad de la mer ou de l'amur,
Ou s'el dit «amer» de
   «la mer»
Ou pur «l'amur»
   dïet «amer».[...]

Tristran respont :
   «Autretel ay :
Ly miens mals est
   del vostre estrait.
L'anguisse mon quer
   amer fait,
Si ne sent pas le mal amer ;

N'il ne revient pas de la mer,
Mes d'amer ay ceste dolur,
E en la mer m'est
   pris l'amur.
Assez en ay or dit a sage.»

Quant Ysolt entent
   son corage,
Molt est liee de l'aventure.

Entr'els i ad mainte emveisure,
Car ambedeus sunt en espeir :
Dïent lur bon e lur voleir,

Baisent, enveisent e acolent.

à force de tant jouer sur
   le mot «lamer»
qu'il ignore si sa souffrance
lui vient de la mer ou de l'amour,
si elle dit «amer» en voulant dire
   «la mer»,
ou si c'est pour le mot «amour»
   qu'elle dit «amer».

«Il en va de même pour moi,
   répond Tristan,
mon mal a la même origine
   que le vôtre.
C'est l'angoisse qui rend mon cœur
   amer,
et pourtant je ne ressens pas ce mal
   comme étant amer ;

et il ne vient pas non plus de la mer,
c'est aimer qui me fait souffrir,
et c'est en mer que l'amour s'est
   emparé de moi.
J'en ai déjà dit assez pour qui sait
   me comprendre. »

Quand Yseut entend ce qu'il a sur
   le cœur,
elle est fort heureuse de la tournure
   que prennent les événements.

Ils échangent force paroles tendres,
car tous deux vivent dans l'espoir :
ils s'ouvrent leur cœur et expriment
   leurs désirs l'un à l'autre,
ils s'embrassent, s'enlacent et se
   livrent au plaisir.

THOMAS, *TRISTAN ET YSEUT*, V. 39-52, 64-77, ÉD. IAN SHORT ET TRAD.
IAN SHORT (ADAPTÉE POUR LA PRÉSENTE ÉDITION), LA PLÉIADE, 1995.

184

> _côté des rencontres [...] et des chasses, ces récits vibrent de la tension érotique et spirituelle de la conquête de la dame et, à travers elle, de l'affirmation de soi.»_

Franco Cardini

LE CHEVALIER DE LA CHARRETTE

_Poète du XII_e _siècle, Chrétien de Troyes est surtout connu pour sa réussite dans un genre neuf : le roman. À côté d'œuvres achevées comme_ Yvain, _il laissa deux textes appelés à connaître de nombreuses continuations :_ le Conte du Graal _et_ Le Chevalier de la Charrette, _histoire de Lancelot et de la reine Guenièvre. Cet extrait est la seule nuit d'amour qu'ils connaissent chez Chrétien._

Et puis vint au lit la reïne,	Et puis il arrive au lit de la reine.
Si l'aore et se li ancline,	Il reste en adoration en s'inclinant devant elle,
Car an nul cors saint	car c'est le corps saint
ne croit tant.	auquel il croit le plus.
Et la reïne li estant	Alors la reine lui tend
Ses bras ancontre, si l'anbrace,	les bras, les passe autour de lui,
Estroit pres de son piz le lace,	et puis le serre étroitement sur sa poitrine.
Si l'a lez li an son lit tret,	Ainsi elle l'a attiré dans son lit,
Et le plus bel sanblant li fet	lui réservant le meilleur accueil
Que ele onques feire li puet,	qu'elle puisse jamais lui faire,
Que d'Amors	car c'est Amour et son cœur
et del cuer li muet.	qui lui dictent sa conduite,
D'Amors vient qu'ele	c'est inspirée par Amour qu'elle lui
le conjot ;	fait fête.
Et s'ele a lui grant amor ot	Mais si elle éprouve pour lui un grand amour,
Et il cent mile tanz a li,	lui éprouve pour elle un amour cent mille fois plus grand,
Car a toz autres cuers failli	car Amour n'a rien fait avec tous les autres cœurs
Amors avers qu'au suen	en comparaison de ce qu'il a fait
ne fist ;	avec le sien.
Mes an son cuer tote reprist	Dans son cœur Amour a repris force,
Amors, et fu si anterine	si exclusivement
Qu'an toz autres cuers	que dans les autres cœurs on n'en voit
fu frarine.	qu'une pauvre image.
Or a Lanceloz quan qu'il vialt	Maintenant Lancelot a tout ce qu'ilveut
Quant la reïne an gré requialt	puisque la reine accueille avec faveur
Sa conpaignie et son solaz,	sa compagnie et ses caresses,
Quant il la tient antre ses braz,	puisqu'il la tient entre ses bras
Et ele lui antre les suens.	comme elle le tient entre les siens.

> *La chambre où Lancelot rejoint enfin la reine prend l'aspect d'un sanctuaire, le lit d'un autel, l'amant s'incline devant le corps convoité comme devant la relique des saints...»*

Georges Duby

Tant li est ses jeus	Ce jeu lui est
dolz et buens,	si doux et si bon,
Et del beisier, et del santir,	ce jeu des baisers, ce jeu des sens,
Que il lor avint sanz mantir	qu'ils ont connu
Une joie et une mervoille	une joie si merveilleuse
Tel c'onques ancor sa paroille	qu'on en a jamais entendu décrire,
Ne fu oïe ne seüe.	jamais connu de semblable.

CHRÉTIEN DE TROYES, *LE CHEVALIER DE LA CHARRETTE*, VV. 4659-4687, ÉD. ET TRAD. DANIEL POIRION, LA PLÉIADE, 1994

LA MORT LE ROI ARTU

Ce roman en prose anonyme du XIIIe siècle se situe à la fin du grand cycle du Lancelot-Graal, écrit à partir de Chrétien de Troyes. La quête du Graal achevée par les élus, l'adultère découvert de Lancelot et de la reine précipite la fin du monde arthurien. Blessé à mort durant la bataille de Salisbury, Arthur se sépare d'Excalibur.

«Li rois monte et chevauche vers la mer tant qu'il i est a eure de midi ; si descent a la rive et desceint l'espee d'entor lui et la tret del fuerre [la tire du fourreau] ; et quant il l'ot esgardee grant piece [longtemps], si dist : «Ha ! Escalibor, bone espee et riche, la meillor de cest siecle, fors cele as Estranges Renges [excepté l'épée aux étranges attaches], or perdras tu ton mestre ; ou retroveras tu home ou tu soies si bien emploiee conme en moi, se tu ne viens es mains Lancelot ? Hé ! Lancelot, li plus preudom del monde et li mieudres [le meilleur] chevaliers, pleüst ore a Jhesu Crist que vos la tenissiez et ge le seüsse ! Certes m'ame en seroit plus a ese a touz jorz mes [mon âme en serait pour toujours plus contente]. » Lors apele li rois Girflet et li dist : «Alez en cel tertre ou vos trouveroiz un lac et gitez [jetez] m'espee la dedenz, car je ne voil pas qu'ele remaingne en cest reingne [qu'elle reste en ce royaume], que li malvés oir qui i remeindront n'en soient sesi [pour que les mauvais descendants qui y demeureront, n'en héritent pas]. » (...) Lors [Girflet] la lance el lac el plus parfont et au plus loing de lui qu'il puet ; et meintenant qu'ele aproucha de l'eve [dès que l'épée fut proche de l'eau], il vit une main qui issi del [sortit du] lac et aparoit jusqu'au coute [visible jusqu'au coude], mes del cors dont la mein estoit ne vit il point [mais il ne vit rien du corps à qui la main appartenait] ; et la mein prist l'espee parmi le heut [par la garde] et la commença a branler [agiter] trois foiz ou quatre contremont [vers le haut]. Quant Girflet ot ce veü apertement, la mein se rebouta en l'eve a toute l'espee [la main replongea dans l'eau avec l'épée].»

LA MORT LE ROI ARTU, ÉD. JEAN FRAPPIER ET TRAD. POUR LA PRÉSENTE ÉDITION, *TEXTES LITTÉRAIRES FRANÇAIS*, P. 247-249, DROZ-MINARD, 1964.

Blanche com lis, plus que rose vermeille,
Resplendissant com rubis d'Oriant,

En remirant vo biauté nompareille,
Blanche com lis, plus que rose vermeille,

Sui si ravis que mes cuers toudis veille
A fin que serve a loy de fin amant,
Blanche com lis, plus que rose vermeille,
Resplendissant com rubis d'Oriant.

Rondeau de Guillaume de Machaut (v. 1300-1377), tiré de
Lob der Frauen, éd. Jacqueline Cerquiglini, Leipzig, 1987.

LE ROMAN DE RENART

*Le Roman de Renart s'est constitué de 1170 à 1250 environ d'une
accumulation de branches, récits plus ou moins courts d'auteurs
multiples, centrés sur les mêmes héros animaux. Deux d'entre eux,
Renart le goupil et Isengrin le loup sont ennemis jurés. L'un incarne la
ruse (ici se faire passer pour un moine pêcheur), l'autre la force brute.*

Ce fu un pou devant Noël	C'était un peu avant Noël
Que l'en mettoit bacons en sel.	à l'époque où l'on sale les jambons.
Li ciex fu clers et estelez	Le ciel était clair et étoilé.
Et li viviers fu si gelez	L'étang où Isengrin devait pêcher
Ou Ysengrin devoit peschier,	était si gelé
Qu'en poïst par desus treschier,	qu'on aurait pu y danser la farandole,
Fors tant c'un pertuis i avoit	il n'y avait qu'un trou
Qui de vilains fait i estoit	que les paysans avaient fait
Ou il menoient leur atoivre	pour y mener chaque soir leur bétail
Chascune nuit joer et boivre.	se changer les idées et boire.
Un seel y orent laissié.	Ils y avaient laissé un seau.
La vint Renart tout eslessié	Renart courut jusque-là ventre à terre
Et son compere regarda :	et se retourna vers son compère :
«Sire, fait il, traiez vous ça !	«Seigneur, dit-il, approchez-vous.
Ça est la plenté de poissons	C'est ici que se trouve la foule des poissons
Et li engin dont nous peschons	et l'instrument avec lequel nous pêchons
Les anguiles et les barbiaux	anguilles, barbeaux

*R*evanche des petits contre les puissants la satire apparaît dès le XIIe siècle sous des formes multiples : fables, fabliaux, farces et romans satiriques.

et autres poissons bons et biaus.»
Dist Ysengrin : «Frere Renart,
Or le prenez de l'une part,
Si me laciez bien»
   a la queue !
Renart le prent et si li nueue
Entour la queue au miex
   qu'il puet.
«Frere, fait il, or vous esteut
Moult sagement a contenir
Pour les poissons faire venir.»
Lors s'est lez un buisson fichiez,

Si mist son groing entre ses piez
Tant que il voie que il face. [...]
L'eve conmence a englacer
Et li sëaus a enlacier
Qui a la queue fu noez.
De la glace fu seurondez.
La queue est en l'eve gelee
Et a la glace seellee.

et autres bons et beaux poissons.
– Frère Renart, dit Isengrin,
prenez-le donc par un bout
et attachez-le moi solidement
   à la queue.
Renart prend le seau qu'il lui attache
à la queue du mieux
   qu'il peut.
«Frère, dit-il, vous devez maintenant
rester bien sage, sans bouger,
pour que les poissons viennent.»
Là-dessus, il s'est élancé près
   d'un buisson,
le museau entre les pattes,
de façon à surveiller le loup. [...]
L'eau commence à geler,
à emprisonner le seau
fixé à la queue ;
bientôt il déborde de glaçons.
La queue est gelée dans l'eau,
puis scellée à la glace.

Le Roman de Renart, branche III, éd. Ernest Martin, et trad. Jean Dufournet et Andrée Méline, GF, Flammarion, 1985.

Le Roman de la Rose

*C*ette œuvre a deux auteurs : Guillaume de Lorris (v. 1230) ouvre l'espace du songe et narre l'«enamourement» du narrateur pour une rose symbolique. Jean de Meun (v. 1270) va jusqu'au bout du rêve laissé en suspens, en permettant au narrateur de prendre physiquement possession de la rose. De l'un à l'autre, on passe de l'amour courtois à un naturalisme universel et universitaire.

Au vuintieme an de mon aage,
Ou point qu'Amors prent le peage
   prent le peage
Des joenes genz, couchier m'aloie

Une nuit si com je soloie,
Et me dormoie mout forment.

Si vi un songe en mon dormant
Qui mout fu biaus et mout me plot.
Mes en ce songe onques rien n'ot
Qui trestout avenu ne soit,

L'année de mes vingt ans,
à ce moment où Amour fait
   payer le péage
aux jeunes gens, j'étais allé
   me coucher

une nuit, comme d'habitude,
et je dormais d'un sommeil
   profond.

C'est alors que je fis en dormant
un beau rêve qui me plut bien.
Or, dans ce rêve, il n'y eut rien
qui ne fût arrivé tout à fait

...i com li songes devisoit.

...r vueil cest songe rimoier

...our noz cuers faire aguissier,
...u'Amors le me prie et commande.

...t se nuls ne nule demande

...ommant je vueil que li romanz
...oit apelez que je coumanz,
...e est li romanz de la rose,

...u l'art d'amours est toute enclose.
...a matiere est bone et nueve :
...r doint Dieus qu'an gré le reçoive

...ele pour cui je l'ai empris.

...'est cele qui tant a de pris
...t tant est digne d'estre amee
...u'ele doit estre rose clamee. [...]

...ar les rains saisi le rosier,

...ui plus sunt franc que nul osier ;

...t quant a .II. mains m'i poi joindre,

...retout soavet, san moi poindre
...e bouton pris a elloichier,
...u'anviz l'eüsse san hoichier.

...outes an fis par estovoir
...es branches croller et mouvoir,

...an ja nul des rains depecier,

...ar n'i vouloie riens blecier ;

de la même manière que le
   rêve le décrivait.
Je veux maintenant mettre en
   vers ce rêve,
pour stimuler nos cœurs,
car c'est Amour qui m'en
   prie et me le commande
et si quelqu'un – homme ou
   femme – demande
quel titre je veux donner
à l'œuvre que je commence :
je réponds que c'est
   le roman de la rose,
qui contient tout l'art d'aimer.
Le sujet en est bon et neuf.
Puisse Dieu accorder
   qu'il soit bien accueilli
par celle pour qui je l'ai
   entrepris !
C'est celle qui a tant de prix
et qui est à ce point digne
   d'être aimée,
qu'on doit l'appeler «rose». [...]

Je saisis le rosier par
   les rameaux (reins),
qui sont plus souples que ne
   l'est aucune variété d'osier ;
et lorsque j'arrivai à m'y
   accrocher des deux mains,
tout doucement, sans me piquer,
je me mis à secouer le bouton
car j'aurais eu du mal
   à l'avoir sans le hocher.
Je ne pus empêcher de faire
remuer et bouger toutes
   les branches,
mais sans jamais casser
   aucun des rameaux,
car je ne voulais rien abîmer
   du rosier ;

Texte pédagogique et miroir de la société mondaine, le premier *Roman de la Rose* enseigne les règles de l'amour courtois à travers un récit d'aventures rédigé en langue romane.

Et si m'an convint il a force	et pourtant il me fallut inévitablemen[t]
Entamer un po de l'escorce,	entamer un peu l'écorce,
Qu'autrement avoir ne savoie	car je ne savais pas d'autre moyen pour obtenir
Ce don si grant desir avoie.[...]	ce dont j'avais un si vif désir. [...]
Ainsint oi la rose vermeille.	C'est ainsi que je possédai la rose vermeille.
Atant fu jorz, et je m'esveille.	Alors il fit jour et je me réveillai.

Le Roman de la Rose, v. 21-44, éd. et trad. Armand Strube[l] Lettres gothiques, 1992 ; v. 21675-21688, 21749-5[0] éd. Félix Lecoy, Paris, t. 3, 1970, et trad. Strubel, avec modification[s]

RONDEAU

Charles d'Orléans (1394-1465), prince et poète de la fin du Moyen Âge, s'est illustré par un recueil de ballades et rondeaux[,] formes désormais fixes et sans musique originelle. Le génie volontiers[ ]mélancolique du poète trouve aussi des accents plus légers, comme ici.

Quant n'ont assez fait dodo
Ces petiz enfanchonnés [tout petits enfants],
Ilz portent soubz les bonnés [ils ont sous leurs bonnets]
Visages plains de bobo.

C'est pitié s'il font jojo [Ils font pitié, s'ils font joujou]
Trop matin, les doulcinés [trop tôt le matin, les doux bambins],
    Quant etc.

Mieulx amassent a gogo [Ils préféreraient être couchés]
Gesir sur molz coissinés [sur de moelleux coussins],
Car il sont tant poupinés [car ce sont de tels poupons] !
Helas ! che gnogno, gnogno [comme ils sont grognons],
    Quant etc.

Charles d'Orléans, rondeau 89 éd. J.-C. Mühlethaler et trad. pour la présente édition Le Livre de poche, «Lettres gothiques», 1995

LE BAL DES ARDENTS

Poète, ce sont pourtant ses Chroniques *qui ont d'abord fait la gloir[e] de Jean Froissart (1337-v. 1404). Couvrant les années 1327 à 1400[,] elles donnent une relation passionnante des événements de la guerre d[e] Cent Ans et plus largement de l'histoire de l'Europe occidentale. Ici l[e] fameux bal des Ardents devient un morceau de littérature.*

En ce point evous venant le roy de France luy sixieme tant seulement
en l'estat et ordonnance que dessus est ditte, tous appareilliés
[déguisés] comme hommes sauvages et couvers de poil de lin, aussi
delié comme cheveuls, du chief jusques aux piés, ne il n'estoit homme,
ne femme qui les peuist congnoistre [qui pût les reconnaître] ; et
estoient les chinq attachiés l'un a l'autre et le roy tout devant qui les
menoit a la danse. Quant ils entrerent en la salle, on entendy si a euls
regarder que il ne souvint [on se mit à les regarder si attentivement
qu'on en oublia] de torses [torches], ne de torsins [flambeaux]. Le roy
qui estoit devant, se departy [se sépara] de ses compaignons, dont il
fut eureux, et se traist devers [se dirigea vers] les dames pour luy
monstrer, ainsi que jeunesse le portoit, et passa devant la royne et
s'en vint a la duchesse de Berry qui estoit sa tante et la plus jeune.
(...) En ce desroy advint le grant meschief [malheur] sur les autres
et tout par le duc d'Orleans qui en fut cause, quoyque jeunesse et,
possible est [peut-être], ygnorance luy feissent [fissent] faire (...). Il
fut trop engrand [désireux] de sçavoir qui ils estoient. Ainsi que les
cinq dansoient, il abaissa la torse que l'un de ses varlets tenoit
devant luy si pres de luy que la challeur du feu entre ou lin. (...) La
flamme du feu eschauffa le poix a quoy le lin estoit attachié a la
pille. Les chemises linees et poyees estoient seches et delies et
joindans a la char [étroites et portées directement sur la peau] et se
prindrent au feu a ardoir [brûler], et ceulx qui vestus les avoient et
qui l'angoisse sentoient, commencierent a crier moult amerement et
horriblement, et tant y avoit de meschief que nuls ne osoit
approchier. (...) Ceste pesme et doulente [terrible et douloureuse]
adventure advint en l'ostel de Saint-Pol a Paris en l'an de grace mil
CCC. IIIIXX et XII [1392] le mardy devant la Chandeleur, de laquelle
advenue il fut grant nouvelle parmy le royaulme de France et en
autres lieux et pays.»

JEAN FROISSART, CHRONIQUES, ÉD. KERVYN DE LETTENHOVE,
BRUXELLES, 8 VOL., T. 15, 1871, TRAD. POUR LA PRÉSENTE ÉDITION.

À LA
DÉCOUVERTE
DE LA
FRANCE MÉDIÉVALE

▲ Pont-Vieux, Albi

Château de Saumur ▼

▲ Carcassonne

Château du Haut-Kœnigsbourg ▼

▲ ÉGLISE SAINT-PIERRE, CHAUVIGNY   PONT VALENTRÉ, CAHORS ▼

LES CHEMINS DE SAINT-JACQUES

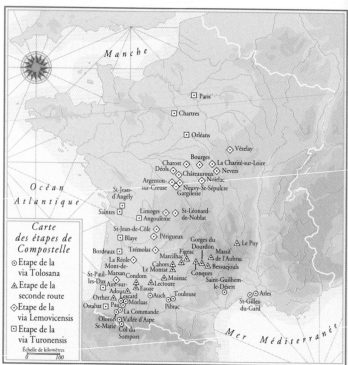

Carte
des étapes de
Compostelle

⊙ Étape de la
via Tolosana

△ Étape de la
seconde route

◇ Étape de la
via Lemovicensis

☐ Étape de la
via Turonensis

Échelle de kilomètres
0   100

L'APÔTRE-PÈLERIN

À partir du XIIIe siècle, l'iconographie de saint Jacques évolue : l'apôtre se métamorphose en pèlerin. Vêtu d'un long manteau, une «pèlerine», protégé par un capuchon et coiffé d'un chapeau à larges bords, droits ou relevés, il est muni d'un bâton de marche, le «bourdon», et doté de la coquille qui s'imposera par la suite comme l'attribut caractéristique de tous les pèlerins. Apôtre et pèlerin, saint Jacques est devenu le guide mystique par excellence.

Le Moyen Âge, en particulier le XIe et le XIIe siècle, est marqué par un vaste mouvement de pérégrinations qui fait de cette époque une des plus intenses de la civilisation chrétienne. Le pèlerinage est un voyage vers un lieu sacré, un lieu de dévotion, où le fidèle espère obtenir une grâce divine. Il accomplit ainsi un acte de foi car le chemin, dont il choisit l'itinéraire et la date, est dangereux et il y risque sa vie. Au sein de la multitude des lieux de pèlerinage, trois destinations s'imposent de manière universelle : le Saint-Sépulcre en Terre sainte, le tombeau de saint Pierre à Rome et enfin celui de saint Jacques à Compostelle.

CRÉATION DU PÈLERINAGE DE SAINT-JACQUES-DE-COMPOSTELLE.

Saint Jacques, dit le Majeur, apôtre du Christ, est constamment cité dans les passages les plus importants des Évangiles. Il fut décapité vers 41-44 après J.-C., et l'emplacement de sa tombe avait été oublié. Cependant, selon la tradition – relatée dans la *Concordia de Antealtares* (1077) –, l'endroit aurait été

LE PÈLERINAGE DE SAINT-JACQUES-DE-COMPOSTELLE

révélé miraculeusement, au début du IXe siècle, à un ermite nommé Pélage installé près de l'église de Saint-Félix. Apprenant cet événement, le roi Alphonse II fit aussitôt construire trois églises sur le saint emplacement. Dans une époque marquée par d'incessantes luttes armées, notamment entre les chrétiens et les musulmans, le règne d'Alphonse II apporta à son royaume un renouveau artistique et culturel, accompagné d'un retour à la prospérité et de nombreux échanges avec la cour de Charlemagne. Saint Jacques, perçu dès lors comme le symbole de la protection de l'Espagne chrétienne, apparaît sous les traits d'un puissant cavalier luttant contre les musulmans, d'où son surnom de *Matamore* (littéralement : le tueur de Maures). Ses reliques devinrent, à partir du Xe siècle, la destination de l'un des plus célèbres pèlerinages de la Chrétienté. L'affluence de personnes et de dons permit de bâtir une ville autour du mausolée.

Ci-dessous au centre, *Saint Jacques en pèlerin*, miniature XIVe siècle.

Saint Jacques, pierre peinte, XVe siècle.

Les motivations des pèlerins qui partaient sur les chemins de Saint-Jacques étaient diverses. Pour certains, il s'agissait d'un pur acte de dévotion, fondé sur une ascèse : le pèlerin renonçait alors au monde pour aller prier devant les reliques saintes. Il recherchait le salut de son âme et s'imposait parfois des souffrances pénibles comme voyager pieds nus. Mais la vocation du pèlerinage était le plus souvent liée à une demande de miracle : le pèlerin s'en allait chercher auprès du saint une faveur, une guérison. Certains fidèles partaient afin d'expier leurs péchés et faire pénitence. Il existait aussi des pèlerinages à titre posthume et des pèlerinages vicaires (un vivant envoyait quelqu'un faire le pèlerinage à sa place). Enfin, il existait de nombreux faux pèlerins qui hantaient les routes pour voler et vivre aux dépens des vrais fidèles.

*L*E «*GUIDE DU PÈLERIN*». Les routes du pèlerinage de Saint-Jacques-de-Compostelle étaient précisément décrites dans des guides afin d'orienter le pèlerin et de l'aider tout au long de son chemin. Le *Guide du pèlerin de Saint-Jacques de-Compostelle*, extrait du livre V du *Codex Calixtinus* daté de 1139, expose ainsi les différents itinéraires empruntés par le pèlerin qui tous se rejoignaient à Puente la Reina en territoire espagnol et apparaît comme une somme de conseils pratiques à l'adresse des jacquets : lieux où faire étape, reliques à vénérer, sanctuaires à visiter. L'auteur, probablement un Français originaire du Poitou ou de la Saintonge, renseignait ainsi le lecteur sur les grands axes de circulation, le nom des villes et bourgs situés sur les voies jacobites, ainsi que sur les grands hospices, et il donnait même le nom des personnages ayant travaillé à la construction des routes.

*L*ES CHEMINS DE SAINT-JACQUES. Les routes qui menaient à Saint-Jacques-de-Compostelle étaient au nombre de quatre : la *via Tolosana*, la route du Puy à Ostabat, la *via Lemovicensis* et la *via Turonensis*. La *via Tolosona*, qui partait d'Arles à Puente la Reina en passant par Toulouse, était l'itinéraire qu'empruntaient les pèlerins venant d'Italie ou d'Orient, ainsi que ceux qui longeaient la côte méditerranéenne. Le second chemin partait du Puy et rejoignait Ostabat, point de ralliement des quatre voies jacobites. Il était emprunté par les pèlerins venant de Lyon, Vienne, Valence ou de Clermont-Ferrand, Issoire, Sauxillanges et Brioude. La *via Lemovicensis* partait de Vézelay où «le très saint corps de la bienheureuse Marie Madeleine doit être d'abord et à juste titre vénéré par les pèlerins» (le *Guide du pèlerin*) et rejoignait Ostabat en passant par Saint-Léonard-de-Noblat. La quatrième voie, la *via Turonensis*, allait de Paris à Ostabat en passant par Tours. Cette route était jalonnée de sites importants, abritant de précieuses reliques : à Orléans le pèlerin se recueillait devant «le bois de la croix et le calice de saint Euverte, évêque et

*« J'ai voulu visiter saint Jacques
pour obtenir le pardon de mes péchés et
pour voir un lieu vénéré de tous les peuples. »*
Arnauld du Mont, XIIe siècle

nfesseur, dans l'église Sainte-
roix », à Poitiers il vénérait
s reliques de saint Hilaire,
Saint-Jean-d'Angély celles
u « chef vénérable de saint
an-Baptiste qui fut apporté par
s religieux depuis Jérusalem
squ'en un lieu appelé Angély
u pays poitevin », et à Saintes
lles de saint Eutrope.

E CAMINO FRANCÈS. Seize
apes jalonnaient la route de
aint-Jacques en pays espagnol.
e pèlerin traversait le Pays
asque et parvenait
la Croix de Charles, premier
eu de prière sur la route
e Compostelle. Les itinéraires
n Espagne étaient relativement
ciles. Une fois en territoire
ispanique, le jacquet
e pouvait manquer « le corps
u bienheureux Dominique,
onfesseur, qui construisit
chaussée entre Nájera
Redecilla, là où il repose.
n doit même rendre visite aux
orps des saints Facond
Primitif dont la basilique
t élevée par Charlemagne

..] ; de là il faut aller voir à León le corps
énérable du bienheureux Isidore, évêque,
onfesseur et docteur, qui institua pour
s ecclésiastiques une très pieuse règle, imprégna
e sa doctrine tout le peuple espagnol et honora
sainte Église tout entière par ses ouvrages
econds » (le *Guide du pèlerin*). Le pèlerin
ontinuait ensuite sa route vers Pampelune, puis
tteignait Puente la Reina. Il traversait ensuite
stella, et se dirigeait vers La Rioja. La traversée
e la Castille et du León était de nouveau
ythmée par de saintes étapes. Le pèlerin arrivait
nfin au bout de son voyage en entrant en Galice
ù se situait Saint-Jacques.

Ci-dessus en haut,
la basilique
Saint-Jacques
de Compostelle
qui abrite
le tombeau de saint
Jacques Le Majeur.
Ci-dessus en bas,
le pèlerinage
de Saint-Jacques
aujourd'hui :
un pèlerin traverse
le Pays basque.

LA «VIA TOLOSANA»

Sur la *via Tolosana*, la première étape du fidèle était la cathédrale d'Arles où il se recueillait devant la dépouille de saint Trophime. Puis, marchant vers l'ouest, il faisait halte à Saint-Gilles-du-Gard, Saint-Guilhem-le-Désert, Murat-sur-Vèbre, Castres, et atteignait enfin Toulouse. Là, il vénérait la relique du corps de saint Sernin. Le chemin se poursuivait ensuite par Pibrac, Auch, Morlaàs, Lescar, Pau, La Commande et Oloron-Sainte-Marie. Au moment de franchir la vallée d'Aspe et le col du Somport, les fidèles venant de l'est, passant par Montpellier, choisissaient parfois de traverser la Catalogne plutôt que le Languedoc pour atteindre Puente la Reina.

*S*AINT-GILLES-DU-GARD, *L'A*NTIQUITÉ *RÉINTERPRÉTÉE.* L'église abbatiale abrite les reliques du corps de saint Gilles, «pieux confesseur et abbé» (*Le Guide du Pèlerin*) dont le culte s'était répandu dans toute l'Europe médiévale dès le milieu du XIe siècle. Cet édifice est remarquable par sa façade romane monumentale, construite au cours de la seconde moitié du XIIe siècle, et qui tire son ordonnance architecturale de celle de l'arc de triomphe romain. Cette œuvre exceptionnelle est décorée de pilastres ornés de statues et le portique à colonnes est surmonté d'un entablement. Le programme iconographique met l'accent sur l'œuvre de Salut à travers les épisodes de la vie publique du Christ. Il repose sur les statues des apôtres et sur l'agencement des trois tympans illustrant l'Épiphanie et la Crucifixion de part et d'autre d'un Christ en majesté. Brunus, un des cinq maîtres sculpteurs de cette œuvre, a apposé sa signature sur deux statues d'apôtres. Cette façade, témoignant d'un certain retour au vocabulaire architectural de l'Antiquité, est une parfaite illustration de l'épanouissement de la sculpture romane autour des années 1200.

UNE FAÇADE TRIOMPHALE

La façade de l'église abbatiale de Saint-Gilles-du-Gard présente trois portails avec tympans, archivoltes, linteaux et ébrasements, l'ensemble étant savamment intégré à un jeu de colonnes et de sculptures.

LA BICHE ET LA FLÈCHE

Les deux attributs du saint, la biche et la flèche, évoquent la fondation de l'abbaye de Saint-Gilles-du-Gard. La biche, offerte par Dieu, aurait nourri Gilles de son lait. Elle était traquée par le roi des Goths, Wamba, lorsqu'elle reçut la protection miraculeuse du saint homme. Ce dernier fut transpercé à sa place par la flèche du roi. Gilles refusa toute gratification divine mais suscita la construction d'un monastère dont il devint l'abbé.

*D*es gens, en effet ont jadis essayé frauduleusement d'emporter le bras vénérable du bienheureux confesseur hors de la patrie de Gilles vers de lointains rivages, mais ils n'ont pu par aucun moyen s'en aller avec lui» Le *Guide du Pèlerin*

SAINT-GUILHEM-LE-DÉSERT, LE PREMIER ART ROMAN MÉRIDIONAL. L'édifice présente une nef bâtie en petit appareil régulier de pierre éclatée au marteau, dotée d'un vaisseau central et de collatéraux voûtés d'un berceau en plein cintre sur doubleaux étroits et minces. Le vaisseau central reçoit un éclairage direct grâce aux fenêtres cintrées. Ses murs extérieurs sont ornés de bandes lombardes relevant des techniques du premier art roman méridional. Le chevet actuel résulte du besoin d'installations plus grandes et mieux distribuées pour faire face à l'important culte rendu à saint Guilhem : transept allongé ouvrant sur deux absidioles, abside très vaste. On construisit ensuite le cloître doté de galeries voûtées d'arêtes ouvrant sur le préau par une succession d'arcades géminées à colonne centrale. Ses chapiteaux à épannelage cubique présentent un remarquable décor de végétaux stylisés. Les galeries nord et ouest sont parmi les plus beaux témoins qui subsistent des cloîtres de la fin du XIIe siècle.

SAINT-SERNIN DE TOULOUSE, L'ÉPANOUISSEMENT DE LA SCULPTURE ROMANE. Parvenu à Toulouse, le pèlerin se rendait à la basilique de Saint-Sernin. Au début du Ve siècle, les reliques de saint Saturnin, l'un des rares évêques martyrs de Gaule, furent transférées dans cet édifice construit à la demande de l'évêque Silve sur un site plus spacieux, à une certaine distance de la tombe du martyr. Ce transfert témoigne d'un changement de mentalité car jusqu'alors la loi romaine avait interdit de toucher aux sépultures. La construction de l'église débuta vers 1075-1080. Raymond Gayrard y participa jusqu'à sa mort en 1118.

SAINT GUILLAUME
«[...] c'est lui qui par son courage et sa vaillance soumit, dit-on, les villes de Nîmes et d'Orange et bien d'autres encore à la domination chrétienne et apporta le bois de la croix du Sauveur dans la vallée de Gellone, vallée où il mena une vie érémitique».
Le *Guide du Pèlerin*

LE MARTYRE DE SAINT SERNIN
Des païens lièrent saint Sernin «à des taureaux furieux et indomptés, puis [il fut] précipité du haut de la citadelle du Capitole, sur un trajet d'un mille, au long de l'escalier de pierre ; [...] tout son corps ayant été mis en pièces, il rendit dignement son âme au Christ».
Le *Guide du Pèlerin*

Il [saint Sernin] fut enseveli en un bel emplacement près de la ville de Toulouse ; une immense basilique fut construite là par des fidèles en son honneur ; la règle des chanoines de Saint-Augustin y est observée...» Le *Guide du Pèlerin*

MARBRE SCULPTÉ
La table d'autel en marbre de Saint-Sernin fut réalisée par Bernard Gilduin et consacrée par le pape Urbain II en 1096. Sa facture rappelle celle des sept plaques de marbre qui ornent le déambulatoire et qui représentent le Christ en majesté, les apôtres et les anges (ci-dessus).

UN PLAN TYPE
Saint-Sernin présente un plan à une nef dotée de doubles collatéraux, un transept ample et saillant à collatéraux simples et un chevet à déambulatoire et chapelles rayonnantes.

Cet édifice est donc contemporain de la cathédrale de Saint-Jacques-de-Compostelle, par son plan et par son programme sculpté. L'église a conservé deux cent soixante chapiteaux à la retombée des arcs en plein cintre. Ceux des parties basses et du transept présentent un décor couvrant constitué de toutes sortes de palmettes ; ceux du déambulatoire dérivent du corinthien. Le style des chapiteaux historiés du chevet réapparaît jusque dans les tribunes du chœur ; enfin les chapiteaux des collatéraux extérieurs de la nef sont uniquement décorés de feuillages. Les chapiteaux de Saint-Sernin permettent de suivre l'évolution du décor des chapiteaux romans, d'abord végétaux puis historiés. Le tympan de la porte Miégeville illustre l'Ascension du Christ avec de part et d'autre les apôtres Pierre et Jacques, et comporte un linteau figurant les douze apôtres. Dès le début du XIIe siècle, le portail historié roman est ainsi pleinement élaboré.

LA ROUTE
DU PUY À OSTABAT

Partant du Puy, la seconde route traverse le massif de l'Aubrac, Perse, Bessuéjouls et les gorges du Dourdou. Le pèlerin faisait une halte à Conques où sont conservées les reliques de sainte Foy, puis poursuivait vers Figeac. Là, il bifurquait parfois vers Rocamadour, Marcilhac, Cahors, Le Montat avant de se diriger vers Moissac, Lectoure, Condom, Eauze, Aire-sur-Adour, Orthez, Sauveterre-de-Béarn. Enfin, il parvenait à Ostabat.

LE PUY, CATHÉDRALE ROMANE. La cité gallo-romaine d'*Anicium* est devenue Le Puy-Sainte-Marie, ville du pèlerinage marial par excellence. La cathédrale est constituée de structures médiévales et de reconstructions postérieures. À partir de 1844, la coupole croisée, le clocher qui la surmonte, les deux dernières coupoles de la nef, le bras sud et la partie supérieure du bras nord du transept, les deux travées occidentales et la façade principale furent reconstruites. L'édifice est élevé selon un plan monumental à trois nefs, les nefs latérales étant aujourd'hui couvertes d'arêtes et la nef centrale de coupoles montées sur trompes, que prolongent trois absides rectangulaires au-delà d'un vaste transept saillant pourvu de tribunes aux extrémités. Le beau cloître roman, au nord de la cathédrale, a toujours son aspect médiéval. Près du porche sud-ouest, le baptistère Saint-Jean (XIIe siècle) aurait gardé ses fonctions baptismales jusqu'à la Révolution. Bâti sur un plan extérieur rectangulaire, il comprend une nef et une abside polylobée. Avant d'accéder au sommet de l'Aiguilhe, le pèlerin parvient à la chapelle Saint-Clair (fin du XIe siècle) qui présente un décor extérieur à arcatures aveugles, colonnes et chapiteaux, ainsi que des arcs lobés et des archivoltes lisses en alternance sur un appareil richement polychrome. Enfin, la chapelle Saint-Michel, site le plus estimé du pèlerinage, apparaît au sommet du rocher de l'Aiguilhe. Elle présente un important ensemble sculpté taillé dans le grès local de Blavozy, dont la richesse est attestée en façade. On y admire des peintures murales qui, à l'origine, couvraient la totalité des murs et des voûtes et sont un des rares vestiges des décors monumentaux du Xe siècle.

PEINTURES ROMANES
Le bras nord du transept et le porche ont conservé des fresques murales. Ci-dessus, détail de saint Laurent, cathédrale du Puy

SAINT-MICHEL-L'AIGUILHE
La salle primitive, un carré presque parfait, qui comprend trois absides voûtées en cul-de-four, est un témoignage d'architecture préromane. Au cours du XIIe siècle d'autres constructions furent ajoutées qui donnent à l'édifice son aspect actuel.

209

Enfin, le très précieux corps de la bienheureuse Foy, vierge et martyre, fut enseveli avec honneur par les chrétiens dans une vallée appelée vulgairement Conques...»

Le *Guide du Pèlerin*

CONQUES, TRÉSOR DE L'ART ROMAN. Le musée de l'abbaye abrite la statue-reliquaire de sainte Foy martyrisée à l'âge de douze ans. L'abbaye de Conques fut construite dès la seconde moitié du XI⁵ siècle et présente donc certaines particularités par rapport aux autres églises de pèlerinage, notamment dans ses dimensions mesurées. La nef très courte à collatéraux simples comporte seulement six travées, le transept est déjà assez développé et largement saillant, même si son tracé maladroit contraste avec les exemples aboutis de Saint-Jacques-de-Compostelle et de Saint-Sernin de Toulouse. Il n'est flanqué de collatéraux qu'à l'est et à l'ouest – ce dernier étant plus étroit. L'élévation se caractérise par des tribunes très spacieuses,

surmontant les collatéraux voûtés d'arêtes, tant dans la nef que dans le transept et le chœur. Elles sont percées de grandes fenêtres en plein cintre. Le vaisseau central voûté d'un berceau en plein cintre sur larges doubleaux est contrebuté par les voûtes en quart de cercle de ces tribunes. La coupole de la croisée, qui présente huit nervures, ne fut construite qu'au XIV⁵ siècle, de même que le clocher. Les caractères les plus originaux concernent le chevet. Deux absidioles échelonnées s'ouvrent sur chaque bras du transept : l'une particulièrement développée voisine avec une sorte de niche insérée dans le mur droit. Cet agencement

voque le type de chevet dit bénédictin. Le chœur comporte cependant un déambulatoire à trois chapelles rayonnantes, celle d'axe étant plus profonde que les autres. Cet ensemble combine ainsi le plan bénédictin à chapelles échelonnées greffées sur le transept et le plan à déambulatoire et chapelles rayonnantes, même si le nombre de cinq chapelles prévalait habituellement dans les églises de pèlerinage. Afin d'expliquer cette combinaison, on évoque une modification du programme de construction ou l'existence de deux états successifs, comme à La Charité-sur-Loire où le plan bénédictin primitif sera enrichi d'un vaste déambulatoire à chapelles rayonnantes. Cette dernière hypothèse paraît cependant compromise par l'homogénéité du matériau, l'ensemble du chevet présentant un grand appareil régulier en grès rouge provenant des carrières de Nauviale.

MOISSAC, LE CLOÎTRE ROMAN. L'abbaye de Moissac possède le plus ancien des cloîtres romans historiés du Midi (ci-contre). L'achèvement de la construction est connue grâce à l'inscription gravée sur le pilier central de la galerie occidentale : «L'an de l'Incarnation du prince éternel 1100, ce cloître fut terminé, à l'époque du seigneur abbé Ansquitil. Amen.» Les galeries à portiques sont constituées de colonnettes de marbre, alternativement simples ou géminées, surmontées de remarquables chapiteaux sculptés de motifs géométriques, végétaux et animaliers. Les scènes historiées illustrent des épisodes de l'Ancien Testament et de l'Apocalypse, ainsi que les martyres de saints et les miracles de la vie de saint Benoît et de saint Martin. L'originalité concerne les piliers également sculptés, présentant aux angles huit apôtres, ainsi que Simon et Durand, le prédécesseur d'Ansquitil, qui, placé sur le pilier central de la galerie, signifiait la place qu'entendait prendre l'ordre monastique au sein de l'Église.

LE VOL DES RELIQUES DE SAINTE FOY
On comprend le geste du moine Arivicus, qui, avec l'accord de toute la communauté de Conques, déroba les reliques de sainte Foy conservées dans une église d'Agen.
En effet, cette contrée au climat rigoureux et au sol infertile (ci-dessus, vue du village de Conques) ne dut son salut qu'à l'arrivée du corps de la sainte qui fut une source de grâces divines et un gage de revenus matériels.

211

LA «*VIA LEMOVICENSIS*»

SAINTE MARIE MADELEINE

SAINTE MARIE MADELEINE

Le personnage de Marie Madeleine est une création du Moyen Âge, une figure composite concentrant en un seul être quatre modèles de femmes différentes : Marie Madeleine, la pécheresse qui lava les pieds du Christ, Marie de Béthanie, la sœur de Marthe et de Lazare que le Christ ressuscita, Marie Magdala, la femme adultère qui fut la première à rencontrer le Christ ressuscité, et Marie l'Égyptienne, une pénitente des premiers temps de la Chrétienté.

ÉGLISE DE LA MADELEINE

L'édifice présente une nef à collatéraux simples. Il est doté de voûtes d'arêtes sur doubleaux en plein cintre. L'élévation est réduite à deux étages : de grandes arcades et de hautes fenêtres ouvertes entre les retombées des voûtes. Entre la fin du XIIe siècle et le début du XIIIe siècle, un chœur gothique vint remplacer le chevet de l'abbé Artaud.

La *via Lemovicensis* partait de Vézelay où le pèlerin commençait sa route vers Saint-Jacques-de-Compostelle en se recueillant sur la relique de Marie Madeleine. Puis il continuait son chemin par Saint-Léonard-de-Noblat puis soit par La Charité-sur-Loire, Nevers, Noirlac, Neuvy-Saint-Sépulchre et Gargilesse, soit par Bourges, Chârost, Déols, Châteauroux et Argenton-sur-Creuse, pour arriver à Saint-Léonard où il priait auprès des reliques du saint ermite. De Saint-Léonard le «jacquet» se rendait à Limoges. Il poursuivait alors vers La Réole et Mont-de-Marsan en passant par Saint-Jean-de-Côle et en s'arrêtant à Périgueux où sont conservées les reliques de saint Front. De là il allait à Trémolat sur la Dordogne puis il rejoignait Ostabat.

VÉZELAY, LA PURETÉ DE L'ART ROMAN. Ce lieu connut un réel essor à partir du XIe siècle grâce au culte de Marie Madeleine, dont les moines de Vézelay prétendaient détenir le corps. À cette époque, une rivalité opposa Vézelay au monastère provençal de Saint-Maximin, ce dernier se prévalant de la possession du véritable corps de Marie Madeleine, et accusant les moines de Vézelay de supercherie. La légende raconte d'ailleurs qu'un moine, saint Badilon, aurait été chargé sur l'ordre de Girart de Roussillon de se rendre à Aix pour y dérober clandestinement le corps de la sainte, pour ensuite le transporter à Vézelay. Ce conflit prit fin en 1279, date à laquelle le pape Boniface VIII reconnut la bonne foi des moines de Saint-Maximin. Toujours est-il que le monastère de Vézelay, attaché à l'abbaye de Cluny dès 1055, connaîtra un développement considérable imposant la

construction d'une église apte à accueillir les nombreux pèlerins venus célébrer les fêtes en l'honneur de la sainte (22 juillet). Les travaux se font à l'instigation de l'abbé Artaud (1096-1106). Le chœur et le transept de l'église sont achevés en 1104. En juillet 1120, un incendie dévaste l'église, qui sera reconstruite par les successeurs de l'abbé Artaud, Renaud, Aubry et Pons, et consacrée en 1132.

Le soin apporté au décor sculpté des chapiteaux et des portails est remarquable. Un des maîtres de Cluny y aurait travaillé entre 1120 et 1132, en sculptant quelques chapiteaux de la nef. Le tympan central, élaboré après 1135, affirme plusieurs grandes idées de la théologie romane, en réservant une place de choix à la théophanie triomphante. On y voit ainsi l'illustration de l'Ascension, de la seconde parousie, de l'envoi du Saint-Esprit et de la mission des apôtres. À cet ensemble se mêlent des images plus anecdotiques, telles que des personnages à grands pieds ou grandes oreilles.

LE NARTHEX

L'église est précédée d'un narthex, aussi large que la nef, flanqué de bas-côtés et divisé en trois travées. Il est fermé à l'ouest par une façade surmontée de tours.

Ces narthex, adaptés aux nouveaux besoins liturgiques, eurent une grande importance dans l'architecture romane bourguignonne.

Sous le narthex, le tympan (1135-1140) est magnifiquement sculpté.

On y reconnaît la Pentecôte et le Christ confiant aux apôtres la mission d'évangéliser le monde.

LA «VIA TURONENSIS»

La *via Turonensis* est la quatrième route de Saint-Jacques. Partant de Paris, le pèlerin passait par Orléans ou Chartres avant d'arriver à Tours. Il continuait ensuite par Ingrandes et Poitiers. Là, il choisissait de poursuivre vers Angoulême ou vers Saint-Jean-d'Angély puis Saintes. Il faisait halte à Blaye et Bordeaux et, après avoir traversé Saint-Paul-lès-Dax, il atteignait enfin Ostabat.

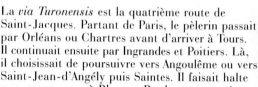

Tours, modèle des églises de pèlerinage ? La basilique Saint-Martin de Tours a-t-elle servi de modèle à l'ensemble des églises de pèlerinage ? Il semble que oui si l'on admet que cet édifice était doté, à l'origine, d'un chevet à déambulatoire sur lequel se greffaient les cinq chapelles rayonnantes. Or, l'église de Saint-Martin, reconstruite de 997 à 1014, a conservé des caractéristiques générales, qu'ont adoptées ensuite les autres constructions de pèlerinage. Après l'incendie de 1202, en effet, l'église ne fut pas reconstruite et seules les voûtes furent refaites. Le vaisseau central reçut alors une voûte à croisée d'ogives contrebutée par des arcs-boutants, des fenêtres furent ouvertes sur la nef et le déambulatoire fut élargi. Les fouilles de 1886 ont en outre révélé que le déambulatoire d'origine évoquait, tant dans sa forme que dans ses dimensions, les déambulatoires de Saint-Sernin de Toulouse et de Saint-Jacques de Compostelle.

Saintes, la prépondérance du chœur. L'église de Saintes abritait les reliques de son premier évêque, saint Eutrope. Seule la partie orientale de l'édifice roman a été conservée. Le chœur, qui ne compte pas moins de quatre travées dotées de collatéraux, fait aujourd'hui office de nef. Un déambulatoire à trois chapelles rayonnantes s'y greffait, tandis que la nef d'origine à collatéraux simples était divisée en six travées. Le transept étroit présentait à chacun de ses bras une abside orientée

DÉCOR SCULPTÉ DE SAINT-EUTROPE
Les volumineux chapiteaux de la crypte
(ci-contre) sont ornés de motifs floraux
inspirés de l'Antiquité, les arcs et les
archivoltes des baies sont couverts de
motifs décoratifs variés et les arcs brisés
supportant la coupole reposent sur de
remarquables chapiteaux historiés, illustrant
l'histoire de Daniel et la pesée des âmes.

*B*ORDEAUX, *CARREFOUR DE L'ART ROMAN.* Ville
carrefour, Bordeaux reçut des influences de la Loire,
de la Garonne, du Languedoc et du pays toulousain,
ce qui fut déterùinant pour les édifices religieux
romans de la ville. Ainsi, la façade de l'église
Sainte-Croix n'est pas sans rappeler celle
de la cathédrale d'Angoulême avant sa restauration.
La cathédrale Saint-André dont la façade daterait
du XIe siècle, n'a gardé de l'église romane que
les chapiteaux, conservés au Musée archéologique.
La facture de ceux-ci se réfère au style de
l'Angoumois. Enfin, l'église Saint-Sernin, qui a subi
de nombreuses réfections, a néanmoins préservé
son plan du XIe siècle : ample nef non voûtée
à collatéraux étroits, chœur polygonal surélevé au-
dessus d'une crypte et peut-être un transept. La
partie occidentale comporte un clocher-porche doté
de chapiteaux sculptés. L'ensemble date du début
du XIIe siècle.

**ÉGLISE
SAINTE-CROIX**
Sa façade illustre,
malgré les réfections
faites au XIXe siècle
par l'architecte
Abadie, le style de
l'ouest de la France.
Les murs latéraux
seraient, dit-on, du
Xe siècle, le transept
du XIe siècle.
Les trois absides
séparées du chevet
ainsi que la partie
orientale de la nef
relèvent du premier
tiers du XIIe siècle.

*R*ONCEVAUX, *HAUT LIEU DU
MOYEN ÂGE.* À partir d'Ostabat,
le pèlerin se dirigeait vers Puente
la Reina en passant par Saint-Jean-
Pied-de-Port puis Roncevaux.
La fameuse bataille de Roncevaux
(15 août 778) se tint près du col
de Lepoéder.
L'arrière-garde
de l'armée
de Charlemagne
fut taillée
en pièces par
les Basques
navarrais, ce qui
eut un profond
retentissement
en Aquitaine
et menaça la
paix nouvelle
(ci-contre, *La
Mort de Roland*,
miniature du
XIVe siècle).

LES FORÊTS,
LES VILLAGES
ET LES JARDINS

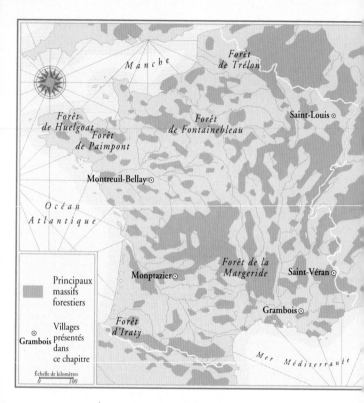

Carte des massifs
forestiers médiévaux
recensés en France.

Forêt de Trélon

M a n c h e

Saint-Louis ⊙

*Forêt
de Huelgoat*

*Forêt
de Paimpont*

*Forêt
de Fontainebleau*

Montreuil-Bellay ⊙

*O c é a n
A t l a n t i q u e*

Monptazier ⊙

*Forêt de la
Margeride*

Saint-Véran ⊙

Grambois ⊙

*Forêt
d'Iraty*

Mer Méditerranée

Principaux
massifs
forestiers

⊙
Grambois

Villages
présentés
dans
ce chapitre

Échelle de kilomètres
0   100

L'olivier de
Roquebrune (Var),
ci-dessous,
aurait été planté

entre le passage
des Phéniciens
et l'époque romaine,
il y a près
de 2500 ans !

La forêt française recouvre aujourd'hui la même superficie que vers l'an mille, avant l'aire des grands défrichements du Moyen Âge. Elle se présente cependant différemment dans son aspect et dans ses essences, du fait de la reconquête spontanée des friches et des reboisements modernes, accélérés au XIXe siècle par l'avènement de nouveaux combustibles et au XXe siècle par la désertion des campagnes. D'une part, le furetage (la recherche des meilleurs arbres) et la coupe rase ont été abandonnés, les futaies entretenues ou les taillis sous futaie généralisés. D'autre part, l'installation post-médiévale des résineux a marqué la principale transformation de la forêt depuis le Moyen Âge. Poussant serrés (quatre à cinq fois plus que les grands feuillus) et rapidement exploitables (trois fois plus tôt), les résineux couvrent aujourd'hui de vastes étendues, en témoigne la plus grande forêt de France, la forêt des Landes (1 100 000 ha) plantée sous Napoléon III...

QUELQUES FORÊTS MÉDIÉVALES. On peut avoir une vague idée de la forêt médiévale quand un même sol réunit des essences comparables, mais l'on ne saurait y éprouver les impressions d'antan. Jadis nos ancêtres connaissaient la peur dans ces forêts obscures peuplées de bêtes

...auvages, brigands, ermites, elfes et fées...
Dans le pays de Brechelvent (Brocéliande)
subsistent, de part et d'autre du bourg
de Paimpont à l'est (7000 ha), et autour
de Huelgoat à l'ouest, les fragments de l'antique
forêt de Brocéliande. Encore aujourd'hui
composée de chênes, de hêtres et de bouleaux,
la forêt est ponctuée de landes à ajoncs, genêts,
bruyères et callunes. Son sol est constitué de
schistes verts vieux de six cents millions d'années,
de schistes rouges de quatre cent cinquante
millions d'années et son relief est marqué
de plissements érodés. Tout respire l'étrangeté
dans ce monde sylvestre qui connut une intense
activité métallurgique, la trilogie feu-fer-forge
ayant souvent partie liée avec le surnaturel.
Mais surtout, le nom de Brocéliande brille dans
nos mémoires de tout l'or des légendes, la geste
du roi Arthur déroulant dans ce sanctuaire forestier
son écheveau de mythes et de poésies. Sous
la voûte de grands feuillus subsistent de nombreux
ruisseaux et des étangs, dont les écharpes
de brouillard et les vapeurs du soir évoquent
les fantômes de Merlin, d'Arthur, de la fée
Morgane et des chevaliers de la Table Ronde...
Côté Huelgoat jaillit la rivière d'argent, dans le
gouffre de laquelle la fille du roi
d'Ys jetait ses amants. C'est, dit-
on, ici que les fées se
réunissaient la nuit dans l'éclat
de leurs cheveux d'or. Sur les
traces médiévales, en s'enfonçant
dans la forêt de Brocéliande, le
promeneur habite un instant le
décor où se déroula l'épopée
d'Arthur fixée dans
la littérature du XIIe siècle : du
tombeau de Merlin – le magicien
des romans de la Table ronde –
à la fontaine de Jouvence,
de la source sacrée de Barenton
évoquée par Chrétien de Troyes
dans *Yvain ou le Chevalier au
Lion* (1176) au Val-sans-Retour
où Morgane, trahie, enfermait

La forêt de
Paimpont, mythique
Brocéliande
des légendes
arthuriennes, s'est
appelée Brécilien
jusqu'à la
Révolution.
Inspirant les illustres
visiteurs, peintres
et écrivains, qui y
séjournèrent –
André Breton, Julien
Gracq, etc.–,
elle fut ainsi décrite
par Chateaubriand
dans les *Mémoires
d'outre-tombe* :
«Il y a quatre
châteaux, fort
grand nombre
de beaux étangs,
belles chasses où
n'habitent aucune
bête vénéneuse, ni
nulle mouche, deux
cents futaies, autant
de fontaines (…).»

Sur cette gravure de Gustave Doré extraite des *Idylles du roi* de Tennysson, publié en 1863, Viviane aux pieds de Merlin, écoute l'enchanteur lui livrer ses secrets. Dans les traditions anciennes, Merlin aurait été un barde, auxiliaire d'Arthur dans sa lutte contre les Saxons au Ve siècle. Modèle chevaleresque de la vaillance et de la courtoisie, Arthur institua la confrérie des meilleurs chevaliers du monde, les Chevaliers de la Table ronde.

dans un cercle d'illusions angoissant les chevaliers infidèles à leur dame, chaque parcelle de terre fait revivre les héros légendaires : Merlin, Viviane, Arthur et ses chevaliers Lancelot, Gauvain, Perceval…D'autres forêts médiévales ont été inventoriées sur le territoire français et l'on compte celles de Bière, de Carnelle, d'Iraty et de Vizzavona parmi les plus caractéristiques. Autour de Fontainebleau, la forêt de Bière, reboisée aux XVIIIe et XIXe siècles, a conservé ses pins sylvestres importés, ses chênes, ses hêtres et ses châtaigniers. Au nord de Paris, la forêt de Carnelle (1000 ha), plantée de quelques rares bosquets de résineux, de chênes, de hêtres, de bouleaux, de charmes et de châtaigniers, abrite des eaux dormantes, dont les carrières post-médiévales ont donné les très beaux *Lac bleu* et *petit étang*. Carnelle – de la racine celtique *cairn* (pierre) – évoque la pierre et, de fait, les populations médiévales (comme les contemporaines) venaient y admirer les fameux mégalithes de la Pierre Turquaise, allée couverte, suite de dolmens, Pierre Plate ou encore Blanc Val. Typique de la Provence médiévale, la Grande

« Décrire l'Occident médiéval comme une immense forêt peu à peu dévorée de clairières est une constatation primordiale pour qui veut étudier la vie des hommes durant cette période. »

Robert Delort

Yeuseraie – forêt d'yeuses, de chênes verts – est entretenue par les moines de Ganagobie...

LES ARBRES. Seuls les arbres, déjà vieux de plusieurs siècles au Moyen Âge, et les pollens retrouvés dans les couches stratigraphiques, peuvent attester la continuité des essences principales dans les forêts françaises depuis plus de mille ans. Les quelques spécimens que nous a légués le Moyen Âge sont de véritables monuments historiques. L'if, résineux typique de l'Occident, a été presque exterminé par les bergers et les paysans car ses jeunes feuilles et ses baies (orilles) concentraient du poison. On a cependant recensé à Estry (Calvados), un if d'au moins 1200 ans. Certains feuillus ont une longévité comparable : parmi les châtaigniers de Pont-L'Abbé, le doyen date de Charlemagne ; il a plus de 14 m de tour, presque autant que le tilleul d'Ivory (Jura), planté vers 1477, lors du mariage de Marie de Bourgogne et de Maximilien. Parmi les ormes, celui de Biscarosse (Landes) serait, de peu, le cadet du chêne d'Allonville, âgé de 1300 ans. Des hêtres Forcillards de Verzy (Marne) ont plus d'un millénaire ; un chêne, réduit à l'état de chicot, à Montraveil aurait au moins 1500 ans.

Au sud de Bayonne, reconstituée et longtemps en cours d'évolution spontanée, la hêtraie d'Iraty (ci-dessus, en haut) considérée comme la plus grande forêt de hêtres d'Europe. Elle rivalise de beauté avec l'ensemble de Vizzavona (Corse) de 1 500 ha (ci-dessus), également composé de hêtres mais conservant aussi des pins laricio multicentenaires.

Ci-contre, le chêne d'Allonville.

LES VILLAGES

**L'EXTENSION
DE L'AIRE CULTIVÉE
ET LA CRÉATION
DE VILLAGES**

La conquête de
nouveaux sols afin de
faire face à la poussée
démographique est
une caractéristique
essentielle du Moyen
Âge. Au XIIᵉ siècle,
la croissance
s'accompagna
de mouvements
migratoires
et entraîna
le peuplement
de villages neufs
ou la création d'un
habitat dispersé.
Ci-dessous, *Sarclage
et désherbage*,
miniature du
XIIIᵉ siècle.

Les villages de France se vident au rythme
de la croissance urbaine. Il n'y vit plus guère
aujourd'hui que 10% de la population et
la sympathie qu'ils provoquent chez les citadins
fatigués a un caractère nostalgique et un peu
vain. Mais aux temps médiévaux la situation était
inverse : le village constituait la cellule première
de la vie politique, économique, le siège de
la paroisse et de la seigneurie tandis que la ville
était un monde étranger, minoritaire et quasi à part.

D'OÙ VIENNENT LES VILLAGES ? Ce serait
une erreur que de croire immobile et immémoriale
l'histoire des villages. Au contraire, rien de
surprenant à ce qu'en mille ans leur forme, leur
rôle, leur nom même aient connu d'incessantes
modifications : création, gonflement, désertion,
selon les lieux et les temps. Et le parcellaire qui
les entoure et les fait vivre est tout aussi mobile.
Autant qu'on puisse le savoir (et c'est un objet de
recherches difficiles), nos campagnes ont connu,
jusqu'à Charlemagne et au-delà même, trois sortes
d'habitat paysan : de très grosses exploitations
isolées, travaillées par une multitude d'esclaves;
des concentrations de très grandes cabanes
familiales, avec feux de plein vent et enclos
à bétail ; de petites demeures dipersées, appelées
«fonds de cabane», et qui étaient sans doute
des ateliers domestiques. Le lieu de culte
est ailleurs, ainsi que les morts. Entre le IXᵉ et
le XIᵉ siècle, de part et d'autre de l'an mille,
un formidable bouleversement s'est produit,
qui suffirait à justifier les «terreurs» de
ces temps. L'habitat a été remanié, en
général sous la forme d'un regroupement
des hommes, dans de plus petites
maisons, celles d'un «feu». Ce
phénomène, et la réorganisation
du parcellaire qui a suivi,
a pu s'opérer, ou non, autour
d'un centre ancien. Les causes
en sont diverses et probablement
simultanées : désagrégation
des clans familiaux, essor de
l'artisanat du fait de la croissance

émographique, intervention, plus ou moins
rutale, des gens de guerre rassemblant leurs
hommes» autour d'eux.

COMMENT APPROCHER UN VILLAGE MÉDIÉVAL?
aturellement la successive modification des
esoins, des goûts, des techniques, et les aléas
e la conjoncture économique et guerrière ne
ous ont guère laissé de «village médiéval». Seule
archéologie pourrait nous en présenter, mais
ans un état de ruine totale. On ajoutera que
XVIe siècle, du fait des guerres civiles de
eligion dans toute la France, et le XXe surtout
urant les deux conflits mondiaux, dans le nord-
uest et le nord-est du pays, ont saccagé les
illages, ne laissant des siècles lointains que
es morceaux de murs, de châteaux ou d'églises.

LES NUISIBLES
La faune «sauvage»
est un élément
essentiel
de l'équilibre
des espaces cultivés
et des cultures.
La lutte contre ces
nuisibles maintient
la dynamique
du système
agricole. Ci-dessus,
*Chasse au loup avec
aiguilles placées
dans des boulettes
de viande,*
XVe siècle.

*D*urant le millénaire médiéval, la forme des villages, leur rôle, leur nom même ont connu d'incessantes modifications : création, gonflement, désertion selon les lieux et les temps.

LE CIMETIÈRE
En pays rural, on enterra d'abord à l'écart des habitations, en espace découvert puis, vers le VIIIe siècle on a enterré les morts, dans l'église et autour d'elle. Ci-dessus, *Cimetière et enterrement*, miniature française du XVe siècle.

Cependant il n'est presque aucu[n] de ces villages qui ne permette au passant d'en percer l'histoire. Tout d'abord, la toponymie est porteuse d'indices. On identifie ainsi, immédiatement, les noms de Villeneuve, Montroyal et, également, les noms de lieux que l'on relie aisément à un personnage tel Pont-Thierry, ou à une caractéristique géophysique tel Les Solers (terrain élevé et ensoleillé), le toponyme étant san[s] doute postérieur à 1200.

Plus obscur, il renverra à une étymologie comportant radical e[t] suffixe, tels Fleury (un *Floriacum* latin) ou Domqueur (un *Dulcicuria* celte). Mais les hésitations resteront grandes, même pour le[s] spécialistes. En revanche, le sain[t] «patron» de l'église paroissiale est plus révélateur : un Saint-Martin ne date peut-être pas du temps de cet évêque au IVe siècle, mais a toutes chances d'être antérieur à un Saint-François-Xavier, saint canonisé au XVIe siècle. Ensuite il faudra rechercher les éléments fixes qui ont permis, l'«ancrage» des paysans en ce lieu : c'est probablement le cimetière, le village des morts, qui a, le premier, attiré les hommes, puis l'église qui s'est implantée à côté ou en son sein. Ces deu[x] éléments joints attestent une date postérieure au Xe siècle, où l'on a cessé d'avoir peur des morts. Le château ne viendra qu'ensuite, mais sa présence n'est pas toujours attestée, et il n'en reste souvent que la «motte» sur laquelle se dressait la tour du maître. Une place centrale où se rassemblait la communauté, témoignerait de privilèges et de franchises, comme les murs ou la palissade, s'il e[n] subsistent des vestiges. Mais les autres éléments de la vie villageoise médiévale sont moins visibles. la halle, le moulin, le pressoir, le lavoir, la forge.

Montreuil-Bellay (Maine-et-Loire) : un village «ordinaire».

Sur la rive sud du Thouet, modeste affluent de la Vienne mais navigable au Moyen Âge, ce gros village était une seigneurie, celle dont le poète du XVIe siècle était issu, créée autour d'un prieuré, un *monasteriolum* (Montreuil), et dépendant du comte d'Anjou, qui prélevait des taxes de commerce, un «péage», sur les marchandises – draps et tonneaux de vin – qui, par voie d'eau, gagnaient la Loire et Angers. De son histoire médiévale, le village a conservé des témoignages assez importants pour que l'on puisse y voir un bon exemple de «bourg», ce terme, utilisé dans la région, caractérisant des agglomérations jouissant de franchises. Une forte enceinte du XVe siècle, dont il reste des éléments et une grosse porte, enserrait le village, de forme circulaire. Sur une légère éminence, le château, dont il subsiste des fragments des XIIIe et XVe siècles, surveillait le village et le gué à ses pieds. La chapelle seigneuriale, érigée du XIIIe au XVe siècles, devenue aujourd'hui paroisse Notre-Dame, est bâtie dans l'enceinte du château, ce qui témoigne du contrôle du seigneur sur ses hommes ; l'absence de place centrale ou de «maison de ville» montre les limites des privilèges paysans.

Le lavoir, le «parlement des femmes», se trouvait au pied du château ; une baignade le remplace. La campagne voisine, qui fut longtemps viticole, offre un parcellaire ouvert, sans clôtures, typique des pays céréaliers. Toutefois on a peine à se représenter le terroir partagé en «soles» égales portant successivement blé, avoine et jachères, selon le rythme triennal des riches campagnes médiévales. D'ailleurs, la fabrication et l'écoulement des draps impliquent l'existence d'importants quartiers réservés à l'élevage ovin.

Un village perché

LES STRATÉGIES DE L'IMPLANTATION
Liée à une volonté d'encadrement et de défense de la population, l'implantation de villages sur les hauteurs permettait aussi de surveiller les axes de communication dans les plaines et de fuir les épidémies dues aux moustiques des paluds (marécages de plaine inondés chaque année).

GRAMBOIS (VAUCLUSE) : UN VILLAGE PERCHÉ. C'est une composante encore bien visible des paysages méridionaux que les villages anciens, bâtis en haut d'un escarpement, parfois cernés de terrasses en culture soutenues de murets, et toujours d'un accès malaisé. C'est d'ailleurs ce dernier trait qui est leur raison d'être : ces villages sont, en effet, «réfugiés» en hauteur, et comme les motifs de cette crainte n'existent plus, ils ont, aujourd'hui, laissé descendre jusqu'à la plaine les maisons et les commerces, ne conservant en haut que les plus anciens témoignages de leur vie passée, et c'est là qu'il faut aller les chercher. Le mouvement de «perchement» de l'habitat méridional, date, dans l'ensemble, de la période 1000-1200. Il s'est opéré le plus souvent avec une certaine violence, les guerriers ou les moines, maîtres du sol, procédant au rassemblement de leurs hommes, à la fois pour mieux en protéger le travail, et mieux en obtenir les redevances. On vida presque tous les lieux habités en contrebas, et on groupa les maisons au pied d'un château dans une enceinte ; c'est ce qu'en Italie on appelle un *castro* et une *rocca*.

es demeures sont jointives, aveugles
ers l'extérieur, formant comme un
ur, et les ruelles étroites sont des
ouloirs ombreux entre des façades
e pierre à deux ou trois étages.
e modeste village de Grambois est
tué entre la Durance et le Luberon,
ir une éminence en pente raide,
ominant la vallée de l'Èze et
irveillant les voies de passage des
oupeaux d'ovins qui transhumaient
tre Queyras et pays d'Aix. S'il ne
ste pas grand-chose du château,
ne ancienne maison curiale
nplantée au contact du plateau
roche remaniée au XVIIIe siècle en un
lifice plus noble, l'église fortifiée
ontrebute ce qui reste de muraille.
es anciens remparts, à l'est, la vue
ir le pays d'Aigues est magnifique. Les ruelles
ncailloutées, «caladées», sont bordées de hautes

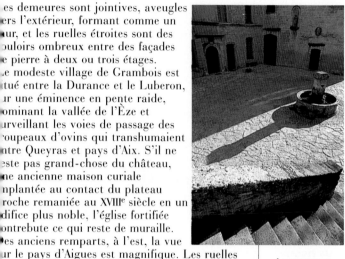

maisons de pierre à toit de tuiles
rondes. La place, pourvue d'une
fontaine faisant lavoir, est
entourée de maisons vigneronnes.
Aujourd'hui, au sortir du village,
le *bari* c'est-à-dire le «faubourg»
(de *foris burgum*, le «bourg
du dehors») descend jusqu'au
moulin, situé au pied de la butte
sur un modeste ruisseau.
Les cultures – étroites parcelles
de vigne, oliveraies sur petits
champs carrés – forment comme
des auréoles concentriques autour
de la *rocca*, du «puits», du *puech*
comme on dit plus à l'ouest.
On peut penser que la perception
des taxes sur le passage des
troupeaux se faisait à son pied,
là où le microtoponyme «le Pas»
est encore donné au gué que
franchissaient bergers et moutons
sur leurs «drailles», les pistes
que piétinaient les bêtes.

LA FONTAINE

Les fontaines des
villages perchés
du Luberon et du
Vaucluse restèrent
souvent les seuls
points d'eau
jusqu'au milieu
du XXe siècle,
l'adduction d'eau
sous pression
ne datant que des
années 1950. Située
au centre de la
place, la fontaine
demeure un lieu
essentiel de la vie
villageoise et rappelle
que l'eau a toujours
été un bien précieux
– qui explique aussi
certaines
implantations de
villages perchés –
dans ces massifs
calcaires où elle
est rare.

UN VILLAGE DE MONTAGNE

Saint-Véran (Hautes-Alpes), un village de montagne. L'occupation des versants élevés des Alpes et des Pyrénées a été tardive, alors que les ensembles montagneux de basse altitude, comme les Vosges, le Jura ou le Massif central, de pénétration plus aisée, étaient peuplés depuis l'époque protohistorique. Le passage des cols, après des journées de marche périlleuse faute d'itinéraires nets, et sous la menace des brigands ou des carnassiers, justifiait le refuge offert par des hospices monastiques fortifiés, où reprendre force et courage. Quant aux forêts des pentes, on se contentait de les défricher à leurs lisières les plus basses, pour disposer d'un matériau ; au-dessus, l'herbe des alpages restait vierge. L'installation durable de l'homme et l'exploitation raisonnée des richesses de la montagne proviennent sans doute d'un intérêt économique croissant à l'égard des mines, ouvertes en galeries horizontales, et de l'élevage, ovin d'abord, bovin ensuite : mais ces progrès ne sont guère antérieurs à 1150-1200, voire 1400 pour les «remues» du bétail entre «estive» et «hivernage».

Dans le Queyras, massif qui jouit d'un climat favorable, Saint-Véran, probablement passé du stade de hameau de pasteurs d'estive à celui de «plus haut village de France» à l'aube des temps

L'installation durable de l'homme et l'exploitation raisonnée des richesses de la montagne proviennent sans doute d'un intérêt économique croissant à l'égard des mines et de l'élevage, ovin d'abord, bovin ensuite.

...odernes, a conservé une apparence ...ncienne, qui en fait un bon exemple ...l'habitat montagnard, et cela en ...épit d'une «modernisation» ...alopante. Les maisons s'étagent ...ntre 2 000 et 2 050 m d'altitude, en ...angées parallèles sur l'adret. Entre ...hacune, un vaste espace, jouant le ...ôle de coupe-feu, est occupé par de ...inuscules parcelles de cultures ...araîchères. Les habitations sont ...âties selon un modèle identique. ...lles comportent un soubassement de ...ierre équarrie et sont élevées en ...outres et planches. À la base, le ...cellier», enseveli plusieurs mois l'an ...ar la neige, abrite le matériel de ...auche ; les bêtes, qui peuvent y être parquées, ...hauffent la maison. Au-dessus, sur deux niveaux ...l'un faisant office de grange et l'autre de fenil), se ...rouve la «fuste», vaste ensemble construit en fûts ...e mélèzes recouverts de bardeaux et pourvu au ...ud d'une galerie débordante pour le séchage du ...oin. Les poteaux de soutènement reposent sur de ...arges pierres rondes et plates que les rongeurs ne ...ourront franchir. En haut, le grenier à fourrage. ...e toit est formé de dalles de pierre, les «lauzes», ...à faible pente et parsemées de crochets ou de ...morceaux de troncs destinés à retenir la neige ...urant tout l'hiver, pour réchauffer la maison. ...Saint-Véran, bâti au-delà de la limite supérieure ...e l'étage boisé, il n'y a alentour et plus haut, que ...es prés de fauche et l'herbe à troupeaux. Mais si ...on s'éloigne du village, parfois jusqu'au contact ...e la pierraille et de la neige pérenne, les «mazots» ...arsèment l'«alpe», abris pour les bergers, refuges ...our les bêtes malades, pour le lait récolté, les ...romages qu'on prépare, les réserves de vivres. ...y a donc deux habitats montagnards : en hiver ...ous les paysans se groupent à mi-pente; en été ...e village se dédouble, et les pasteurs sur l'alpage ...reproduisent son image sociale, la femme ...à la fenaison, les artisans au travail du bois. ...C'est toujours le rythme de l'activité saisonnière, ...à où n'a pas encore sévi la vogue touristique.

L'ÉGLISE DE SAINT-VÉRAN
À l'intérieur, les chapiteaux confirment l'origine médiévale de cet édifice, reconstruit à plusieurs reprises.

LA MAISON TRADITIONNELLE
Le soubassement de pierre abrite la pièce principale où, durant l'hiver, hommes et bêtes cohabitaient. Tous entraient par une unique porte, de belles proportions, que l'on remarque sur les façades.

UN VILLAGE
DE DÉFRICHEMENT

Saint-Louis (Moselle) : un village de défrichement. La conquête de sols nouveaux est un aspect essentiel des temps médiévaux, «la plus grande conquête de terres depuis le néolithique», a-t-on dit. Les causes et les conditions de la lutte contre la friche – et ce fut longtemps, en effet, contre la broussaille et la garrigue – sont bien connues. L'essor démographique a entraîné la nécessité de produire plus et la possibilité de le faire ; les progrès techniques dans l'attelage des bêtes de labour et l'instrument aratoire lui-même ont permis de s'attaquer aux sols bruns, lourds et chauds, capables de bons rendements, et, jusque-là laissés à l'arbre, faute de savoir les retourner. Après une première et timide ébauche au IXe siècle, le mouvement s'est épanoui en France entre 1050 et 1250, date où les maîtres du sol ont estimé qu'il fallait cesser de détruire la forêt, source de bois et de gibier, terre de pacage aussi.

L'effort paysan a parfois été individuel en rognant clandestinement sur le bois seigneurial, ou en levant peu à peu ces murets enclosant des lanières cultivables sur les pentes méditerranéennes. Mais le plus fréquemment ce fut une œuvre collective et commandée : le possesseur du bois ou du maquis, qui est souvent d'Église, cède contre argent et part des récoltes, à un seigneur, en général un laïc, le droit de faire mettre en culture une part du sol inculte par ses propres paysans, qui lui en paieront le loyer. Ces paysans, ces «hôtes», peuvent être installés dans la clairière peu à peu conquise et y fonder un village «de défrichement» : les moines y percevront la dîme, le guerrier la taille, les amendes et le cens, les paysans garderont le reste. À la sortie lorraine de la trouée de Saverne, la forêt vosgienne, de chênes et de hêtres, entravait au Moyen Âge le passage vers l'Alsace. Elle fut attaquée, dès le XIIIe siècle, par les moines de

---

Les paysans, les «hôtes», s'installent
dans la clairière peu à peu conquise
et y fondent un village «de défrichement» : les moines
y perçoivent la dîme, le guerrier la taille, les amendes
et les cens, les paysans gardent le reste.

Senones, les comtes de Salm et d'autres seigneurs.
Le village s'allonge de part et d'autre de l'axe de
pénétration, très rectiligne, dans le massif forestier.
Les maisons, toutes jointives par leur pignon, sont
très étroites et profondes; la grange, en façade,
longée par un couloir qui mène à une ou deux
pièces d'habitation, ou «poêle», occupe la moitié
de la surface ; un grenier bas pour le séchage
du fourrage, pas d'étage, un toit de tuiles rondes
et de faible pente ; en avant, l'«usoir» qui borde
le chemin, et où l'on place le bois, le fumier,
les instruments de labour, les harnais,
parfois l'âne et les chiens. Une telle
disposition révèle une très forte
communauté de vie,
une sociabilité aiguë.
Pas de «place», mais,
au centre du village
et en plein milieu
de la rue, l'église.

LA VERRERIE
La tradition du verre
est très ancienne en
Moselle. Saint-Louis
posséda à partir
du XVIIe siècle
une verrerie célèbre,
rivale de Baccarat.
Ci-dessous, souffleur
de verre, miniature
du XVe siècle.

UN VILLAGE NEUF

*M*ONPAZIER *(DORDOGNE) : UN VILLAGE NEUF.* La recherche de terres nouvelles a donc entraîné des créations d'habitat. Parfois il ne s'agit que d'un bourgeonnement autour d'un centre qui garde son nom ancien et, dans ce cas, rien ne révèle dans sa forme un village nouveau. Pourtant la création peut être voulue d'un bloc, avec appel d'habitants immigrés, plan établi à l'avance, terroir partagé en lots égaux destinés aux colons. Dans une telle conjoncture, le plan intérieur de l'agglomération est géométrique, à structure orthogonale, «emmuraillé», avec place commune, église centrale, maison de ville et privilèges. Les motifs de ces fondations volontaristes n'incluent pas forcément la recherche d'un sol vierge : un point de passage, un lieu de défense peuvent justifier une création; mais elle est alors presque toujours le fait d'une puissance de premier plan, roi, comte, châtelain important, gros monastère. Dans la région aquitaine, disputée durant cent cinquante ans entre les rois de France et d'Angleterre, sont ainsi apparus des points forts, destinés à marquer la mainmise de l'un ou l'autre de ces princes : simples villages, ce sont des «sauvetés» où rassembler des paysans ; de plus grande taille, presque des «bourgs», ce sont des «bastides». Sur la route d'Agen à la moyenne Dordogne, celle de Monpazier fut fondée d'un coup, en 1285, par Édouard Ier d'Angleterre et assez vite peuplée

emble-t-il. Le plan rectangulaire (400 m sur 220 m) est divisé en une vingtaine de pâtés de maisons que séparent les unes des autres d'étroits passages, les «androns», servant de coupe-feu et de dépôts d'ordures. Toutes les parcelles sont de même taille, occupées par des maisons en pierre à un ou deux étages, couvertes par un toit, presque plat, de tuiles rondes. Au centre de la bastide se situe la place, que jouxte l'église. Elle est occupée au sud par une halle superbe, dont la charpente en bois du XVIe siècle repose sur des piliers de bois posés sur des pierres. Une muraille, dont il reste trois tours, isole l'ensemble du parcellaire proche aux gros pans carrés. Ce type d'habitat n'est pas propre à cette région de France; en Espagne, au Piémont, en pays slave, on en trouve d'identiques, qui, là aussi, témoignent davantage de la volonté d'affirmer un pouvoir autoritaire que de celle de peupler les campagnes.

L'HABITAT ISOLÉ OU DISPERSÉ.

Il ne faudrait ni s'imaginer que les quelques modèles d'agglomérations présentés ci-dessus rassemblent toutes les sortes de villages qu'aient connus les dix siècles médiévaux, ni les croire immuables depuis ce temps. Cette longue période a vu perdurer, et c'est largement le cas aujourd'hui encore, un type d'habitat qui n'est pas «villageois». Dispersées ou demeurant isolées au sein d'une aire étendue, les demeures des paysans des landes ou du bocage n'ont pas de centre de regroupement : école, église, mairie, quelques commerces assurent un semblant d'unité. Que la configuration du paysage, la nature de l'économie, l'individualisme ancien en soient ou non la cause, il y a là une structure d'implantation dont on sait que le Moyen Âge l'a également connue. Il est difficile de donner un exemple, puisque, justement, il ne comprend pas de «village» ; mais on aurait tort d'en minimiser l'importance.

LA PLACE DES CORNIÈRES
La place est bordée par des maisons du XIIIe siècle, toutes de mêmes dimensions (8 m de facade et 20 m de profondeur) occupées au rez-de-chaussée par des boutiques abritées sous des galeries à arcades gothiques, les «cornières».

LA PORTE DE LA BASTIDE
Les portes de Monpazier, fortifiées par des tours, ont été bien conservées.

ÉCARTS ET HAMEAUX
La France compte quelque 30 000 villages, dont sans doute les deux tiers dans ses limites médiévales; et au moins autant d'écarts et de hameaux ne groupant que quelques maisons, une seule parfois.

LE JARDIN MÉDIÉVAL

LES JARDINS IMAGINAIRES

L'amour des jardins imprègne la vie et la littérature du Moyen Âge. L'une de ses premières manifestations fut l'obligation de planter des jardins publics imposée par les Carolingiens par voie de capitulaires. Aux potagers, aux jardins de plaisance ou de simples, répondirent bientôt des jardins mythiques : le *hortus conclusus*, jardin secret dit aussi «jardin de Marie», où régnait la Vierge et dont l'Église fit un symbole ; et le *hortus deliciarum*, jardin des délices où fleurissait l'amour courtois.

AU CONFLUENT DE TROIS CONTINENTS

Les Arabes enrichirent la palette florale des Européens en leur faisant découvrir le parc paysager, le jardin botanique et des plantes encore inconnues d'eux. Plus tard, les potagers devront à l'Amérique tomates, pommes de terre et haricots.

UN PARADIS RETROUVÉ : LE JARDIN MÉDIÉVAL DE COULOMMIERS. Des enclos d'osier qui dissimulent pivoines et romarin, un verger où abondent des variétés anciennes de poiriers, des ceps de vigne qui fructifient au soleil… Sur les terres attenantes à la commanderie des Templiers se cache l'une des plus belles reconstitutions de jardin monastique du XIIIe siècle. Avec son plan en damier ordonné autour d'un puits central, il offre une image vivante des pratiques alimentaires et thérapeutiques d'une puissante et pieuse communauté : les moines-soldats de l'ordre du Temple. Voici huit cents ans, ces chevaliers issus des croisades régnaient en France et en Europe depuis leurs commanderies. Conçues comme de grosses exploitations agricoles, ces dernières avaient pour rôle de financer les expéditions des croisés, protecteurs des lieux saints. Elles n'en étaient pas moins dotées d'une chapelle pour célébrer les offices et d'un jardin où l'on se fournissait en légumes et en fleurs pour décorer les autels. Lieu de recueillement et de méditation, il était aussi pour les moines le reflet du paradis. Le jardin de la commanderie de Coulommiers illustre bien ces pratiques.

*A*ncolies, iris, mandragores...
C'est par centaines que fleurissent
ici les plantes oubliées.

Quatre espaces utilitaires
se partagent le sol.
Le carré des plantes
médicinales, appelées
simples, le potager ou hortus,
réservé au légumes, l'enclos des herbes
aromatiques et celui des fleurs à bouquets
où s'épanouissent roses, iris et violettes. De forme
carrée, ces champs miniatures sont délimités par
des piquets de châtaigniers ceinturés de branchages
d'osier. Leurs allées en forme de croix, pour mieux
rappeler les liens qui unissent le ciel et la terre,
convergent vers le puits central. On pense que
son eau alimentait, via de petits canaux, chacune
des quatre parcelles, et devait évoquer par son
cheminement les fleuves du paradis. Le verger,
enfin, se trouve un peu à l'écart. Au total, deux
cent cinquante plantes ont déjà été réintroduites.
Elles constituent la base d'une riche
pharmacopée. Pour combattre la toux,
on prescrivait de la guimauve,
et on donnait de la bourrache
aux mélancoliques. L'absinthe
était réputée excellente pour
la digestion. Pour compléter
la ration céréalière quotidienne,
le potager offrait de nombreuses
«racines» comme les navets,
les salsifis, les radis, ainsi que
divers légumes comme le chou,
le poireau, l'oignon, le
concombre. Quant aux herbes
condimentaires, fenouil, aneth,
persil ou menthe, elles servaient
à parfumer potages et gibiers.

UNE RECONSTITUTION HISTORIQUE

Transformé dans les années 1980 en pelouse publique, le jardin de Coulommiers a été reconstitué, voici quatre ans, par l'association ATAGRIF, membre de l'Union Rempart. À l'origine de cette renaissance, le paysagiste Joël Chatain. Il s'est appuyé sur plusieurs sources. Entre autres la Bible, le *Roman de la Rose*, le plan du monastère de Saint-Gall, en Suisse, et le capitulaire *De villis*, attribué à Charlemagne, qui contient le plan d'exploitation agraire d'un domaine et recense soixante-douze plantes et seize arbres fruitiers.

En bas, page de gauche, une illustration du *Livre des proufits champêtres*, de P. de Crescent.

LES
CHÂTEAUX FORTS

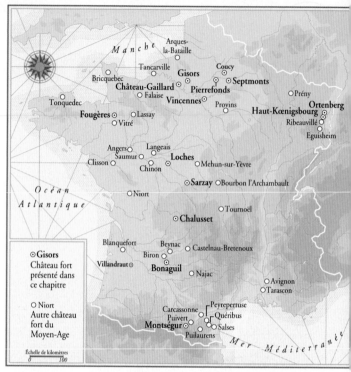

LES FORTIFICATIONS : SYMBOLIQUE ET DISSUASION

Mottes et palissades au XIe siècle, grandes tours résidences au XIIe siècle, enceintes flanquées de tours percées d'archères au XIIIe siècle, pont-levis et mâchicoulis au XIVe siècle, tours à canon au XVe siècle, furent les symboles de la puissance militaire seigneuriale. L'appareil défensif révèle aussi la part de la dissuasion : son but premier était d'effrayer l'ennemi. Pont-levis et archères, XVe siècle.

Châteaux forts : ce mot évoque aussitôt les hauts murs, les puissantes tours enfermant un rude donjon destiné à l'ultime retranchement d'une garnison aux abois, les grandes salles sombres et enfumées abritant les banquets du seigneur et de sa soldatesque, les chambres ouvertes à tout vent où la cheminée réchauffait à peine les femmes qui filaient, les oubliettes, les souterrains...

Ces images, issues du romantisme, des contes de fées, puis de la bande dessinée, ont chacune leur part de vérité mais elles masquent une réalité complexe et plurielle et forment ensemble un tableau singulièrement décalé. Cinq siècles durant, tous les châteaux forts ont partagé deux caractéristiques : ils furent la résidence du seigneur et de sa famille au sens large ; ils furent le symbole de son pouvoir féodal – militaire, économique et humain. À partir de ces deux données majeures se déclinent toutes les composantes des édifices suivant les époques et le statut social du possesseur.

RECONNAÎTRE LES LIEUX, IMAGINER LA VIE. Une fois le corset défensif franchi, on entrait le plus souvent dans une *basse-cour* où se tenait l'activité commune du château. Là étaient les écuries, la forge, les granges abritant les récoltes et les redevances en nature des habitants de la

$\mathcal{L}$e château fut avant tout centre économique, administratif, siège personnel et personnalisé d'un pouvoir déconcentré en milliers de châtellenies éparses sur le territoire.

châtellenie. Un nouveau fossé et une nouvelle enceinte passés, on pénétrait au cœur du château, tout à la fois résidence du seigneur et siège de sa justice. L'élément central en était la *salle*, qui était parfois un bâtiment indépendant. S'y déroulait la vie publique, du repas pris en commun à l'administration de la justice. Les logis seigneuriaux occupaient également le cœur du château. Ces espaces sont ceux que l'on a le plus de peine à restituer à cause de la disparition des cloisonnements internes. Dans les édifices les plus petits, la chambre seigneuriale pouvait être unique, enfants, valets et serviteurs se partageant pour la nuit des espaces aujourd'hui indifférenciés. Mais, plus on gravit l'échelle sociale, plus on avance dans le temps, plus l'on décèle une recherche d'intimité dans les programmes : les chambres se diversifient entre la chambre privée, la *chambre de parement* ou chambre d'apparat et la garde-robe. Cette tendance au cloisonnement entre privé et public, sensible dans certains châteaux dès le XIIe siècle, annonça à la fin du XIVe siècle les *appartements* des châteaux Renaissance. Enfin, c'est aussi au cœur du château que se tenait la chapelle seigneuriale privée. Parfois réduite à un simple oratoire, elle fut le plus souvent l'un des éléments d'ostentation favoris. Visiter et comprendre un château fort, c'est tenter de reconnaître ses diverses composantes et d'imaginer ce que fut la vie derrière ses murailles en gardant en mémoire qu'il est l'œuvre hybride de plusieurs siècles, et qu'il a accueilli des générations successives, chacune ayant apporté son mode de vie, lié à un environnement social et politique, rythmé par des alternances de guerres et de paix.

Le château de Lavieu qui appartenait à Charles, duc de Bourbon, duc d'Auvergne et comte du Forez.

FOUGÈRES

FOUGÈRES, «CARCASSONNE DU NORD».
Devenu au cours du XIXe siècle l'un des hauts
lieux de l'imaginaire romantique, le site grandiose
de Fougères, «Carcassonne du Nord» (Victor
Hugo), ne saurait être seulement une belle image
littéraire. Ses vestiges exceptionnels en font
l'ensemble monumental idéal pour qui veut entrer
de plain-pied dans l'histoire des châteaux forts du
Moyen Âge. À Fougères, le visiteur découvre un
château seigneurial dans toute l'ampleur de ses
fonctions militaire, résidentielle et économique.
Le site de Fougères fut dès le XIIe siècle une
baronnie puissante dont le maître, Raoul II, lutta
contre les Anglais. En 1166, le château fut assiégé
et rasé sur ordre d'Henri II Plantagenêt. Au siècle
suivant, Raoul III prit le parti du roi, Saint Louis,
dans les conflits qui l'opposèrent au duc de
Bretagne Pierre Ier de Dreux, dit Mauclerc,
et c'est sans doute grâce à cette alliance qu'il put
réaliser, vers 1230, la fortification du château.
En 1256, Fougères échut, par le jeu des alliances
matrimoniales, aux Lusignan, qui y résidèrent
peu. Puis, confisquée en 1314 par Philippe le Bel,
la baronnie de Fougères entra dans l'apanage
d'Alençon où elle demeura jusqu'en 1428, année
où Jean II d'Alençon, prisonnier des Anglais et
contraint de payer une rançon, la céda au duc
de Bretagne. Les derniers aménagements
militaires du château furent réalisés au
cours du XVe siècle.

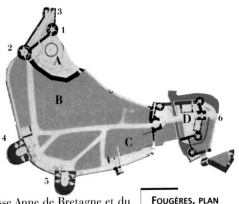

Le mariage de la duchesse Anne de Bretagne et du roi Charles VIII, en 1491, marqua le rattachement du duché breton à la France et mit ainsi un terme au rôle défensif de Fougères.

Il convient de noter la présence de trois enceintes de défense qui illustrent la stratégie médiévale du repli vers le *réduit* : celle du château primitif (le *réduit*), l'enceinte principale et l'avancée.

Le *réduit* est le cœur du château primitif dont la présence est attestée dès l'an mille au sommet du promontoire rocheux. Ce château était constitué d'une tour indépendante ceinte d'une palissade, toutes deux construites en bois. Au XIIIᵉ siècle, l'enceinte castrale primitive céda la place à une muraille de pierre et, vers 1230, le réduit fut fortifié, à l'ouest, par l'érection de la tour des Gobelins, circulaire et percée d'archères. Au siècle suivant, peut-être sous les seigneurs de Lusignan, une seconde tour ronde, la tour Mélusine, fut édifiée tandis que la tour des Gobelins, surélevée, était reliée aux courtines par des ponts-levis. Sans doute à la fin du XIVᵉ siècle, la construction d'une énorme tour maîtresse octogonale fut entamée à la place de la première tour de bois mais elle ne dépassa jamais la hauteur des fondations. Enfin, au milieu du XVᵉ siècle, le réduit fut protégé par une barbacane triangulaire percée de canonnières et achevée par un pont-levis à flèches, encadré de deux tourelles,

FOUGÈRES, PLAN GÉNÉRAL DU SITE
Le château primitif (A) réunit autour de la tour maîtresse inachevée (époque inconnue, peut-être XIVᵉ siècle) la tour des Gobelins (1), la tour Mélusine (2) et les tours et porte d'Amboise (3). Les deux courtines de l'enceinte principale enserrent la basse-cour primitive (B) ainsi que le palais seigneurial (C). Le front sud est défendu par deux tours à canons : la tour Surienne (4) et la tour Raoul (5). L'avancée (D) est flanquée de trois tours à l'est dont la tour-porte de la Haye-Saint-Hilaire (6).

Fougères
Château-Gaillard

Fougères, le front sud

LA GRANDE SALLE
À Fougères, l'ancien palais se loge dans l'angle sud-est de l'enceinte principale. On reconnaît des éléments du logis du XIIe siècle ainsi que la grande salle du XIVe siècle. Étagée sur deux niveaux, elle était munie d'un escalier externe : tandis que le premier niveau est celui des communs, le second est celui de la grande salle proprement dite. Lieu de la vie publique, elle s'emplissait parfois de planches sur des tréteaux, de tribunes et même de paillasses. Le seigneur y siégeait au *haut bout*, sur une estrade chauffée au revers par la cheminée. Ci-contre, grande salle, miniature XIVe siècle.

les tours d'Amboise. Ce pont-levis permettait d'accéder à un ouvrage défensif élevé sur le rocher de la Couarde, un éperon symétrique qui fut arasé par une carrière au XIXe siècle.

L'enceinte principale est formée de deux courtines qui longent les côtés du promontoire et se rejoignent, à l'extrémité est, à la porte d'entrée, la porte de Coëtlogon. Cette tour-porte de forme trapézoïdale et percée d'archères à niches est un des éléments les plus anciens de l'enceinte : elle fut édifiée de 1166 à 1194 après que Raoul II fut rentré en grâce auprès d'Henri II. Le front nord – autrefois protégé par l'étang de la Couarde – fut défendu au début du XIIIe siècle par la construction à l'angle nord de la tour de Coigny, tour carrée pourvue d'archères croisées et couronnée de hourds, qui fut reliée par une gaine à la porte de Coëtlogon. Vers 1230 la tour de Coigny fut renforcée à l'est par une tour semi-circulaire, la tour de Guibe, et toutes deux furent reliées au XVe siècle par une courtine basse qui, n'ayant plus aucune fonction défensive, fut utilisée au XVIIe siècle pour y adosser la chapelle.

Le front sud de l'édifice resta dépourvu de flanquement jusque vers 1470-1480, époque à laquelle le duc François II fit construire deux énormes tours à canons : la Tourasse et la Française, rebaptisées par la suite la Surienne et la Raoul.

«VERROU SUR LA SEINE»

Château-Gaillard est la pièce maîtresse d'un dispositif défensif colossal qui comprenait aussi, sur une île face à la forteresse, un petit château relié par un pont de bois à l'enceinte du village de La Couture. Au pied de Château-Gaillard, une estacade de pieux barrait le fleuve, empêchant toute navigation.

l'avancée a été érigée vers 1230-1240 par Raoul III. Il s'agit d'une grande barbacane rectangulaire, édifiée sur un bras du Nançon afin d'en maîtriser le cours et les dérivations. Le château contrôlait ainsi les vannes permettant d'inonder les fossés de la ville et la vallée. Le front est était défendu par trois tours : une tour porte quadrangulaire ouvrant sur l'avancée, la tour de la Haye-Saint-Hilaire, encadrée par deux tours du XIIIe siècle, bâties sur le modèle des tours des Gobelins et de Coigny, la tour de Plesguen et la tour de Guémadeuc. Le passage dans la tour-porte était protégé par un système impressionnant : deux herses s'abattaient sur le sol, piégeant l'assaillant dans un «assommoir» surmonté de deux niveaux d'archères.

CHÂTEAU-GAILLARD, CLEF DE LA NORMANDIE.

Les ruines spectaculaires de Château-Gaillard, qui surplombent la Seine aux Andelys, rappellent l'étrange destin de cette forteresse, bâtie en 1196 pour ne jamais tomber, et dont la chute en 1204 marqua, avec la reddition de Rouen trois mois plus tard, l'annexion par Philippe Auguste du duché de Normandie au royaume de France. Afin de faire barrage aux visées hégémoniques de Philippe Auguste sur le duché de Normandie, enjeu capital de la rivalité entre

Plantagenêts et Capétiens, Richard Ier, Cœur de Lion, commanda, en 1196, l'édification d'un ouvrage fortifié sur le promontoire des Andelys. «Verrou sur la Seine», «clef de la Normandie», ce château militaire d'arrêt fut érigé en moins de deux ans, déployant un ensemble de fortifications hors du commun, ce qui dissuada de toute offensive jusqu'à la mort de Richard Ier. Mais, son successeur, Jean sans Terre, fournit à Philippe Auguste le prétexte légal qu'il attendait pour

«Enceintes multiples, tours sans nombre, souterrains et donjons. Cela ne ressemble guère qu'à une partie corrodée de la falaise, quand on ne le voit pas du bord de la Seine mais d'en bas ; alors la fortification, terriblement mutilée, prend un caractère d'exaltation presque sublime.»
Jean de la Varende
Par monts et merveilles de Normandie

«Le siège de Château-Gaillard», miniature du XIVe siècle tirée des *Guerres entre Philippe de France et Henri d'Angleterre*, des *Grandes Chroniques de France*, vers 1450.

attaquer, en faisant assassiner Arthur de
Bretagne, investi par le roi de France de l'Anjou
et de l'Aquitaine. Philippe Auguste mit le siège
devant Château-Gaillard en août 1203 avec
une armée de 6 000 hommes et un dispositif
militaire exceptionnel. Mais ce fut la ruse qui eut
raison des hommes de Jean sans Terre : le donjon,
dernier retranchement des assiégés après
qu'une poignée d'hommes eut pris possession
de l'enceinte principale en s'y introduisant par
un conduit de latrines, tomba le 6 mars 1204.
L'architecture de Château-Gaillard met en œuvre
un système de défense passive échelonnant plusieurs
ouvrages fortifiés, retranchés les uns des autres
par des fossés creusés dans la craie. Le donjon,
relativement épargné par les troupes françaises
en 1204 puis par les démolisseurs du XVIIe siècle,

est au cœur du dispositif. Le front
de l'entrée est le témoignage unique
d'une recherche esthétique
originale restée sans lendemain :
de la forme d'une coquille, il est
festonné de tourelles légèrement
saillantes offrant peu de prise
à l'attaque, tandis que le front
arrière, aux parois lisses en à-pic,
intègre les murs de la puissante
tour maîtresse couronnée
de mâchicoulis et renforcée
d'un éperon triangulaire.
L'enceinte principale, de forme
géométrique, est la partie la plus
ruinée du château. Elle abritait la chapelle ainsi
que d'autres bâtiments de service destinés à la
garnison. Ses vestiges laissent reconnaître, adossé
au mur d'enceinte, un logis rectangulaire,
et, toujours debout, la tour carrée des latrines qui,
malgré ses archères, fut le point faible de l'appareil
défensif du château. Au devant
de l'enceinte principale, séparé
par un fossé, se trouve
l'ouvrage avancé, barbacane
triangulaire flanquée de cinq
tours rondes. L'une d'entre
elles protégeait la tour-
porte du château
qui s'ouvrait au
nord. À la proue,
une tour plus
forte, sans doute
relevée après
le siège, était
couronnée d'un
chemin de ronde
crénelé
et défendue par
un mâchicoulis.
Un pont reliait
cet ouvrage
avancé à
l'enceinte
principale.

L'HOMMAGE
En 1188, Richard
Cœur de Lion (un
genou à terre, vêtu
de rouge) prête
hommage à Philippe
Auguste. Miniature
exécutée vers 1450.

**CHÂTEAU-GAILLARD,
PLAN GÉNÉRAL**
Le donjon (A),
retranché par un
premier fossé (4) est
constitué d'une tour
maîtresse (1) que
protège une
première enceinte (2)
dont l'accès fut
défendu par un pont
mobile (3). La
seconde enceinte (B)
délimite une basse-
cour (5) abritant les
bâtiments de services
(6). Au-delà d'un
deuxième fossé (7)
se trouve l'ouvrage
avancé (C). Un
dernier fossé (8) isole
l'ensemble
du plateau.

ORTENBERG
VILLANDRAUT

ORTENBERG, SENTINELLE D'ALSACE. Dressées sur le massif du Rittersberg, les ruines magnifiques du château d'Ortenberg veillent encore sur la plaine d'Alsace. Cette forteresse est un exemple unique de mélange de caractères français et germaniques dans un édifice alsacien. L'édifice fut élevé entre 1261 et 1265 par Rodolphe de Habsbourg, futur roi de Germanie (1273), afin de contrôler le val de Villé, voie de passage traditionnelle entre l'Alsace et la Lorraine dont l'importance stratégique est attestée dès l'Antiquité. La citadelle occupe un site en éperon barré : le cœur, fortifié par une enceinte allongée à neuf pans, s'élève sur un rocher séparé du plateau par un fossé taillé dans le grès. Dans le nord de l'enceinte, la tour maîtresse pentagonale haute de 30 mètres, est protégée par une chemise percée d'archères sur quatre niveaux qui constituent en revanche un emprunt au répertoire de l'architecture militaire française. Cette chemise est prolongée au sud par un logis comprenant deux étages résidentiels percés de fenêtres aux beaux remplages gothiques de grès. Au XVᵉ siècle, il fut rendu accessible de la basse-cour par une rampe accolée et un pont-levis à flèches. En contrebas, la basse-cour, dotée d'archères à niches, épouse les flancs du rocher et présente une forme en triangle.

VILLANDRAUT, RÉSIDENCE PAPALE. Le château de Villandraut, situé en pays bazadais, présente un double

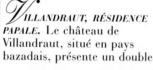

...térêt pour le visiteur : si l'on y reconnaît d'abord une des meilleures illustrations de l'architecture ...astrale en Guyenne vers 1300, influencée par les ...odèles anglais du pays de Galles, on y découvre ...ussi un exemple de résidence papale : le palais ...st constitué de trois ailes développant chacune un ...rogramme symétrique d'une grande perfection. ...e château, de plan rectangulaire, était ceint d'un ...ossé maçonné et flanqué de quatre tours d'angle ...âties chacune selon un programme identique : ...ne cave en coupole, puis des étages voûtés d'ogives ...ur deux niveaux. À l'intérieur, les bâtiments ...'habitation se déployaient sur trois ailes, le long ...e trois côtés du rectangle, selon une parfaite ...ymétrie : l'aile faisant face à l'entrée abritait les espaces religieux (sacristie et chapelle), à droite se trouvait l'aile accueillant les espaces privés (les appartements), et, à gauche, celle dévolue aux espaces publics (la grande salle). Dans chaque aile, le rez-de-chaussée était consacré aux services et l'étage aux espaces nobles. Au XVe siècle, une galerie à arcades fut construite le long du quatrième côté de la cour, ce qui permit de relier directement la grande salle aux espaces privés.

FRONT D'ENTRÉE DE VILLANDRAUT
Chaque tour était défendue par des archères à étriers triangulaires, percée de petites fenêtres agrandies au cours du XIVe siècle et reliée à la suivante par des courtines dotées de hourds. Deux tours encadraient l'entrée, défendue par une herse, un assommoir et des vantaux (ci-dessus).

CLÉMENT V, PAPE EN BORDELAIS
C'est au début du XIVe siècle que la seigneurie de Villandraut, alors aux mains de la famille de Got, sortit de l'anonymat : en 1305, Bertrand de Got, archevêque de Bordeaux, était élu pape par le concile et prit le nom de Clément V. Ne pouvant siéger à Rome déchirée par les conflits, il choisit de rester en Bordelais, sa terre natale, et ordonna alors la construction du château de Villandraut, dont il voulut faire son palais pontifical.

Loches
Septmonts

Sainte Marguerite devant le château de Loches

«Devant le château de Loches, sainte Marguerite gardant ses moutons est interpellée par le préfet Olibrius» Cette miniature, exécutée pour le livre d'Heures d'Étienne Chevalier par Jean Fouquet, transpose l'histoire de sainte Marguerite d'Orient à Loches. Patronne des femmes enceintes, elle fut décapitée pour avoir avoué sa foi et refusé de se marier au préfet Olibrius.

Le donjon

Situé face au plateau, au sud, haut de 37 mètres, protégé par d'épaisses murailles (2,80 m), le donjon est étagé sur quatre niveaux : un rez-de-chaussée dévolu aux réserves de vivres et trois étages chauffés. La petite tour carrée qui lui était accolée et abritait l'escalier conduisant au premier étage fut l'unique accès au donjon durant tout le Moyen Âge.

Loches, sept siècles d'architecture féodale. Les murs du château de Loches illustrent sept siècles de fortifications.

Le site, un éperon barré commandant la vallée de l'Indre, est la résidence favorite des comtes d'Anjou dès le Xe siècle et un atout important dans leur lutte contre la famille de Blois. Aussi élevèrent-ils entre 1011 et 1031 la tour-maîtresse rectangulaire (ci-dessous), archétype parfait du palais fortifié se déployant en hauteur, qui fut protégée au nord par une chemise polygonale. La maison d'Anjou (désignée à partir de Geoffroi V (1113-1151) par le sobriquet Plantagenêt) acquit une puissance formidable grâce au mariage d'Henri II Plantagenêt avec Aliénor d'Aquitaine. Loches devint alors une place stratégique : Henri II décida de la protéger par une enceinte doublant la chemise primitive, au sud, et épousant les contours du promontoire ; il ajouta également une enceinte pour le bourg de Saint-Ours. Ces fortifications furent flanquées de tourelles semi-circulaires et séparées du plateau par un immense fossé. À la charnière des XIIe et XIIIe siècle, Richard Ier Cœur de Lion puis Jean sans Terre, en guerre avec Philippe Auguste, renforcèrent de nouveau le front sud, édifiant sur les maçonneries primitives de belles tours en amande. Le fossé entre tour-maîtresse et plateau fut également élargi. En 1205, Philippe Auguste se rendit maître de la place. Dans la seconde moitié du XVe siècle, la partie nord du château fut remaniée : on éleva la tour-porte et la tour en U flanquant le front nord et l'on aménagea, dans le secteur sud-est le Martelet, énorme

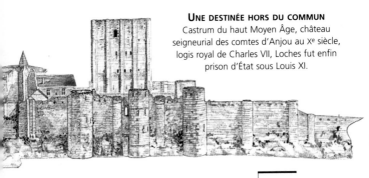

UNE DESTINÉE HORS DU COMMUN
Castrum du haut Moyen Âge, château
seigneurial des comtes d'Anjou au Xe siècle,
logis royal de Charles VII, Loches fut enfin
prison d'État sous Louis XI.

asse de pierres creusée de cachots sur trois étages.
nfin, des moineaux furent construits à la base des
ssés au XVIe siècle, durant les guerres de Religion.
e Logis royal, à l'autre extrémité du promontoire,
t érigé à la fin du XIVe siècle sous Charles V et
harles VI. Il s'agit d'un bâtiment rectangulaire qui
evait abriter la grande salle et la chambre de
arement. Flanqué de tourelles à l'est, il était relié
une tour ronde à vocation résidentielle dite tour
gnès Sorel du nom de la favorite de Charles VII.
la fin du XVe siècle ou au début du siècle suivant,
logis fut pourvu d'une aile neuve.

SEPTMONTS, UNE TOUR MAÎTRESSE EXTRAORDINAIRE.

Le
hâteau de Septmonts impressionne
'emblée par sa tour maîtresse, dont
a beauté et la virtuosité en font l'un
es chefs-d'œuvre de l'architecture de
a fin du XIVe siècle en Île-de-France.
a salle Saint-Louis, édifiée sans
oute sous Jacques de Bazoches,
onstitue un autre point d'intérêt.
'ensemble est formé d'une enceinte
olygonale cernée par un fossé, le front
ord-ouest étant flanqué, sans doute
ès le XIVe siècle, de trois tours
irculaires, et le front est rassemblant
a salle Saint-Louis, la tour maîtresse
t l'aile des logis. La salle Saint-Louis,
our-résidence rectangulaire,
omportait une cuisine au rez-de-
haussée, les étages étant dévolus aux espaces
ésidentiels et accessibles par une vis extérieure.
ntre 1373 et 1404, l'évêque Simon de Bucy
econstruisit Septmonts, élevant dans l'angle nord-
st son exceptionnelle tour maîtresse. La galerie à
âchicoulis qui la reliait à la salle Saint-Louis ainsi
ue la courtine à arcatures et décorations de stucs
ui se détachait au nord participaient également
u programme de la résidence palatiale élaboré par
imon de Bucy, tout comme l'aile des logis, long
orps de bâtiment qui abritait la grande salle.
es restaurations des XIXe et XXe siècles n'ont pas
ermis d'identifier ce dernier ensemble.

LES ÉVÊQUES DE SOISSONS
Établi en fond de vallée, Septmonts fut dès le milieu du XIIe siècle l'une des possessions rurales des puissants évêques de Soissons, parmi lesquels Jacques de Bazoches, mort en 1242, qui fit sans doute bâtir la salle Saint-Louis.

UNE CONSTRUCTION AUDACIEUSE
De base circulaire, étagé sur sept niveaux desservis par une vis prolongée en tour de guêt, conçu comme une résidence pourvue d'annexes, l'ouvrage s'élance en une véritable jubilation architecturale alliant l'audace et la maîtrise.

CHALUSSET
VINCENNES

CHALUSSET, RÉSIDENCE PRINCIÈRE. Érigé sur un promontoire au confluent de la Briance et de la Ligoure, la forteresse de Chalusset est accessible par un sentier abrupt. Les ruines, aujourd'hui envahies par la végétation et les pierres, laissent encore apprécier la grandeur de ce remarquable exemple de résidence princière de la fin du XIIIᵉ siècle. La reconstruction du château dit «supérieur» eut lieu entre 1270 et 1299. Géraut de Maumont, maître des lieux, fit alors construire l'enceinte, flanquée de quatre tours d'angle ainsi que trois autres tours, dont une était réservée à la porte d'entrée. Plus tard, sans doute pendant la guerre de Cent Ans, l'enceinte fut surélevée et pourvue de mâchicoulis. On y remarque une curieuse gaine à archères en croix à étrier qui se développe sur le front d'attaque.

Un programme résidentiel luxueux se développa dans les beaux logis élevés le long de la courtine est au-dessus des caves voûtées

s'étendait la grande salle dans laquelle on admire encore l'imposante cheminée seigneuriale à chapiteaux sculptés. Elle était prolongée au nord et au sud par des espaces d'habitation aménagés en chambre de parement et chambre à coucher, ces dernières communiquant avec les latrines situées dans les tours d'angle. L'ensemble était largement percé de fenêtres géminées. À la fin du XIVᵉ siècle, la forteresse n'était plus qu'un repaire de pillards et de routiers de la guerre de Cent Ans. Les d'Albret, qui l'avaient rachetée en 1401, durent l'assiéger en 1412 pour en déloger les bandes.

VINCENNES, LE RÊVE INACHEVÉ DE CHARLES V. La forteresse des Valois a longtemps été mal-aimée, à cause de son passé de prison d'État et de sa vocation militaire, qui lui valut d'être envahie

le casemates au XIXᵉ siècle. Aujourd'hui, un
important programme de fouilles restitue peu
à peu son évolution. Seule résidence royale du
Moyen Âge conservée en France, château novateur
et symbolique, elle occupe une place unique
dans le patrimoine européen par son histoire et sa
qualité architecturale et décorative sans équivalent.
Au XIIᵉ siècle, un modeste manoir fut construit à
l'orée de la forêt royale de Vincennes. Fortifié par
Philippe Auguste, il devint l'une
des résidences favorites de Saint
Louis. La guerre de Cent Ans,
en obligeant le roi de France
à fortifier son royaume,
transforma la physionomie du
château. Philippe VI commença la
construction du donjon près du
manoir en 1327. Le projet ayant
tourné court, les trois premiers
niveaux furent édifiés par son fils

**VINCENNES,
DEMEURE DES ROIS**
Si le manoir primitif
du XIIᵉ siècle a
disparu, le souvenir
du souverain
rendant la justice
sous un chêne
habite encore ce site
intimement lié
à l'histoire des rois :
Charles V y naquit,
Philippe le Hardi
et Philippe le Bel s'y
marièrent, Louis X
y mourut, tous y
gouvernèrent lors de
leurs nombreux
séjours.

Seule résidence royale du Moyen Âge conservée en France, château novateur et symbolique, Vincennes occupe une place unique dans le patrimoine européen.

Jean II, dit le Bon, après son retour de captivité, en 1361. Mais c'est Charles V qui, avec des moyens considérables, fit de Vincennes le modèle des châteaux et l'incarnation de l'idée royale. Le chantier débuta en 1364 et dès 1367, le roi s'installait au deuxième étage du donjon, bientôt le plus haut d'Europe, qui ne fut achevé qu'en 1369 mais comprenait déjà une tour de latrines due à Jean le Bon. Deux entrées conduisaient au logis du roi, l'une à l'ouest, l'autre à l'est. Cette dernière fut aménagée dans un châtelet d'une conception novatrice, précédé par un très beau pont de pierre et pourvu d'un escalier à vis extérieur, le plus ancien qui subsiste de ce type. En 1370, le donjon fut isolé par une enceinte de 50 m de côté.

En 1373, Charles entama la construction de la grande enceinte, longue de 1 200 m et flanquée de neuf tours-résidences, arasées au XIXe siècle à l'exception de la tour d'entrée nord, dite tour du Village. Une fois terminé, en 1380, ce cordon de pierre devait enclore une cité féodale idéale, destinée à abriter l'élite du royaume et unissant confort et vertus défensives. Charles conclut son grand projet en commençant la construction de la Sainte-Chapelle, conçue d'après la Sainte-Chapelle de Paris, édifiée par Saint Louis. À la mort du roi, son œuvre fut poursuivie dans la Sainte-Chapelle par son fils Charles VI mais le projet de ville idéale de Charles V, ne lui survécut pas. Jamais plus Vincennes n'assuma après 1380 le rôle de capitale du pouvoir royal souhaité par le souverain, jamais plus sans doute ses puissantes tours ne servirent de résidence pour les proches conseillers du roi. Vincennes redevint un séjour royal parmi tant d'autres.

MONTSÉGUR

*M*ONTSÉGUR, *CITADELLE CATHARE.*
La place forte de Montségur, dominant le pays
ariégeois, s'accroche au sommet d'un *pog* (pic),
à 1 200 m d'altitude. Le donjon, dressé comme
une proue, veille sur les cendres des derniers
cathares, immolés ici au XIIIe siècle. Introduite
vers 1150 par des croisés revenus d'Orient, la foi
cathare s'était implantée dans le Midi, à Albi
surtout, d'où le nom d'«Albigeois» donné à ses
adeptes locaux. Les prédications des Cisterciens,
comme celles de saint Dominique et du légat
pontifical Pierre de Castelnau, ne purent arrêter
l'expansion de la foi nouvelle, répandue par
un clergé itinérant, les «parfaits», protégés par
la noblesse et le puissant comte de Toulouse.
L'assassinat de Castelnau, en 1208, fournit
au pape Innocent III le prétexte qu'il attendait
pour appeler à la croisade les seigneurs du Nord.
Le conflit, meurtrier, dura plus de trente ans
et se solda par le démantèlement du pays d'Oc
au profit du roi de France. Restait Montségur,
«synagogue du diable», où s'était repliée
une poignée d'irréductibles mêlant cathares et
non-cathares. Assiégée pendant toute une année,
la forteresse se rendit le 16 mai 1244. Deux cents
rebelles furent brûlés vifs au pied du *pog*. Reprise
par la famille Lévis, Montségur fut entièrement
reconstruite pour prendre place, avec les
citadelles d'Aguilar, de Peyrepertuse, de Quéribus,
de Puivert, de Termes et de Puylaurensdans
le puissant dispositif de fortifications voulu
par Saint Louis et destiné à contrôler
les montagnes rebelles.

UN SITE GRANDIOSE
Montségur,
reconstruit par les
Lévis après 1244,
conserva la structure
d'un simple fortin
de montagne.
Pentagone de pierre
allongé d'est
en ouest, il reste
avant tout
remarquable par
l'extraordinaire
beauté de ses
défenses naturelles.
Au nord-ouest,
la tour maîtresse
présente un rez-de-
chaussée percé
d'archères, surmonté
de deux étages
résidentiels
accessibles par une
vis, tandis que
du côté opposé,
au sud-est, un gros
mur-bouclier
(4 m d'épaisseur)
renforce l'enceinte.
Des fouilles
entreprises entre
1960 et 1990 ont
mis au jour les
fondations du village
cathare totalement
détruit en 1244.

SARZAY
COUCY-LE-CHÂTEAU

SARZAY, LE MODÈLE DE LA TOUR-RÉSIDENCE. Le château de Sarzay, en Berry est représentatif de la génération de châteaux forts qui émerge au XVᵉ siècle caractérisée par des constructions de taille moyenne élaborées à partir du modèle de la tour royale de Vincennes. Au milieu du XIVᵉ siècle, le site de Sarzay était aux mains des Barbançois, famille de chevaliers dont les fils s'illustrèrent dans les batailles de la guerre de Cent Ans. Il s'agit d'un terre-plein entouré d'un fossé et défendu par une enceinte dont il ne subsiste qu'une tour circulaire, au sud-est, abritant au rez-de-chaussée une chapelle à coupole et percée d'embrasures à mousquets à l'étage. Vers 1440, Jean de Barbançois construisit une tour-résidence rectangulaire flanquée aux angles de hautes tourelles cylindriques. Ses quatre étages étaient scindés en deux par un mur de refend et organisés à l'identique : un espace résidentiel pourvu d'espaces annexes dans les tours d'angle. La grande vis qui s'élevait au milieu de la façade est donnait accès à la grande salle de laquelle on montait aux étages, chaque niveau étant occupé par une chambre privative.

COUCY-LE-CHÂTEAU, LA DÉMESURE. «Roi ne suis, ne prince, ne duc, ne comte aussi, je suis le sire de Coucy.» Ainsi se présentait Enguerrand III baron de Coucy, affirmant de la sorte l'indépendance d'un grand seigneur face à la couronne de France. Aussi l'ensemble qu'il fit élever sur la butte stratégique de Coucy, en Picardie, porte-t-il, par ses dimensions exceptionnelles, la marque d'une ambition démesurée. Le château, de plan quadrangulaire, était flanqué aux angles de fortes tours, percées d'archères à niches et munies de hourds tandis que la tour maîtresse dépassait largement celle du Louvre de Philippe Auguste. L'intérieur du château fut aménagé selon un programme traditionnel, réservant les sous-sols aux caves, le rez-de-chaussée aux magasins et le premier étage aux fonctions nobles.

C'est sans doute à Coucy que se manifesta de la façon la plus orgueilleuse la nature symbolique du donjon au Moyen Âge, expression matérielle de la puissance du seigneur et point d'orgue de l'édifice féodal.

La grande salle, en particulier, était d'une ampleur (58 m de longueur, 14 m de largeur) confirmant l'impression de gigantisme qui se dégage de l'ensemble. Cette salle était accessible par un escalier longeant le fossé qui isolait la tour maîtresse de la cour intérieure. Le château comprenait également un logis au nord-ouest. L'ensemble fut fortifié par une enceinte urbaine comprenant deux portes, dont la plus importante, la porte de Laon, rappelle les modèles contemporains de Carcassonne et d'Angers. Élevée vers 1230, elle était défendue par deux herses et prolongée par

UNE FORMIDABLE TOUR MAÎTRESSE
Les ruines de Coucy évoquent toujours, en creux, sa tour maîtresse rasée par les Allemands en 1917. Elle était au XIIIe siècle la plus haute (54 m) et la plus grosse (31 m de diamètre) d'Europe.

Gisors
Bonaguil

une grande salle qui fut sans doute la salle de l'échevinage. Avant 1380, Enguerrand VII, diplomate influent et futur intime du duc Louis d'Orléans, restructura la forteresse en usant d'un programme résidentiel propre aux palais princiers. D'imposantes cheminées vinrent chauffer la grande salle, dont les murs furent percés de fenêtres, décorés de niches et éclairés d'une grande verrière, au sud. Le logis fut également l'objet d'une transformation considérable. Louis d'Orléans, qui racheta Coucy à la mort d'Enguerrand en 1396, continua d'aménager la forteresse en palais, créant notamment une grande cuisine dans la basse-cour.

GISORS, FORTERESSE DUCALE. Situé dans le sud du duché de Normandie, Gisors est un témoignage superbe de l'architecture anglo-normande sur le sol français. À la fin du XIe siècle, Guillaume le Roux, roi d'Angleterre, commanda la construction d'un château fort sur le site de Gisors. Au début du XIIe siècle, Henri Ier édifia le donjon octogonal et remplaça la vieille palissade par une belle chemise à vingt-deux pans, consolidée de contreforts plats aux angles et flanquée au nord-ouest de trois tours carrées, accolées au donjon. On y pénétrait au sud-est par une grande porte surmontée d'un arc en plein cintre. Vers 1170-1180, Henri II fit ériger la chapelle, surélever et étayer la tour maîtresse. On lui doit aussi l'édification de tours de différents modèles (tours en U ou pentagonales à éperon) percées d'archères. Son fils Richard Ier poursuivit la fortification de Gisors en construisant notamment la tour du Diable, au nord. En 1193, Philippe Auguste enlevait la place aux Plantagenêts et apposa aussitôt sa marque à la citadelle : les extrémités du château tournées vers la ville furent flanquées de deux tours circulaires, dont celle du Prisonnier qui servit de prison jusqu'au XIVe siècle. Les dernières fortifications, du XVIe siècle, intègrent les progrès de l'artillerie : l'enceinte fut pourvue de fausses braies percées d'orifices adaptés aux armes à feu, les contrescarpes et les fossés furent redessinés.

BONAGUIL, L'ARTILLERIE TRIOMPHANTE. Le château de Bonaguil est un exemple exceptionnel

'adaptation à un château résidentiel d'un système
éfensif reposant sur l'utilisation des armes à feu.
e noyau primitif du XIIIᵉ siècle, érigé au sommet
'une plate-forme rocheuse dont le flanc est fut
etaillé et ceint d'un fossé, est caractéristique
es petits châteaux gascons. Le donjon présente
l'attaque la forme effilée d'une proue de navire,
e qui laissait peu de prise au tir d'artillerie.
comportait à son revers un bâtiment prolongeant
s faces et abritant les logis primitifs, tandis que la
rande salle était située de l'autre côté de la cour
aute. Cet ensemble fut sans doute construit au
IIIᵉ siècle. Mais c'est au puissant baron Bérenger
e Roquefeuil que l'on doit, entre 1482 et 1500, la
ransformation de Bonaguil, influencée sans doute
ar les modèles bretons ou français des années
460-1500 : les faces de l'édifice non défendues par
 fossé furent dotées de fausses braies en terrasse
ouvertes par des tours à canons, et une grande
arbacane en U vint défendre l'entrée principale
u château. Un double pont-levis permit l'accès
 la cour haute et le fossé, élargi, fut défendu par
n moineau. À l'est du noyau primitif, fut créée
ne cour basse flanquée de tours percées
e canonnières et pourvues de mâchicoulis
retons. À l'intérieur, la forteresse devint une
uperbe résidence seigneuriale : un logis neuf fut
levé dans la cour basse, la grande salle dotée
'une vis et éclairée de fenêtres, les tours aménagées
e chambres et de latrines, cumulant ainsi une
onction résidentielle et une fonction militaire.

PIERREFONDS
HAUT-KŒNIGSBOURG

L'ŒUVRE DE VIOLLET-LE-DUC

Au XIXᵉ siècle, l'architecte Eugène Viollet-le-Duc entreprit la reconstruction de Pierrefonds pour Napoléon III qui voulait affirmer sa légitimité ainsi que son intérêt pour le Moyen Âge, alors fort en vogue. Cette réalisation, vivement contestée depuis, apparaît comme un mélange de reconstitution archéologique et d'œuvre d'imagination. Elle illustre une vision idéalisée du château fort, celle des érudits du siècle dernier.

UN CARREFOUR STRATÉGIQUE

Le Haut-Kœnigsbourg contrôlait la route du vin et du blé qui traversait la plaine d'Alsace et la route du sel et de l'argent qui passait par les vallées de Villé et de Sainte-Marie-aux-Mines.

*P*IERREFONDS : *RECONSTITUTION ET CRÉATION.* Édifié à la gloire de Louis d'Orléan le château de Pierrefonds est un superbe exemple de château fort des années 1400 c la symbolique militaire s'estompe au profit d'une physionomie d'ensembl La seigneurie de Pierrefonds, siège d'une prestigieuse lignée dès le XIᵉ siècle, passa aux mains des Valois au XIVᵉ siècle. Ainsi, en 1396, Louis d'Orléans, comte de Valois, décida de transformer la tour maîtresse carrée en logis princier. Il conçut autour d'elle un château digne de son rang constitué d'une enceinte rectangulaire pourvue de quatre tours circulaires aux angles et d'une tour semi-circulaire au milieu de chaqu côté. L'enceinte fut ainsi réalisée (hormis la tour est) de même que les hautes courtines et les tour que défendait un niveau de mâchicoulis surmont d'un chemin de ronde crénelé. Mais, à l'intérieur les bâtiments élevés contre l'enceinte ne furent jamais achevés. On reprocha ainsi à Viollet-le-Du d'avoir restitué une grande salle, une chapelle et des logis de garnisons qui n'existaient pas. En revanche, la structure du logis est incontestable. Les quatre étages dévolus aux appartements privés de la famille ducale présentent un programme identique: chaque niveau, divisé en trois espaces par des murs de refend, comprend une chambre d parement, une garde-robe et une chambre à couche reliée à des latrines situées dans une tour annexe.

*L*E HAUT-KŒNIGSBOURG : *RENAISSANCE D'UNE FORTERESSE.* Le Haut-Kœnigsbourg en ruine fut offert en 1899 à Guillaume II, empereur d'Allemagne, qui décida de sa restauration, geste symbolique et politique par lequel il s'inscrivait dans la continuité historique des Hohenstaufen et des

Œuvre d'une grande érudition, la restauration du Haut-Kœnigsbourg, longtemps méprisée, permet au visiteur de pénétrer la structure d'un château du Moyen Âge et, sans doute aussi, d'en retrouver l'ambiance.

Habsbourg et rattachait l'histoire de l'Alsace, province française annexée en 1870, à celle du Saint Empire. Il confia la tâche à l'architecte berlinois Bodo Ebhardt. Ce dernier effectua un relevé précis des murs restés debout, étudia tous les indices archéologiques et restitua l'ensemble des pièces en s'inspirant des inventaires du château établis au XVIe siècle. Le Haut-Kœnigsbourg fut érigé vers 1114 par les Hohenstaufen, ducs de Souabe (à qui l'Alsace était rattachée), sur une arête rocheuse allongée est en ouest qui contrôlait un carrefour stratégique des routes marchandes. En 1419, la puissante famille des comtes de Thiestein reçut le Haut-Kœnigsbourg et reconstruisit la forteresse afin de l'adapter à l'emploi de l'artillerie : les deux extrémités de l'édifice furent jointes, des logis intermédiaires élevés, de lourdes tours à canons érigées autour de l'enceinte. Le château, pillé par les Suédois en 1633, fut laissé à l'état de ruine jusqu'à sa reconstruction.

LES MONASTÈRES

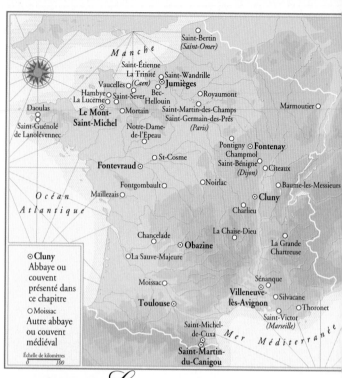

Manche

Océan
Atlantique

Mer Méditerranée

Saint-Bertin
(Saint-Omer)

Saint-Étienne
La Trinité   Saint-Wandrille
(Caen) ○ Jumièges
Vaucelles ○
Hambye ○   Saint-Sever ○   Bec-
La Lucerne ○   Hellouin   ○ Royaumont
Daoulas ○   Le Mont-   ○ Mortain   Saint-Martin-des-Champs   Marmoutier ○
Saint-Guénolé   Saint-Michel   Saint-Germain-des-Prés
de Lanolévennec   Notre-Dame-   (Paris)
de-l'Épeau

Pontigny ● Fontenay
Champmol
St-Cosme   Saint-Bénigne
Fontevraud ○   (Dijon) ○ Cîteaux
Fontgombault ○   ○ Noirlac   ○ Baume-les-Messieurs
Maillezais ○
● Cluny
Charlieu

Chancelade   La Chaise-Dieu
○ Obazie   La Grande
La Sauve-Majeure   Chartreuse

Sénanque
Moissac ○   Villeneuve- ○ Silvacane
Toulouse ○   lès-Avignon   ○ Thoronet
Saint-Victor
Saint-Michel- (Marseille)
de-Cuxa
Saint-Martin-
du-Canigou

LES ORIGINES DU MONACHISME.

Des formes de vie monastique apparurent très tôt chez les premiers chrétiens de Syrie, de Palestine et surtout d'Égypte, contrée de saint Pacôme à qui l'on doit la première règle monastique. En revanche, il fallut attendre la seconde moitié du IVe siècle pour que les monastères se répandent en Occident. Les fondations, attestées par de nombreux textes, furent particulièrement nombreuses jusqu'au VIe siècle. En Gaule, vers 360, saint Martin installa l'une des plus anciennes communautés de moines à Ligugé, près de Poitiers. Une autre fut fondée par ses soins à Marmoutier, près de Tours ; quatre-vingt-dix frères y vivaient dans des cellules construites en bois ou creusées dans la roche. À la même époque se constitua le monastère des îles de Lérins, fondé vers 400 par Honorat ; celui d'Arles, plus tardif, fut créé au VIe siècle par saint Césaire. Chacun était régi par sa propre règle, souvent inspirée du monachisme oriental.

BENOÎT ET COLOMBAN, LES FONDATEURS.

L'arrivée sur le continent du moine irlandais Colomban, vers 575, est une date importante pour le développement du monachisme occidental. Appuyés par l'aristocratie franque, Colomban et ses disciples fondèrent ou relevèrent de

LA SALLE DES COPISTES
Chaque monastère disposait d'un *scriptorium* où les moines recopaient et enluminaient les manuscrits. Ci-dessus, une enluminure cistercienne. À gauche, saint Bernard.

LA NAISSANCE DU MONASTÈRE

ombreuses abbayes, dont celles de Jouarre,
umièges et Luxeuil, dans les Vosges. Colomban
dicta pour les moines une série de préceptes
moraux et pénaux, sans doute appliqués
conjointement avec la règle de saint Benoît.
Ce dernier avait fondé vers 530 le monastère
du Mont-Cassin. La règle qu'il avait rédigée
à son intention se présentait sous la forme
d'un petit livre divisé en soixante-treize chapitres
et précédé d'un prologue. Elle accordait une place
prépondérante à la prière liturgique, mais prônait
également la pratique du travail manuel. Conçue
pour le Mont-Cassin, elle fut imposée
à l'ensemble du monachisme occidental lors
du concile d'Aix-la-Chapelle, réuni par
l'empereur Louis le Pieux en 817.

*La naissance de l'architecture
monastique.* Les premières règles monastiques
témoignent de la façon dont s'est peu à peu
structurée la topographie des abbayes. Elles
mentionnent quelques bâtiments indispensables
à la vie communautaire. L'un des plus souvent
cités est le cellier, voisin de la cuisine et

**L'ADAPTATION
À LA RÈGLE**
Certains ordres
conçurent
leurs monastères
en accord avec les
prescriptions
de leur règle.
Les chartreuses
comportent ainsi
deux cloîtres :
un petit autour
duquel s'ordonnent
les édifices destinés
à la vie
communautaire,
et un second,
plus grand, entouré
de maisonnettes
où les moines
vivaient isolés.
Les franciscains
et les dominicains,
apparus au
XIIIe siècle, ne
respectèrent pas
toujours une stricte
ordonnance
architecturale. En
effet, la place leur
manquait. Implantés
dans les villes,
ils parvinrent
rarement à agrandir
leur patrimoine
foncier.

Page suivante,
la salle capitulaire
de l'abbaye de
Sénanque (Vaucluse)
et le réfectoire de
l'abbaye de Noirlac
(Cher).

LES ÉCOLES MONASTIQUES
Elles rayonnèrent
du haut Moyen Âge
au XIIᵉ siècle.
Les écoles du Bec,
en Normandie,
de Cluny,
en Bourgogne,
de Saint-Victor et
de Sainte-Geneviève
de Paris, brillèrent
d'un éclat particulier.

Ci-dessus, Philippe-
Auguste remet le
privilège royal aux
maîtres et aux
étudiants, cartulaire
de la nation
de France de
l'université de Paris,
Livre des Procureurs,
milieu du XIVᵉ siècle.

du réfectoire. Certaines règles insistent sur la nécessité de placer le dortoir commun contre l'église, afin de pouvoir se rendre sans tarder à la célébration des prières nocturnes et matinales. On voit ainsi très tôt s'organiser trois bâtiments essentiels : le cellier, le réfectoire et le dortoir, qui s'articulent les uns par rapport aux autres autour d'une cour. Les textes citent encore d'autres édifices, logis pour les hôtes, infirmerie ou ateliers de travail.

LE PLAN DE SAINT-GALL ET L'ORGANISATION DU MONASTÈRE MÉDIÉVAL.

C'est à l'époque carolingienne que se fixe véritablement l'organisation du monastère occidental. Le plan de Saint-Gall, dessiné vers 820, représente le monastère idéal. Tout y est prévu de façon rationnelle pour la vie spirituelle et matérielle de la communauté. L'abbatiale occupe le centre de l'abbaye, séparant l'espace réservé à l'abbé, au nord, de celui des moines, au sud. Ce dernier s'ordonne autour d'un cloître. On remarque, le long des galeries, le chauffoir et le dortoir situés à l'est, contre le bras du transept, le cellier à l'ouest, vers l'entrée, et le réfectoire au sud, à côté des cuisines. Il faut aussi noter la présence de latrines et de bains non loin du dortoir. Derrière ce dernier bâtiment étaient regroupés les ateliers et les étables qui assuraient à l'abbaye une autarcie presque complète. Le monastère, qui avait également pour vocation d'accueillir les pèlerins et

les nécessiteux, comportait de plus une hôtellerie. À l'est enfin, le plan indique la présence d'une infirmerie, avec son jardin médicinal, et celle du noviciat, proche du verger et du cimetière. Ce plan présente déjà la structure classique du monastère médiéval, notamment dans la distribution des bâtiments autour du cloître. Seule y manque la salle de réunion des moines, ou salle capitulaire, apparue un peu plus tard. En général, elle occupait le rez-de-chaussée

Text within image: SCS BENEDICTVS · IOHANNES ABBAS

du bâtiment des moines, sous l'étage du dortoir.
Le grand monastère bénédictin de Cluny, fondé
en 909, reprit ces principales dispositions. À la fin
du Moyen Âge, ses bâtiments devaient à
l'évolution continuelle de l'ordre une distribution
plus anarchique. En revanche, les cisterciens,
fondés en 1098, conservèrent une stricte
ordonnance architecturale ; elle traduisait
la volonté de revenir à la rigueur primitive de la
règle de saint Benoît. Il en alla de même pour les
autres ordres apparus à la fin du XIe siècle et au
début du XIIe siècle, comme ceux de Fontevraud,
et des Chartreux, respectivement créés en 1100
et 1084. Certains conçurent leurs monastères en
accord avec les prescriptions de leur règle. Ce fut
le cas des chartreux mais aussi des franciscains
et des dominicains. Ils contribuèrent ainsi
à diversifier le riche patrimoine architectural
du monachisme français.

**LES PÈRES
DE L'ORDRE
BÉNÉDICTIN**
Saint Benoît de
Nursie (v. 480-547)
établit la règle
bénédictine dans
son monastère
du Mont-Cassin,
où il est représenté
ci-dessus. Cette
dernière fut codifiée
par saint Benoît
d'Aniane (750-821),
fondateur de
l'abbaye d'Aniane,
dans l'Hérault.

LES MONASTÈRES BÉNÉDICTINS

«Description des forêts royales
dans l'étendue de Rouen»,
Le Livre du gouvernement des princes.

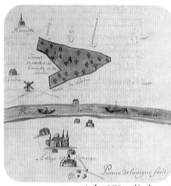

Petrus de lavigne fecit.

JUMIÈGES DANS L'HISTOIRE

L'abbaye adopta la règle de saint Benoît dès la fin du VIIᵉ siècle. Fondée vers 654 par saint Philibert, elle comprenait trois églises respectivement dédiées à Notre-Dame, saint Pierre, saint Denis et saint Germain. Elle fut ravagée par les Vikings en 841, abandonnée par les moines durant près d'un siècle puis reconsacrée vers 940 sous l'égide du duc de Normandie, Guillaume Longue-Épée. L'activité monastique ne reprit réellement qu'au début du XIᵉ siècle grâce à l'action menée en Normandie par le clunisien Guillaume de Volpiano.

*J*UMIÈGES, LA NORMANDE. Au cours du Xᵉ siècle, le monachisme occidental renaissant a joué un rôle essentiel dans la diffusion des formes architecturales et artistiques de l'époque pré-romane et du début de l'ère romane. Les premiers tâtonnements des architectes ont abouti, dans le deuxième quart du XIᵉ siècle, à des constructions illustrant le style roman de Jumièges, fondée à la fin du VIIᵉ siècle, témoigne de cette évolution. Ses bâtiments furent dépecés au XIXᵉ siècle par son propriétaire, un entrepreneur, mais leurs ruines imposantes donnent une bonne idée du caractère monumental que présentait ce grand foyer de la pensée bénédictine. De l'église Saint-Pierre, reconstruite vers 940, ne restent que la façade et une partie des deux premières travées de la nef. L'abbatiale Notre-Dame-de-Jumièges, réédifiée vers 1040, consacrée en 1067 en présence de Guillaume le Conquérant, appartient à un type architectural plus élaboré. La nef, avec ses 25 m de hauteur, constituait le plus haut des vaisseaux normands ; elle était à collatéraux simples, divisée en quatre travées doubles par des piles composées avec demi-colonnes engagées ; le vaisseau central était en charpente mais les bas-côtés et les tribunes, conservés du côté nord, présentent encore des voûtes d'arêtes entre doubleaux ; l'élévation à trois étages comprenait des grandes arcades en plein cintre à double rouleau, des baies au niveau des tribunes à triple arcade, et des fenêtres hautes largement ébrasées et découpées sans mouluration sur le mur. Cet ensemble était prolongé par un transept très saillant, aux bras divisés en deux travées et surmontés de tribunes ; afin de desservir la tour de croisée,

e monachisme occidental renaissant a joué un rôle essentiel dans la diffusion des formes architecturales et artistiques d'un art roman encore balbutiant.

s parties hautes, préservées,
aient pourvues d'un corridor
claire-voie passant devant
s fenêtres. De la tour-
nterne à deux étages
ménagée à la croisée ne
bsiste que le pan occidental,
i a gardé son élévation ancienne
41m. Cette tour éclairait
ondamment la partie centrale
l'édifice. Le vaste chœur à
ambulatoire, quant à lui, était
ns doute dépourvu de chapelles
yonnantes. A l'ouest, un massif
anqué de deux hautes tours précède
nef. Il comprend un porche et deux
ibunes superposées auxquelles on
cède par des escaliers ménagés dans
s tours. Celles-ci, presque
métriques, s'élèvent à une hauteur
46 m. Elles présentent, au-dessus
une base puissante, deux étages
arcatures sur plan carré et deux

LES MONASTÈRES BÉNÉDICTINS

Abbaye de Saint-Martin-du-Canigou,
châpiteau au poisson,
détail du décor architectural.

LES BÂTIMENTS MONASTIQUES
De vastes bâtiments conventuels composent le décor de Jumièges (page précédente).
On peut y voir la salle capitulaire, qui accueillit les tombes des abbés jusqu'au XIIIᵉ siècle ; la salle des Hôtes, richement ornée et dotée d'une façade du XIXᵉ siècle, qui occupait l'aile ouest du cloître ; le grand cellier, du XIVᵉ siècle, dont les caveaux servaient à entreposer le vin. Du logis de l'abbé ne subsiste qu'une cave. Une résidence plus moderne, du XVIIᵉ siècle, se trouve dans la partie haute des jardins et abrite le Musée lapidaire.

autres octogonaux. À l'intérieur, des trompes permettent le passage du carré à l'octogone. À l'extérieur, le raccord est fait directement, sans aucune adjonction. Cette remarquable entrée monumentale de l'abbatiale illustre une étape essentielle dans l'évolution conduisant du massif occidental de tradition carolingienne à la façade harmonique romane.

SAINT MARTIN-DU-CANIGOU

L'élaboration du style proprement roman s'est appuyée sur un certain nombre d'expériences locales, telle celle menée à Jumièges. Les architectes romans s'intéressèrent particulièrement au problème du voûtement, qu'ils envisagèrent d'étendre à tout le sanctuaire.

Dès l'époque paléochrétienne, les absides furent couvertes d'un cul-de-four, et la

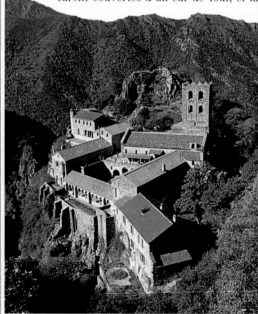

L'abbaye Saint-Martin-du-Canigou

*L*e chantier de Saint-Martin-du-Canigou, à la fin du Xe siècle, engendra une nouvelle réflexion sur le problème de la stabilité des voûtes.

majorité des cryptes du haut Moyen Âge présentaient une voûte. À l'époque carolingienne, la coupole apparaît dans des édifices de plan centré, mais les nefs et les transepts des grandes basiliques restent charpentés. Les débuts de la période romane verront les premiers essais de voûtement des nefs, comme en témoigne, par exemple, l'église abbatiale de Saint-Martin-du-Canigou. Cette dernière possède une église basse et une église haute qui se superposent et adoptent un plan analogue : une nef de trois vaisseaux se terminant chacun par une abside. Le vaisseau central des deux niveaux est étroit, sa largeur étant de 3,20 m seulement. La voûte de l'église basse s'élève à 3 m de hauteur et atteint 6,10 m dans l'église supérieure. Chaque niveau est entièrement voûté en berceau. Cette superposition de deux constructions voûtées entraîna des problèmes d'équilibre. Le projet initial fut donc modifié en cours de travaux. Dans les trois travées orientales, les plus anciennes, l'architecte a adopté les mêmes petites colonnes monolithes en granit pour les deux niveaux. Les colonnes du soubassement furent ensuite englobées dans des massifs de maçonnerie et les arcs renforcés. Dans les travées occidentales, édifiées peu après, l'architecte, dans l'église basse, a employé de puissants piliers cruciformes et renforcé les trois berceaux de doubleaux, tandis que l'église haute conservait colonnes monolithes et berceaux continus. La construction de Saint-Martin-du-Canigou fut entreprise à l'extrême fin du Xe siècle. Vers 1009, l'église basse était consacrée à la Vierge, l'église haute à saint Martin et la chapelle du clocher, édifié au nord du chevet de la basilique, à saint Michel.

LE NID D'AIGLE DU COMTE DE CERDAGNE

L'abbaye de Saint-Martin-du-Canigou (en bas à droite), au cœur des Pyrénées-Orientales, domine un paysage grandiose du haut de ses 1 065 m d'altitude. Fondée en 1061 par le comte de Cerdagne qui souhaitait en faire sa sépulture, elle n'abrita jamais qu'un nombre réduit de moines. Une vie monastique difficile s'y maintint toutefois jusqu'à la Révolution. Sa construction a engendré une nouvelle réflexion sur le problème de la stabilité du voûtement étendu à l'ensemble de l'édifice.

Cloître de l'abbaye Saint-Martin-du-Canigou.

LES MONASTÈRES BÉNÉDICTINS

Le passage de l'art préroman à l'art roman est généralement situé vers la fin du Xe siècle ou le début du XIe siècle. Grâce au mécénat de princes ou d'évêques, de prestigieux monuments apparaissent alors, telle la cathédrale de Chartres. Dès le troisième quart du XIe siècle, la Normandie manifeste ainsi un grand dynamisme architectural, favorisé par le duc de Normandie et roi d'Angleterre, Guillaume le Conquérant.

LE MONT-SAINT-MICHEL, LA FLORAISON MONUMENTALE. Ancien mont Tombe, il fut rebaptisé après que l'archange Michel eut ordonné à l'évêque Aubert d'Avranches d'y construire un sanctuaire en son honneur (708). Un oratoire en forme de grotte, qui s'inspirait du sanctuaire du Mont-Gargan, en Italie, où saint Michel était apparu pour la première fois en Occident à la fin du Ve siècle, fut élevé à l'endroit indiqué par le messager céleste. Devant l'essor du pèlerinage montois, on construisit ensuite une autre église au sommet du mont, complétée à l'ouest par la chapelle Notre-Dame-sous-Terre. En 966, Richard Ier, duc de Normandie, sans doute mû par des raisons plus politiques que religieuses, fait appel à douze bénédictins de Saint-Wandrille pour assurer la garde du saint lieu. Dès lors, le rocher est doté de nouveaux bâtiments. Au XIe siècle, l'afflux des pèlerins et l'importance de la communauté, qui compte à l'époque une cinquantaine de moines, obligent à construire un édifice plus vaste ; la découverte miraculeuse des reliques de saint Aubert fournit à l'abbé un argument supplémentaire pour obtenir des subventions. Le projet est ambitieux car l'église, longue de 80 m, doit prendre place au sommet du rocher, ce dernier ne pouvant accueillir que les quatre piliers de la croisée et une petite partie de la nef. Une plate-forme horizontale s'appuyant sur quatre cryptes est alors aménagée. On construit d'abord la crypte orientale, qui sert de support au chœur. Ce dernier, surélevé de 3 m

Ce retable catalan du XIVe siècle illustre à gauche la fondation du Mont-Gargan et, à droite, deux miracles montois : celui de la femme enceinte, sauvée des flots par une sainte intervention, et l'apparition à Aubert.

par rapport au transept, s'effondre en 1421.
Les fouilles ont permis de restituer un chœur
à déambulatoire, éclairé par de larges fenêtres
et sans doute doté d'une voûte de pierre. Il était
composé de trois travées droites, prolongées
à l'est par une abside à cinq pans, tandis
qu'une absidiole prolongeait le côté oriental.
En revanche, les cryptes nord et sud, qui
supportent les deux bras du transept, sont
parvenues jusqu'à nous. Respectivement placées
sous le vocable de Notre-Dame-des-Trente-
Cierges et de Saint-Martin, elles adoptent un plan
identique : une nef carrée, divisée en deux
travées par un arc doubleau et prolongée par
une abside semi-circulaire voûtée en cul-de-four.
Les bras du transept sont pourvus d'une absidiole
pareillement voûtée et encadrée d'arcs en plein
cintre emboîtés. La chapelle Notre-Dame-sous-

L'abbatiale avant
l'effondrement
de son chœur
roman.
On remarquera
la présence des deux
tours de façade.
*Très Riches Heures
du duc de Berry*
(1413-1416)

*aint-Michel au Péril de la mer :
l'appellation complète du Mont
évoque la situation exceptionnelle de
ce «Chéops de l'Occident» battu par
les marées les plus fortes d'Europe.

L'ÉGLISE ABBATIALE

Elle s'appuie sur
une plate-forme
artificielle placée sur
la pointe du roc et
reposant sur quatre
cryptes. La chapelle
Notre-Dame-sous-
Terre supporte
la nef.
1. Pointe du rocher
et croisée du
transept.
2. Chapelle Notre-
Dame-sous-Terre.
3. Soubassement
de la plate-forme
autour de la nef
romane.
4. Crypte Saint-
Martin, support
du bras sud
du transept.
5. Crypte des Trente-
Cierges, support
du bras nord
du transept.
6. Crypte romane.
7. Chœur roman.
8. Entrée nord du
monastère roman.
9. Bâtiments
abbatiaux.

Terre, quant à elle, est renforcée afin de servir
de support à la nef de l'église romane, dont
subsistent aujourd'hui quatre travées, sur les sept
qu'elle comptait à l'origine, ainsi que le transept,
très restauré au XIXe siècle.

En 1103, le mur nord de la nef, qui s'est
effondré, est reconstruit dans ses dispositions
originales. En 1176, un incendie ravage toute
la partie occidentale. Ensuite, des bâtiments
conventuels sont édifiés sur les trois côtés du
vaisseau, avec sensiblement moins de soin et de
moyens. On distingue au nord un long bâtiment
comprenant l'aumônerie, la salle du Promenoir
et le dortoir, complété par des annexes telles que
la cuisine ou l'infirmerie ; à l'ouest étaient situés
les locaux administratifs de l'abbaye et, au sud,
la chapelle qui sera transformée en ossuaire.

LA MERVEILLE. La seconde moitié du
XIIe siècle est marquée par de nouvelles
campagnes de construction, à
l'instigation de l'abbé Robert
de Thorigny (1154-1186).

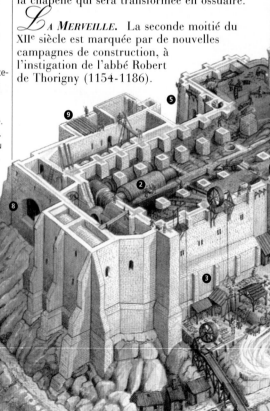

« *Ici, il faudrait entasser les superlatifs d'admiration, comme les hommes ont entassé les édifices sur les rochers et comme la nature a entassé des rochers sur les édifices.* »

Victor Hugo

En 1204, le sanctuaire roman est incendié par des soldats bretons, fidèles alliés de Philippe Auguste, alors lancé à la conquête de la Normandie. Les dons du roi de France contribuent à faire oublier ce fâcheux événement et permettent de bâtir au nord de l'église un bâtiment prestigieux, plus tard appelé la Merveille. Celui-ci présente plusieurs salles superposées sur trois niveaux : l'aumônerie, la salle des hôtes et le réfectoire des moines à l'est, le cellier, la salle dite des Chevaliers (en fait la salle des moines) et le cloître à l'ouest. L'ensemble reste l'un des témoignages les plus remarquables de l'architecture monastique du début du XIIIe siècle. De 1250 environ au début du XVIe siècle, l'ensemble est complété par les appartements de l'abbé et les locaux administratifs et judiciaires du monastère. Durant le siège des Anglais, en 1421, le chœur du sanctuaire s'effondre. À partir de 1446, sur ordre de l'abbé d'Estouteville, il est reconstruit sur la puissante crypte des Gros Piliers. Achevé en 1518, c'est l'une des plus belles réalisations de l'art gothique flamboyant.

Le Mont-Saint-Michel vu du ciel

NOTRE-DAME-SOUS-TERRE
Cette chapelle préromane adopte un curieux plan : deux nefs parallèles terminées à l'est par un sanctuaire à fond plat et surmonté d'une tribune. La rudesse de son appareillage est typique des édifices du Xe siècle.

LE CULTE DE SAINT MICHEL
L'archange arrache au démon les âmes des défunts et les pèse lors du Jugement dernier. Général des armées célestes, il deviendra le patron des chevaliers et l'inspirateur de Jeanne d'Arc. En 1469, Louis XI créera l'ordre de Saint-Michel pour rappeler la défense victorieuse du Mont contre les Anglais pendant la guerre de Cent ans

CLUNY, L'ABBAYE BÉNÉDICTINE

LA SPLENDEUR DE CLUNY

Elle fut critiquée par saint Bernard, qui prônait un retour à à la simplicité et au travail manuel. La prospérité clunisienne dépendait des rentes de ses domaines et des aumônes des fidèles. Elle commença à décroître à partir du milieu du XIIᵉ siècle. Ci-dessus, la consécration de l'église de Cluny par le pape Urbain II, 1095.

Cluny fut fondée en 909 par Guillaume d'Aquitaine, dit le Pieux. Grâce à des abbés d'une grande énergie, comme Mayeul (954-994) ou encore Odilon (994-1049), cette abbaye bourguignonne rayonna dans toute l'Europe. Elle mit en place un vaste réseau de monastères (prieurés), encourageant ainsi la diffusion de l'art roman.Contrairement aux autres ordres monastiques, Cluny était indépendante des pouvoirs seigneuriaux et épiscopaux et ne rendait de comptes qu'au pape. Chaque abbaye «réformée», ou ayant adopté ses préceptes, conservait des liens très étroits avec son «abbaye réformatrice», telle celles de Saint-Martial de Limoges, Charlieu ou Saint-Benoît-sur-Loire. Certains établissements, les *cellae*, étaient dépourvus d'abbé et furent peu à peu transformés en prieurés. Ces derniers étaient dirigés par un prieur désigné par l'abbé de Cluny, qui avait autorité sur tous les établissements de l'ordre. Celui-ci, très hiérarchisé, se structura progressivement. Il observait la règle de saint

Benoît de Nursie, modifiée par Benoît d'Aniane au IXᵉ siècle et complétée par les particularités de l'observance clunisienne (*ordo cluniacensis*), qui privilégiait la prière et la célébration liturgique. Les offices, très longs, étaient célébrés au cours de processions fastueuses. Le clunisien était avant tout un orant qui méditait dans le silence et le recueillement. Des tenanciers et des serviteurs pourvoyaient à ses besoins et le déchargeaient des soucis matériels. Cette vie monastique fondée sur la prière et une ascèse modérée contribua à l'exceptionnelle réussite de l'ordre.

CLUNY II, L'ESSOR. Une première abbatiale, consacrée en 927, s'avéra vite insuffisante devant l'essor de la communauté. L'abbé Mayeul entreprit donc la construction d'un édifice plus vaste, communément désigné sous le nom de Cluny II. Consacré en 981, il présentait une nef à collatéraux simples, prolongée par un transept bas et étroit mais très saillant et s'ouvrant sur un chœur profond. Ce dernier comprenait deux absides latérales, inscrites dans un massif rectangulaire, qui faisaient office de *cryptae*, ou lieux de pénitence. Situées de

Au Xe siècle, l'abbé de Cluny était le «prince de la vie monastique. Les rois et les grands de la terre le nommaient seigneur et maître».

L'ordre de Cluny a essaimé en Italie, en Espagne, en Angleterre, dans l'Empire et même en Orient. On lui doit la création du jour des Défunts, fixé au 2 novembre par l'abbé Odilon.

En haut, les ruines du déambulatoire et du chœur de l'église, musée de Cluny. Ci-dessus, le cellier.

part et d'autre de l'abside principale, elles communiquaient avec elle par des passages. L'ensemble était complété par deux absidioles aux extrémités du transept. À l'instigation de l'abbé Odilon, l'édifice reçut une voûte en pierre, une tour à la croisée du transept surmontée d'une coupole sur trompes, et un narthex vint remplacer la moitié orientale de l'atrium. L'importance donnée au galilée dans sa partie occidentale était particulièrement novatrice. Elle témoigne du rôle essentiel joué par Cluny II dans l'éclosion architecturale de la seconde moitié du Xe siècle. Son plan, parfaitement adapté à la liturgie, a servi de modèle à un grand nombre de sanctuaires clunisiens du XIe siècle.

CLUNY III, L'ABOUTISSEMENT.

C'est l'abbatiale dite Cluny III, l'une des créations architecturales les plus abouties de cette période, qui a illustré le plus parfaitement la puissance clunisienne. De cette église, démolie entre 1798 et 1819, il ne subsiste que le bras sud du grand transept, les trois travées du collatéral externe de la nef et du chœur, et deux des chapelles orientées du petit transept. Des descriptions et des dessins des XVIIe et XVIIIe siècles permettent cependant d'en restituer les principales dispositions. Commencée par saint Hugues en 1088, elle fut consacrée en 1095 puis en 1130, alors que les travaux étaient pratiquement achevés.
Cluny III était surtout remarquable par ses proportions immenses : une longueur de 187 m de l'est à l'ouest, une largeur totale de 38,50 m dans œuvre et un vaisseau central haut de 30 m et large de 11 m. Elle comprenait cinq nefs

*L'*essor clunisien fut ponctué par la construction de trois abbatiales successives : Cluny I, II et III.

récédées par un galilée et deux tours de façade, n double transept et un chevet à déambulatoire ourvu de cinq chapelles rayonnantes. Sa nef tait divisée en onze travées par de grandes rcades portant très haut leurs arcs brisés t reposant sur des piliers colonnes et des pilastres annelés. Une arcature scandée e pilastres cannelés et urmontée de fenêtres hautes omplétait l'élévation. l'ampleur du chevet était arfaitement adaptée à l'intense ie monastique de l'abbaye. e chœur ne comptait pas moins e quinze chapelles secondaires : cinq au niveau u déambulatoire, six donnant sur le petit ransept et quatre autres sur les bras du grand ransept. l'accès à l'abbatiale se faisait par un portail nonumental ouvert sur une avant-nef divisée n cinq travées, située au départ d'une élévation quatre niveaux : grandes arcades, triforium t deux étages de fenêtres. Trois des travées omportaient un seul étage de fenêtres. L'édifice était couronné d'un clocher rectangulaire élevé à la croisée du grand transept et encadré par trois autres clochers octogonaux : celui des Lampes, à la croisée du petit transept, ceux des Bisans et de l'Eau bénite, dressés au-dessus de la travée médiane de chacun des bras du grand transept. l'abbatiale se signalait par le caractère grandiose e son plan et de son élévation, mais aussi ar sa luminosité. En témoignent les différentes arties de l'édifice, qui recevaient toutes n éclairage direct. Cette quête de la lumière e retrouve au niveau du déambulatoire, où es fenêtres des chapelles rayonnantes étaient omplétées par une seconde série de baies, ainsi ue sous le cul-de-four de l'abside où une rangée e fenêtres très rapprochées avait été aménagée.

LES CHAPITEAUX DU MAÎTRE DE CLUNY

Les huit chapiteaux du rond-point de Cluny III témoignent d'un retour du motif décoratif antique en Bourgogne. Des corps souples, d'une grande force de modelé, y sont représentés dans des attitudes variées. Ces compositions se caractérisent par une absence de cadre architectural qui leur confère une grande liberté. Elles évoquent les vertus, la musique, les saisons et les fleuves du Paradis.
Les personnages s'insèrent dans des motifs végétaux. Leurs vêtements en mouvement sont caractéristiques du style du Maître de Cluny.

MONASTÈRES CISTERCIENS

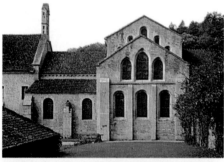

L'ABBAYE DE FONTENAY. Elle naquit de la volonté de saint Bernard, personnalité majeure du monde cistercien, à qui l'ordre dut son épanouissement et son apogée. En 1119, alors abbé de Clairvaux, il envoya un groupe de moines fonder un nouveau monastère au nord de la Bourgogne. L'endroit se révéla incommode et les religieux durent s'établir sur un emplacement voisin, celui de l'actuel monastère de Fontenay, donné en 1130 par Raymond de Montbard, oncle de saint Bernard.

SAINT BERNARD
Bernard de Fontaine (1090-1153) fut moine à l'abbaye de Cîteaux puis abbé de Clairvaux. Très opposé aux fastes clunisiens, il prôna la pauvreté, la chasteté et la mortification, écrivit des traités de théologie, fonda quelque cent soixante monastères et participa à tous les combats de son époque, prêchant, entre autres, la deuxième croisade.

Au début, les moines vécurent probablement dans des bâtiments provisoires en bois. Ils commencèrent l'édification d'une abbaye en pierre à partir de 1139. Ses bâtiments adoptent le plan traditionnel des monastères depuis l'époque carolingienne et s'organisent de façon rationnelle autour du cloître : l'abbatiale contre la galerie nord, le bâtiment des moines à l'est et le réfectoire, à présent détruit, au sud. L'église romane, consacrée en 1147, reprend les principales dispositions des premières abbatiales cisterciennes de Cîteaux et de Clairvaux, aujourd'hui disparues. C'est donc la plus ancienne abbatiale cistercienne parvenue jusqu'à nous. Elle se compose d'une nef à trois vaisseaux. Le chevet est constitué d'une simple abside rectangulaire, flanquée de deux chapelles de même plan carré qui ouvrent sur le transept débordant. La nef centrale, de hauteur réduite, est dotée d'une

L'église de Fontenay répond à l'idéal de simplicité des cisterciens : façade plate, pas de clocher ni de croisée du transept ; la ligne droite est préférée à la courbe, les éléments figuratifs sont bannis des vitraux.

voûte en berceau brisé portée par des arcs-doubleaux. Elle s'élève sur un seul niveau et s'appuie sur de grandes arcades, également brisées. Le système de couvrement des bas-côtés est plus original : les travées sont couvertes de voûtes en berceaux brisés mais disposés transversalement. Dépourvue de fenêtres hautes, la nef est surtout éclairée par les baies du chevet et de la façade, groupées par trois en hommage à la Trinité. En conformité avec les préceptes de simplicité prônés par les cisterciens, l'église se caractérise par la rigueur de ses masses et la modestie de son décor : façade plate, pas de clocher ni de croisée du transept ; la ligne droite est préférée à la courbe ; les chapiteaux, quant à eux, sont simplement ornés de feuilles lisses, de façon à bannir tout élément figuré ou historié, afin de ne pas détourner l'attention du moine au cours de sa prière.

Le bâtiment des moines comporte deux niveaux. Un rez-de-chaussée voûté abrite la salle de réunion des moines, ou salle du chapitre, qui ouvre sur le cloître, et la salle de travail. Cette dernière communique avec l'unique pièce chauffée de l'abbaye, le chauffoir. Le dortoir commun, couvert d'une simple charpente, se trouve à l'étage. Il communique directement avec l'église par un escalier qui permettait aux moines de se rendre le plus promptement possible aux offices de nuit et du matin. Les frères malades et impotents pouvaient suivre les célébrations par une fenêtre percée dans la paroi contiguë à l'église.

Selon les principes énoncés par leur règle, les cisterciens devaient vivre à l'écart du monde et dans la pauvreté ; ils étaient tenus de subvenir aux besoins de la communauté et partageaient

En haut, page suivante, un vitrail en grisaille de l'abbaye d'Obazine. La gamme des tons est limitée, le motif abstrait d'entrelacs se prête parfaitement à la technique de la mise en plomb.

En haut à gauche, l'abbaye de Fontenay. En bas à gauche, le cloître.

Ci-dessus, l'intérieur du bâtiment des forges, à Obazine.

LE TRAVAIL AGRICOLE

Contrairement aux domaines agricoles des seigneurs laïcs et des bénédictins, ceux des cisterciens furent d'abord exploités par les moines eux-mêmes avec l'aide des convers, selon le principe du faire-valoir direct. L'unité locale d'exploitation était appelée grange.

leurs journées entre la prière et le travail. Aussi le monastère comportait-il un certain nombre de bâtiments agricoles et d'ateliers. À Fontenay, l'abbaye abrite à l'intérieur même de l'enceinte un vaste bâtiment industriel spécialisé : une forge remontant au XIIe siècle. Elle était équipée de machines mues par l'action de l'eau, amenée au moyen d'un canal traversant l'abbaye. Chez les cisterciens, le travail manuel incombait aux moines et surtout aux convers, laïcs entrés au service du monastère afin de mener une authentique vie religieuse. Ils partageaient le mode de vie des moines mais n'avaient ni les mêmes droits ni les mêmes devoirs. Par exemple, ils n'étaient pas astreints aux longs offices et n'avaient pas voix au chapitre. Leur bâtiment était d'ailleurs distinct de celui des moines.

Vitrail en grisaille
de l'abbaye d'Obazine

ℒE MONASTÈRE D'OBAZINE ET SON CANAL DES MOINES. Le monastère d'Obazine, situé dans les montagnes du Limousin, fut rattaché en 1147 à l'ordre de Cîteaux. Ses bâtiments furent alors reconstruits, notamment l'abbatiale, élevée entre 1156 et 1176 environ. Comme souvent dans l'architecture romane cistercienne, l'église mélange des caractères propres à l'ordre et des éléments appartenant à la tradition locale. Le plan, avec ses chapelles alignées sur le transept, demeure proche de celui de Fontenay, alors que la coupole de la croisée, surmontée d'un petit clocher, constitue une transgression aux préceptes de l'ordre. En revanche, les vitraux, parmi les rares conservés du monde cistercien, répondent parfaitement aux critères définis par les chapitres généraux. Refusant la couleur et les scènes figuratives, ils se présentent sous la forme de panneaux de grisaille décorés d'ornements végétaux stylisés.

Les moines, qui avaient besoin d'eau pour leurs usages quotidiens, canalisèrent celle d'une source jusqu'à la fontaine du cloître. Mais il fallait également faire tourner des machines et alimenter des étangs. Pour cela, ils construisirent un canal qui s'avéra un véritable exploit technique. Il capte les eaux d'un torrent, le Coyroux, dans une partie haute de sa gorge, à 1 700 m de l'abbaye. Dans la plus longue partie du parcours, il suit le flanc d'une pente très escarpée. Il fallut donc construire un puissant mur de soutènement et, parfois, forcer la conduite dans la roche, au-dessus du vide. L'eau était ainsi acheminée jusqu'à la partie nord du monastère où elle alimentait un vaste vivier. En sortant du vivier, elle actionnait, au moyen d'une chute d'eau, les roues de deux moulins en contrebas. Le canal, en outre, conduisait les eaux usées hors de l'abbaye.

LA GRANGE DE VAULERENT

Cette exploitation céréalière, qui compta jusqu'à 380 ha, dépendait de l'abbaye de Chaalis (Oise). Il en reste un immense bâtiment agricole (la grange au sens moderne du mot) remontant aux années 1220. Ses dimensions sont considérables : il mesure 72 m de long sur 23 m de large. De plan rectangulaire, il est divisé en trois nefs par deux rangées de piles cylindriques portant des arcades.

De robustes contreforts épaulent les murs de pierre de la grange. Le pignon de la façade est percé d'une porte charretière et d'une porte piétonne.

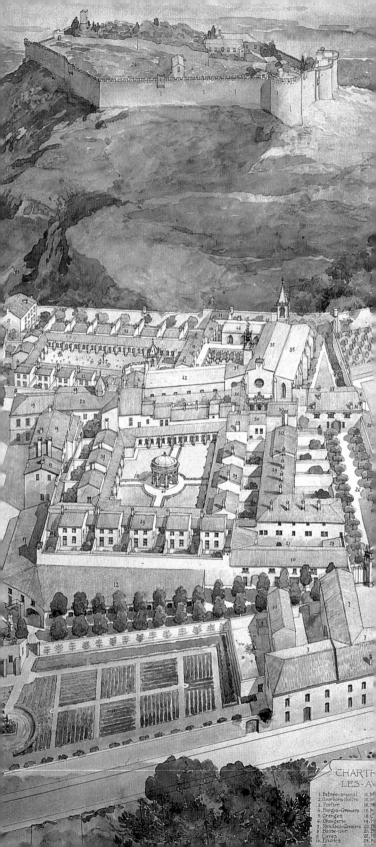

CHART
LES-A

1. Entrée-arsenal   11.
2. Courhors cloître   12.
3. Portier   16.
4. Forges-Greniers   17.
5. Granges   18.
6. Orangerie   19.
7. Remises-Greniers   20.
8. Basse-cour   21.
9. Cuves   22.
10. Ecuries   23.

CHARTREUX ET FONTEVRISTES

LA CHARTREUSE DE VILLENEUVE-LÈS-AVIGNON, UNE COMMUNAUTÉ D'ERMITES.
La construction de la chartreuse de Villeneuve-lès-Avignon commença en 1356. Édifiée à l'emplacement d'un palais offert aux chartreux par le pape Innocent VI, qui résidait alors en Avignon, elle présente toutes les caractéristiques des monastères de l'ordre de saint Bruno.
Ce dernier, fondé en 1084, procédait à la fois des modes de vie communautaire et érémitique. Ses abbayes comportaient deux groupes de bâtiments : la maison basse, qu'habitaient les convers et où étaient regroupés l'intendance et les ateliers, et la maison haute. Cette dernière comprenait, rassemblés autour d'un petit cloître, la salle du chapitre, le réfectoire, qui n'était utilisé que le dimanche, et l'église, à l'origine très dépouillée et dotée d'une nef unique. Seuls trois offices quotidiens y étaient célébrés en commun. Ces bâtiments étaient complétés par une série de maisons individuelles où les moines vivaient isolés. Réparties le long des galeries d'un grand cloître, elles disposaient d'un jardin et se présentaient sous la forme de petites habitations à deux niveaux. On y trouvait, entre autres pièces, un oratoire et un atelier pour la copie des manuscrits. Ces cellules ouvraient exclusivement sur le grand cloître. Elles étaient pourvues d'un guichet servant de passe-plats par lequel les reclus recevaient de frugaux repas apportés par des convers. En 1372, le nombre des pères étant passé de douze à vingt-quatre, il fallut construire un second grand cloître, dit cloître Saint-Jean, et agrandir l'église. La chartreuse renferme aussi de nombreuses dépendances dont certaines furent édifiées au XIVᵉ siècle.

FONTEVRAUD, L'ABBAYE DES PLANTAGENÊTS.
Fontevraud fut fondé par un prédicateur itinérant, Robert d'Arbrissel. En 1100-1101, il installa dans ce coin de l'Anjou une communauté de marginaux convertis par ses soins, des lépreux

BRUNO L'ERMITE
Saint Bruno (ou Brunon) naquit à Cologne en 1035 et mourut en Calabre en 1101. Chanoine de haut rang, il se fit ermite et fonda en 1084 la Grande Chartreuse, près de Grenoble.

À gauche, la chartreuse de Villeneuve-lès-Avignon, relevé de Formigé. Ci-dessous, le cloître.

L'ordre de Fontevraud, à son apogée, comptait cent vingt trois fondations en France et avait essaimé en Espagne et en Angleterre. L'abbaye fut gravement endommagée sous la Révolution. Elle devint une prison en 1804 et conserva son activité carcérale jusqu'en 1985.

Henri II, comte
d'Anjou et roi
d'Angleterre, ne fut
pas le premier
Plantagenêt de
l'histoire de
Fontevraud. Son
grand-père avait
soutenu Robert
d'Arbrissel et sa
tante, Mathilde
d'Anjou, avait dirigé
l'abbaye. Son
épouse, Aliénor,
d'Aquitaine, mourut
à Fontevraud où elle
s'était retirée en
1194 . Ci-contre,
son gisant.

Le chevet
de l'abbatiale
de Fontevraud.

et des prostituées notamment, les Pauvres du Christ. Il participait ainsi au mouvement de renouveau monastique de la fin du XIe siècle et du début du siècle suivant,

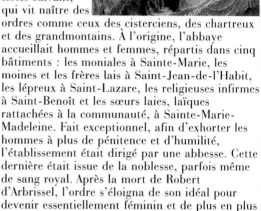

qui vit naître des ordres comme ceux des cisterciens, des chartreux et des grandmontains. À l'origine, l'abbaye accueillait hommes et femmes, répartis dans cinq bâtiments : les moniales à Sainte-Marie, les moines et les frères lais à Saint-Jean-de-l'Habit, les lépreux à Saint-Lazare, les religieuses infirmes à Saint-Benoît et les sœurs laies, laïques rattachées à la communauté, à Sainte-Marie-Madeleine. Fait exceptionnel, afin d'exhorter les hommes à plus de pénitence et d'humilité, l'établissement était dirigé par une abbesse. Cette dernière était issue de la noblesse, parfois même de sang royal. Après la mort de Robert d'Arbrissel, l'ordre s'éloigna de son idéal pour devenir essentiellement féminin et de plus en plus aristocratique. L'abbaye médiévale avait adopté le plan traditionnel des monastères bénédictins, les

bâtiments communautaires, dortoir, réfectoire et cellier, s'organisant autour d'un cloître central. Pour l'essentiel, ils furent réédifiés à partir de 1504 sous l'abbatiat de Renée de Bourbon. Des constructions du XIIe siècle subsistent l'église, la chapelle Saint-Benoît et les cuisines.

La construction de l'église débuta vers 1110 par le chevet, doté d'un déambulatoire et de trois chapelles rayonnantes. L'abside s'élève sur trois niveaux : grandes arcades, arcatures aveugles et fenêtres hautes. L'architecte, s'inscrivant dans la tradition romane de la Vallée de la Loire au XIIe siècle, s'est efforcé d'alléger visuellement la structure. Il a privilégié les ouvertures, réduit les surfaces murales, donné une importance exceptionnelle au niveau inférieur en étirant démesurément les colonnes sur lesquelles reposent les grandes arcades. Il s'est aussi attaché à créer une unité entre les différents niveaux. Ainsi, à l'étage supérieur, des baies feintes ont été réalisées entre les fenêtres afin d'assurer une continuité visuelle tout en évitant les percements qui auraient compromis l'équilibre de la voûte. Initialement, la nef unique avait été conçue pour recevoir une charpente. Vers 1120, elle fut voûtée au moyen d'une succession de coupoles, à l'instar de la nef de la cathédrale d'Angoulême. Dans le transept se trouvent les tombes des Plantagenêts, fidèles protecteurs de l'abbaye : les gisants polychromes d'Henri II, premier comte d'Anjou à ceindre la couronne d'Angleterre, de son fils Richard Cœur-de-Lion, de son épouse Aliénor d'Aquitaine et d'Isabelle d'Angoulême, veuve de Jean-sans-Terre, sont exposés sur des lits d'apparat, revêtus des insignes du pouvoir.

La chapelle Saint-Benoît, du milieu du XIIe siècle, se trouvait près de l'infirmerie. Sa courte nef est recouverte d'une simple charpente, alors que son chevet est pourvu d'une voûte d'ogives. Les cuisines sont parmi les rares de cette époque qui subsistent aujourd'hui.

Un couvent dominicain : Les Jacobins de Toulouse

Le chœur et la nef de l'église des Jacobins de Toulouse. Celle-ci, construite en un siècle (1230-1335), est l'un des chefs d'œuvre de l'art gothique méridional.

Ci-contre, à droite, soleil couchant sur le couvent des Jacobins, l'un des joyaux de la Ville rose.

Le couvent des Jacobins de Toulouse est le plus représentatif de l'ordre des Dominicains en France. Ces derniers, appelés «frères prêcheurs» en raison de leur mission de prédicateurs, furent aussi désignés sous le nom de jacobins, allusion à leur couvent parisien de la rue Saint-Jacques, qui date du XVIIIe siècle. Leur fondateur, saint Dominique, originaire d'Espagne, appartenait à un groupe de clercs venus dans le sud de la France pour éradiquer la foi cathare. C'est à Toulouse, l'un des foyers de «l'hérésie», qu'il créa son ordre, avec l'appui de l'évêque. Les dominicains avaient pour vocation la prédication et l'enseignement, où s'illustrèrent de grands penseurs comme Thomas d'Aquin. La bibliothèque était donc l'une des pièces essentielles de leurs couvents, souvent installés dans des villes universitaires. Les frères reprirent l'ancienne structure du monastère bénédictin, qui s'ordonnait autour d'un cloître central, et l'adaptèrent aux prescriptions de leur ordre : leurs vastes églises, ouvertes à tous les fidèles, devaient pouvoir accueillir les foules, et la sobriété de leurs bâtiments reflétait leur volonté de pauvreté. La vocation urbaine des dominicains, liée à l'essor des villes, leur posa un problème d'implantation. Les évêques, qui favorisèrent leur installation, leur donnèrent en général les terrains nécessaires, souvent situés dans des faubourgs. Ensuite, l'agrandissement de leurs domaines se fit difficilement, en fonction d'acquisitions successives, d'où une certaine irrégularité dans l'organisation des bâtiments. Le couvent de Toulouse ne trouva son emplacement définitif qu'en 1229 et, jusqu'en 1340, connut trois campagnes d'agrandissement. Le succès de l'ordre suscita un afflux de dons offerts tant par des

ecclésiastiques que par des laïcs. En contrepartie, nombre de donateurs demandèrent à être enterrés dans l'église des Jacobins.

L'ÉGLISE DES JACOBINS. L'église, commencée en même temps que le couvent, et dont la première pierre fut posée par l'évêque Foulques en 1229, subit jusqu'en 1335 plusieurs transformations et agrandissements imposés par les nécessités de l'apostolat dominicain. D'abord conçue comme une simple chapelle de couvent, les religieux se déplaçant à l'origine dans les paroisses urbaines, elle fut ensuite allongée pour accueillir les fidèles. Quand le couvent fut placé à la tête de la toute nouvelle province dominicaine du Languedoc, elle gagna en importance, mais aussi en splendeur. L'édifice originel, très simple, se présentait sous la forme d'un rectangle de brique, subdivisé en deux nefs par une file de piliers centraux portant la charpente. Dès 1246, on l'agrandit vers l'est en lui ajoutant un vaste chœur à cinq pans précédé de trois travées droites, et en adjoignant à la nef deux travées supplémentaires. À partir de 1275, lors d'une troisième campagne, on voûta le chevet, jusqu'alors charpenté. De façon à exalter le sanctuaire où se trouvait le maître-autel, on le couvrit d'une voûte étonnante imitant le feuillage d'un palmier et reposant sur un pilier central. Puis, en 1325, on profita du don d'un cardinal dominicain pour étendre la voûte à toute la nef, conférant ainsi à l'édifice son aspect définitif.

LA VOÛTE DE L'ÉGLISE DES JACOBINS
L'extension de la voûte à l'ensemble de la nef constituait une entorse aux préceptes de l'ordre: seul le sanctuaire pouvait être voûté, la nef devant rester charpentée par souci de pauvreté et d'humilité.

L'INQUISITION DOMINICAINE
Après l'échec de la pastorale cistercienne et la création de l'ordre des Frères prêcheurs par saint Dominique, le couvent des Jacobins devint le vivier de l'Inquisition dirigée contre les cathares. Les méthodes musclées des frères suscitèrent de violentes révoltes, entre autres à Albi, Narbonne et Carcassonne. En 1235, Toulouse chassa les dominicains de ses murs. Ils revinrent l'année suivante.

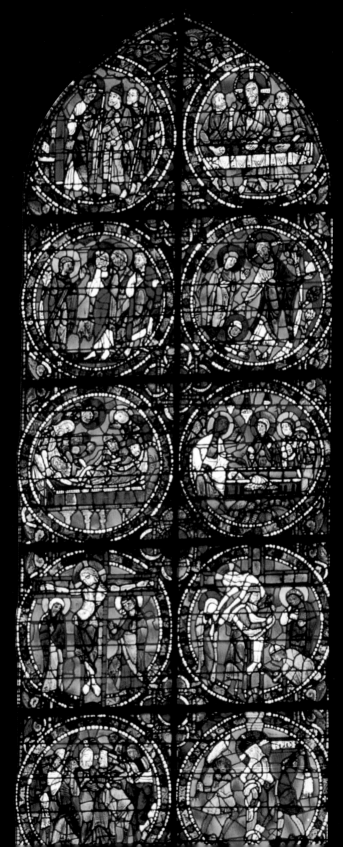

LES
SANCTUAIRES

Manche

⊙ Saint-Riquier
Amiens ⊙
Beauvais ⊙   Noyon ○   Laon ○
Cerisy-la-Forêt ○   Rouen ○   Soissons ○   Reims ⊙ ○
Coutances ○   ⊙ Bayeux   Strasbou
                Saint-Denis ○   Jouarre   Rosheim ○ ○
Saint-Sever ○   Saint-Dié ○   Andla
                   Paris
Chartres ⊙   Sens ○   Troyes ○
Le Mans ○   Germigny-
              des-Prés ⊙ ○
                Saint-Benoît-   Auxerre ⊙
                sur-Loire
              Bourges ○   Autun ○
                      La Charité-
                      sur-Loire
Poitiers ○   Saint-Savin-   ⊙ Tournus
              sur-Gartempe ○   Paray-le-
                                Monial ○
Océan
Atlantique   Saintes ○
                     Orcival ○ ○ Clermont-Ferrand
Angoulême ⊙   Issoire ○
Aubeterre-   Brioude ○
sur-Dronne ○

                                        Embrun ○

              Cahors ○

           Albi ○   Arles
                          ⊙
Lescar ○   Toulouse ○   ⊙ Aix-en-Provence
Saint-Bertrand   Carcassonne ○
de Comminges ○   Mer Méditerranée

⊙ Reims
Sanctuaire
présenté dans
ce chapitre

○ Poitiers
Autre
sanctuaire
médiéval

Échelle de kilomètres
0   100

À droite, un détail du triptyque de Stavelot, exemple d'art mosan, 1150.

LE SAINT-SÉPULCRE, MODÈLE DE PLAN CENTRÉ
Le plan circulaire du Saint-Sépulcre de Jérusalem fut parfois imité en Occident, comme à Neuvy-Saint-Sépulchre-en-Berry (XIe siècle), ci-dessous.

On sait très peu de chose sur les lieux de culte des premiers chrétiens, alors dépourvus d'existence officielle, sinon que leurs réunions se tenaient aux domiciles des fidèles. Bien que des textes attestent l'existence de communautés chrétiennes, comme celle des martyrs de Lyon (177) parmi lesquels figura sainte Blandine, aucun exemple de maison-église (*domus ecclesia*) n'a été retrouvé en Occident.

L'ORGANISATION ECCLÉSIASTIQUE. L'Édit de Milan, accordé par Constantin en 313 pour remercier les chrétiens de leur appui dans sa conquête de l'Empire, donna une existence légale au christianisme. Sous l'empereur Théodose, à la fin du IVe siècle, cette religion devint la seule autorisée. Les sanctuaires païens furent alors détruits, parfois remplacés par des églises, et leurs matériaux souvent remployés. L'organisation religieuse était calquée sur la géographie administrative romaine. Les évêques dirigeaient les communautés citadines ; des évêques métropolitains, les futurs archevêques, siégeaient à la tête de provinces ecclésiastiques regroupant plusieurs cités. Les prêtres étaient chargés du culte. Des diacres, sous-diacres, lecteurs, exorcistes

LES ORIGINES
DES SANCTUAIRES CHRÉTIENS

les assistaient. Les paroisses furent mises en place à l'époque mérovingienne. Grâce à elles, l'encadrement des fidèles s'améliora sensiblement.

BASILIQUES ET ÉGLISES. Dès le règne de Constantin, il fallut élaborer et construire des lieux de cultes publics pour les chrétiens. Afin d'accueillir les fidèles de plus en plus nombreux, on édifia des bâtiments inspirés de la basilique romaine, qui était un lieu de réunion traditionnel. La façade se trouvait à l'ouest; l'abside, à l'est, mettait en valeur le lieu le plus sacré du sanctuaire, celui où est placé l'autel. Le terme de basilique provient donc d'un type architectural (on parle de plan basilical), alors que celui d'église (*ecclesia*) est issu du nom de l'assemblée des chrétiens.

LE CHANCEL

Les églises paléochrétiennes différenciaient déjà les espaces liturgiques : des plaques d'environ un mètre de haut, les chancels, marquaient la zone des prêtres et de l'autel, le *presbyterium*. Ce dernier était doté d'un ambon, sorte de chaire pour le prêche. À partir du XIIe ou, plus sûrement, du XIIIe siècle, naquit un nouveau dispositif : le jubé.

LE JUBÉ

Séparant le chœur de la nef, il se présente comme une clôture ornée et percée de portes, sur le haut de laquelle pouvait prêcher un officiant. Son but n'était pas de cacher l'autel pour le sacraliser, comme en Orient, puisque ses portes étaient ouvertes pendant l'office, mais de permettre aux chanoines et aux moines siégeant dans les stalles d'assister à la messe à l'abri des regards.

Ci-dessus à gauche, moines peintres ; à droite, moines assistant à la messe. *Reuner Musterbuch*, v. 1208-1218.

LE BAPTÊME

À l'origine, le baptême était administré par l'évêque aux seuls catéchumènes, adultes ayant reçu une formation religieuse. À l'instar de Jésus baptisé dans le Jourdain, le postulant s'immergeait nu dans la cuve ; le baptistère était parfois chauffé, comme à Lyon. Ci-dessous, le baptistère Saint-Jean de Poitiers (Vienne)

Un autre grand type architectural, le plan centré, s'inspira également des constructions romaines. Très fréquent en Orient, il fut utilisé en Occident pour les baptistères et, parfois, pour des édifices particuliers, par exemple des martyriums commémorant un martyr ou un lieu saint.

*L*A CATHÉDRALE. Une cathédrale fut érigée pour chaque siège épiscopal. Comme seul l'évêque administrait le baptême aux IVe et Ve siècles, le baptistère était lié à la cathédrale. Cette dernière comprenait souvent deux églises dont la fonction propre est encore hypothétique. Ce schéma du «groupe épiscopal» se trouve fréquemment en Gaule, à Lyon ou Aix-en-Provence par exemple. À l'époque carolingienne, les clercs qui assistaient l'évêque furent soumis à une règle de vie et prirent le nom de chanoines (conciles d'Aix-la-Chapelle, 816-817). Pour les loger, on construisit des bâtiments communs, cloître, salle capitulaire, bibliothèque, dortoir et réfectoire, à côté des cathédrales. Les chanoines renoncèrent à la vie communautaire au XIe ou au XIIe siècle. Dès lors, ils habitèrent des maisons individuelles, dans un quartier souvent clos par une enceinte.

*L*ES BAPTISTÈRES. Le baptistère était un édifice indépendant. À l'origine, le baptême était administré aux seuls adultes pendant la nuit de Pâques. Les catéchumènes se multipliant, l'évêque délégua ses fonctions aux prêtres et un grand nombre de baptistères furent construits dans les campagnes. Le bain devenant de plus en plus symbolique, la taille des cuves diminua. On finit par passer du rite

de l'immersion à celui de l'aspersion et par baptiser tout au long de l'année des enfants de plus en plus jeunes, de sorte que les baptistères furent bientôt remplacés par une simple cuve placée dans l'église, les fonts baptismaux, qui se généralisèrent dès l'époque carolingienne.

INNOVATIONS LITURGIQUES ET ÉVOLUTION ARCHITECTURALE. Dans l'Antiquité tardive, l'église comptait un seul autel. À l'époque carolingienne, le culte des reliques, les processions et les messes pour les défunts se développèrent. Pour accueillir des autels plus nombreux, il fallut ménager des espaces individualisés dans l'édifice, et donc créer des chapelles. Cet impératif est en grande partie à l'origine des nouveaux chœurs romans, esquissés dans les cryptes carolingiennes abritant des reliques.

Ainsi naquit le chœur à chapelles échelonnées, qui comprend des absidioles parallèles à l'abside centrale, laquelle s'ouvre sur le transept. Quant au chœur dit « à déambulatoire à chapelles rayonnantes », il permit de multiplier les espaces grâce à sa couronne d'absidioles accessibles par le déambulatoire, couloir contournant l'abside centrale. Cette solution fut adoptée par les églises de pèlerinage. Les fidèles pouvaient ainsi aller dans les chapelles où se trouvaient les reliques sans déranger les offices. Parfois, des chapelles étaient aménagées dans les murs de la nef. À la fin du Moyen Âge s'élevèrent les premières chapelles funéraires destinées aux sépultures familiales.

À L'ORIGINE DES PREMIERS SANCTUAIRES : LA BASILIQUE ROMAINE

Les basiliques civiles ou judiciaires, qui bordaient le *forum* (place publique) et en constituaient le prolongement couvert, se présentaient comme de grandes salles au plafond charpenté, fréquemment subdivisées par des colonnes ; leur nef centrale, plus haute, permettait d'ouvrir de vastes fenêtres; souvent, elles étaient pourvues d'absides et s'ouvraient sur le côté.

LES PREMIERS
SANCTUAIRES CHRÉTIENS :
CRYPTES ET BAPTISTÈRES

LE BAPTISTÈRE D'AIX-EN-PROVENCE. Vers 500, une cathédrale double fut édifiée sur l'emplacement de l'ancien forum romain d'Aix-en-Provence. On lui adjoignit un baptistère, l'ensemble constituant un «groupe épiscopal». Le baptistère, sous son aspect actuel, est le fruit de remaniements successifs. Des fouilles archéologiques ont permis de reconstituer les différentes phases de sa construction. Le premier édifice, daté des années 500, de conception très simple, était de plan carré (environ 14 m de côté). Il comprenait un espace central séparé d'un déambulatoire par huit colonnes et chapiteaux de marbre, remplois de constructions antiques. Ces éléments sont les seuls de cette période conservés en élévation. Au centre, la cuve octogonale, profonde de 0,75 m, témoigne des rites baptismaux de l'Antiquité tardive : les postulants au baptême s'immergeaient totalement dans cette piscine, remplie pour l'occasion.

Peu après, on aménagea de grandes niches dans les angles du carré, modifiant ainsi le plan intérieur, désormais octogonal. Vers 1065-1075, on reconstruisit le baptistère presque à l'identique sur ses fondations paléochrétiennes. Des remaniements ponctuels furent apportés aux XIIe et XIVe siècles. En 1577, la coupole romane montra des signes de faiblesse et fut entièrement refaite.

LA CRYPTE SAINT-PAUL DE JOUARRE. Le monastère de Jouarre, comme tant d'autres à l'époque mérovingienne, fut fondé par une famille de l'aristocratie franque. En accord avec les préceptes de saint Colomban, qu'il suivit à partir de 630, hommes et femmes y étaient admis. Il abritait donc un groupe de moines, qui devait rapidement disparaître, ainsi que des moniales.

Ses
bâtiments
incluaient
les églises
Saint-Pierre et Notre-Dame et l'église funéraire
Saint-Paul. L'évêque de Paris, Agilbert, se fit
inhumer dans une annexe, l'actuelle crypte Saint-
Paul, appuyée au chevet de l'église du même
nom. De plan rectangulaire, elle est divisée par
deux rangées de trois colonnes surmontées de
chapiteaux en marbre des Pyrénées. Le
sarcophage, placé primitivement dans un angle,
est sculpté sur deux faces. On voit à sa tête le
Christ en majesté dans une mandorle entourée
des symboles des évangélistes, et sur l'autre face
le Jugement dernier avec le Christ trônant au

Ci-dessus, la crypte
Saint-Paul de
Jouarre et le Christ
entre les symboles
des évangélistes.

Les monuments paléochrétiens qui ont traversé les siècles, essentiellement des cryptes et des baptistères, retracent les premiers pas de l'architecture religieuse.

milieu des Élus. Un relief incrusté dans un mur montrerait Agilbert accompagné dans l'au-delà par un ange tenant un encensoir.

La crypte accueillit ensuite d'autres tombes, dont celle de Théodechilde, sœur d'Agilbert et première abbesse du monastère. Cette dernière faisant l'objet d'un culte, on remania les lieux à l'époque carolingienne : un nouvel accès fut ouvert sous le sol de l'église Saint-Paul et l'on refit le mur contigu à celle-ci. Son appareil décoratif s'inspire de l'Antiquité, de même que le cénotaphe sculpté au-dessus de la tombe de l'abbesse, orné de coquilles et d'une belle inscription. Une crypte en l'honneur de saint Ébrégésile, évêque de Meaux au VIIe siècle, fut ajoutée plus tard sur le côté sud. Une autre théorie dément cette construction en plusieurs étapes. Selon elle, le programme architectural de l'édifice, l'un des rares de l'époque mérovingienne qui subsiste aujourd'hui, aurait été élaboré en un seul jet dès le VIIe siècle.

L'ORATOIRE DE GERMIGNY-DES-PRÉS. Après la construction de l'église palatine d'Aix-la-Chapelle, commandée par Charlemagne, les conseillers de l'empereur suivirent son exemple et se firent édifier des oratoires privés. Ce fut le cas de Théodulf, poète, écrivain et savant proche de Charlemagne, qui fut évêque d'Orléans puis abbé de Fleury, futur Saint-Benoît-sur-Loire. Dans les premières années du IXe siècle, il se fit construire une villa sur les bords de la Loire, à Germigny-des-Prés. La chapelle qui subsiste de cet ensemble architectural était dédiée à «Dieu Créateur et Sauveur de toutes choses». Dévastée par les incursions normandes, elle fut ensuite transformée par l'adjonction d'une nef occidentale. Au XIXe siècle, d'importantes restaurations tentèrent de lui rendre sa physionomie originale tout en lui conservant sa nef romane.

En faisant construire Aix-la-Chapelle, Charlemagne lança une mode, celle des oratoires privés, vite adoptée par l'aristocratie.

l'oratoire fut conçu selon un plan centré, avec une abside au milieu de chaque côté. Celle du chœur, à l'est, était flanquée de deux absidioles latérales. L'espace intérieur s'articule autour de quatre piliers centraux qui supportent une tour-lanterne dont les ouvertures éclairent le cœur de l'édifice. À l'origine, des petites coupoles recouvraient les quatre travées carrées des angles, et les travées rectangulaires sur le devant des absides étaient voûtées en berceau. L'ensemble fut agrémenté d'un luxueux décor de stucs, marbres et mosaïques qui suscita l'admiration générale.

LA CRYPTE DE SAINT-GERMAIN D'AUXERRE.

À l'époque carolingienne, le développement du culte des reliques et la multiplication des autels incitèrent les architectes à diversifier les plans des cryptes. Celle de Saint-Germain d'Auxerre témoigne de cette nouvelle tendance. L'église abbatiale d'Auxerre s'élevait sur la sépulture de l'évêque Germain, grand personnage de la première moitié du Ve siècle. Elle avait été reconstruite entre 841 et 859 et consacrée en présence de Charles le Chauve. Dans le sous-sol, un caveau subdivisé par des colonnes de remploi en trois nefs voûtées avait été aménagé autour du tombeau. On voit encore ses quatre chapiteaux de pierre ou de stuc dérivés de modèles antiques, qui supportent une architrave, poutre de chêne sur laquelle s'appuie la voûte. Autour de cet espace central, ou confession, un grand couloir coudé destiné aux pèlerins dessert cinq chapelles orientées. Le chœur de l'abbatiale, qui reprenait le même plan, surmontait cet ensemble semi-enterré qui annonçait les recherches ultérieures sur le chevet roman. Ces parties supérieures ont disparu quand l'église fut reconstruite à l'époque gothique.

Ci-dessus, *Lapidation de saint Étienne*, Saint-Germain d'Auxerre

L'ART ROMAN

TOURNUS OU LES PREMIERS PAS DE L'ART ROMAN
Saint-Philibert de Tournus témoigne des premières recherches de l'architecture romane.
Elles portaient entre autres sur la crypte, le chevet, la façade et les problèmes du voûtement.

L'ABBATIALE SAINT-PHILIBERT DE TOURNUS. En 677, saint Philibert, aristocrate franc originaire d'Aquitaine, fonda un monastère dans l'île de Noirmoutier, où il mourut en 685. Au IXᵉ siècle, chassés par les Vikings (ou Normands), les moines emportèrent ses reliques à Déas, aujourd'hui Saint-Philibert-de-Grandlieu. Leur errance se poursuivit en Poitou et en Auvergne et s'acheva en Bourgogne, à Tournus sur les rives de la Saône. L'abbatiale construite à cette époque brûla en 1007 ou 1008 et fut entièrement rebâtie en trois campagnes successives. Les travaux concernèrent d'abord la crypte semi-enterrée et le chevet qui la surmontait. Ils étaient sans doute terminés lors de la consécration, le 29 août 1019.

Pour la crypte, l'architecte a adopté le même principe que celui de la crypte carolingienne d'Auxerre (IXᵉ siècle), en le rationalisant. Une salle centrale, la confession, abrite les reliques ; elle est subdivisée en trois nefs et accessible par un couloir semi-circulaire, le déambulatoire, qui permet la circulation des pèlerins, et ouvre sur une couronne de chapelles rayonnantes, de plan rectangulaire, dans lesquelles étaient placés des autels.

Le chevet du niveau supérieur, conçu selon le même parti, fit l'objet de modifications au XIIᵉ siècle. C'est l'un des tout premiers chevets romans comprenant un déambulatoire à chapelles rayonnantes, et les espaces en sont encore très cloisonnés. L'avant-nef, improprement appelée narthex, fut construite dans une seconde phase, vers le milieu du XIᵉ siècle. Elle vint se greffer sur la nef carolingienne, sans doute restaurée après l'incendie,

L'intérieur de Saint-Philibert de Tournus, rythmé par des berceaux transversaux, surprend par sa beauté austère et sereine.
À droite, la façade.

La nef de Tournus est un tour de force : l'architecte du XIIe siècle a réussi à conserver les murs du XIe siècle, avec leurs fenêtres hautes, en lançant sur des arcs-diaphragmes des berceaux transversaux.

et se présente comme un espace rectangulaire indépendant accolé à l'église, à deux niveaux : un rez-de-chaussée de plain-pied servant de passage vers la nef, et un étage conçu comme une véritable église haute. Sa physionomie dérive du massif carolingien tel qu'il existait à l'abbatiale Saint-Riquier à la fin du VIIIe siècle. Pour des raisons liturgiques, cette église était dotée d'une tour de façade, encadrée par deux tourelles abritant des escaliers à vis qui conduisaient à une chapelle haute. Cette dernière comportait un autel dédié au Sauveur qu'on utilisait pendant la nuit de Pâques. À Tournus, la chapelle d'étage a conservé son autel mais ses fonctions ont été redéfinies. Elle est, en outre, beaucoup plus vaste. Sa nef surélevée est percée de fenêtres, voûtée en berceau, équilibrée par des bas-côtés voûtés en demi-berceau. Le niveau inférieur comprend une nef centrale dotée d'une voûte d'arêtes et des collatéraux couverts de berceaux disposés transversalement. Ces solutions complexes se retrouvent dans l'église, sans doute due au même architecte. Réédifiée lors d'une dernière campagne, elle remplaça les constructions carolingiennes.

Saint-Savin-sur-Gartempe, l'église aux fresques.

Cette abbatiale poitevine a deux atouts majeurs aux yeux des visiteurs : son originalité architecturale et ses peintures murales, dont elle a conservé une grande partie.
On connaît mal l'histoire du monastère de Saint-Savin, attesté dès le règne de l'empereur Louis le Pieux. L'église abbatiale fut reconstruite en plusieurs campagnes dans la seconde moitié du XIe siècle. Son décor pictural fut réalisé plus tard, vers 1100 ou peu auparavant.
Les travaux débutèrent vers 1050 par le chevet qu'on dota d'un déambulatoire à chapelles rayonnantes, l'un des plus anciens conservés. L'abside, légèrement surélevée, surplombe une crypte. Elle est délimitée par des grandes arcades étroites reposant sur des colonnes dont les chapiteaux sont disposés symétriquement par paires. Dans sa partie supérieure, une série de

Détail de la façade de Saint-Philibert de Tournus. Les murs sont construits de pierres cassées au marteau et décorés de bandes lombardes ou lésènes.

Mérimée à Saint-Savin
L'abbatiale, ravagée à plusieurs reprises par les guerres des XIVe et XVIe siècles, dut son salut à Prosper Mérimée. L'auteur de *Colomba*, en effet, fut le premier inspecteur des Monuments Historiques. Il classa l'église en 1836 et engagea d'importants travaux de restauration.

LA NEF DE SAINT-SAVIN
La rupture de composition entre les travées est et ouest, visible ci-dessus, peut s'expliquer par la volonté de rythmer l'espace selon la conception romane, plus moderne. Peut-être s'agissait-il aussi de définir deux espaces liturgiques distincts, l'un réservé aux moines et l'autre ouvert aux fidèles.

En haut et ci-contre, l'abbatiale de Cerisy-la-Forêt se mire dans un étang.

baies diffusent un éclairage abon Son voûtement en cul-de-four es prolongé sans interruption par u berceau dans les parties droites chœur. Elle est ceinturée par un déambulatoire voûté d'arêtes qui ouvre sur une couronne de cinq chapelles très reserrées. Celles-ci ornées d'arcatures aveugles, ont conservé leurs autels d'origine q portent des inscriptions du milie du XIe siècle. L'extérieur est trait très sobrement, à l'exception d'u soubassement continu de petits a La conception spatiale du chevet encore sommaire, est la même que celle de la croisée du transep enserrée par quatre très grosses qui supportent une voûte d'arête La nef comprend deux parties tr distinctes. Celle de l'est, la plus proche du transept, est couverte d'un berceau con retombant sur de grosses colonnes ; à l'ouest, le berceau des trois dernières travées est rythmé par des arcs-doubleaux qui s'appuient sur des piles tréflées. De grosses piles composées marquent la rupture entre les deux. Les collatéraux montent presque à la même hauteur que la voûte centrale, afin d'assurer son équilibre, définissant une structure en «église-halle». L'entrée passe sous une tour-porche avec une chapelle à l'étage.

CERISY-LA-FORÊT, PERLE ROMANE DE NORMANDIE.

L'abbatiale de Cerisy-la-Forêt est parfaitement représentative de l'architecture romane de Normandie à la charnière des XIe et XIIe siècles. Selon une solution adoptée très tôt dans cette région, la nef comprend un large vaisseau central

Les berceaux romans sont souvent compartimentés par une série de doubleaux. Saint-Savin fait exception à la règle : sur son berceau continu se déploient d'admirables fresques.

...mplement couvert d'une charpente, alors que ...s bas-côtés, assez étroits, sont voûtés d'arêtes. ...e plan correspond également au type le plus ...urant en Normandie depuis le début du XIe siècle. ...est constitué de cinq chapelles échelonnées ...entièrement voûtées. La chapelle centrale, ...plus importante, s'élève dans l'axe de la nef ...incipale. Elle est composée de deux travées ...oites couvertes d'une voûte d'arêtes, et se ...rmine par une abside éclairée par trois étages ...baies. Primitivement, cette dernière était dotée ...une voûte en cul-de-four qui fut remplacée par ...s ogives à l'époque gothique. La chapelle ...mmunique avec deux chapelles plus petites, ...plan rectangulaire, comme souvent en ...ormandie.Une absidiole couverte d'un cul-de-four s'ouvrait à chacune des extrémités des bras du transept.

La nef s'élève sur trois niveaux : grandes arcades, tribune et fenêtres hautes. Les grandes arcades retombent sur des piles composées typiquement anglo-normandes. Les tribunes sont percées de baies jumelles qui reprennent les proportions des grandes arcades. L'élément le plus caractéristique de l'art roman normand est la galerie de circulation, aménagée dans le mur à l'étage des fenêtres hautes, qui dédouble la paroi. Ce système est aussi utilisé dans l'abside.

LES FRESQUES DE SAINT-SAVIN

Leur emplacement a été soigneusement calculé. Dans la crypte contenant les reliques des saints Savin et Cyprien figurent des épisodes de la vie des deux martyrs. Sur le berceau de la nef centrale se déploie un cycle de l'Ancien Testament illustrant la Genèse et l'Exode. L'Apocalypse et le Jugement dernier accueillent le fidèle au rez-de-chaussée de la tour-porche afin de marquer la transition entre le monde extérieur et l'église, reflet de la Jérusalem céleste. Le cycle de la Passion orne la chapelle haute de la tour-porche, peut-être utilisée dans la liturgie pascale, à l'instar des tours occidentales des églises carolingiennes.

L'ART ROMAN

La Vierge en majesté
de Notre-Dame
d'Orcival, ci-dessous,
est l'objet d'un
pèlerinage dont les
origines demeurent
obscures.

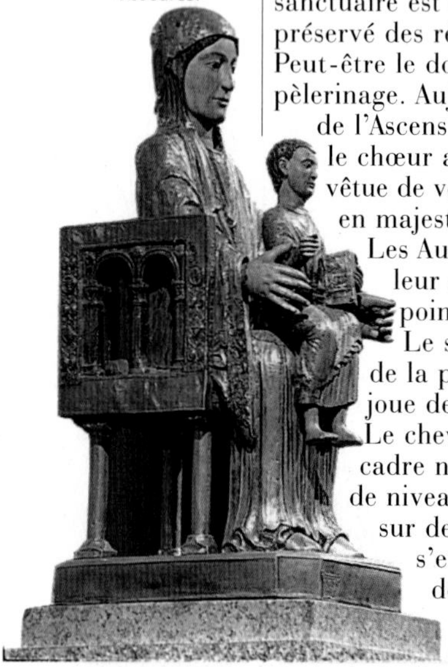

NOTRE-DAME D'ORCIVAL, JOYAU DE L'ART AUVERGNAT. Dans un vallon boisé d'Auvergne, au détour d'une route, apparaît la majestueuse église d'Orcival. Le temps semble s'y être arrêté. Si le village a changé depuis le XIIe siècle, son sanctuaire est resté le même, miraculeusement préservé des révolutions et des restaurations. Peut-être le doit-il à la constance de son pèlerinage. Aujourd'hui comme hier, le jour de l'Ascension, les fidèles se pressent dans le chœur autour d'une superbe statue de bois vêtue de vermeil et d'argent, celle de la Vierge en majesté d'Orcival.

Les Auvergnats à la foi rude ont installé leur église au flanc de la montagne, point de départ du pèlerinage. Le sanctuaire a la couleur grise de la pierre volcanique d'Auvergne et se joue des irrégularités du sol montagneux. Le chevet illustre cette fusion avec le cadre naturel. Corrigeant les différences de niveau, deux chapelles s'appuient sur des socles tandis que deux autres s'enfoncent dans le sol. Toutes quatre déploient vigoureusement leurs formes rondes. Au-dessus d'elles s'élance le massif rectangulaire

LES CINQ ÉGLISES MAJEURES

Ce sont les joyaux de l'architecture auvergnate. Sœurs de Notre-Dame d'Orcival, elles ont pour nom Saint-Nectaire, Sainte-Austremoine d'Issoire, Saint-Saturnin et Notre-Dame-du-Port. Leurs plans sont identiques, même si leurs dimensions varient.

typique de l'architecture auvergnate. Il entraîne le regard vers le sommet de l'église où domine le clocher octogonal. Ces combinaisons de forme sont d'autant plus impressionnantes que la décoration en damier du chevet, habituelle aux églises d'Auvergne, est presque inexistante, ce qui permet au regard d'apprécier librement les volumes. L'extérieur n'en est que plus sombre et sévère, mais c'est pour mieux surprendre. En effet, quand on pénètre dans le sanctuaire, sa luminosité étonne et souligne l'unité de la nef dont la voûte est d'un seul tenant, exploit rendu possible par les tribunes voûtées en quart de cercle au-dessus des collatéraux : elles servent de contrefort à la voûte et, en supprimant la poussée sur les murs, permettent d'ouvrir de grandes fenêtres. Cette clarté, plus rayonnante encore

L'ART ROMAN

En haut, Notre-Dame d'Orcival.
En bas, la cathédrale Saint-Pierre
d'Angoulême.

ans le chœur éclairé par cinq
aies, se fait l'écho d'une autre
umière : celle de la statue
e la Vierge, véritable cœur de
église, idole vénérée qui, depuis
a nuit des temps chrétiens,
carne l'histoire spirituelle
u petit village d'Orcival.

SAINT-PIERRE D'ANGOULÊME
U LA MAGIE DU ROMAN.

aint-Pierre d'Angoulême
ompte parmi ces église romanes
ui ont souffert des destructions
t des restaurations discutables
u siècle dernier. Il faut deviner
a beauté d'antan, l'imaginer
lus que la regarder, l'interroger
lus que la décrire.
et édifice du XIIe siècle,
écemment restauré, apparaît
ujourd'hui dans sa blancheur
riginelle. Dans sa vaste nef
nique se dressent trois coupoles
ur pendentifs. Une quatrième,
ctogonale sur tambour,
ouronne la croisée du transept.
lle a été modifiée par Abadie
u XIXe siècle, de même que le
hœur. Malgré cette rénovation,
impression demeure grandiose.
e regard circule sans obstacle,
n hauteur comme en profondeur.
'architecture est claire, lisible,
ntelligente. L'architecte
'Angoulême a voulu des formes
mposantes, lumineuses,
quilibrées, et surtout
es surfaces de décoration
xceptionnelles. Sur les murs
evaient courir des fresques
u peut-être même
es mosaïques proches de celles
e Venise et de Byzance.
ujourd'hui, il n'en reste rien.

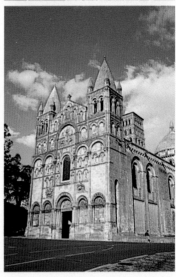

Contrastant avec
l'extraordinaire volume intérieur
offert par l'enfilade des
coupoles, l'immense façade
plate ressemble à une grande
page d'écriture. Toute la magie
du roman se trouve inscrite
dans cette formidable opposition
entre intérieur et extérieur.
Les architectes ont choisi
de prolonger les arcatures de la nef sur la
façade où de multiples détails captent l'œil.
La sculpture s'y déploie sur trois niveaux
d'arcades. Certaines pièces en bas relief
sont scellées sur le mur, d'autres, sculptées
à même la pierre, ont la finesse de pièces
d'orfèvrerie. Elles forment une séquence
d'images illustrant les thèmes du Jugement
dernier et de l'Ascension. Seule subsiste
une petite partie de la décoration, qu'il faut
imaginer dans son état d'origine, en couleur.
Même ainsi, le désordre relatif du décor exprime
encore l'imaginaire roman, mosaïque d'influences
et de traditions qui, miraculeusement, s'unifient ici.

SAINT-TROPHIME LA PROVENÇALE. En 1150,
l'évêque d'Arles consacre sa nouvelle église.
Près de trente ans plus tard, sa façade est décorée
dans le style roman, alors qu'à la même époque,
Notre-Dame de Paris illustre le triomphe du style
gothique. L'histoire de la Provence explique ce
retard. Jusqu'au Xe siècle, les Sarrasins détruisent
systématiquement les églises et interrompent l'essor
architectural de la région. Quand les reconstructions
commencent, l'architecture provençale est encore
primitive. Saint-Trophime qui a aujourd'hui
retrouvé ses couleurs, domine à peine la cité
d'Arles. Cette absence de hauteur caractérise
les églises de Provence. Seul se détache le clocher
du cloître. Ses trois étages, légèrement décalés les
uns par rapport aux autres, sont ornés de bandes
décoratives dites lombardes mais aussi de pilastres
qui rappellent combien Arles est tributaire de son
passé romain. On les retrouve à l'intérieur de
l'église, dans le cloître, sur la façade enfin où le

Jusqu'au Xe siècle, les Sarrasins détruisent les églises provençales. Quand les reconstructions commencent, l'art régional, interrompu dans son essor, est encore primitif.

en entre l'art antique et l'art roman se révèle
vec le plus de force. Si son architecture semble
rchaïque, son décor sculpté est parfaitement
naîtrisé. Prolongement de la sculpture gallo-
omaine, il s'enrichit d'influences gothiques.
ous le fronton du porche antique faisant saillie,
es sculpteurs ont ajouté un tympan roman.
est dominé par un Christ en majesté entouré
es symboles des évangélistes, frère cadet de celui
e Chartres, sculpté quarante ans plus tôt. Sous
tympan court une frise en bas-relief illustrant
Jugement dernier. Mais aux jeux démoniaques,
ux contorsions habituelles,
es sculpteurs ont préféré
ne régularité inspirée
e l'Antiquité. La frise est
outenue par des colonnes de
narbre reposant sur des lions,
'inspiration lombarde. L'ordre
t la majesté y règnent.
érénité, réalisme, finesse
'exécution
émoignent
'un art à son
pogée.

Le programme
iconographique
de Saint-Trophime
d'Arles, dominé par
la figure du Christ,
évoque aussi ses
apôtres, superbes
de sérénité, et deux
saints vénérés en
Arles, Étienne et
Trophime.
Ci-dessus, détail
du portail, ci-contre,
le cloître
et le clocher.

L'ART GOTHIQUE

SAINT-DENIS, BASILIQUE DES ROIS. Saint-Denis était à l'origine un simple bourg implanté près de la voie antique allant de Lutèce à Beauvais. Il du sa fortune à l'évêque Denis, évangélisateur venu de Rome et futur patron du royaume de France. La tradition veut en effet qu'après sa décapitation à Montmartre, vers 250, le martyr ait été inhumé dans cette petite localité gallo-romaine avec ses compagnons, Rustique et Éleuthère. Vers 475, sainte Geneviève fit élever sur sa tombe un sanctuaire sur une chapelle du IIIe siècle. Cet édifice, vaste pour l'époque, fut le noyau des cinq églises successives que révèle aujourd'hui la visite de la basilique.

LE TOMBEAU DES PREMIERS ROIS. Dès le Ve siècle, un monastère fut construit près de la sépulture de Denis. Très vite, les rois manifestèrent une prédilection pour ce site sanctifié. Dagobert Ier, bienfaiteur de l'abbaye, s'y fit inhumer, et la basilique fut probablement agrandie et embellie à cette époque. À l'instar du roi mérovingien, Charles Martel, maire du Palais, y fut enterré en 741. Son fils Pépin le Bref, sacré en 754 à Saint-Denis, entreprit la construction d'une nouvelle basilique, inspirée des monuments romains. Consacrée en 775 en présence de son fils Charlemagne, ce fut l'un des plus grands chantiers de l'ère carolingienne. De ce bâtiment reste la crypte dite carolingienne, de plan annulaire. Ses murs épais sont percés de baies rectangulaires où l'on distingue encore des traces de peintures murales. Dans la première partie du IXe siècle, l'abbé Hilduin l'augmenta à l'est d'une abside flanquée de deux absidioles. Signe de la faveur royale, Charlemagne commença la constitution du fabuleux trésor de l'abbaye, enrichi plus tard par Charles le Chauve. Quelques vestiges, conservés au Louvre et à la Bibliothèque nationale, permettent d'imaginer sa splendeur disparue.

Car lumineux est ce qui est lumineusement accouplé avec la lumière, et lumineux est le noble édifice que la nouvelle clarté envahit, c'est moi, Suger, qui ai en mon temps agrandi cet édifice, c'est sous ma direction qu'on l'a fait.»

L'ÉGLISE DES CAPÉTIENS. L'abbatiale connut son apogée sous la dynastie capétienne. Du sacre aux funérailles, le destin des rois s'est tissé entre Reims et Saint-Denis. Tous les souverains, sauf trois, furent inhumés dans l'abbatiale. Celle-ci, de plus, avait la garde de l'oriflamme royal et des «regalia», symboles du pouvoir suprême, portés par le roi lors de son sacre. L'abbé Suger, élu en 1122 à la tête de l'abbaye, accrut encore son rayonnement. L'église carolingienne ayant été endommagée par les Normands,

Suger entreprit de la reconstruire. Théologien avant tout, il entendait concrétiser à Saint-Denis son idéal métaphysique : Dieu est lumière et c'est dans Sa lumière que l'homme trouve la Vérité. Il faut donc que la clarté du jour, symbole de la clarté divine, pénètre à flots dans l'édifice. À cette fin, l'abbé s'efforça de limiter la surface murale et de multiplier les verrières. À l'ouest de l'église carolingienne s'éleva

L'ABBÉ SUGER
Suger (1081-1151) était d'origine modeste. Entré au monastère quand il était enfant, il fut l'ami et le conseiller de Louis VI avant de devenir celui de son fils, Louis VII, qui lui confia la régence du royaume en partant pour la deuxième croisade. Son œuvre est d'autant mieux connue qu'il l'a relatée dans ses écrits. Selon une habitude de l'époque, il s'est fait représenter sur l'un des vitraux de son abbatiale ci-contre à droite.

le narthex (1137-1140) où, pour la première fois, la croisée d'ogives était utilisée sur une grande échelle. Le bâtiment fut ensuite prolongé à l'est par le chœur, mais le maître-autel resta à sa place d'origine, au-dessus de la tombe du saint. Si le narthex présente un aspect massif, voire primitif, le chœur, modèle d'élégance et de hardiesse, traduit une véritable mutation esthétique et devait influencer la construction des grandes cathédrales ultérieures. Son double déambulatoire s'ouvre sur une série de chapelles, l'édifice en comptant une vingtaine pour les besoins de la liturgie. Des vitraux parmi les plus anciens conservés, notamment *l'Enfance du Christ* et *l'Arbre de Jessé*, diffusent le jour si cher à l'abbé.

*G*RANDEUR ET
DÉCADENCE. Le sanctuaire, consacré en 1144, avait atteint sa longueur définitive, 108 m. Mais Suger mourut sans avoir pu reconstruire la

ef. L'abbé Clément prit le relais en 1231.
Les travaux, qui concernaient également
e transept et la partie centrale du chœur,
durèrent un demi-siècle. Ils furent en
partie exécutés à la demande de Saint
Louis, sous la direction de l'architecte
Pierre de Montreuil. Ce dernier fit
de Saint-Denis l'un des premiers chefs-
d'œuvre du style gothique rayonnant.
Selon le souhait
de
Saint
Louis,
la croisée
du transept adopta une ampleur
exceptionnelle pour accueillir les
tombeaux des rois de France. Avec ses
grandes arcades, son triforium ajouré
et ses fenêtres hautes, la nef évoque
une cathédrale de lumière.
À l'extérieur, des doubles arcs-

boutants épaulent le vaisseau sacré.
Pierre de Montreuil mourut en 1267.
L'abbé de Vendôme fit achever nef et
transept. Au XIVe siècle, on construisit
six chapelles au nord de l'église, qui
fut fortifiée pour résister aux Anglais.
Au XVIe siècle, Catherine de Médicis
ajouta à l'extérieur une rotonde
destinée à la sépulture des Valois et
détruite ultérieurement. La basilique,
déjà malmenée par le goût du XVIIe
siècle, souffrit de la Révolution et de
restaurations bâclées au XIXe siècle.
Viollet-le-Duc sauva ce grand
monument auquel d'importants
programmes de fouilles s'efforcent
d'arracher les derniers secrets.

Saint-Denis, cimetière aux rois

Le symbole de la continuité

Saint-Denis ne devint la nécropole royale qu'à partir des Capétiens. Tous les rois de la dynastie, sauf trois, furent enterrés dans l'abbatiale. Saint Louis la réserva aux seuls souverains. En 1263-1264, il fit réaliser de nouveaux tombeaux pour ses prédécesseurs, qu'il disposa selon un ordre dynastique. Il manifestait ainsi la continuité de la monarchie française.

Frédégonde

Le gisant de la veuve de Chilpéric, comme celui des autres rois mérovingiens, provient de Saint-Germain-des-Prés. Il est taillé dans une dalle de calcaire rappelant la forme d'un sarcophage et évidée pour dégager les contours de la silhouette.

Isabelle d'Aragon

L'épouse de Philippe le Hardi mourut accidentellement alors qu'elle était enceinte. Les chiens lovés à ses pieds, symboles de fidélité, sont souvent associés aux gisants féminins.

Jean Ier le Posthume

Le fils posthume de Louis X le Hutin ne vécut que cinq jours. Roi non sacré, il ne porte pas l'habit royal mais celui des fils de France.

Charles V et Jeanne de Bourbon

Le gisant de Charles V est la première représentation funéraire d'un roi réalisée de son vivant. Il porte les vêtements du sacre.

Louis XII et Anne de Bretagne

Leur tombeau est d'une splendeur déjà renaissante. Pour la première fois, il présente les deux états extrêmes de l'homme : le transi (ci-contre) et l'orant

*D*agobert fut le premier roi enterré à Saint-Denis mais ce sont les Capétiens qui firent de l'abbatiale un symbole.

Un musée de la statuaire funéraire

Les tombeaux des rois, déplacés sous la Révolution, furent remis en place sous la Restauration. Des tombeaux provenant d'autres sanctuaires complétèrent ce vaste panorama de la statuaire funéraire française.

Ci-dessus, Isabelle d'Aragon. Ci-contre, Jean le Posthume. Ci-dessous, Charles V et Jeanne de Bourbon.

L'habitude de sculpter en haut relief l'image du souverain défunt se généralisa au XIIIe siècle. Les premiers gisants étaient taillés dans une simple pierre et peints.

Les Capétiens jusqu'à Philippe-Auguste furent enterrés sans fastes. En témoignent les funérailles de Philippe le Bel

ci-dessus. Lors des obsèques de Charles VI, un mannequin à l'effigie du roi défunt fut exposé pour la première fois au

cours de la procession funéraire. Un autre rite, instauré à la fin du XIIIe siècle, consistait à séparer le cœur des entrailles et à les

inhumer séparément afin de multiplier les sépultures consacrées. Il fut observé pour Charles V : trois sanctuaires se partagent ses restes

LE VITRAIL

LES ORIGINES. Dès ses débuts, l'histoire du vitrail fut distincte de celle du verre, bien connu de l'Antiquité depuis le IIe ou le IIIe millénaire avant Jésus-Christ. Le verre plat destiné à occulter une ouverture et enchâssé dans des montures décoratives en stuc, en plâtre ou en bois, fut utilisé par les Romains à partir du Ier siècle ; des témoins archéologiques ou textuels permettent de suivre, dans l'Orient tant chrétien qu'islamique, l'évolution de ces «claustra» qui servirent parfois de modèles aux vitraux du Moyen Âge. Les premiers vitraux figurés ou historiés et réalisés à partir de plaques de verre jointes au plomb sont attestés par les textes à la fin du IXe siècle. Mais, en France, les témoignages les plus anciens de cet art n'apparurent, cette fois en nombre, qu'au XIIe siècle.

Ci-dessus en haut, *Arbre de Jessé*, vers 1145, déambulatoire de la basilique de Saint-Denis.

Ci-dessus en bas, vitrail du Jugement dernier, vers 1210-1215, déambulatoire de la cathédrale de Bourges.

L'ÉVOLUTION DU MESSAGE ICONOGRAPHIQUE. La première fonction du vitrail est symbolique : il permet d'introduire la lumière, considérée comme une manifestation divine, dans l'édifice cultuel ; plus encore, grâce à sa translucidité, grâce aussi aux variations des couleurs sous l'effet de la lumière, le vitrail «vit» et diffuse d'autant mieux le message moral ou théologique qui y est représenté. Les premiers vitraux conservés (XIIe siècle) transmettent un discours complexe,

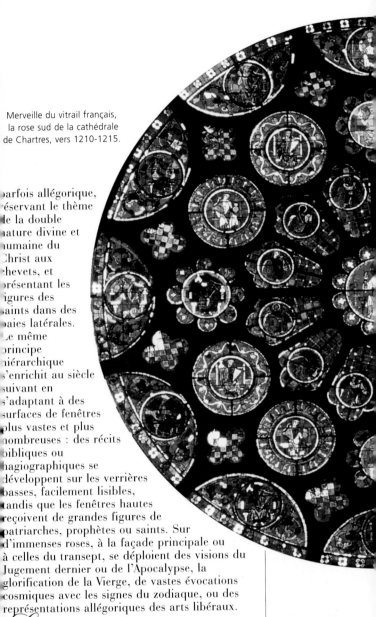

Merveille du vitrail français, la rose sud de la cathédrale de Chartres, vers 1210-1215.

parfois allégorique, réservant le thème de la double nature divine et humaine du Christ aux chevets, et présentant les figures des saints dans des baies latérales. Le même principe hiérarchique s'enrichit au siècle suivant en s'adaptant à des surfaces de fenêtres plus vastes et plus nombreuses : des récits bibliques ou hagiographiques se développent sur les verrières basses, facilement lisibles, tandis que les fenêtres hautes reçoivent de grandes figures de patriarches, prophètes ou saints. Sur d'immenses roses, à la façade principale ou à celles du transept, se déploient des visions du Jugement dernier ou de l'Apocalypse, la glorification de la Vierge, de vastes évocations cosmiques avec les signes du zodiaque, ou des représentations allégoriques des arts libéraux.

LE VITRAIL ET L'ARCHITECTURE. Les premiers vitraux conservés, du XIIᵉ siècle, adoptent des teintes claires très lumineuses, indispensables à l'éclairage et justifiées par l'impossibilité d'ouvrir de larges fenêtres dans les murs porteurs : le plus souvent, les nouvelles baies doivent illuminer des parties anciennes de bâtiments très sombres. Les perfectionnements techniques de la construction permettent ensuite d'agrandir les édifices tout en allégeant les murs et en les remplaçant par d'immenses baies vitrées,

Page suivante, en bas, *Histoire de la Passion*, Sainte Chapelle de Paris, vers 1242-1248. L'organisation du récit est facilitée par une structure en médaillons.

qui jouent alors le
rôle de cloisons
translucides
isolantes
et adoptent
désormais une
tonalité plus
soutenue.
On exploite
les impératifs
techniques –
par exemple
la nécessité
de poser des
armatures
fabriquées à l'aide
de barres de fer
forgé, ou barlotières,
d'autant plus
indispensables que la
verrière est importante –
pour créer des schémas de
composition très variés, en
suivant une grille orthogonale
ou en forme de médaillons,
cette dernière solution facilitant
l'organisation du discours figuré. Plus
difficile à réaliser et plus onéreuse, elle
s'imposera cependant au XIIIe siècle pour
les grands monuments. Dès la seconde moitié
du XIIIe siècle, le dialogue avec l'architecture
se transforme : on demande au vitrail une plus
forte luminosité, et les panneaux de couleur
se concentrent en une bande horizontale inscrite
entre deux bandes décoratives de verre incolore.
Dans le même temps, le vitrail accueille des
compositions illusionnistes. Elles simulent
un cadre architectural en insérant diverses scènes
ou figures en pied dans des galeries, niches
et autres édicules. La fin du Moyen Âge franchit
un nouveau pas en imposant les nouvelles
lois de la perspective ; ainsi, de vastes
compositions, moins tributaires de la structure
architecturale de la fenêtre, peuvent se déployer
sur plusieurs lancettes.

La technique. L'évolution
de la technique suit celle
des procédés de composition,
auxquels elle est intimement liée.
Le détail des procédés employés
dès le XIIe siècle est connu par
le précieux texte rédigé par le
moine Théophile en Allemagne.
Les principales opérations –
découpe, peinture et cuisson,
mise en plomb – ne se modifient
guère, mais certaines étapes
deviennent essentielles, telle
l'application de la peinture
monochrome, d'où son nom de
grisaille. C'est là que le peintre-
verrier, à l'aide de valeurs
d'intensité variée, donne
à ses compositions leur caractère
et leur vie. Au XIIe siècle, on
emploie des types de verre très
lumineux, dont un bleu pâle –
le célèbre «bleu de Chartres» –,
qui céderont la place au siècle
suivant à des nuances
chromatiques plus sombres,
obtenues par de nouvelles
combinaisons chimiques.
Le besoin d'une plus grande
luminosité incite les verriers
de la fin du XIIIe siècle à procéder
à d'autres expérimentations :
on élabore désormais des verres
plus minces, et l'on met au point
un procédé original de coloration
à l'aide de jaune d'argent

Le prophète Abdias,
église Saint-Urbain
de Troyes, vers 1270.

appliqué localement sur des verres incolores,
mais aussi sur des verres de couleur, d'où
un enrichissement de la palette chromatique. Les
peintres-verriers des XIVe et XVe siècles modifieront
la technique de la grisaille grâce à l'utilisation
délicate de brosses dures, et rechercheront
de subtiles variations de modelé afin d'obtenir
des effets de relief plus convaincants.

L'ART GOTHIQUE

***U**NE CATHÉDRALE ROMANE POUR CHARTRES.* C'est l'évêque Fulbert, l'une des personnalités les plus importantes de la vie intellectuelle au début du XIe siècle, qui dota Chartres de sa cathédrale romane, antérieure à celle que nous connaissons aujourd'hui. Cet édifice avait été construit à l'emplacement d'un ancien sanctuaire détruit par un incendie en 1020. De la cathédrale de Fulbert, dédiée en 1037, il ne reste que la crypte, située sous le chevet, qui abritait des reliques de la Vierge, en particulier son voile. Pour ne pas perturber le service de l'église haute, les pèlerins y accédaient par d'immenses couloirs ménagés sous les collatéraux de la nef à partir de la façade occidentale. Ils débouchaient ensuite sur un couloir qui contournait un caveau appartenant peut-être à une construction antérieure. Trois chapelles rayonnantes ouvraient sur ce déambulatoire. Au début de l'époque gothique, vers 1145, on dota l'édifice roman d'une nouvelle façade occidentale. Ses deux hautes tours, dont l'une fut refaite à la fin du Moyen Âge, abritent les cloches ; on les plaça sur les accès de la crypte, ainsi mis en valeur. Le centre de la

« *T*our de David voici votre tour beauceronne.
C'est l'épi le plus dur qui soit jamais monté
Vers un ciel de clémence et de sérénité,
Et le plus beau fleuron dedans votre couronne.»

Charles Péguy

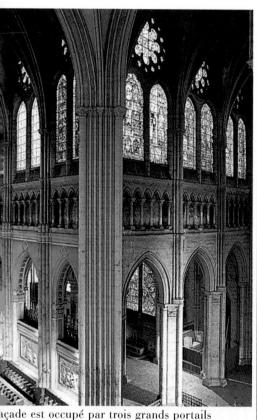

façade est occupé par trois grands portails glorifiant le Christ. Le tympan du portail central, le plus important, a pour thème le Christ en majesté, celui de la fin des temps décrit par l'Apocalypse ; il trône ici entre les symboles des quatre évangélistes. Au-dessus des deux portes latérales figurent des épisodes de sa vie terrestre : à droite son enfance, à gauche son Ascension. Ces scènes se prolongent sur les chapiteaux. Dans les parties basses, les portails sont ornés de statues démesurément étirées en longueur, aux visages inexpressifs, caractéristiques des débuts de la sculpture gothique. Comme figées dans l'éternité, elles représentent des rois,

À gauche, le portail royal. Ci-contre, chœur et bras sud du transept.

Cathédrale de Chartres

Les verrières basses
sont les plus visibles.
Du côté sud, elles
vont de la Vierge
reine du ciel jusqu'à
sa victoire sur le mal
et incitent à réfléchir
sur le péché ; du
côté nord, les vies
des saints sont
autant d'exemples
pour le fidèle : on
les voit administrer
ou recevoir les
sacrements et suivre
les traces du Christ.

Notre-Dame de la
Belle-Verrière

Les verrières hautes,
moins lisibles, sont
occupées par de
grandes figures de
chevaliers partant
pour la croisade
contre les Albigeois,
conduits par le futur
Louis VIII.

des reines et des patriarches de l'Ancien Testament. Ce programme iconographique, très complexe dans ses détails, fut élaboré d'après les écrits des théologiens les plus célèbres de l'époque, tels que Hugues de Saint-Victor, et symbolise l'alliance du Nouveau et de l'Ancien Testament. Sur la face interne de la façade occidentale, les vitraux des trois grandes verrières complètent le programme extérieur. Au centre l'Enfance du Christ, à gauche la Passion, à droite l'Arbre de Jessé qui illustre la généalogie de la Vierge et du Christ.

LA CATHÉDRALE GOTHIQUE. La cathédrale romane fut de nouveau la proie des flammes en 1194. L'évêque entreprit sa reconstruction dès l'année suivante. Étant donné la rapidité des travaux, il est probable que le chantier ait été prévu auparavant et que la catastrophe l'ait simplement avancé. La nouvelle cathédrale fut construite très vite, par la volonté de son évêque et grâce à l'afflux des aumônes, mais aussi parce que l'architecte conserva l'ancienne façade du milieu du XIIe siècle, à laquelle il accola la nouvelle nef. Il se servit en outre des fondations existantes de la cathédrale de Fulbert. Entre 121... et 1217, le poète Guillaume Le Breton célébrait déjà les hautes voûtes de pierre qui désormais protégeaient l'édifice contre d'éventuels incendies. Au début de l'année 1221, les stalles étaient en place et les chanoines purent prendre possession des sièges qui leur étaient assignés dans le chœur. Chartres inspira les grandes cathédrales du début du XIIIe siècle, comme Reims, Amiens et Beauvais : elles reprirent son voûtement, utilisèrent systématiquement ses croisées d'ogives à quatre branches, son élévation à trois niveaux – grandes arcades, triforium et fenêtres hautes –, ainsi que son système très efficace de contrebutement au moyen d'arcs-boutants à plusieurs étages.

La cathédrale fut reconstruite selon un plan gigantesque de plus de 130 m de long, et manifeste un grand souci d'équilibre. Ainsi, son transept immense, pourvu de bas-côtés qui

Tympan central
du portail sud

éparent la nef du chevet, correspond au centre
de l'édifice. Le chevet comprend une abside cernée
d'un déambulatoire, double dans les premières
travées, simple ensuite. Ce dernier ouvre sur sept
chapelles rayonnantes contiguës, alternativement
grandes et petites ; les trois grandes chapelles
reposent sur celles de la crypte de Fulbert
et reprennent leurs proportions, ce qui explique
cette alternance. La nef centrale témoigne du
même souci d'harmonie. Le triforium est placé au
centre de l'élévation, alors que les grandes arcades
possèdent le même développement en hauteur que
les fenêtres hautes. Les baies, subdivisées par un
réseau de pierre en deux lancettes surmontées d'une
rose, adoptent des proportions inédites. Une série
d'immenses verrières se substitue pratiquement
aux parties hautes des murs. Les vastes dimensions
et le nombre important des baies – presque toutes
ont conservé leurs vitraux du début du XIIIe siècle –,
ont permis d'élaborer un important programme
iconographique à vocation pédagogique : il fallait
faire connaître les doctrines de
l'Église, alors menacée
par les hérésies,
entre autres
celle des
cathares.

**SUR LES BRAS
DU TRANSEPT,
DES PORCHES À LA
GLOIRE DU CHRIST**

Chacun des bras du
transept est doté
d'un porche, à la
manière des façades,
et abrite trois
portails décorés de
sculptures datant
des premières
décennies du XIIIe
siècle. Les portails
sud sont un hymne
au Christ et à son
Église, mais aussi un
message d'espoir. La
composition centrale
est dominée par
l'image du Jugement
dernier. Mais cette
vision est adoucie
par la présence de la
Vierge et de saint
Jean, intercesseurs
entre Dieu et les
hommes. Les portails
nord, plus
complexes, sont
essentiellement
consacrés à la
Vierge. Le tympan
central représente
son couronnement,
qui évoque l'union
mystique du Christ
et de l'Église.

Les boulangers,
détail du
vitrail
des apôtres

LES GRANDES CATHÉDRALES

NOTRE-DAME DE REIMS, LA ROYALE. Notre-Dame de Reims occupe une place à part dans le patrimoine français. À l'instar du Temple de Jérusalem, construit à la gloire des rois d'Israël, elle devait refléter la puissance et la continuité de la monarchie de droit divin. Cette ambition explique son ampleur, la beauté de sa construction, la richesse de sa décoration. Son destin hors du commun commença en 496 quand Clovis fut baptisé par saint Remi dans l'antique cathédrale du Ve siècle. Ce fut l'acte fondateur de la royauté française et, du XIe au XIXe siècle, c'est à Reims que furent sacrés la plupart des rois de France. La construction de la cathédrale gothique débuta par le chœur, en 1211. Comme il fallut attendre le XIVe siècle pour que les parties hautes soient achevées, Saint Louis et ses prédécesseurs furent sacrés dans une église en plein chantier. Malgré la durée des travaux, l'édifice est d'une unité, d'un équilibre et d'une puissance exemplaires. La nef est particulièrement allongée. Dix travées (plus qu'à Amiens, alors que sa nef est plus longue) scandent le passage de la sainte ampoule et du roi. Caractéristique rarissime, le vaisseau s'étend jusqu'au mur de la façade et s'achève sur un extraordinaire mur-décor, mariage réussi de l'architecture, du vitrail et de la sculpture. Dans une série de niches encadrant la grande baie ogivale de l'entrée sont exposées de superbes statues, introduction au spectaculaire programme sculptural de l'édifice, le plus ambitieux du monde gothique du XIIIe siècle. Plus de deux mille trois cents sculptures, véritable panorama de la statuaire gothique, ornent l'extérieur de la cathédrale jusque sur les contreforts et les arcs-boutants. Les statues de piédroits imposent leur style antiquisant, parfois réaliste comme celui

LE SAINT CHRÊME

La légende veut que l'ampoule contenant le saint chrême ait été confiée à saint Remi par une colombe, afin qu'il puisse en oindre Clovis lors de son baptême.

Le précieux liquide, conservé au monastère de Saint-Remi, était apporté en procession avant chaque sacre. L'archevêque consécrateur en prélevait quelques gouttes avec une aiguille d'or et en oignait le roi sur la tête, la poitrine, entre les épaules, à l'articulation des bras et sur les mains.

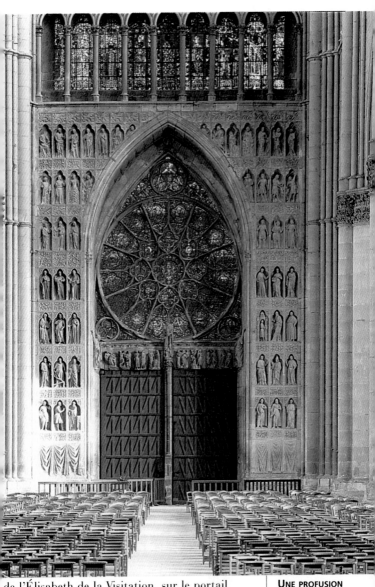

de l'Élisabeth de la Visitation, sur le portail occidental, toujours serein comme pour les célèbres anges souriants, reflet d'une époque où la religion se rapproche de l'homme. L'iconographie développe des thèmes qui rappellent le sacre. Un Couronnement de la Vierge orne le portail principal. Contrairement à l'habitude, ce décor sculpté ne figure pas sur le tympan, remplacé par une rose, mais au sommet du pinacle. Le baptême du Christ fait référence à celui de Clovis, tandis que David et Salomon évoquent les rois ayant reçu l'onction. Autant de signes qui symbolisent la vocation royale de ce joyau de l'art gothique.

UNE PROFUSION DÉCORATIVE

L'extraordinaire programme iconographique de la cathédrale se poursuit au revers de la façade où vont se nicher des statues évoquant la Vierge, saint Jean-Baptiste et des figures de l'Ancien Testament.

Au moment où Clovis allait être baptisé, le saint de Dieu lui adressa la parole en termes éloquents : "Dépose humblement tes colliers, Sicambre. Adore ce que tu as brûlé, brûle ce que tu as adoré".»   Grégoire de Tours

NOTRE-DAME D'AMIENS, LA PLUS VASTE. Amiens, 1220. La cathédrale romane ayant brûlé, les plans d'une nouvelle construction sont établis par l'architecte Robert de Luzarches. Fait exceptionnel, ils ne seront jamais modifiés. Contrairement à l'habitude, le travail commence par la nef et la façade, et non par le chœur, édifié en même temps que le transept, en 1269.

Il faudra à peine cinquante ans pour achever la nouvelle cathédrale. En effet, la ville d'Amiens est riche et le chantier, financé par ses soins, ne connaîtra aucune interruption. Cette rapidité confère à l'édifice une homogénéité sans défaut. Tous les éléments du style gothique y sont portés à leur perfection.

Avec sa nef longue de 133,50 m et haute de 42,50 m, Amiens est le plus vaste édifice gothique de France. Les murs de son vaisseau suscitent autant l'admiration que ses remarquables proportions. Leur partie basse est égale à leur partie haute, véritable mur de vitraux avec son triforium à claire-voie et ses gigantesques fenêtres hautes. Toute l'architecture intérieure est conçue pour élever le regard. Les colonnes de la travée du transept s'élancent d'un seul jet jusqu'à la voûte. Les piliers s'allègent au maximum. Chœur et nef sont en parfaite harmonie.

Le transept est identique à la nef, similitude rarissime qui contribue à l'impression d'équilibre. Cette unité intérieure se reflète dans celle de la

Arcs-boutants
de la cathédrale
de Beauvais.

façade. Trois portails encadrés
e contreforts en saillie
ouvrent sur la nef. Une série de statues
s réunit, conférant à l'ensemble sa formidable
nité. L'ordre et une régularité presque
mathématique dominent le décor. La sculpture
y subordonne à l'architecture jusqu'à en devenir
mpersonnelle. Seuls se distinguent la Vierge
Dorée du portail du croisillon méridional, superbe
l'humanité, et le Beau Dieu de la façade
ccidentale, chef-d'œuvre de la sculpture gothique.

SAINT-PIERRE DE BEAUVAIS, LE DÉFI. Après

n incendie, en 1225, Milon de Nanteuil, évêque
le Beauvais, décide de construire la plus haute
glise du monde médiéval. Près de cinquante ans
lus tard, le chœur, achevé, défie les lois de la
esanteur. Dix ans passent. Une partie des voûtes
'écroulent alors : les piliers étaient trop espacés,
es contreforts trop faibles. On reconstruit. Les
nurs sont percés de baies pour plus de légèreté.
La voûte d'ogive est transformée en voûte
expartite. Et, en 1327, les habitants de Beauvais
euvent admirer le chœur le plus audacieux
le la chrétienté. Sa voûte culmine à 48,20 m,
lépassant celle de Saint-Pierre de Rome.
Ses fenêtres s'ouvrent très haut, à 18 m du sol.
Au XVe siècle, seul le chœur est édifié. Au
XVe siècle, deux ailes du transept sont ajoutées.
Volonté de grandeur oblige, on les élève à la
nauteur du chœur. Ensuite, au lieu de construire
a nef, l'évêque commande un clocher au mépris
le toute logique architecturale. Ce dernier sera
ussi audacieux que l'église. Jean Vast,
'architecte, fait monter sa flèche à 153 m de
nauteur. Il faudra trois ans pour construire cette
our de pierre. Trois ans plus tard, en 1573, elle
'effondre. Aucun architecte ne voudra relever le
défi, et la cathédrale restera inachevée. Pourtant,
e souvenir de cette démesure perdure.
L'étroitesse de la nef par rapport à la hauteur
de la voûte, la gracilité des supports, la hauteur
les fenêtres, la lumière si abondante qu'elle fait
paraître l'ensemble encore plus fragile, donnent
e vertige. Ici, l'art devient exploit.

BEAUVAIS
LA GÉANTE

Si Amiens est la plus
vaste cathédrale de
France, Beauvais est
la plus vertigineuse.
La largeur de son
vaisseau central,
16 m, est tout aussi
extraordinaire que
la hauteur de ses
voûtes.
L'architecture
gothique a trouvé
ici ses limites. Sur
ce défi technique
s'achève l'ère
des grands édifices
de ce style.

La voûte du chœur
de Saint-Pierre
de Beauvais.

LES BÂTISSEURS DE CATHÉDRALES

Jusqu'à l'époque carolingienne, les commandes architecturales émanaient essentiellement du roi ou de l'empereur. À partir de l'époque romane, les commanditaires, de plus en plus nombreux, furent souvent des évêques. Leur rôle s'avéra décisif dans l'éclosion des grands chantiers gothiques, d'autant que leur pouvoir avait été affermi par la réforme grégorienne de la fin du XIe siècle qui, non sans heurts, avait consacré leur indépendance par rapport aux pouvoirs laïcs Au XIIe et surtout au XIIIe siècle, la floraison architecturale fut encouragée par les progrès économiques et l'essor urbain.

LE FINANCEMENT.

Le financement des cathédrales médiévales, planifié sur plusieurs décennies, nécessitait des montages financiers considérables qui ne pouvaient se faire sans difficultés. Presque toujours, les évêques

fournissaient des subsides et se chargeaient de rassembler l'argent offert par des donateurs privés. Citons le cas de l'évêque Aymeric de La Serre qui, dans les années 1260, commença à réunir des fonds afin de reconstruire le chœur de la cathédrale de Limoges, pour laquelle il légua une énorme somme ; le chantier, toutefois, ne débuta réellement qu'en 1285. De nombreuses cathédrales, faute de moyens, restèrent longtemps inachevées. Celle de Beauvais, par exemple,

Croquis extraits de l'album
de Villard de Honnecourt, architecte et
dessinateur français du début du XIIIe siècle.

souffrit d'une conception trop ambitieuse, mais aussi de difficultés financières. Et la cathédrale de Clermont, comme tant d'autres, ne fut terminée qu'au XIXe siècle, quand Viollet-le-Duc construisit sa façade.

LES PROJETS. En même temps que le financement, il fallait élaborer un projet. Parfois, plusieurs architectes étaient mis en concurrence. Ce fut le cas, par exemple, lors de la reconstruction de la cathédrale de Canterbury, dévastée par un incendie en 1174. Le maître d'œuvre – l'architecte, même s'il n'est jamais désigné par ce terme au Moyen Âge –, soumettait des plans, quelquefois des maquettes, au maître d'ouvrage, ou commanditaire, pour expliquer et faire approuver ses projets. Les plans sur parchemin de la façade de la cathédrale de Strasbourg, dont plusieurs projets de la seconde moitié du XIIIe siècle, témoignent ainsi d'âpres discussions. Certains plans circulèrent à travers toute l'Europe, comme d'ailleurs les hommes : au début du XIIIe siècle, Villard de Honnecourt, auteur d'un des plus anciens carnets de modèles conservés, véritable répertoire des formes gothiques, affirme avoir voyagé jusqu'en Hongrie ; et Mathieu d'Arras, natif du nord de la France, passa par la cour pontificale d'Avignon avant d'être appelé à Prague par le futur empereur Charles IV pour y construire la cathédrale.

LE MAÎTRE D'ŒUVRE. L'architecte était un maître maçon ou, beaucoup plus rarement, un maître charpentier. Peu à peu, il acquit une position sociale élevée, même si on le désignait tout simplement par le titre de maître tailleur de pierre ou, comme Pierre de Montreuil, célèbre architecte parisien du XIIIe siècle, de docteur ès pierres, *doctor lathomorum*. Le cas le plus éloquent est celui de Raymond du Temple puisque Charles V lui-même fut son ami et le parrain d'un de ses fils. Les maîtres d'œuvre les plus connus percevaient des rémunérations considérables et des avantages en nature, logement, nourriture, boisson etc. Leurs contrats comprenaient parfois

LE TRANSPORT DES MATÉRIAUX

L'approvisionnement régulier en pierre et en bois, vital pour la bonne marche du chantier, nécessitait toute une infrastructure.

Quand c'était possible, le transport s'effectuait par voie d'eau. Pour déplacer les matériaux, il fallait des engins de levage. Les plus sophistiqués, conçus par l'architecte, s'inspiraient de modèles antiques, perfectionnés notamment grâce aux progrès accomplis par l'art militaire lors des sièges des villes. Le carnet de dessins de Hans Hammer, au XVe siècle, en présente des exemples nombreux et souvent très complexes.

La construction des cathédrales fut plus qu'un grand élan de foi : elle s'avéra une entreprise de longue haleine, organisée rationnellement.

LE BOIS

On l'utilisait en très grande quantité : outre les engins de levage, il fallait construire les charpentes et les échafaudages, qui en nécessitaient beaucoup.

LE FER

Il fut couramment employé, surtout à partir du XIIIe siècle. L'architecture des cathédrales devenant de plus en plus audacieuse, comme à Bourges ou à Beauvais, on utilisa des renforts métalliques qui s'intégraient à la structure, comme les tirants.

UN CHANTIER
De Universo, de Raban Maur, 1023.

une clause d'exclusivité. Ainsi, en 1253, Gauthier de Varinfroy s'engagea à ne pas accepter d'autre chantier pendant les travaux de la cathédrale de Meaux. Parfois, l'architecte signait son œuvre en inscrivant son nom sur un labyrinthe inséré dans le pavement de la cathédrale, comme à Amiens et à Reims.

*L'*évêque et ses chanoines jouent un rôle majeur dans la floraison architecturale des XIIe et XIIIe siècles : ce sont eux qui commanditent les travaux et réunissent les fonds.

*L*E TRAVAIL PRÉPARATOIRE.

Avant le début des travaux, les documents fournis par l'architecte étaient étudiés sur le chantier, dans la loge des maçons. Plus techniques que ceux présentés au commanditaire, ils portaient des indications souvent très précises. Avant d'appareiller les pierres, des épures détaillées étaient gravées sur les murs ou sur le sol, comme sur le pavé de la chapelle d'axe de la cathédrale de Narbonne ou sur les murs du transept de la cathédrale de Reims. Pour les éléments les plus complexes, on réalisait des pièces de bois à l'échelle, les gabarits, sortes de «patrons» destinés aux tailleurs de pierre. On peut en admirer des reproductions sur le vitrail de Saint-Chéron, dans la cathédrale de Chartres, et dans le carnet de Villard de Honnecourt.

*L*ES CORPS DE MÉTIERS.

Les tailleurs de pierre et les charpentiers étaient organisés en corporations très hiérarchisées et régis par des livres de métiers. Le titre le plus élevé, celui de maître, s'obtenait après plusieurs années d'apprentissage. Les manœuvres – porteurs d'eau, de pierre, de chaux, gâcheurs de mortier –, étaient majoritaires parmi les ouvriers et comptaient des femmes dans leurs rangs. Ils étaient payés à la journée ou à la tâche et percevaient des avantages en nature.

LES MAQUETTES
Elles furent utilisées dès l'Antiquité. Les textes médiévaux en mentionnent un certain nombre, bien que leur réalisation n'ait peut-être pas été systématique pendant cette période : maquette en cire pour l'église Saint-Germain d'Auxerre à l'époque carolingienne, maquette pour le jubé de la cathédrale de Troyes en 1381, maquette en bois et en papier mâché pour Saint-Maclou de Rouen, en 1521.

SAINT BERNARD
La maquette rappelle son rôle de constructeur, XIVe siècle.

L'ART GOTHIQUE

ALBI LA CATHARE

À Albi, la foi cathare finit par supplanter celle des catholiques, d'où le nom d'Albigeois donné à ses adeptes: «Les habitants de cette cité étaient [...], plus que tous ceux des environs, contaminés par l'hérésie [...]. Quand on appela les gens à la messe, il en vint à peine trente», remarqua un cistercien venu pour éradiquer «l'hérésie».

La cathédrale Sainte-Cécile d'Albi (Tarn) et l'église abbatiale Saint-Riquier (Somme).

Sainte-Cécile d'Albi ou le triomphe de l'orthodoxie. La reconstruction de la cathédrale d'Albi, projet personnel de l'évêque Bernard de Castanet, s'inscrivait dans une démarche ambitieuse. Elle comprenait l'édification d'une partie du palais épiscopal, conçu comme un ensemble fortifié surveillant la ville des cathares. Après les désordres causés par «l'hérésie», l'évêque, devenu seigneur temporel de la cité dans la seconde moitié du XIIIᵉ siècle, manifestait ainsi son désir de réaffirmer son autorité.

En 1277, l'année suivant son élection, Bernard, avec l'aide de ses chanoines, réunit des fonds considérables pour financer les travaux. Ces derniers traînèrent en longueur, l'argent venant à manquer, et la cathédrale ne fut consacrée qu'en 1480. Le choix d'une nef unique fut inspiré par les constructions des dominicains, très engagés dans la lutte contre le catharisme méridional ; cette solution avait été privilégiée pour faciliter la prédication. La nef, pourvue d'une voûte d'ogives, est bordée de chapelles surmontées de tribunes prises entre de massifs contreforts circulaires, qui servent à l'équilibrer. L'extérieur adopte un aspect résolument austère, encore renforcé par l'utilisation de la brique.

Après la consécration, l'évêque Louis d'Amboise édifia la clôture du chœur qui isolait l'autel, le trône épiscopal et les stalles des chanoines. Du côté ouest fut élevé un très grand jubé, doté de deux escaliers à vis aux extrémités pour accéder à la partie supérieure d'où se faisaient les lectures. Les sculptures sur la face extérieure de la clôture traitent de scènes de l'Ancien Testament, mises en parallèle avec d'autres du Nouveau Testament côté intérieur. Ce programme

iconographique est complété par une peinture du Jugement dernier sur le revers de la façade occidentale de la cathédrale.

SAINT-RIQUIER LA FLAMBOYANTE. L'abbaye de Saint-Riquier a un glorieux passé carolingien. Entre 790 et 799, l'abbé Angilbert fit édifier dans l'ancienne *Centula* un immense monastère comprenant trois églises reliées par des portiques. L'ensemble n'est connu que par des documents anciens. La liturgie complexe qui se déroulait dans la grande église abbatiale détermina son parti architectural, un massif occidental comportant une tour pourvue d'une chapelle à l'étage.

L'abbatiale fut entièrement reconstruite au XIIIe siècle mais son maître d'œuvre, l'abbé Pierre Le Prestre (1475-1478), conserva quelques éléments de l'église antérieure. Le monument, achevé seulement au XVIe siècle, est l'un des plus représentatifs de l'architecture flamboyante. On mit l'accent sur le décor, plutôt que sur le plan ou la structure. La nef centrale ne comporte que deux niveaux : de grandes arcades inférieures, surmontées de hautes baies subdivisées par des réseaux de pierre aux formes ondoyantes, qui paraissent voltiger comme des flammes dans l'air. De cette forme vient le qualificatif «flamboyant» qui caractérise l'architecture de la fin du Moyen Âge. Les ogives, qui soutiennent la voûte, ont perdu leur caractère strictement fonctionnel. Elles présentent des combinaisons variées, multipliant les branches intermédiaires et les clefs sculptées, adoptant un caractère plus expressif afin de théâtraliser et d'exalter l'espace sacré. Construite entre 1516 et 1536, la façade a la structure d'une tour-porche, mais son archaïsme s'efface derrière une profusion décorative jusqu'alors inédite.

LES CATHARES OU LA QUÊTE DE LA PERFECTION
Les cathares opposent un principe du mal au Dieu du bien. Le monde est l'œuvre de Satan. Il importe donc de se délivrer de la chair, par le *consolamentum* (réception de l'Esprit) qui oblige, dès lors qu'il a été imposé, à un ascétisme rigoureux. C'est pourquoi il n'est administré aux croyants qu'à l'article de la mort. Seul le clergé cathare, constitué de «Parfaits», se soumet à sa loi et devient ainsi apte à le donner.

Ᏸ·Ipꝺras

LES VILLES

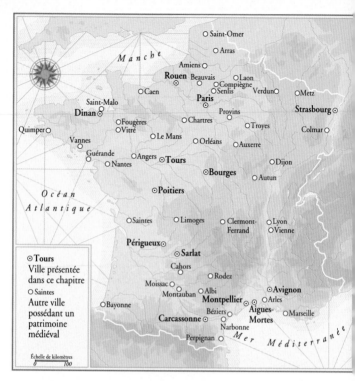

Échelle de kilomètres
0   100

⊙ **Tours**
Ville présentée
dans ce chapitre
○ Saintes
Autre ville
possédant un
patrimoine
médiéval

LUXE

Approvisionnée par les campagnes, la ville a développé divers artisanats de transformation (de la laine, du cuir, etc.) et un complexe réseau d'échanges, sur lequel règnent les marchands. Ceux-ci procurent aux notables et aux bourgeois tout ce qu'ils peuvent désirer.

Tout au long des temps «barbares», les villes ont beaucoup souffert, soit des grandes invasions et des guerres entre peuples et dynasties, soit d'une sorte de léthargie des échanges commerciaux. La plupart d'entre elles étaient méconnaissables, réduites à une faible part du périmètre antique, à un noyau dur autour de la cathédrale. Le tissu urbain romain, si bien construit, si solidement affirmé, et surtout le *forum*, grande place publique autrefois orgueil de la cité, s'estompaient peu à peu ou se disloquaient pour ne plus laisser que rues brisées ou impasses, sous le coup des empiétements et des usurpations : aucune autorité ne pouvait imposer un quelconque règlement d'urbanisme. Ayant oublié la destination des prestigieux monuments de l'Antiquité, on s'en servait sans respect aucun, occupant au mieux ceux qui tenaient encore debout, utilisant en réemploi les pierres arrachées ici et là. Les arènes d'Arles et de Nîmes furent partagées entre une dizaine de familles nobles qui y logeaient, séparées par des cloisons dressées à la hâte, à l'abri de hautes tours et des églises dédiées aux saints patrons des clans les plus riches et les plus influents.

334

À partir des années 1100, la paix permet un essor économique et urbain des cités anciennes. Conséquence du gonflement démographique, on voit apparaître au XIIIe siècle des villes neuves construites sur plan.

Le courant s'est renversé à partir des années 1100 environ. La paix, imposée par les conciles et les assemblées de paix puis par le roi ou le comte, permit un fort développement de l'économie de marché. Le travail du cuir et de la laine, jusque-là surtout implanté dans les bourgs ruraux ou les domaines seigneuriaux, fut introduit dans les villes. De nombreux autres métiers ont suivi, chacun occupant souvent une rue ou un quartier, tandis que partout augmentait la population et que s'affirmaient de nouveaux cadres sociaux : métiers, guildes ou hanses, confréries religieuses ou charitables, maîtres et étudiants d'universités. Le développement urbain fut le fait des pouvoirs en place, propriétaires du sol intra-muros : le vicomte ou le comte, l'évêque et le chapitre canonial, les grands abbés. Ils ont multiplié leurs offices, installé leurs sergents et les receveurs responsables de leurs domaines, construit des magasins et des granges, fait vendre le produit de leurs récoltes sur un marché, au pied de leur résidence. Artisans et petits marchands sont venus peupler, près de l'église ou du château, un lacis quasi inextricable de ruelles. Les villes de pèlerinage, ou d'étape pour les pèlerins, virent s'établir hospices, auberges, bancs de changeurs et de vendeurs, tant de vivres que d'images saintes. Dans la cité de Reims, à l'ombre de la cathédrale, du palais épiscopal et de la cour du chapitre, cinq marchés très étroits (vieux marché, marchés aux grains, aux draps, aux laines et aux chevaux) s'inséraient dans un extraordinaire réseau de venelles et de rues occupées par les marchands : épiciers, bouchers, pelletiers, orfèvres, merciers, ferrons, fuseliers, etc. La ville alors n'est pas une, mais double, triple, ou quadruple. Multicellulaire, elle est formée par des noyaux distincts qui, séparés par des espaces vides, rivalisent, s'affrontent et s'entourent chacun de murailles percées seulement de quelques

Ces «monétaires», agents des seigneurs, des comtes et du roi, étendent souvent leurs activités aux très lucratives transactions de change.

Proches des paysans
et des artisans se trouvent
les jardiniers, qui cultivent
les espaces non construits, souvent
vastes, à l'intérieur des villes.

**LES CAPITOULS
DE TOULOUSE**
Dès 1152
Toulouse possède
un «commun conseil
de la cité
et du faubourg»,
qui, avec l'accord
du comte, intervient
dans les problèmes
de sécurité, de justice
et de réglementation
du commerce.
Autonome dès 1189,
il est composé
de vingt-quatre
consuls, un par
quartier, dont douze
pour la seule cité,
qui prennent le nom
de «capitouls».
Cette autorité
municipale emploie
sa propre milice pour
maintenir l'ordre,
faire respecter ses
décisions, voire
imposer la «paix»
en cas de conflits
avec les bourgs ou
seigneurs voisins.

portes bien gardées ; ainsi à Périgueux se font
face la «cité», autour des arènes antiques,
et le «puy», autour d'une maison forte comtale
et de l'abbaye Saint-Front. En un second temps,
à partir du XIIIe siècle surtout, le gonflement
démographique provoqua la formation
de «bourgs», tant à l'extérieur de l'enceinte
qu'intra-muros. En furent les promoteurs tous
ceux qui possédaient de vastes terrains à bâtir :
l'évêque, les communautés religieuses
(Saint-Remi à Reims, les Templiers à Paris),
et très couramment de grandes familles déjà
solidement implantées (les Barbette à Paris,
sur la rive gauche). Ces bourgs n'étaient rien
d'autre que des constructions sur plan, sorte
de lotissements appelant des «hôtes» à venir
bâtir leur maison sur des parcelles identiques,
alignées avec soin le long d'un axe principal
(tracé au cordeau) et de rues perpendiculaires.
Ce type d'habitat, créé de toutes pièces, correspond
aussi aux nouveaux centres urbains, fondés
à la même époque : villes neuves et bastides.
Il introduisait dans la ville un tissu et un paysage
très différent, en contraste total avec ceux
des premiers noyaux. Aucun schéma d'ensemble
ne peut s'appliquer aux villes du Moyen Âge,
en France comme ailleurs. Tout dépendait
des stades et modalités de l'évolution,
des structures politico-sociales, des rapports
de force entre les pouvoirs, susceptibles ou non
de faire respecter des règlements
et de lutter contre les privilèges
acquis. Il n'y eut longtemps
qu'une seule grande boucherie
à Paris, avec seulement trente et
un étals, près du Châtelet, tandis
que Toulouse, ville bien moins
peuplée, comptait cent dix-sept
étals, répartis en douze *mazels*,
bien distribués dans tous
les quartiers de la cité. D'autre
part, on ne saurait parler
de paysages urbains anarchiques.
Ces cités, certes, ne répondaient
pas à l'idéal du plan antique.

Le dessin des rues et des places, si capricieux
à nos yeux, était cellulaire, fait de juxtapositions
de noyaux qui gardaient une sorte d'indépendance
et ne pouvaient tolérer les intrusions de l'extérieur.
Chaque maître du sol, grand seigneur, famille
bourgeoise ou communauté religieuse, entendait
préserver l'inaliénabilité de ses biens.
Le respect de la propriété privée, l'impossibilité
d'y porter atteinte expliquent les difficultés
pour appliquer des règlements d'urbanisme
(pour le pavage des rues, par exemple) et,
surtout, pour ouvrir de grandes voies de traverse,
dessiner une belle place, vitrine de la commune.
Ces grandes places ne seront réalisées – même
à Paris, où le pouvoir royal aurait pourtant
pu se faire très contraignant – qu'au cours
du XVIᵉ siècle.

VILLE ET CAMPAGNE
Si l'enceinte dessine
une frontière entre
espace urbain
et espace rural
(ci-dessus à Troyes),
sa destination
est aussi d'abriter
le peuple
des campagnes
en cas de danger.
Celui-ci est très
présent en ville,
qu'il y vienne vendre
ses produits
sur les marchés,
ou bien qu'il y soit
partiellement installé.

PARIS

L'ENCEINTE DE CHARLES V
Les murailles élevées entre 1364 et 1380 portent la superficie de Paris à 450 hectares. Elles englobent notamment les nouveaux quartiers de la rive droite.

HISTOIRE. Paris est l'exemple d'un modeste site gallo-romain accédant au premier rang des villes européennes au Moyen Âge. La Lutèce romaine occupait l'île de la Cité, avec sa *statio* portuaire, et, de l'autre côté de la Seine, une portion de la rive gauche. La décision de Clovis d'y établir le siège de son royaume, en 508, fut un événement majeur. Les fouilles récentes révèlent une extension urbaine à l'époque mérovingienne, sur la rive droite, ainsi que l'esquisse d'un réseau de voirie. La croissance de la population parisienne aux hautes époques est mal connue – 4 000 habitants au IXe siècle ? –, mais la ville fut la cible des invasions normandes, signe de sa prospérité.

Entre 1190 et 1212, Philippe Auguste enclôt Paris, étendue à 275 hectares, dans une nouvelle enceinte. Celle-ci comptait dix-neuf portes et poternes, dont la plus importante était la porte Saint-Denis, sur l'axe reliant la basilique royale au cœur de la capitale. Ces murailles englobaient le quartier de Grève et celui des Halles, sur la rive droite, et le nouveau quartier des écoliers, sur la rive gauche. En 1222, un accord avec l'évêque et les chanoines limite les droits de l'Église à l'intérieur de la ville qui peut, sous le contrôle et la protection du roi, développer son activité économique.

Histoire d'une capitale royale

Une dualité administrative se dessine. Le roi nomme un «bailli» ; le pouvoir municipal est dévolu au prévôt des «marchands de l'eau». Organisés depuis le XIe siècle en une hanse qui a le monopole des transports sur la Seine, ceux-ci comptent parmi les représentants les plus puissants de la bourgeoisie.

Au début du XIVe siècle, Paris fait partie des rares «bonnes villes» mentionnées par les ordonnances royales du dauphin Charles V ; elle n'a en effet connu à cette époque ni conjuration ni charte de privilèges. Le Parlement, d'où les clercs ont été exclus en 1319, y est organisé par l'ordonnance du 11 mars 1345. Y évolue toute une nouvelle société de gens de loi, dépendant du roi : parlementaires, procureurs, avocats, greffiers, notaires, huissiers, sergents, clercs de la basoche… En 1328, la capitale comptait 200 000 habitants environ. Sa population diminue de 25 à 75 % pendant la guerre de Cent Ans. La défaite de Poitiers (1356) et la captivité du roi Jean le Bon y aggravent le climat de crise. Un vent de réforme se lève, attisé par les milieux bourgeois, les clercs et une partie de la noblesse. L'émeute éclate le 28 février 1358 : le dauphin fuit Paris. Le prévôt des marchands de Paris, Étienne Marcel (appuyé par Charles le Mauvais) reste seul maître. Puis, contesté, il est assassiné le 31 juillet.

Le dauphin peut alors rétablir son autorité, mais il en gardera une grande méfiance envers la ville. Devenu roi en 1364, Charles V dote la capitale d'une nouvelle enceinte et surtout fait construire la forteresse de la Bastille, qui défend Paris à l'est autant qu'elle la surveille.

ENTRÉE DE CHARLES V À PARIS

Le roi Jean le Bon retenu en captivité, son fils Charles (1337-1380) dut réunir une lourde rançon. Régent en titre à partir de 1358, le futur Charles V institue les «fouages» ou impôts sur les feux, qui pèsent lourdement sur chaque foyer. Cette mesure «extraordinaire» sera en fait maintenue durant tout son règne, de 1364 à 1380. Charles V abolit les fouages sur son lit de mort, le 16 septembre 1380.

*L'*île de la Cité : cœur historique de Paris, elle demeura le siège du pouvoir royal et du pouvoir religieux durant tout le Moyen Âge.

JEAN SANS PEUR (1371-1419)

Héritier par son père Philippe le Hardi du duché de Bourgogne et par sa mère Marguerite des comtés d'Artois, de Flandre et de Franche-Comté, Jean sans Peur est un des plus puissants seigneurs de France. Le 23 novembre 1407, ses hommes assassinent Louis d'Orléans, rue du Temple. La tour qu'il fit édifier l'année suivante se dresse encore fièrement au n° 20 de la rue Étienne-Marcel (ci-contre, à gauche). Elle conserve un escalier à vis couronné d'une voûte au décor floral remarquable.

À droite, le massacre des Armagnacs par les Bourguignons, le 7 juin 1418 à Paris.

Après la révolte dite des Maillotins, en 1382, la ville perd son autonomie municipale jusqu'en 1411 : durant cette période, elle est directement administrée par le «prévôt du roi». À partir de la fin du XIVᵉ siècle, Paris accueille les Armagnacs, alliés du duc d'Orléans, puis les Bourguignons, gens du duc Philippe le Hardi. La rivalité des deux grandes maisons pour imposer leur influence sur le faible Charles VI, qui donne des signes de folie depuis 1392, aboutit à l'assassinat de Louis d'Orléans, en 1407, et à une véritable guerre civile dans Paris. Le fils de Philippe le Hardi, Jean sans Peur, d'abord vainqueur, fait une entrée triomphale dans Paris, en mars 1408. Mais les troubles sociaux persistent et, en août 1413, les Armagnacs reprennent le contrôle de la ville. Le dauphin Charles se réfugie à Bourges en 1418, puis à Tours, qui se substituent à Paris comme siège du pouvoir. Deux ans plus tard, les partisans du duc de Bourgogne livrent la capitale aux Anglais, qui l'occupent jusqu'en 1436. La ville reconquise, les rois de France continuent néanmoins de résider dans les pays de la Loire jusqu'en 1528. Seule la haute administration (à l'exception de la chancellerie) revient s'installer à Paris.

L'ÎLE DE LA CITÉ.

L'ÎLE DE LA CITÉ. Au VIe siècle, Paris offrait déjà le profil d'une grande métropole, dont le noyau était formé par l'île de la Cité. Quand Saint Louis y édifia de 1240 à 1248 la Sainte-Chapelle (magnifique exemple d'art gothique «parisien»), l'île constituait déjà un ensemble achevé. Elle comportait à l'ouest le palais royal, agrandi par Philippe Auguste, qui en avait fait une résidence permanente et de gouvernement et avait ordonné, vers 1185, que toutes les rues environnantes fussent pavées. L'édifice connut toutes sortes d'aménagements : aux tours Bonbec, de l'Argent, de César, édifiées par Philippe le Bel, s'ajouta la tour de l'Horloge, sous Charles V. Ces tours et la partie basse de l'aile nord du Palais de justice (salle des Gens d'armes, salle des Gardes, cuisines) sont aujourd'hui tout ce qui subsiste de l'époque médiévale. Le pont était un lieu stratégique autant que d'intérêt économique. L'île de la Cité était reliée aux deux rives par quatre ponts : le Pont-Neuf, le Grand-Pont, le pont Notre-Dame, sorte de rue couverte occupée par une soixantaine de maisons, et le Petit-Pont. Le Grand-Pont (Pont-au-Change) portait des loges pour les changeurs et les orfèvres, protégées depuis l'autre rive par la forteresse du Châtelet. C'était un lieu de rencontres pour le monde des affaires et la bonne société. À l'est s'élevait Notre-Dame, reconstruite à partir de 1163 sur l'emplacement de Saint-Étienne, avec un palais épiscopal et plusieurs chapelles insérés dans un lacis de rues dont certaines conduisaient au port Saint-Landri.

Le palais royal et la Sainte Chapelle, en l'île de la Cité, vers 1600.

MESSE EN LA SAINTE-CHAPELLE

Consacrée en 1248, la Sainte-Chapelle comprend deux niveaux. Au-dessus de l'espace destiné aux dévotions et aux cérémonies se trouve un étage d'une luminosité aérienne grâce à ses immenses verrières. Celui-ci est réservé à la vénération des précieuses reliques de la Passion.

CATHÉDRALE NOTRE-DAME

**LE DESTIN
D'UNE CATHÉDRALE**
Sur l'emplacement
des autels païens,
à la pointe orientale
de la Cité, existaient
à l'époque
carolingienne deux
églises, dédiées

LA CONSTRUCTION

La construction
de la cathédrale
s'imposait afin que Paris
puisse dignement faire
valoir son image de capitale
du royaume. Le mérite du projet
revient à l'évêque Maurice de Sully,
qui pourvoit au financement et à l'organisation du chantier.
Le chœur est achevé vers 1180 et la nef vers 1200. Il s'ensuit
l'élaboration de la façade et des chapelles latérales de la nef.
De 1250 à 1267, Jean de Chelles et Pierre de Montereau
construisent les croisillons des transepts ;
de 1296 à 1330, Pierre de Chelles et
Jean Ravy élèvent les chapelles de l'abside.
Les dimensions importantes de Notre-Dame
deviennent un modèle pour toute
une nouvelle génération d'édifices
jusqu'au premier tiers du XIIIe siècle :
130 m en longueur, 48 m de largeur
au transept, et 35 m de hauteur sous voûte.

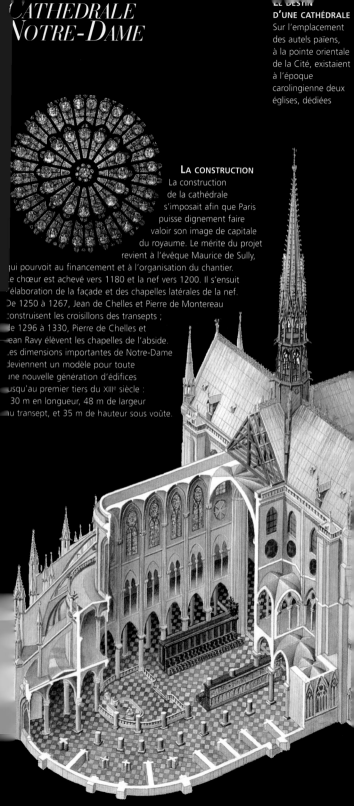

et à saint Étienne. Sous l'épiscopat de Maurice de Sully, de1160 à 1196, elles cédèrent la place à un seul édifice, qui est celui que nous admirons aujourd'hui.

La construction de Notre-Dame de Paris se poursuivit pendant près de deux cents ans après la pose de la première pierre, en 1163.

Profondément modifiée au XVIIe siècle par la reconstruction du maître-autel, ainsi qu'au XVIIIe siècle, elle subira également les assauts de la Révolution.

Après le Concordat, de grands travaux de restauration – confiés principalement, à partir de 1844, à Lassus et Viollet-le-Duc – ont permis de sauvegarder le monument.

L'ARCHITECTURE INTÉRIEURE

L'élévation intérieure est à quatre niveaux : grandes arcades, tribunes, ouvertures sous comble, fenêtres hautes. Le couvrement d'ogives s'établit sur un plan sexpartite. L'alternance des supports, présente au-dessus des tailloirs et dans les bas-côtés, est remplacée dans la nef par des colonnes identiques, constituées de tambours superposés. Dans les collatéraux, la retombée faible est marquée par la présence d'une colonne cantonnée de douze colonnettes en délit. Le couvrement, au bombement peu marqué, et la faible épaisseur des voûtains permettent l'emploi de murs relativement minces. La campagne de construction entreprise vers 1180 manifeste de profondes différences dans le traitement des murs du chœur et de la nef, ainsi que dans les colonnettes recevant la retombée des ogives ; ces dernières sont appareillées dans le chœur, mais en délit dans la nef.

LA STRUCTURE

Elle présente quatre particularités essentielles : un déambulatoire de type continu sans chapelles rayonnantes, un transept non débordant, l'absence de tour de transept, et enfin une nef bordéede doubles collatéraux qui se prolongent autour du chœur.

LE GRAND CHANTIER
Il contribue
à l'économie
générale de la Cité
en fournissant
du travail
directement
ou indirectement
à un très grand
nombre
de personnes.

LA CATHÉDRALE DANS LA CITÉ .

C'est un monument urbain, dont l'érection va de pair avec le renouveau de l'épiscopat et avec l'expansion de la Cité. Celle-ci est alors constituée de plusieurs ensembles urbains, au sein d'une enceinte dont la portée est plus symbolique que défensive. Durant le XIIᵉ siècle, Paris resplendit du rayonnement de ses écoles : l'école épiscopale, les écoles de Sainte-Geneviève et de la collégiale Saint-Victor voisine, celles ouvertes par Pierre Abélard ou Pierre le Mangeur. Vers 1200 apparaît l'«université des maîtres et des écoliers de l'étude de Paris». La ville est donc également devenue

Tête du roi Juda (musée de Cluny)

la capitale du savoir, ce dont peut s'enorgueillir le royaume.

LES VOLUMES

L'extérieur se caractérise par un étagement des volumes particulièrement bien équilibré. Cela est d'autant plus frappant au niveau du chevet, dont les masses s'ordonnent les unes au-dessus des autres en trois superbes courbes. Des arcs-boutants ont été implantés au chœur, et ceux des nefs (ci-dessous) furent modifiés avec l'aménagement de chapelles entre les contreforts. La façade est régie par un quadrillage de grandes horizontales rythmées par la galerie des Rois.

LA FAÇADE OCCIDENTALE .

Reconstruite à partir de 1210 environ, la façade occidentale résulte de recherches antiquisantes et des formes élaborées à Laon ou Sens. Le *Jugement dernier* du portail central ainsi que le *Couronnement de la Vierge* du portail septentrional adoptent une formule de larges registres superposés, plus clairement intégrés au rythme des voussures. Une plus grande verticalité caractérise le style des sculptures qui annoncent l'expression des statues d'Amiens.

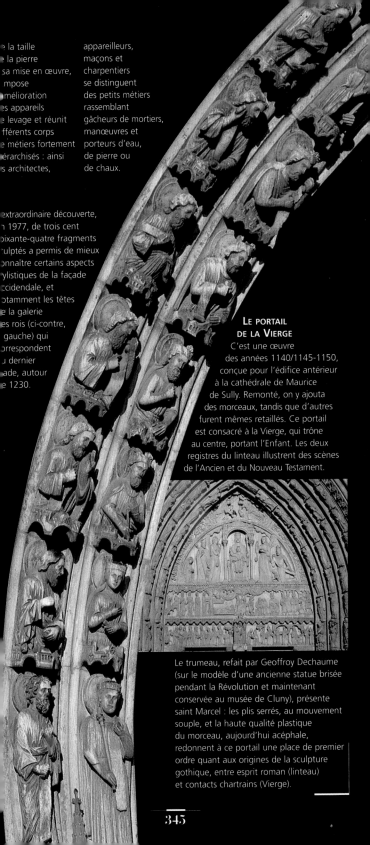

e la taille
e la pierre
sa mise en œuvre,
mpose
mélioration
es appareils
e levage et réunit
fférents corps
e métiers fortement
érarchisés : ainsi
s architectes,

appareilleurs,
maçons et
charpentiers
se distinguent
des petits métiers
rassemblant
gâcheurs de mortiers,
manœuvres et
porteurs d'eau,
de pierre ou
de chaux.

extraordinaire découverte,
n 1977, de trois cent
oixante-quatre fragments
culptés a permis de mieux
onnaître certains aspects
ylistiques de la façade
ccidendale, et
otamment les têtes
e la galerie
es rois (ci-contre,
gauche) qui
orrespondent
u dernier
ade, autour
e 1230.

LE PORTAIL
DE LA VIERGE

C'est une œuvre
des années 1140/1145-1150,
conçue pour l'édifice antérieur
à la cathédrale de Maurice
de Sully. Remonté, on y ajouta
des morceaux, tandis que d'autres
furent mêmes retaillés. Ce portail
est consacré à la Vierge, qui trône
au centre, portant l'Enfant. Les deux
registres du linteau illustrent des scènes
de l'Ancien et du Nouveau Testament.

Le trumeau, refait par Geoffroy Dechaume
(sur le modèle d'une ancienne statue brisée
pendant la Révolution et maintenant
conservée au musée de Cluny), présente
saint Marcel : les plis serrés, au mouvement
souple, et la haute qualité plastique
du morceau, aujourd'hui acéphale,
redonnent à ce portail une place de premier
ordre quant aux origines de la sculpture
gothique, entre esprit roman (linteau)
et contacts chartrains (Vierge).

Les tavernes constituaient un autre versant de la physionomie parisienne. On y retrouvait dans une convivialité trouble, réprouvée par les bonnes mœurs, le petit peuple travailleur ou oisif. Paris comptait quatre cent soixante-sept tavernes en 1313. Toute une population patibulair transparaît dans des expressions de l'époque, comme les «frères pervers» ou les «navigateurs». Quant aux femmes qui gagnaient légalement leur vie en se prostituant, on les appelait «ribaudes communes», «folles femmes» ou «folles frangines» Cette population se concentrait au cœur de la ville près de Notre-Dame, au port au Foin.

*L*A RIVE GAUCHE. Dès l'époque romaine, le noyau établi sur l'île de la Cité déborde sur la rive gauche de la Seine : ce noyau antique, avec ses thermes, son forum fortifié et ses arènes subsiste au haut Moyen Âge, même si l'habitat se rétracte. À la fin du Ve siècle, les rois barbares procèdent à des aménagements et fondent des églises funéraires. Clovis élève, pour y reposer avec sa famille, une basilique des Saints-Apôtres sur la tombe de sainte Geneviève. Childebert, peu après 550, fonde l'église Sainte-Croix-et-Saint-Vincent qui deviendra Saint-Germain-des-Prés. Une vaste nécropole est établie au-delà.

$\mathcal{R}$ive gauche : de Saint-Germain-des-Prés à la montagne Sainte-Geneviève, les ordres religieux fondent des collèges. Peu à peu apparaît une nouvelle classe, propre aux villes, celle des intellectuels.

De l'ancienne abbaye Sainte-Geneviève, propriétaire de toute la «montagne», rien ne subsiste. L'ancienne église, celle de Saint-Étienne-du-Mont, élevée au XIIIe siècle, devenue trop étroite, fut élargie et reconstruite à partir de 1491 dans un beau style flamboyant et renaissant. Quant à Saint-Germain-des-Prés, le sanctuaire fut reconstruit aux XIe-XIIe siècles, et son remarquable palais abbatial date de 1586. Entre Saint-Germain-des-Prés et l'abbaye Sainte-Geneviève, se trouvait le quartier des écoles qui fonda la renommée intellectuelle de la ville. La genèse de l'Université s'opéra entre 1180 et 1230. Sa création fut liée à une organisation corporative des maîtres et des étudiants pour lutter contre l'autorité de tutelle du chancelier de Paris. Ils constituèrent un véritable quartier mais l'impact topographique fut surtout le fait des collèges fondés par les ordres religieux pour loger leurs étudiants.
Dans le même quartier, citons la charmante église Saint-Julien-le-Pauvre, édifiée vers 1170 (en partie amputée), ainsi que l'hôtel de Cluny, qui aujourd'hui accueille le superbe musée du Moyen Âge.

Sainte Geneviève en prière sur les tours de Notre-Dame (Livre d'heures de Charles VII, XVe siècle).

COURS DE THÉOLOGIE EN LA SORBONNE
Les collèges prolifèrent à partir de 1250, mais c'est Robert de Sorbon qui réalise la fondation la plus importante, en 1257-1258, à partir de maisons et de terrains loués sur la montagne Sainte-Geneviève. (Les bâtiments de la Sorbonne ont été reconstruits complètement et agrandis au XIXe siècle.)

M usée national du Moyen Âge de Cluny : outre qu'il rassemble des chefs-d'œuvre dans tous les domaines artistiques, il offre une illustration de la vie quotidienne à travers des centaines de productions artisanales.

Le musée de Cluny. C'est au XIVe siècle que les abbés de Cluny, soucieux de s'implanter aux abords de la Sorbonne, acquièrent le terrain où se trouvaient les ruines d'un complexe thermal romain (Ier-IIe siècle). Vers la fin du XVe siècle, ils y firent bâtir le magnifique hôtel qui nous est parvenu. Si le mur crénelé, au sud, témoigne d'un net ancrage dans la tradition médiévale, le nombre élevé des ouvertures et la richesse

HÔTEL DE CLUNY
Vue de la cour intérieure.

MARIE MADELEINE
Bois de chêne, à l'origine polychromé, vers 1500.

de l'ornementation des façades attestent l'émergence d'une nouvelle esthétique. On relève aussi le caractère novateur de la disposition du corps principal, entre cour et jardin, parti qui se généralisera dans les résidences urbaines de l'époque moderne.

Dès la première moitié du XIXe siècle, un certain nombre de sculptures antiques et médiévales avaient été entreposées dans les thermes. Parallèlement, Alexandre Du Sommerard rassemblait dans l'hôtel de Cluny l'ébauche d'une collection d'objets du Moyen Âge et de la Renaissance. À sa mort, l'État acheta les deux bâtiments, et les œuvres qui s'y trouvaient formèrent le fonds initial du musée, inauguré en 1844. Il fut géré pendant quarante ans par Edmond Du Sommerard, fils d'Alexandre, à qui l'on doit plusieurs acquisitions spectaculaires. Rattaché aux Monuments historiques, il reçut en dépôt de nombreuses sculptures provenant de grands édifices parisiens. Depuis le transfert, dans les années 1970, de ses collections de la Renaissance au musée d'Écouen, il est entièrement consacré à la période s'étendant de la fin de l'Antiquité à celle du Moyen Âge.

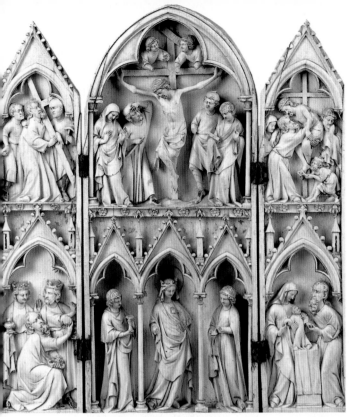

'art textile y est d'abord représenté par
les broderies (XIIIe-XVe siècle), comme la *Vie
de saint Martin*, la broderie aux Léopards
d'Angleterre, ou la chasuble à l'Arbre de Jessé.
Il atteint un véritable apogée avec les tapisseries
des XVe-XVIe siècles : les tentures des cathédrales
illustrent la vie de saints (saint Étienne,
Délivrance de saint Pierre) ; la célèbre
tenture de la *Dame à la licorne* et celle
de la *Vie seigneuriale* font appel
à la symbolique et à l'imaginaire
du temps ; le *Départ de l'enfant
prodigue*, bien qu'inspiré
de la Bible, livre un vivant
tableau de la noblesse.
La sculpture est représentée
par une abondante statuaire
provenant de Saint-Denis,
Notre-Dame et la Sainte-Chapelle
de Paris, mais aussi par de fines
œuvres en bois, comme la charmante
Marie-Madeleine de Bruxelles. Les arts
précieux réunissent ivoires, orfèvrerie et
riches émaux limousins. Les premiers meubles,
les objets utilitaires et toute une production
artisanale (au total plusieurs centaines de pièces)
illustrent la vie quotidienne : le voyage et la chasse,
la lecture et les jeux, la table, la toilette…

Triptyque en ivoire,
provenant de
Saint-Sulpice du Tarn,
vers 1300-1320.

Tenture de la Dame
à la licorne.

Pièce portant
la mention
«À mon seul désir»,
1484-1500.

*R*ive droite : traditionnelle zone marchande, elle attire l'élite sociopolitique à partir du règne de Charles V. Celui-ci transforme le Louvre en palais et possède une résidence privée dans le Marais.

*R*IVE DROITE. Dès les temps mérovingiens un faubourg se forma sur la rive droite de la Seine, au débouché du Grand-Pont de l'île de la Cité. En même temps qu'une nouvelle enceinte, Philippe Auguste fit élever la tour du Louvre (1202) qui, avec le Châtelet, verrouillait le système de défense de l'île de la Cité.

INTERROGATOIRE
En 1395, une ordonnance rend les oisifs responsables de presque tous les crimes et désordres nocturnes. Inscrit dans les statuts urbains, le temps de la nuit est défini par le couvre-feu sonné par la cloche. La police, dont l'action s'étendit largement hors de Paris au cours du XVe siècle, était confiée au prévôt siégeant au Châtelet, où se trouvaient la prison et la cour de justice criminelle.

De ce château fort, transformé en palais par Charles V, il ne subsiste que les fondations et une salle basse voûtée, sous l'actuelle cour Carrée. L'église voisine, Saint-Germain-l'Auxerrois, fondée au VIIe siècle, reconstruite au XIIe siècle puis fréquemment remaniée, a conservé un beau porche flamboyant de 1435-1439.
Philippe Auguste fit également construire deux grandes halles, en 1183. De nombreuses activités commerciales s'implantèrent autour de celle aux blés, depuis Saint-Eustache jusqu'à la rue Saint-Denis. Ces halles constituaient avec le quartier Saint-Jacques-de-la-Boucherie (d'où Simon Caboche lança sa révolte en 1413) et la maison des Marchands de l'eau (sans doute la plus ancienne confrérie professionnelle de Paris) un pôle d'intérêt économique vital, sur lequel veillait la puissante forteresse du Châtelet (détruite en 1808). Au nord s'étendait la paroisse Saint-Nicolas-des-Champs avec laquelle coïncidait la «couture» Saint-Martin, un espace occupé par les cultures. Ce n'est qu'aux XVe-XVIe siècles qu'y furent construites de belles églises de style gothique flamboyant : Saint-Nicolas-des-Champs (1420-1480) et Saint-Merri (1515-1532).

Les châtiments publics étaient souvent accomplis
en plein cœur de Paris : au XIIIe siècle, le pilori
fut érigé à proximité des halles ; le connétable
de Saint-Pol fut exécuté en place de Grève
(actuelle place de l'Hôtel-de-Ville) en 1475. Mais
les exécutions pouvaient aussi avoir lieu hors
de la ville, au gibet de Montfaucon par exemple.
À partir du XIVe siècle, le Louvre attira une élite
sociopolitique et son rempart servit d'appui
aux hôtels particuliers de la haute société.
Cette nouvelle zone résidentielle s'étendit vers
le Marais, en particulier dans les environs
de l'hôtel Saint-Pol, hôtel royal construit par
Charles V : aujourd'hui disparu, il s'élevait entre
la rue Saint-Antoine et la rue de l'Hôtel-Saint-Paul.
Plusieurs beaux hôtels des XVe et XVIe siècles
illustrent encore cet art des demeures princières
ou aristocratiques : celui de Sens (1474-1519) et,
plus éloigné, celui de Soubise ou de Clisson,
construit par Olivier de Clisson, connétable
de France, à la fin du XIVe siècle.
Au nord du Marais, l'enclos de l'ordre militaire
du Temple, délimité par les rues du Temple,
de la Corderie, et Charlot, a subsisté au-delà
du Moyen Âge avec son donjon de 50 m
de haut. Louis XVI y fut incarcéré.

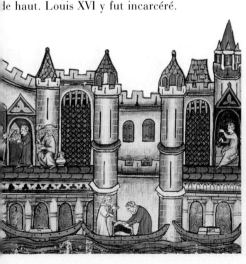

_es acteurs de la vie urbaine :
dans un Moyen Âge massivement
rural, la ville apparaît comme le creuset
d'une autre civilisation.

LES PONTS DE PARIS
Lieux stratégiques,
les ponts attirent
une population
diverse d'oisifs
et de travailleurs.
On peut reconnaître
sur ces miniatures :
un fauconnier,
un oiseleur,
un apothicaire ;
un chausseur,
un orfèvre,
un portefaix poussant
sa brouette,
un mendiant
à qui un marchand
fait l'aumône ;
un étal d'«oublieur»,
un orfèvre,
un aveugle conduit
par un chien,
un mendiant.
Sur la Seine :
des bateaux-viviers,
des bateliers
débarquant
des barriques
et des bateaux
chargés de bois.

_C_OMPLÉMENTARITÉ ET ASSIMILATION.
La civilisation urbaine impose un modèle dont
l'influence s'amplifie au cours des siècles.
À la différence de ce qui s'observe dans l'Antiquité,
la ville du Moyen Âge associe les éléments qui
la composent. Jamais elle n'est séparée
de la campagne : il est fréquent que le paysan
réside à l'intérieur de l'enceinte, se rende aux
champs avec un bétail rentré le soir à l'étable
pour fournir les laiteries ; la volaille ou les cochons
occupent la voirie. Cette complémentarité rend
difficile l'établissement d'une typologie.
Si les fonctions défensive et administrative
définissent la ville, c'est l'économie – enjeu
prioritaire – qui structure son peuplement.
Au marché comme à la foire, à date fixe, affluent
les paysans avec leur production – fruits, vins
ou fromages. Ils y côtoient maquignons, bouchers
épiciers, poissonniers, merciers et tisserands
(ainsi aux Champeaux, à Paris). À Rennes,
le grand marché se clôt par une fête animée
par les _menestreux_, qui accompagnent de leur
musique le bœuf dont on fera ripaille. À Arles,
le retour des alpages est l'occasion d'une foire
où s'échangent laines, peaux et laitages.
L'attraction est plus régulière dans les grandes
villes qui acquièrent une dimension cosmopolite.

La rue des Lombards à Paris, la loge des Italiens
à Montpellier ou à Nîmes, celles des Anglais,
des Espagnols, des Flamands, des Hollandais
à La Rochelle illustrent la fonction assimilatrice
de la ville. De toute l'Europe, on afflue vers
Avignon, capitale de la chrétienté.
Partout on trouve un quartier juif, dont un grand
nombre de rues de la Juiverie, des Gieux,
de la Judéarie, conservent la trace. À Paris,
la rue des Juifs (actuelle rue des Rosiers) date
de Saint Louis. Chartres, Orléans, Marseille,
Toulon possèdent une ou plusieurs synagogues.

LES CLIVAGES SOCIAUX. La position
économique détermine un clivage durable
entre les «gros» et les «menus».
L'artisanat et le bâtiment attirent une foule
laborieuse. Prolétariat et marginalité se retrouvent
dans les rues *deshonestes*. Les quartiers réservés
accentuent cette connotation : le pont Morens
à Chambéry, la rue Saint-Cyrisse à Rodez,
la rue Süssel-Winkel à Mulhouse. À Paris,
depuis Saint Louis, quelques sites sont autorisés
dans l'île de la Cité et, sur la rive droite, près
du vieux Louvre et dans le Marais. S'y retrouvent
mignottes, *houliers*, *ribauds* et *filhas*.
C'est le patriciat qui détient les charges et l'argent.
À Tours, cinquante marchands dominent
l'administration. À Besançon, 5 % de la population
contrôlent le commerce et la banque. À Douai,
le drapier Jean Boinebroke possède le quartier
qu'il loue à ses quarante employés. Cathédrales,
monastères et hôpitaux concentrent un clergé
qui s'accroît avec l'irruption des ordres mineurs.
À Rouen, le chapitre
cathédral reçoit 35 %
des rentes perçues intra-
muros. Celui de Notre-Dame
de Paris est l'un des plus gros
propriétaires d'Île-de-France.
Enfin, le pouvoir attire aussi
la noblesse dans les villes,
qui offrent donc l'éventail
complet de la société
médiévale.

«On tue
le cochon»
(livre d'heures
de 1450).

Femme
dans l'échoppe
d'un couturier.

STRASBOURG

**CATHÉDRALE
NOTRE-DAME**
En forme
de croix latine,
elle se compose
d'une nef à sept
travées, flanquée
de deux collatéraux
et d'un transept.
Haute de 142 m,
sa flèche, achevée
en 1439,
constitue l'une
des créations les plus
audacieuses de l'art
gothique tardif.

Ci-dessous,
la façade sud.

Strasbourg est une exception parmi les grandes villes d'Alsace, pour la plupart fondées seulement entre 1134 et 1237 par les souverains du Saint Empire romain germanique. Son noyau urbain fut le site d'un castrum romain et conserva l'essentiel de son plan antique jusqu'aux invasions des Vikings, en 882. La ville doubla sa superficie aux temps mérovingiens et carolingiens (Ve-Xe siècle), puis étendit son enceinte à cinq reprises jusqu'au XVe siècle.

L'âge d'or de son patriciat (grande bourgeoisie urbaine) commence au XIIIe siècle. En 1263, les milices municipales sortent victorieuses de la bataille d'Oberhausbergen contre les chevaliers de l'évêque : Strasbourg, dégagée de la tutelle épiscopale, devient quasi autonome. Sa prospérité commerciale profite également aux gens de moyenne condition, artisans, petits commerçants, etc., qui se soulèvent en 1308 et obtiennent de prendre part à la gestion des affaires municipales. À la fin du XIVe siècle, Strasbourg acquiert le statut de ville libre, dernière étape de son émancipation rendue possible par l'affaiblissement du pouvoir impérial.

Hors la cathédrale, de nombreux sanctuaires sont d'origine médiévale : Saint-Étienne (de style roman), Saint-Pierre-le-Jeune (cloître roman, chœur du XIIIe siècle, nef et jubé du XIVe), Saint-Pierre-le-Vieux (temple protestant du XVe siècle) et Saint-Thomas (XIIIe-XIVe siècle).

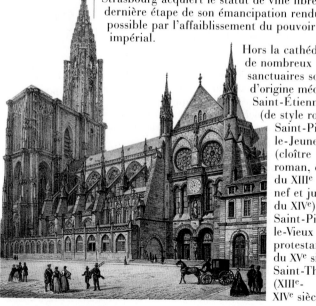

*L*A CATHÉDRALE D'UNE CITÉ INDÉPENDANTE.
Édifiée vers 1015 sur le site d'un temple païen,
puis victime d'un incendie, la cathédrale Notre-
Dame fut reconstruite en grès rose des Vosges
à partir de 1190. Le chœur et le croisillon nord
du transept, achevés en 1225, sont encore de style
roman, mais la majeure partie de l'édifice est
gothique : le croisillon sud, où se dresse le fameux
pilier des Anges, et la nef furent terminés en 1275 ;
la réalisation de la spectaculaire façade ouest prit
plus de 160 ans (1277-1439). Les deux tours
furent réunies à la fin du XIVe siècle par un beffroi,
symbole des libertés municipales. C'est sur son
parvis que le conseil communal recevait le serment
de fidélité des guildes des métiers, à l'issue
d'une procession conduite par le «maire».
Aux abords immédiats se trouvaient les rues
des tailleurs et des merciers (à l'ouest) ainsi
qu'un hôpital (au sud-ouest) ; au sud se tenaient
les marchés aux fruits et aux vins, devant l'Œuvre
Notre-Dame. Un premier bâtiment (gothique)
y accueillit à partir de 1347 les corps de métiers
travaillant à l'édification de la cathédrale :
architectes, maîtres d'œuvre, maçons, tailleurs
de pierre, etc. Complétée d'un édifice Renaissance
(1579-1587), l'Œuvre a été étendue à l'hôtel
du Cerf (XIVe siècle) et à une autre maison
(XVIIe siècle). Elle abrite aujourd'hui l'un des plus
riches musées de sculptures médiévales, dont
beaucoup proviennent de la cathédrale, où elles
ont été remplacées par des copies.

Dessin d'étude
pour le beffroi
(1360-1365).

*F*leuron du Saint Empire romain germanique, Strasbourg connaît une grande prospérité aux XIIᵉ-XIIIᵉ siècles, époque de la reconstruction de sa cathédrale Notre-Dame.

*P*LACES ET QUARTIERS SPÉCIALISÉS.

Les places d'aujourd'hui correspondent à des espaces très divers du Moyen Âge : extension de parvis, place proprement dite, espace périphérique au maillage des rues, etc. Le marché aux chevaux et les tournois étaient organisés hors de l'enceinte d'avant le XIIIᵉ siècle, à l'emplacement de l'actuelle place Broglie. Plus rien ne la sépare aujourd'hui du grenier d'Abondance, élevé en 1441 pour contenir les réserves en blé.

Entre la cathédrale et l'atelier de Monnaie (1318) fut construite en 1321 la *Pfalz* (hôtel de ville), près de laquelle s'installèrent les étals des boulangers (1325). Une chancellerie (1462) puis un hôtel de la Monnaie (1507) vinrent bientôt la compléter. Cet ensemble administratif et économique, jugé « trop gothique » en 1781, a malheureusement été détruit. La place elle-même, créée au XVIᵉ siècle, fut rebaptisée place Gutenberg, en l'honneur de celui qui inventa l'imprimerie à caractères mobiles lors de son séjour à Strasbourg, entre 1439 et 1444.

En revanche, nombreuses sont les rues qui ont conservé leur nom du XIIIᵉ siècle, témoignant du regroupement des métiers : rue Mercière, quartier des Charrons, rue des Tonneliers, des Pelletiers, des Charpentiers, des Serruriers, des Tripiers ou fossé des Tailleurs.

*E*XPLOITATION DE L'EAU : DÉFENSE ET ARTISANAT.

Au Moyen Âge, Strasbourg était entourée par des boucles d'eau successives, formées par les fossés des anciennes enceintes, les bras de l'Ill et du Rhin. La rue du Fossé-des-Tanneurs correspond à un canal (aujourd'hui comblé) au bord duquel s'installèrent au XVᵉ siècle

maroquiniers, peaussiers, pelletiers, chamoiseurs, selliers, etc. Les maisons aux toits ventrus, sous lesquels séchaient les cuirs, occupaient aussi la rue du Bain-aux-Plantes, voisinant avec des bains publics établis depuis 1339. Plus à l'ouest, se dressaient quatre moulins (rue de ce nom), puis quatre tours (il en reste trois) reliées par des ponts couverts et intégrées aux remparts depuis 1328-1334.
En amont de l'Ill s'étendait le quartier *Krauten-Au* ou «champs aux herbes», parsemé de cultures maraîchères. Plus loin, la rue des Bouchers, les quais des Bateliers et des Pêcheurs firent leur apparition au XVe siècle. Les bateliers géraient le trafic maritime, veillant à ce que les marchandises soumises aux taxes passent par la douane ou *Kaufhaus* (l'édifice actuel est une copie de l'original de 1358, détruit en 1944). L'eau avait bien d'autres utilités, comme en témoigne le pont du Corbeau, ancien pont des Supplices où avaient lieu les exécutions par noyade... Sur la place se dresse encore l'hôtellerie du Corbeau, du XVe siècle, avec sa cour intérieure, sa tourelle à pans et ses galeries superposées en bois. Elle voisina jusqu'en 1586 avec la Grande Boucherie du XIIIe siècle (remplacée par celle qui accueille le Musée historique), lieu de vente mais aussi de découpe et d'abattage du bétail, dont les déchets étaient rejetés à l'eau.

LES PONTS COUVERTS
À l'origine en bois, et couverts de toits de tuile, ils furent reconstruits en pierre et fermés par des herses pour s'intégrer à l'enceinte du XIVe siècle.

JOHANNES GUTENBERG
(v. 1395-1468)
En facilitant la fabrication des livres, l'imprimerie à caractères mobiles révolutionna la culture européenne au milieu du XVe siècle.

ROUEN, CAPITALE NORMANDE

Au IV\ :sup:`e` siècle Rouen ne couvre que 25 hectares mais jouit déjà du statut de métropole en accueillant l'archevêché à l'intérieur de son enceinte gallo-romaine. Sa vocation marchande se dessine à l'époque des rois «barbares» où elle devient une étape du négoce avec l'Angleterre et les Flandres. En 911, Rollon, chef des envahisseurs normands, constitue la «marche de Normandie» et fait de Rouen sa capitale. Quand Guillaume le Conquérant (v. 1027-1087), duc de Normandie, s'empare de la couronne d'Angleterre, Rouen profite de ce surcroît de puissance. Sa population augmente avec sa prospérité commerciale, et elle est dotée d'une nouvelle enceinte au milieu du siècle suivant. Celle-ci est abattue en 1202 par le roi de France, Philippe Auguste, qui y affirme son pouvoir par un château (seul le donjon se dresse encore, près du boulevard de l'Yser). Les remparts sont cependant bientôt relevés, et cent ans plus tard Rouen, florissante, est la seconde ville du royaume avec près de 40 000 habitants. Ruinée par la guerre de Cent Ans, la grande peste (1348) et les famines, elle est occupée par les Anglais de 1419 à 1449 : c'est sur sa place du Vieux-Marché que Jeanne d'Arc est suppliciée en 1431. Le renouveau que connaissent Rouen et la Normandie à partir de 1450 se trouve illustré aussi bien par des œuvres conservés au musée des Antiquités (au nord de la vieille ville) que par de belles façades du quartier Saint-Vivien, déplacées aujourd'hui sur cette place, à l'ouest. (Non loin, au n° 7-9 de la rue de la Pie, une maison de maître de corporation a été reconstituée.)

CATHÉDRALE ET ARCHEVÊCHÉ, CŒUR MONUMENTAL DE LA CITÉ.

Plusieurs cathédrales se sont succédé au même emplacement : la première, paléochrétienne, fut bâtie vers 395, au centre de l'enceinte romaine ; la seconde, romane, fut consacrée en présence de Guillaume le Conquérant en 1063 (en subsiste la crypte) ; la dernière, flanquée de deux superbes tours et s'ouvrant par de riches portails, est de style gothique. Elle est justement célèbre pour ses vitraux, contemporains de ses différentes étapes de construction, pour l'essentiel du XIIIe au début du XVIe siècle. Au XIIe siècle, la place de la Cathédrale n'existait pas, et le cimetière qui entourait l'édifice était un site de marché : des échoppes en bois, d'abord démontables puis fixes, y étaient installées. Placés sous la protection du chapitre, leurs propriétaires étaient exemptés des taxes que payaient les autres commerçants.

Le palais de l'archevêque (longtemps l'homme le plus puissant de Rouen) faisait également partie de ce noyau central à partir duquel se développa la cité. L'Église, qui possédait d'importants biens fonciers, y fut à l'origine des premiers aménagements, notamment pour acheminer par canaux l'eau des sources environnantes, creuser des puits et créer des fontaines où venaient puiser les Rouennais – quand ils ne s'approvisionnaient pas directement dans la Seine. À l'intérieur de l'archevêché, seul le rez-de-chaussée a gardé son aspect médiéval. Il est longé au nord par la rue Saint-Romain, dont plusieurs maisons à pans de bois datent des XIVe et XVe siècles (n° 52, n° 54 et «vieille maison»).

Vue de Rouen
en 1525.

DE SAINT-MACLOU À SAINT-OUEN, LE QUARTIER DES DRAPIERS.

Rouen bâtit sa richesse sur l'activité de son port et le commerce du drap. Les métiers «polluants» de la laine furent d'abord relégués hors les murs : foulons et teinturiers travaillaient dans les eaux du Robec (rue de ce nom) ; les ateliers des tisserands étaient établis alentour, dans les paroisses de Saint-Maclou, Saint-Vivien et Saint-Ouen, qui ne furent englobées par les enceintes qu'aux XIIe et XIIIe siècles. L'aître Saint-Maclou est le seul cimetière paroissial médiéval dont l'espace ait subsisté intact (mais les sculptures macabres qui décorent ses façades sur cour sont de la Renaissance). À l'origine de l'abbaye Saint-Ouen se trouve un monastère fondé au VIe siècle, et qui reçut les reliques de saint Ouen en 684. Une vaste église fut construite au XIe siècle (absidiole romane) dans l'espoir d'attirer la foule

LA CATHÉDRALE
Portail
de la Calende,
œuvre de Jean Davi.

des pèlerins. Malgré un succès mitigé, le phénomène de pèlerinage créa des activités d'hébergement, de ravitaillement, d'artisanat, fixant peu à peu une nouvelle population : l'abbaye, propriétaire des terrains, géra la mise en valeur de ce qui devint bientôt un bourg. Sa belle abbatiale, commencée au XIVe siècle, fut achevée au XVIe dans le respect des dessins d'origine (sauf la façade, du XIXe). Plusieurs maisons médiévales subsistent dans le quartier, notamment à l'angle de la rue du Ruissel (maison des Mariages, XVe siècle), rue du Petit-Mouton, et place Saint-Amand (ancienne maison d'abbaye avec façade du XIIIe et pharmacie du XVe).

LE CENTRE MARCHAND ET COMMUNAL.

Au XIIe siècle, les artisans s'organisèrent en corps de métiers, et la ville se dota d'une charte : les *Établissements de Rouen* (1170). Celle-ci est l'affirmation de notions jusqu'alors floues, telles que commune ou bien public, mais surtout le signe du pouvoir acquis par les riches bourgeois parmi lesquels étaient désignés le maire et ses vingt *prud'hommes*. La société moyenne était formée de commerçants prospères, comme les gantiers, qui se firent construire de grandes maisons rue de la Ganterie, à mi-chemin du quartier des tanneurs (au bord de la Renelle) et du centre. La «commune» restait cependant assujettie au royaume, et c'est le roi qui la dota au XIIIe siècle de trois grandes halles, dont seule celle aux toiles subsiste (place de la Haute-Vieille-Tour), et d'un hôtel de ville (disparu). En 1321, suite à des troubles, Philippe V permit à la moyenne bourgeoisie de participer aux affaires municipales, limitant le pouvoir du maire, dont les fonctions étaient accaparées par quelques grandes familles. Mais Rouen, affamée par la guerre et les impôts, frappée par les inondations, reprit les armes en 1382. Cette révolte de la Harelle, durement réprimée, se solda par une lourde amende, la perte du statut de commune et la destruction du beffroi. Reconstruit à la fin du siècle, celui-ci formait avec l'hôtel de ville, le Gros-Horloge (1389) et la fontaine gothique de 1456 (remplacée au XVIIIe siècle), un ensemble emblématique de l'autorité communale, que compléta le pavillon des Cadrans en 1527. (Le palais de justice, également du XVIe siècle, est néanmoins de style gothique flamboyant.)

Médaille d'argent
à l'effigie
d'Anne de Bretagne.

La Bretagne connaît à l'aube de son histoire bien des troubles, notamment les représailles carolingiennes entre 753 et 837, puis les invasions normandes entre 835 et 938 (Nantes est pillée). De sa résistance, la Bretagne médiévale tire une identité qui se concrétise par la formation d'une principauté puis, au début du Xᵉ siècle, d'un duché. On distingue alors trois pôles d'autorité : la Cornouaille, Nantes et Rennes. L'influence des grandes abbayes normandes, angevines et poitevines contribue à façonner la société et le paysage bretons. À partir du XIIᵉ siècle l'empire angevin prend la Bretagne sous son contrôle. Il est évincé par les Capétiens, grâce au mariage d'Alix de Bretagne avec Pierre de Dreux en 1213. Une certaine prospérité se dessine : le sel de Bourgneuf et de Guérande attire les bateaux nordiques, une mine de plomb argentifère alimente les ateliers monétaires du duché ; ce qui n'empêche pas les «émotions populaires».

La guerre de Succession (1341-1365) se greffe sur la guerre de Cent Ans. L'identité du duché en sortira renforcée, et le XVᵉ siècle voit l'éclosion d'une civilisation «bretonne».

À Nantes, le granit de Kersanton permet l'élaboration d'un gothique autochtone. La marine bretonne devient un partenaire pour le commerce nord-sud de l'Europe de l'Ouest. Ainsi Vitré, célèbre pour son château des XIIIᵉ-XVᵉ siècles, conserve nombre d'élégantes maisons gothiques des XVᵉ et XVIᵉ siècles, édifiées pour

RUE DU JERZUAL
(ci-dessous)
Située dans le prolongement de la route de Saint-Malo et du port, cette rue était le principal axe économique de Dinan : artisans et commerçants s'y firent construire de confortables maisons à partir du XVᵉ siècle.

CRÊPERIE

DINAN, L'ENJEU BRETON

les riches marchands d'outre-mer (rue d'Embas, rue de la Baudrairie, rue de la Poterie).

*D*INAN. Enjeu des guerres de Succession et des conflits franco-anglais, Dinan occupe sur la Rance une position forte qui nous vaut aujourd'hui un des plus beaux exemples de fortification urbaine. En s'emparant de Dinan, Charles VIII imposait le 19 août 1488, par le traité du Verger, la souveraineté française sur la Bretagne. Les remparts, édifiés entre le XIIIe et le XVIe siècle, enserrent la ville sur plus de 2 km. Ils sont jalonnés d'une dizaine de tours : du Connétable, de Coëtquen, de Penthièvre, Beaumanoir, etc. L'ensemble est dominé par le donjon du château, qui constituait le cœur de la résidence seigneuriale, avec une chapelle et la salle des Ducs. À droite de la porte du Guichet se dresse la tour de Coëtquen, dont une salle abrite les gisants de sept représentants de la noblesse locale. On peut admirer la muraille de l'extérieur, par la promenade des Petits-Fossés, puis pénétrer dans la ville par la porte du Jerzual. L'architecture civile y est bien représentée, et l'on peut découvrir nombre de maisons du XVe siècle en flânant rue du Jerzual, rue de la Lainerie, place des Merciers (à proximité de la tour de l'Horloge), rue de la Poissonnerie et place Saint-Sauveur. On arrive ainsi devant l'église Saint-Sauveur (XIIe siècle), belle construction romane édifiée par Rivallon le Roux, seigneur de Dinan, à son retour des croisades. Le couvent des Cordeliers (XIIIe siècle) et quelques bâtiments plus tardifs complètent l'ensemble religieux.

ÉGLISE SAINT-SAUVEUR
Bien qu'agrandie au XVe siècle, Saint-Sauveur a conservé son très beau porche roman. Ses motifs ornementaux originaux, tels que dromadaires ou lions ailés, évoquent les terres lointaines des croisades et dénotent une influence certaine de l'art byzantin.

BOURGES

Entre la fin du IVe siècle et le XIIe siècle, Bourges se compose d'une cité entourée par une enceinte gallo-romaine et de bourgs formés peu à peu à l'extérieur, notamment autour de Saint-Ambroix ou de l'abbaye Saint-Sulpice. Intra-muros, activités et constructions se concentrent le long de la rue Moyenne, par où transite le trafic entre Autun et Orléans. En 1102, le vicomte de Bourges part pour la croisade et cède la ville au roi de France. Cinquante ans plus tard, le Berry est revendiqué par Henri Plantagenêt, duc d'Aquitaine, mais demeure dans la mouvance capétienne. C'est Louis VII (1137-1180) qui accorde les premières «coutumes» (privilèges économiques) à la cité. À partir de 1210, Bourges peut même lever des taxes pour son propre compte. Philippe Auguste (1165-1223) la dote de nouvelles murailles (tracé des grands boulevards actuels), pendant que les Anglais en font autant à Poitiers. La ville se compose en fait de deux mondes distincts. Dans le périmètre le plus ancien ou ville haute, les dépendances de l'archevêché, la maison du prévôt et les maisons des grands bourgeois occupent de vastes terrains, alors que la ville basse (au nord-est) est constituée d'étroites parcelles :

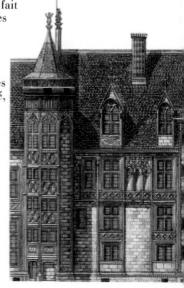

**PALAIS
DE JACQUES CŒUR**
Ci-dessous, façade sur cour avec tourelle
d'escalier, richement décorée (à gauche),
et façade extérieure (à droite) avec double
entrée, cavalière et piétonne. Ci-contre,
personnages sculptés en trompe l'œil
dans une fausse fenêtre.

marchands de vivres, changeurs et marchés sont installés entre les actuelles places Gordaine et Saint-Bonnet ; tisserands, meuniers et teinturiers travaillent dans les eaux de l'Yévrette (recouverte) ; plus loin, de part et d'autre de la route de Paris (rue Édouard-Vaillant), s'étendent cultures maraîchères et précieuses vignes. Au XIVᵉ siècle, Bourges est l'une des résidences du duc Jean de Berry (1340-1416), collectionneur et grand mécène, dont la cour est la plus brillante de France. L'installation de la chambre des comptes, en 1379, fait de la ville le principal pôle commercial du royaume. Elle en devient pour ainsi dire la capitale en 1418, quand le dauphin Charles VII (1403-1461) s'y réfugie. Celui-ci est aidé dans sa reconquête par Jacques Cœur (1400-1456), grand commis et «banquier» habile qui finance ses armées. En partie ravagée par un incendie, Bourges voit la reconstruction ou la création de plusieurs édifices entre 1487 et 1515 : notamment la maison dite de la Reine Blanche, à la façade très ornée, l'hôtel des Échevins, dont le décor reste gothique, l'hôtel Lallemant qui inaugure le style Renaissance, ou encore la maison de Pelvoysin, du nom d'un architecte fameux et très actif dans la ville.

JACQUES CŒUR
Nommé argentier
du roi en 1439,
anobli en 1441,
c'est en 1443
qu'il entreprend
la construction
de sa «grande
maison», superbe
hôtel gothique,
où ses armoiries
– peintes
ou sculptées –
se trouvent partout
associées à celle
de son souverain.
Deux maîtres
d'œuvre
de Charles VII
dirigèrent
les travaux, achevés
en 1451, l'année
même où
Jacques Cœur
fait l'objet
d'un procès
(il s'enfuira
vers Rome
en 1453).

TOURS

Tours est constituée d'une ancienne cité gallo-romaine, avec pour noyau la cathédrale Saint-Gatien, et d'un bourg nouveau, développé à partir du Ve siècle autour de la basilique Saint-Martin. Entre le IXe et le XIIe siècle, la ville subit les invasions normandes puis les luttes entre maisons d'Anjou et de Blois. Annexée au domaine royal par Philippe Auguste (ci-dessus), elle connaît un siècle de paix et se reconstruit.

CAPITALE D'EXIL. C'est en 1368, pendant la guerre de Cent Ans, qu'une nouvelle enceinte réunit l'ancienne cité de Tours et le bourg Saint-Martin voisin. En 1444 Tours n'est qu'une grosse ville dotée d'un archevêché, d'un bailliage royal et d'un atelier monétaire. Quand Charles VII et sa cour s'y installent, ce sont deux à trois mille clients potentiels pour ses ouvriers du bâtiment et ses marchands d'objets de luxe. Jacques Cœur y établit ses entrepôts en 1448. Le roi réside hors la ville, mais beaucoup de ses courtisans et officiers y achètent de vastes terrains dans le centre et s'y font construire des hôtels. Des travaux d'assainissement sont alors entrepris : on recouvre les égouts dans les rues principales, on refoule à la périphérie tanneries ou abattoirs (1476)... Louis XI (1423-1483), qui vit au Plessis à partir de 1473, y subventionne l'industrie de la soie : on compte bientôt 8 000 métiers à tisser, mais leur production restera de qualité médiocre.

QUARTIER SAINT-GATIEN.
La construction d'une nouvelle
cathédrale Saint-Gatien débuta
vers 1170 : le chevet et le chœur
ont été achevés au XIIIe siècle,
le transept au XIVe, la nef aux
XIVe-XVe, la façade au XVe et
les tours enfin au XVIe. Elle est
flanquée par le cloître à trois
galeries de la Psalette (école
de chant), commencé en style
gothique et terminé au début
de la Renaissance (1524).
De l'ancien groupe cathédral
subsistent, place Grégoire-
de-Tours, une maison canoniale
des XVe-XVIe siècles (entre les rues
du Général-Meusnier et Manceau)
et une maison du XVe siècle, où
siégeait le tribunal du chapitre
(angle rue Racine) ; son surnom
de «Justice des bains» sous-entend
la présence à cet endroit
e thermes gallo-romains. Au bord de la Loire,
Philippe le Hardi (1245-1285) édifia un château
oyal (de l'édifice médiéval ne restent que deux
ours) : le mariage de Charles VII y fut célébré
n 1422, et celui du futur Louis XI en 1436. Par
a rue Colbert (maisons du XVe siècle), on rejoint
a place Foire-le-Roi qui acquit le droit de foire
ar patente royale en 1335. Location
es emplacements et marchandises y étaient
oumises à des taxes, qui financèrent en partie
'enceinte de 1368. C'est là qu'étaient
eprésentés les mystères, forme de théâtre
eligieux qui fleurit au XVe siècle. L'église
aint-Julien (rue Nationale), reconstruite
n style gothique au XIIIe siècle, inclut
n clocher-porche roman d'un précédent
difice. De l'ancienne abbaye, elle
conservé une salle capitulaire
u XIIe siècle (dans le cloître) et un dortoir
u XVIe qui accueille aujourd'hui le musée
u Compagnonnage.

Exemple de ville double, Tours est née de la réunion d'une cité d'origine gallo-romaine et d'un bourg neuf développé autour d'un centre de pèlerinage.

MAÎTRE D'ŒUVRE
Durant la présence de la Cour à Tours, les maîtres comme les compagnons gagnent près de 50 % de plus que cinquante ans plus tôt. Le mouvement s'inverse vers 1490, date où leur pouvoir d'achat est grignoté par la hausse du prix des denrées, et où l'offre de la main d'œuvre (affluant des campagnes) devient supérieure à la demande.

CORPS DE MÉTIERS ET COMPAGNONS.
Entre le milieu et la fin du XVᵉ siècle, le nombre des métiers «organisés» à Tours passe de deux à vingt-huit. Ils fonctionnent sur les principes de l'entraide mutuelle et de la défense des intérêts communs. Chaque métier possède ses règlements et ses privilèges, sanctionnés par le pouvoir royal ; un syndic élu y représente l'autorité. Ces communautés comportent trois niveaux hiérarchiques : les maîtres, les compagnons et les apprentis. L'apprentissage est payant : outre la formation, le maître assure le gîte, le couvert, les vêtements, etc. de son apprenti, qu'en revanche il peut louer pour son propre bénéfice. Au terme de sa formation, l'apprenti est reçu «compagnon» et peut louer lui-même ses services (par contrat).

Jusqu'au XVᵉ siècle, il était relativement aisé pour un compagnon d'accéder à la «maîtrise», soit en épousant la fille ou la veuve d'un maître, soit en acquittant un droit d'entrée et en réalisant un «chef-d'œuvre» comme preuve de ses compétences. À partir du moment où les fils de maîtres sont exemptés de la dernière condition, nombre de maîtrises se transmettent de père en fils, et la majorité des compagnons le restent à vie. Se développe alors le «compagnonnage», entraide entre compagnons itinérants, signe d'une césure sociale définitive entre patrons et ouvriers.

*A**NCIEN BOURG SAINT-MARTIN.** Le périmètre autour de la place Plumereau, qui était le quartier des marchands et des officiers royaux, conserve un patrimoine gothique étonnamment riche. Rue Constantine étaient installés les ouvriers de la soie, subventionnés par Louis XI. Ce roi finança également en 1473 la construction de l'église Saint-Saturnin (rue Littré), dont le beau presbytère (10, rue P.-L.-Courier) est aujourd'hui connu sous le nom d'hôtel Binet. Devant une maison canoniale du XVe siècle, au n° 21 de la rue de la Paix, subsiste un puits où, moyennant l'acquittement d'un ban, les Tourangeaux pouvaient puiser. Rue Briçonnet s'élève la superbe maison de Tristan (n° 16) de la fin du XVe siècle, au spectaculaire escalier à vis, mais aussi une maison gothique du XIIIe (n° 31) et une maison du XIIe à la façade romane (à l'angle de la rue du Poirier).

La place Plumereau offre à elle seule un nombre exceptionnel de maisons médiévales à colombages. Les changeurs qui procuraient aux pèlerins la monnaie de Tours – la livre tournois – occupaient les rues du Change et de la Monnaie. Le but de ces pèlerins était la basilique Saint-Martin, construite au Ve siècle sur le tombeau de l'évêque sanctifié. Un autre personnage célèbre, l'abbé Alcuin, y fonda au VIIIe siècle un atelier de copistes et d'enlumineurs fameux. Rasée en 1802 et reconstruite à partir de 1888, la basilique n'a conservé du Moyen Âge que ses tours Charlemagne et de l'Horloge (XIIe siècle).

Décor d'une maison à colombages, au n° 25 de la rue Colbert. Ci-contre, groupe sculpté ornant le poteau cornier d'une maison du XVe siècle, à l'angle de la rue de la Monnaie.

SAINT MARTIN

Élu évêque de Tours vers 370, Martin était né en 316 en Hongrie. Ordonné prêtre par l'évêque de Poitiers, il avait fondé le premier monastère de Gaule près de cette ville. L'histoire a vanté sa grande générosité : il aurait en plein hiver partagé son manteau avec un pauvre.

POITOU-AQUITAINE

Lettrine enluminée extraite
d'un recueil, du XIIIᵉ siècle, réunissant
les poèmes de *Li comtes de Peitiers*,
Guillaume IX d'Aquitaine.

GUILLAUME IX
(1071-1127)
Duc d'Aquitaine
et comte
de Poitiers,
il s'illustra lors
des guerres
contre
les musulmans,
au début
de la *Reconquista*,
ou en bataillant pour
conquérir Toulouse.
Plusieurs fois
excommunié
pour son libertinage
invétéré, il chercha
le pardon en faisant
le pèlerinage en Terre
sainte. Considéré
comme l'un des plus
anciens troubadours,
on lui doit ces vers :
*Puisque j'ai connu
le désir de chanter /
Je ferai un vers qui
m'attriste / Jamais
plus je ne serai
servant d'amour /
Ni en Poitou
ni en Limousin.*

$\mathscr{P}$**OITIERS.** Elle occupe, depuis l'époque gallo-romaine, un promontoire escarpé, entre le Clain et la Boivre. Siège de l'évêché à partir du IVᵉ siècle, Poitiers vit le passage de saint Hilaire et surtout de Fortunat, qui en fit un des principaux foyers du christianisme franc. L'hypogée des Dunes (une chapelle souterraine du VIIIᵉ siècle) et le baptistère Saint-Jean remontent à ces lointaines époques. Ce dernier édifice se développa autour de la *cella* centrale (IVᵉ siècle), et fut complété d'un avant-corps et d'une abside, à l'ouest, au VIIᵉ siècle. Place stratégique de premier ordre, Poitiers fut plusieurs fois ravagée par les Normands. Après avoir été l'enjeu des rivalités entre l'évêque et le comte, la ville accéda au rang de capitale sous Henri II Plantagenêt.

La guerre de Cent Ans prit à Poitiers une résonance emblématique. C'est là, précisément à Nouaillé-Maupertuis, qu'en 1356 Jean II le Bon connut l'humiliation de la captivité, puis que son fils, le dauphin Charles, amorça grâce à Du Guesclin le redressement militaire du royaume, en 1372. C'est encore à Poitiers que Charles VII, surnommé le «roi de Bourges», installa son parlement, Paris étant occupé par les Anglais. Jeanne d'Arc y fut soumise à l'interrogatoire des théologiens dans l'université qu'il venait de créer pour suppléer à la perte de celle de Paris. Forte de cet héritage l'université de Poitiers abrite aujourd'hui une institution prestigieuse : le Centre d'études supérieures de civilisation médiévale.

Outre de nombreux vestiges gallo-romains, Poitiers conserve quelques-uns des plus beaux morceaux de l'art religieux médiéval. La grande époque fut romane, plusieurs églises en témoignent. Notre-Dame-la-Grande s'orna au XIIᵉ siècle d'une façade qui reste un des sommets de la sculpture romane. Saint-Jean-de-Montierneuf, bâtie entre 1069 et 1096, est un modèle d'équilibre dans ses proportions.

*P*oitiers : elle accueille la cour de Guillaume IX, comte troubadour, puis d'Aliénor, deux fois reine, et devient le berceau des arts d'Aquitaine.

La tour-porche de Saint-Porchaire (du XIe siècle), les églises Sainte-Radegonde et Saint-Hilaire-le-Grand complètent cet ensemble. Le gothique n'est pas en reste grâce à la reine Aliénor et aux Plantagenêts. Parmi les principaux édifices de ce style angevin, on note l'église Saint-Porchaire et surtout la cathédrale Saint-Pierre, qui conserve un vitrail admiré pour le contraste de ses bleus et de ses jaunes. Mais à Poitiers le gothique vaut surtout par l'architecture civile. L'hôtel de Fumé, à la façade richement décorée, appartient à la fin du Moyen Âge et à l'aube de la Renaissance, puisqu'il fut édifié de 1474 à 1510.

CHÂTEAU DE POITIERS
La tour Maubergon veille toujours sur le palais comtal, devenu palais de justice. Sa salle d'apparat conserve des statues de Charles VI, Isabeau de Bavière et Jean de Berry, ainsi que de remarquables cheminées.

Périgueux : cité aristocratique contre bourg marchand.

Cathédrale Saint-Front
Restaurée
au XIXe siècle,
elle a cinq dômes
surbaissés évoquant
Venise ou
Constantinople.

Périgueux. Devenue une ville opulente à l'époque romaine (les vestiges antiques y sont nombreux), Périgueux fut la cible répétée des barbares, Wisigoths, Francs puis finalement Normands, qui la dévastèrent et l'incendièrent en 863. Siège du comté formé au IXe siècle, elle devint la résidence d'une famille vassale du duc d'Aquitaine. Elle connut un essor notable jusqu'au XIVe siècle, notamment par le développement d'un artisanat diversifié – textiles, papeterie, teinture – installé au bord de l'Isle, qui permettait aussi l'irrigation de *ribieyras*, des jardins longeant l'espace urbain. Périgueux, très éprouvée par la guerre de Cent Ans, fut la proie des routiers et se retrouva bien affaiblie à la fin du XIVe siècle. Le comté, attribué à Louis d'Orléans en 1399, passa ensuite aux d'Albret. Avant d'être réunis, la cité d'origine romaine et le bourg neuf du Puy-Saint-Front étaient indépendants et rivaux : la première a son église Saint-Étienne (XIe-XIIe siècle) et son château Barrière ; le second, sa cathédrale Saint-Front et sa tour Mataguerre (reconstruite en 1477).

Maison des Consuls
L'aristocratie
marchande fit
construire de beaux
hôtels au Puy-Saint-
Front : hôtels
Sallegourde et
d'Abzac de Ladouze,
rue de l'Aubergerie ;
hôtel Gamenson
ou logis Saint-Front
(7, rue de
la Constitution) ;
maison des Consuls
(ci-contre), au bord
de l'Isle ; et bien
d'autres encore.

Le Puy, bordé par l'Isle, était le plus riche des deux, comme en témoignent ses beaux hôtels du XVe siècle.

*S*arlat : grandie à l'ombre
d'une abbaye bénédictine,
sa communauté bourgeoise s'émancipe
avec l'appui du pouvoir royal.

*S*ARLAT.
Avant la
fondation par
les Bénédictins
d'un lieu
consacré à saint
Sacerdos,
au IXe siècle,
Sarlat n'était
qu'une bourgade.
L'abbaye,
véritable
seigneurie
monastique,
y exerce son
pouvoir sans
partage jusqu'au début du XIIIe siècle.
La communauté bourgeoise apparue avec
la prospérité est alors suffisamment puissante
pour s'émanciper et prendre en main la destinée
de la cité.
Sarlat a conservé l'un des plus remarquables
ensembles architecturaux du Moyen Âge.
L'élégance des maisons à tourelles carrées,
coiffées de vastes toitures de lauzes noires,
le dispute en charme à des monuments comme
la chapelle de Temniac, celle des Morts
avec son étrange lanterne, ou encore celle
des Pénitents bleus rappelant le passage
de Bernard de Clairvaux qui y prêcha en 1149.
À l'autre bout de la ville, l'église Sainte-Marie,
édifiée entre 1366 et 1479, avec son clocher
de 26 m de haut, apporte un contrepoint
gothique. Si Sarlat tire une part de sa renommée
de ses somptueux hôtels de style Renaissance,
la maison des Consuls, ornée de vastes baies
du XVe siècle, sur une structure du XIIIe, évoque
la richesse de la bourgeoisie sarladaise, à laquelle
Philippe le Bel avait accordé une charte
communale. La promenade entre la rue
des Consuls et la place du Peyrou ramène ainsi
loin dans le passé, à la rencontre d'un art
de vivre illustré par des monuments
admirablement conservés.

**LANTERNE
DES MORTS**
La chapelle des Morts
est flanquée
d'une étrange
lanterne ogivale
de la fin du
XIIe siècle, qui abrite
un ossuaire.

**MAISON,
RUE MONTAIGNE**
(ci-dessus à gauche)
Une vaste opération
de restauration,
lancée en 1964,
a permis de conserver
le riche patrimoine
architectural
de Sarlat.
L'allure caractéristique
des maisons
bourgeoises est due
aux pierres utilisées,
un calcaire blond
régional, et aux
robustes charpentes,
aptes à supporter
le poids des épaisses
lauzes.

LANGUEDOC

PLACE DE DOMME

Cette bastide fut fondée en 1281, sous le règne de Philippe le Hardi. Elle venait compléter la ligne de défense entre le Périgord et le Quercy, alors aux mains du roi Édouard III d'Angleterre. Les contraintes du site, un éperon rocheux dominant la Dordogne, expliquent sa forme irrégulière, mais son plan, un parcellaire en damier, est bien caractéristique des villes nouvelles ; de même sa place carrée, qui avec sa halle (ci-dessous) et l'église paroissiale à proximité forme l'axe principal (bien qu'excentré) vers lequel converge le réseau des rues.

LES BASTIDES. Elles se développent dans le Sud-Ouest à partir du XIIIe siècle. On y a vu une expression du mouvement communal ou une réponse à la croissance démographique par la multiplication de villes neuves. On a interprété leur aspect fermé comme un système défensif en accord avec l'environnement guerrier de ces régions où s'affrontèrent en permanence Anglais et Français, bien avant la guerre de Cent Ans. Il semblerait en dernier lieu qu'il se soit agi surtout d'une forme d'occupation de l'espace et d'encadrement des populations paysannes. Le phénomène se situe donc au croisement du monde rural et du monde urbain. La bastide constitue un modèle d'urbanisme par la régularité de son plan, la répartition rationnelle de ses éléments, mais c'est à sa fonction économique qu'elle doit son succès. Les bastides se sont multipliées au milieu du XIIIe siècle. On en attribue quarante-cinq au frère de Saint Louis, Alphonse de Poitiers, parmi lesquelles Sainte-Foy-la-Grande, plusieurs Villefranche, comme la belle Villefranche-de-Rouergue, Montréjeau, Revel et Mirande. Autres exemples du phénomène du côté français : Domme, Marciac, Montréal, et Sauveterre-de-Guyenne, qui a conservé une enceinte et une halle couverte. Du côté anglais, citons : Beaumont-en-Périgord, Créon, Libourne, et Monpazier, fondée par Édouard Ier d'Angleterre, qui abrite une halle médiévale en bon état de conservation.

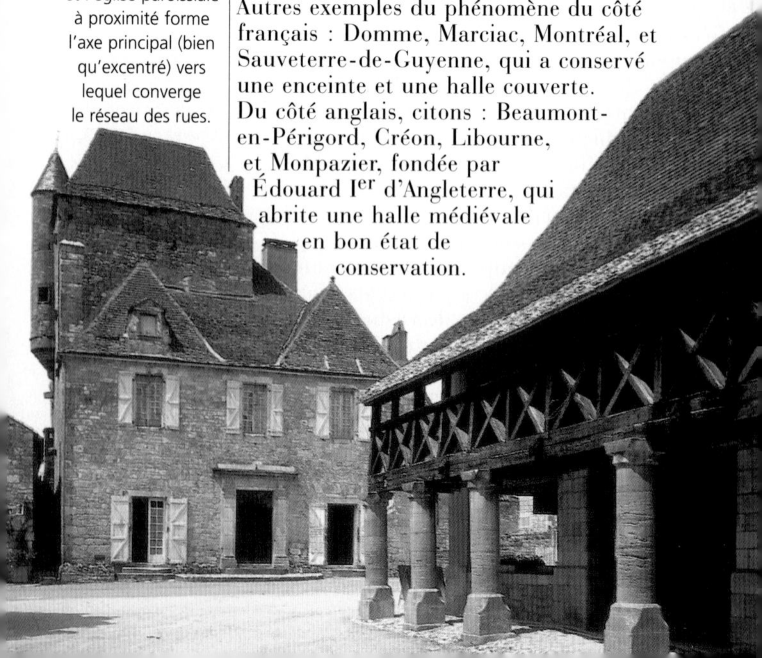

*P*remière avancée du pouvoir royal vers le Sud, le Languedoc, dont Toulouse est le pivot, sert de base à la poussée française vers la Provence et l'Aquitaine.

*A*IGUES-MORTES. Isolée au milieu du palude, Aigues-Mortes fut un défi lancé par Saint Louis à la nature. La régularité de son plan en damier l'a souvent fait assimiler, à tort, à une bastide ; elle s'en distingue nettement par sa finalité. Fruit d'une décision longuement mûrie, Aigues-Mortes concrétisa l'orientation méditerranéenne de la politique capétienne. Sa fondation devait également servir un projet économique de grande ampleur. À cette époque, le royaume de France ne disposait, à part Narbonne, d'aucun port sur la Méditerranée (Montpellier appartenait au roi d'Aragon, Marseille était d'obédience impériale). Saint Louis acheta les terrains au monastère de Psalmodi, en 1240. Le port fut réalisé entre l'étang de la Marette (le premier plan d'eau aménagé) et celui de la Ville (relié au grau Louis par un chenal). Pour rejoindre le Rhône par Lunel, Saint-Gilles et Nîmes, canaux et voies terrestres furent créés. L'enceinte de la ville permet de mesurer à quel point elle était précieuse pour le royaume. Délimitant une superficie de 14 ha, dans un état de conservation remarquable, elle reste, avec ses archères et ses créneaux, même après de nombreuses restaurations, l'un des plus beaux exemples d'architecture militaire médiévale. Percée de cinq portes, elle forme un quadrilatère de 1 640 m. Les angles sont occupés par la tour de Constance et la tour de Villeneuve, au sud, et par celles des Bourguignons et de la Poudrière, face à la mer. À proximité de la place principale, l'église Notre-Dame-des-Sablons, de style franciscain, était le point de ralliement des pèlerins et des croisés.

TOUR DE CONSTANCE
Première partie de l'enceinte commencée en 1241, elle est achevée en 1248, année où Saint Louis s'embarque d'Aigues-Mortes pour la croisade.

UN PORT FRANÇAIS EN MÉDITERRANÉE
Jusqu'en 1481, Aigues-Mortes reste avec Narbonne le seul port français en Méditerranée. Il est pendant plus de trois siècles une étape régulière pour les Vénitiens, les Catalans et les Génois, qui en avaient assuré la construction et l'administration.

MONTPELLIER.

L'étymologie du mot Montpellier signifie la «montagne du pastel», plante tinctoriale qui a fait la fortune de la ville. Son histoire commence avec la charte du 26 novembre 985 par laquelle le seigneur Guillem obtient son autonomie. Mais deux pouvoirs s'exercent sur la cité : celui du seigneur et celui de l'évêque de Maguelone. De plus, elle subit les effets d'une rivalité entre le roi d'Aragon et le roi de France. Cette situation cesse en 1349 quand, par nécessité, les Aragonais la vendent au roi de France pour cent vingt mille écus d'or. Célèbre pour son université, et en particulier son école de médecine, Montpellier conserve quelques monuments qui rappellent son importance au Moyen Âge. La tour des Pins au nord, la Babotte à l'ouest sont les principaux vestiges de l'enceinte, dont le tracé a évolué rapidement du XIᵉ au XIIIᵉ siècle, témoignant de la prospérité d'une économie d'abord fondée sur l'industrie textile. L'hôtel de Varennes mêle les styles roman et gothique. La rue Jacques-Cœur rappelle que le grand argentier de Charles VII contribua au rayonnement économique de la ville en Méditerranée.

CATHÉDRALE SAINT-PIERRE
La cathédrale de Montpellier fut édifiée au XIVᵉ siècle. Flanquée par les tours Saint-Benoît et d'Urbain V, elle présente un porche à baldaquin qui rappelle le style fortifié de celle d'Albi.

*C*ARCASSONNE. Les Volques puis les Romains ont occupé le site de Carcassonne, position stratégique qui contrôle la route de l'Aquitaine. Viennent ensuite les Wisigoths puis les Arabes. Siège d'un comté au IXe siècle, la ville est aux mains des vicomtes de Trencavel jusqu'au XIIIe siècle. Prise en 1209 par Simon de Montfort, qui conduit la croisade des Albigeois, elle est peu après intégrée au domaine royal. Des remparts construits par les Trencavel (à partir d'amples vestiges d'un ouvrage antique du IVe siècle) restent les mâchicoulis, encore visibles dans l'enceinte actuelle. Celle-ci, doublée par les Capétiens, enserre la vieille cité. Plus bas, la ville neuve fut aménagée par Saint Louis selon un plan en damier qui l'apparente à une bastide.

Depuis la porte Narbonnaise, on parcourt le chemin des Lices entre les deux murailles de l'enceinte, jalonnées de tours rondes. La tour du Guet et celle de la Justice protègent le château comtal. Autre édifice majeur, sa basilique Saint-Nazaire est caractéristique du gothique méridional : outre des vitraux du XIVe siècle, on peut y voir la tombe de Simon de Montfort. Dans la ville basse, l'église Saint-Vincent, de style gothique tardif, abrite une des rares figures de Saint Louis contemporaines de son règne.

ENCEINTE DE CARCASSONNE
C'est son enceinte qui fait la renommée de la ville. Englobant une surface d'environ 8 ha, elle serait la plus vaste conservée en Europe. Les murailles intérieures, de 14 m d'épaisseur, s'étendent sur 1 200 m ; les murailles extérieures, de 10 m d'épaisseur, sont, elles, longues de 1 500 m.

Ci-contre, crosse provenant de Carcassonne : cuivre émaillé et doré, avec des anges gravés sur le nœud et une grande fleur à trois pétales sur le crosseron (musée de Cluny).

AVIGNON, LA SECONDE ROME

LA REINE JEANNE

Plusieurs princes et grands seigneurs prirent soin d'avoir dans la cité pontificale une demeure digne de leur rang, notamment le prince d'Orange, ou la reine Jeanne de Naples, qui finalement vendit Avignon au pape en 1348 pour quatre-vingt mille florins d'or.

NOTRE-DAME-DES-DOMS

La cathédrale (ci-dessous) abrite deux œuvres romanes dignes d'intérêt.
La première est un superbe siège pontifical en marbre blanc (ci-dessus), du XIIᵉ siècle, sur les flancs duquel sont sculptés un lion ailé et un bœuf, animaux emblématiques de saint Marc et saint Luc.
La seconde, un autel majeur du XIIIᵉ siècle, se trouve dans la chapelle Saint-Roch.

Les papes et leur *curia* ont vécu en Avignon, loin des désordres de Rome mais sous la tutelle du roi de France, de 1309 à 1387 : cardinaux, curialistes, notaires et juges venaient pour une large part du royaume de France, et tous les papes – sept au total avant 1378 – furent originaires du Sud-Ouest. Pendant le grand schisme d'Occident, qui divisa l'Église catholique de 1378 à 1417, il y eut un pape à Rome et un autre en Avignon. Plus tard, la ville demeura la capitale d'un État pontifical, le Comtat Venaissin, gouverné par un légat.
Issu d'une famille noble d'Aquitaine et ancien archevêque de Bordeaux, Clément V, élu pape en 1305, est le premier à se fixer en Avignon, en 1309. La ville, siège d'une université depuis 1303, n'était pas trop loin de l'Italie, à un carrefour de routes terrestres et fluviales, voisine du royaume de France, mais sujette du roi de Naples. La cité épiscopale, dressée sur un rocher au-dessus du fleuve, pouvait soutenir de longs sièges. La ville, bien qu'enrichie par les négoces de transit, demeurait fort modeste d'allure : un lacis de venelles et de traverses au pied du groupe cathédral, cité de clercs enserrée dans ses murs. Malgré les divers ajouts du XVIIᵉ siècle, la cathédrale Notre-Dame-des-Doms (1140-1160) reste un bel exemple du style roman provençal. À proximité, le pont Saint-Bénezet, reconstruit en 1226, en partie emporté par des crues au XVIIᵉ siècle, soutient une chapelle établie sur sa seconde pile, moitié romane (XIIIᵉ siècle), moitié gothique (1513). L'installation de la cour pontificale, des cardinaux et des princes provoqua de nouvelles exigences auxquelles il fut difficile de répondre. Marchands, artisans et changeurs s'établirent aussi en grand nombre.
En quelques années la population passa de environ 5 000 habitants à 20 000 ou 25 000. Avignon fut alors le plus grand chantier urbanistique et architectural de l'Occident. Le pape et les édiles municipaux s'empressèrent

PETIT PALAIS

Certaines livrées devinrent, après de coûteux travaux, de magnifiques palais, sortes de forteresses ancrées en plein cœur de la ville, aux façades crénelées, surmontées de tours robustes, tandis que de belles et vastes salles de réception s'ouvraient sur une cour intérieure, enchâssée entre de hauts murs.

Ce fut le cas du Petit Palais (ci-dessous), livrée édifiée au début du XIVe siècle.

Benoît XII la racheta en 1335 pour y installer l'évêché. Elle fut remaniée au XVe siècle. Aujourd'hui, transformée en musée, elle réunit notamment des collections de sculptures et de peintures médiévales.

d'abord de lotir et faire bâtir le moindre espace vide, les jardins et les clos de vignes, divisés en de petites parcelles (de 50 m² environ). Au moins trente-cinq nouveaux «bourgs» furent ainsi créés. Puis les ventes, achats et héritages bouleversèrent encore davantage le paysage, le dessin des rues et des carrefours. La ville devint méconnaissable. Elle s'embellit pourtant. Pour loger les nouveaux venus, le pape et les magistrats de la commune, les «maîtres des rues» firent proclamer une série de décrets obligeant les habitants à se restreindre et à abandonner les maisons ou salles et chambres demeurées vides. Une escouade de sergents parcourait la ville pour recenser les logements vacants, qu'une commission était chargée de distribuer. Les cardinaux, qui s'étaient d'abord contentés d'appartements de fortune hors de l'enceinte, dans des couvents, se virent attribuer des livrées – d'un certain nombre de pièces ou de maisons d'habitation – qu'ils pouvaient aménager, relier entre elles, et transformer en hôtels particuliers. La livrée Ceccano (actuelle bibliothèque municipale, ornée de splendides plafonds peints), l'ancienne livrée de Viviers (rachetée en 1476 par le roi René qui la fit décorer par Nicolas Froment), ou encore le Petit Palais, tous trois du XIVe siècle, en sont de beaux exemples. Dans les mêmes années, les couvents des ordres mendiants furent agrandis ou complètement reconstruits ; papes, cardinaux et évêques du Comtat Venaissin financèrent de nouvelles fondations ainsi que la réfection et l'embellissement des églises. Le cardinal Robert de Dreux fit rebâtir entre 1356 et 1359 l'église Saint-Didier, joyau de l'art avignonnais en pleine expansion (elle s'ornera au XVe siècle d'un *Portement de croix* sculpté par Francesco Laurana et de fresques). Elle fut un modèle pour toute la région, comme pour l'église Saint-Pierre, fondée par le cardinal-évêque de Porto en 1358 (elle sera achevée en 1512-1520 par une façade de style gothique flamboyant). De même l'église Saint-Agricol, reconstruite au XIVe siècle, sera

« Avignon avait pris rapidement l'essor,
en se voyant la capitale du monde et
des pontifes-rois. […] Les princes de l'Église avaient,
dans les aires à blé, sur les bords de la Sorgue, bâti
des habitations princières. »   Frédéric Mistral

remaniée au XVe. Comme toutes les villes de cour,
Avignon attirait les artistes, maîtres d'œuvre,
maîtres maçons, sculpteurs et peintres, et aussi
les négociants et les financiers. La ville devint
un grand centre des industries de luxe, tissages
et teintureries, et surtout l'une des grandes places

bancaires de la chrétienté où les compagnies
italiennes, particulièrement celles de Toscane
chargées de la perception des dîmes pontificales,
installèrent des comptoirs très actifs, en constante
relation avec Paris, Montpellier et Barcelone. Ainsi
le très beau palais du Roure (remis au goût du jour
au XVIIe siècle) fut-il construit en 1469 pour
un banquier florentin, et l'hôtel de Rascas, belle
maison à colombages du XIVe ou XVe siècle, était
peut-être la propriété d'un marchand italien.
Il fut également nécessaire de dresser de nouvelles
murailles pour inclure les faubourgs récemment
bâtis et se garder des attaques des compagnies
de «routiers», hommes d'armes débandés
ou brigands de profession qui semaient la terreur.
Mise en chantier en 1355, grâce à des emprunts
et des taxes sur les vins, l'enceinte, à peu près
achevée en 1372, fut renforcée de vingt grosses
tours et de nombreuses tourelles (restaurée par
Viollet-le-Duc à partir de 1860, elle a été ouverte
en plusieurs endroits au début de notre siècle).

Cette œuvre appartient sans doute à la fabuleuse collection du marquis Campana. Celle-ci se compose d'environ trois cents tableaux – surtout des primitifs italiens –, dont plusieurs chefs-d'œuvre comme la *Sainte Conversation* du peintre vénitien Carpaccio (v. 1460-1526).

LE PALAIS DES PAPES

Clément V
s'installa, le moins
mal possible, dans
le palais épiscopal et
Jean XXII n'y apporta
que de rapides
aménagements :
il annexa les parties
occupées par
le chapitre cathédral
et fit dresser, au sud,
un bâtiment
de l'Audience.
Benoît XII, en 1335,
fit tout détruire
et reconstruire par
un maître d'œuvre
venu de Mirepoix.
Les nouveaux
bâtiments gardèrent
la même disposition
que les anciens :
un quadrilatère
irrégulier autour
d'une cour.
La chapelle (1)
de Benoît XII occupe,
sur deux niveaux,
l'aile nord. L'aile
dite

des familiers
(2), à l'ouest,
accueillait intimes
et serviteurs ; celle
dite du Conclave (3),
au sud, était réservée
aux hôtes de marque.
Le pape s'est surtout
intéressé à l'aile
orientale (4) où
furent aménagés
le consistoire,
au rez-de-chaussée,
et la salle d'apparat
dite le Grand Tinel,
à l'étage. Il fit
prolonger cette aile

par un nouveau
corps, terminé par
une grosse tour (5)
– dite des Anges ou
du Pape –, flanquée
d'une tourelle. Ses
appartements privés
se trouvaient dans
ce nouveau corps :
trésorerie et trésor
au rez-de-chaussée ;
vestiaire, antichambre
et chambre
du camérier au

premier étage ; plus
haut, la chambre
de parement,
un «retrait»

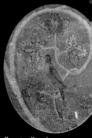

(le *studium*)
et la chambre
à coucher, décorée
de motifs végétaux
où perchent écureuils
et oiseaux, peints
à la détrempe.

La cour intérieure, dont le dessin n'avait pas été altéré, fut transformée

en un cloître, entouré d'une galerie à deux étages.

Clément VI fit élever en 1342 une nouvelle tour de cinq étages, dite de la Garde-Robe (6), où il logea les étuves, la garde-robe et un second cabinet de travail connu sous le nom de chambre du Cerf. L'année suivante, débutèrent les travaux du «palais Neuf», deux corps en L inversé construits à l'ouest du «Vieux Palais». Dans l'aile

sud (7), on aménagea des salles d'apparat, dites de la Théologie et de la Grande Audience, ainsi que la célèbre chapelle Clémentine.
À l'ouest étaient la Petite Audience et une suite de pièces dites aile des Grands Dignitaires (8), avec plusieurs appartements pour des curialistes et, sur deux étages, des corps de garde affectés à la porte des Champeaux (9), entrée principale du palais. Innocent VI (1352-1362) fit dresser trois tours supplémentaires, dont la remarquable tour Saint-Laurent (10), qui abritait un autre corps de garde et la sacristie.
Les trésors du palais Neuf sont sans doute les fresques

exécutées ou dirigées par Matteo Giovannetti de Viterbe, engagé par Clément VI. Celles de la chambre du Cerf représentent une nature généreuse en fleurs, fruits et gibier,

et rappellent les tapisseries du Nord. Celles des chapelles Saint-Jean et Saint-Martial (tour Saint-Jean,11), aux thèmes religieux, sont plus typiquement italiennes.

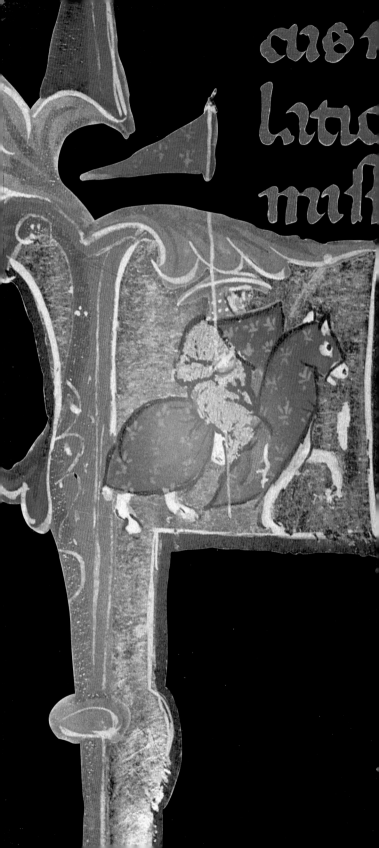

ANNEXES

Le royaume franc à la mort de Clovis en 511

- ▮ Royaume franc en 481
- ▯ Conquêtes de Clovis

Échelle de kilomètres
0   150

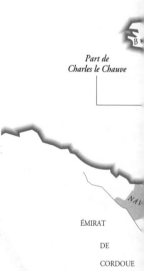

Part de
Charles le Chauve

*Dans le but de rendre plus aisée la lecture
comparative de la série de cartes, ainsi que
la comparaison avec l'espace français
contemporain, le tracé du rivage respecte
celui de l'époque actuelle.*

L'Empire carolingien à
la mort de Charlemagne en 814

- ▮ Royaume franc en 768
- ▮ Conquêtes de Charlemagne
- ▨ Partage de l'Empire au Traité de Verdun en 843

Le royaume de France à l'avènement de Philippe Auguste en 1180

ROY. D'ANGLETERRE

Comté de Flandre

Bouvines 1214

Comté de Vermandois

Duché de Normandie

Paris

Comté de Champagne

SAINT-EMPIRE

Comté de Bretagne

Comté du Maine

Comté de Blois

Comté d'Anjou

Duché de Bourgogne

ROMAIN

Comté de Poitou

Comté de La Marche

Comté d'Auvergne

Lyon

GERMANIQUE

Duché d'Aquitaine

Duché de Gascogne

Comté de Toulouse

Marseille

ROY. DE NAVARRE

ROY. D'ARAGON

Domaine royal

Royaume de France

Fiefs des Plantagenêts ou dépendants des Plantagenêts

Danois

Part de Louis le Germanique

FRISE

Obodrites

Anglo-Saxons

SAXE

Wilzes

Aix-la-Chapelle

FRANCE

AUSTRASIE

Sorabes

Paris

Verdun

NEUSTRIE

Tchèques

Moraves

BOURGOGNE

ALÉMANIE

BAVIÈRE

CARINTHIE

AQUITAINE

Lyon

Avars

ROYAUME D'ITALIE

Croates

SEPTIMANIE

PROVENCE

ÉTATS

D'ESPAGNE

Marseille

DE

DUCHÉ

L'ÉGLISE

DE SPOLÈTE

Part de Lothaire

Rome

Le royaume de France à la mort de Charles IV le Bel en 1328

Domaine royal

Royaume de France

Fiefs des Plantagenêts
ou dépendants
des Plantagenêts

Le royaume de France et la Guerre de Cent Ans en 1429

Royaume de Bourges

Domaine du roi
d'Angleterre en 1337

Territoires sous
domination anglo-
bourguignonne

Chevauchées d'Henri V

Chevauchées du Sacre

Le royaume de France et la Guerre de Cent Ans en 1356

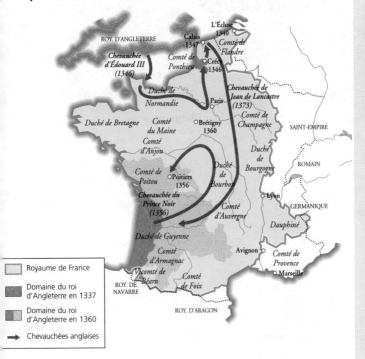

Le royaume de France à la mort de Louis XI en 1483

GÉNÉALOGIES

Les deux dates entre parenthèses correspondent à celles du règne.

LES MÉROVINGIENS

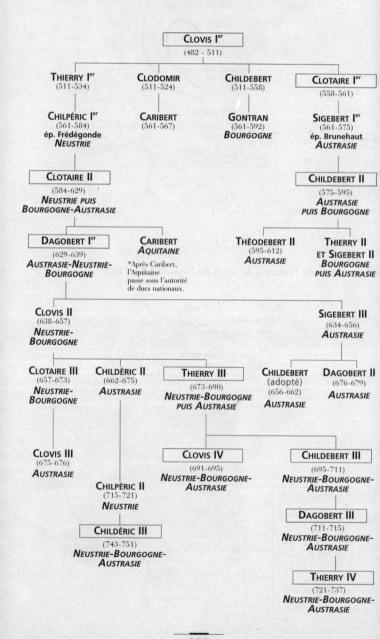

CLOVIS Iᵉʳ
(482 - 511)

THIERRY Iᵉʳ
(511-534)

CLODOMIR
(511-524)

CHILDEBERT
(511-558)

CLOTAIRE Iᵉʳ
(558-561)

CHILPÉRIC Iᵉʳ
(561-584)
ép. Frédégonde
NEUSTRIE

CARIBERT
(561-567)

GONTRAN
(561-592)
BOURGOGNE

SIGEBERT Iᵉʳ
(561-575)
ép. Brunehaut
AUSTRASIE

CLOTAIRE II
(584-629)
*NEUSTRIE PUIS
BOURGOGNE-AUSTRASIE*

CHILDEBERT II
(575-595)
*AUSTRASIE
PUIS BOURGOGNE*

DAGOBERT Iᵉʳ
(629-639)
*AUSTRASIE-NEUSTRIE-
BOURGOGNE*

CARIBERT
AQUITAINE

*Après Caribert,
l'Aquitaine
passe sous l'autorité
de ducs nationaux.

THÉODEBERT II
(595-612)
AUSTRASIE

**THIERRY II
ET SIGEBERT II**
*BOURGOGNE
PUIS AUSTRASIE*

CLOVIS II
(638-657)
*NEUSTRIE-
BOURGOGNE*

SIGEBERT III
(634-656)
AUSTRASIE

CLOTAIRE III
(657-673)
*NEUSTRIE-
BOURGOGNE*

CHILDÉRIC II
(662-675)
AUSTRASIE

THIERRY III
(673-690)
*NEUSTRIE-BOURGOGNE
PUIS AUSTRASIE*

CHILDEBERT
(adopté)
(656-662)
AUSTRASIE

DAGOBERT II
(676-679)
AUSTRASIE

CLOVIS III
(675-676)
AUSTRASIE

CHILPÉRIC II
(715-721)
NEUSTRIE

CLOVIS IV
(691-695)
*NEUSTRIE-BOURGOGNE-
AUSTRASIE*

CHILDEBERT III
(695-711)
*NEUSTRIE-BOURGOGNE-
AUSTRASIE*

CHILDÉRIC III
(743-751)
*NEUSTRIE-BOURGOGNE-
AUSTRASIE*

DAGOBERT III
(711-715)
*NEUSTRIE-BOURGOGNE-
AUSTRASIE*

THIERRY IV
(721-737)
*NEUSTRIE-BOURGOGNE-
AUSTRASIE*

GÉNÉALOGIES

LES CAROLINGIENS

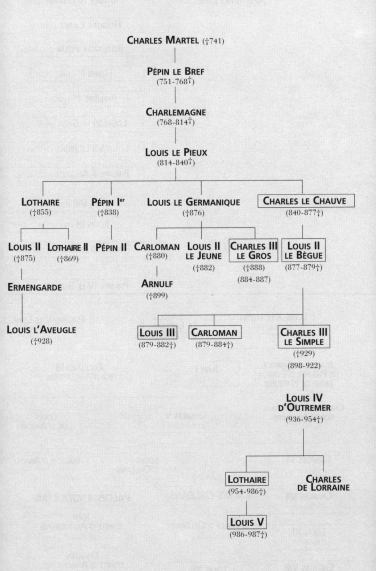

CHARLES MARTEL (†741)

PÉPIN LE BREF
(751-768†)

CHARLEMAGNE
(768-814†)

LOUIS LE PIEUX
(814-840†)

LOTHAIRE
(†855)

PÉPIN Iᵉʳ
(†838)

LOUIS LE GERMANIQUE
(†876)

CHARLES LE CHAUVE
(840-877†)

LOUIS II
(†875)

LOTHAIRE II
(†869)

PÉPIN II

CARLOMAN
(†880)

**LOUIS II
LE JEUNE**
(†882)

**CHARLES III
LE GROS**
(†888)
(884-887)

**LOUIS II
LE BÈGUE**
(877-879†)

ERMENGARDE

ARNULF
(†899)

LOUIS L'AVEUGLE
(†928)

LOUIS III
(879-882†)

CARLOMAN
(879-884†)

**CHARLES III
LE SIMPLE**
(†929)
(898-922)

**LOUIS IV
D'OUTREMER**
(936-954†)

LOTHAIRE
(954-986†)

**CHARLES
DE LORRAINE**

LOUIS V
(986-987†)

Généalogies

Les deux dates entre parenthèses correspondent à celles du règne.

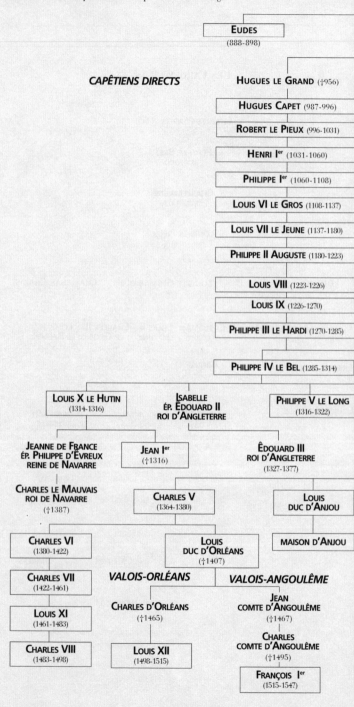

EUDES (888-898)

CAPÉTIENS DIRECTS

HUGUES LE GRAND (†956)

HUGUES CAPET (987-996)

ROBERT LE PIEUX (996-1031)

HENRI Ier (1031-1060)

PHILIPPE Ier (1060-1108)

LOUIS VI LE GROS (1108-1137)

LOUIS VII LE JEUNE (1137-1180)

PHILIPPE II AUGUSTE (1180-1223)

LOUIS VIII (1223-1226)

LOUIS IX (1226-1270)

PHILIPPE III LE HARDI (1270-1285)

PHILIPPE IV LE BEL (1285-1314)

LOUIS X LE HUTIN (1314-1316)

ISABELLE ÉP. ÉDOUARD II ROI D'ANGLETERRE

PHILIPPE V LE LONG (1316-1322)

JEANNE DE FRANCE ÉP. PHILIPPE D'ÉVREUX REINE DE NAVARRE

JEAN Ier (†1316)

ÉDOUARD III ROI D'ANGLETERRE (1327-1377)

CHARLES LE MAUVAIS ROI DE NAVARRE (†1387)

CHARLES V (1364-1380)

LOUIS DUC D'ANJOU

CHARLES VI (1380-1422)

LOUIS DUC D'ORLÉANS (†1407)

MAISON D'ANJOU

CHARLES VII (1422-1461)

VALOIS-ORLÉANS

VALOIS-ANGOULÊME

LOUIS XI (1461-1483)

CHARLES D'ORLÉANS (†1465)

JEAN COMTE D'ANGOULÊME (†1467)

CHARLES VIII (1483-1498)

LOUIS XII (1498-1515)

CHARLES COMTE D'ANGOULÊME (†1495)

FRANÇOIS Ier (1515-1547)

GÉNÉALOGIES

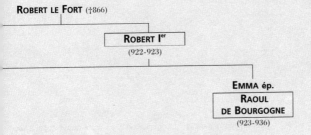

ROBERT LE FORT (†866)

ROBERT Iᵉʳ
(922-923)

EMMA ép.
RAOUL DE BOURGOGNE
(923-936)

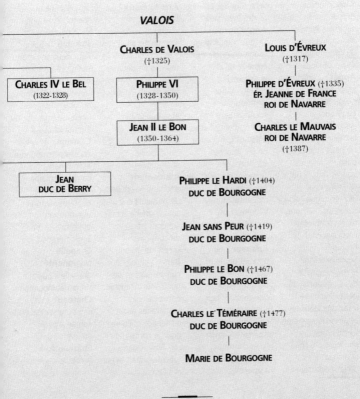

VALOIS

CHARLES DE VALOIS
(†1325)

LOUIS D'ÉVREUX
(†1317)

CHARLES IV LE BEL
(1322-1328)

PHILIPPE VI
(1328-1350)

PHILIPPE D'ÉVREUX (†1335)
ÉP. **JEANNE DE FRANCE**
ROI DE NAVARRE

JEAN II LE BON
(1350-1364)

CHARLES LE MAUVAIS
ROI DE NAVARRE
(†1387)

JEAN DUC DE BERRY

PHILIPPE LE HARDI (†1404)
DUC DE BOURGOGNE

JEAN SANS PEUR (†1419)
DUC DE BOURGOGNE

PHILIPPE LE BON (†1467)
DUC DE BOURGOGNE

CHARLES LE TÉMÉRAIRE (†1477)
DUC DE BOURGOGNE

MARIE DE BOURGOGNE

GLOSSAIRE

Abbatiale : église principale d'une abbaye.

Abside : extrémité d'une église de plan semi-circulaire ou polygonal.

Absidiole : petite abside en hémicycle.

Adoubement : cérémonie par laquelle on arme un chevalier. Laïque à l'origine, elle prit par la suite un caractère de plus en plus religieux.

Aide : service dû par le vassal à son seigneur, comprenant des obligations d'ordre militaire et pécuniaire.

Appel : juridiction établie pour préserver la cohérence du système féodal, selon laquelle le seigneur ne peut intervenir dans les affaires concernant le fief de son vassal (en témoigne l'adage médiéval : «l'homme de mon homme n'est pas mon homme»). Seule exception, le roi «seigneur des seigneurs», qui peut directement intervenir dans les affaires du royaume. Cette juridiction implique à terme la disparition de la féodalité et l'émergence de la monarchie absolue.

Alleu : terre en toute propriété, affranchie de toute redevance ou obligation sauf en faveur du souverain. Voir fief.

Ambon : chaire peu élevée. Le plus souvent par deux, ils étaient placés à chaque extrémité de la clôture qui sépare le chœur de la nef, et étaient destinés à la lecture des épîtres et des évangiles.

Anglo-normand : langue française en usage en Angleterre entre le XIe et le XVe siècle. Les Normands l'introduisirent en Angleterre en s'en rendant maîtres. Mais, bientôt coupé de ses attaches continentales, ce parler disparaît. Ainsi Henry IV de Lancastre sera le premier roi de langue maternelle anglaise.

Apanage : terre donnée par le roi à ses fils cadets ou à ses frères pour assurer leur subsistance, en compensation de leur exclusion de la couronne, attribuée au fils aîné.

Appareil : taille et agencement des matériaux constituant une maçonnerie.

Arc brisé : arc fait de deux segments d'arcs qui se coupent.

Arc de décharge : arc noyé dans l'épaisseur du mur, chargé de soulager la partie qu'il encadre ou surmonte en reportant le poids des maçonneries supérieures sur les côtés.

Arts libéraux : l'enseignement classique au Moyen Âge comprenait sept «arts» ou disciplines, répartis en deux groupes : le *trivium* (grammaire, réthorique et dialectique) et le *quadrivium* (arithmétique, géométrie, astronomie et musique).

Assolement : alternance régulière de plusieurs cultures sur un même terrain agricole, afin de conserver la fertilité du sol.

Ban : droit de commander et de punir. Par extension : ensemble de feudataires tenus au service militaire pour le compte du roi. Ainsi, quand le roi convoquait le ban et l'arrière-ban, il faisait appel à ses vassaux directs ainsi qu'aux vassaux de ces derniers.

Barbacane : rempart avancé, le plus souvent de forme circulaire, séparé de la place par un fossé.

Basse-cour : dans les châteaux à motte, l'espace compris entre l'enceinte extérieure et la motte proprement dite était plus bas que la partie seigneuriale et formait ainsi une cour basse. Plus tard, la basse-cour désigne l'espace ouvert réservé aux dépendances et aux travaux domestiques, en opposition avec la cour d'honneur du logis seigneurial.

Castrum : à l'origine un camp temporaire ou permanent de l'armée romaine. Au Moyen Âge, ce terme désigne une position fortifiée qui constitue une agglomération.

Chapelle rayonnante : chapelle s'ouvrant sur le déambulatoire.

Château : toute demeure seigneuriale édifiée à partir du XVIe siècle.

Château fort : demeure seigneuriale fortifiée. Le château fort est le centre symbolique et militaire d'une châtellenie, juridiction sur laquelle le seigneur exerce les pouvoirs politique, juridique et administratif qui constituent le «droit de ban».

Chasé ou casé : adjectif désignant un esclave installé hors de la demeure du maître, dans une maison ou sur une terre dont il a la jouissance.

Chevage : redevance annuelle, fixe, due par les serfs.

Chevauchée : à l'origine, le service militaire dû par le vassal hors des terres de son seigneur. Durant la guerre de Cent Ans, on appela ainsi les expéditions anglaises sur le sol de France : les troupes, réparties en plusieurs colonnes chevauchaient parallèlement sur une largeur de plusieurs kilomètres, pillant et dévastant tout sur leur passage.

Chevet : partie extrême de la nef, au-delà du sanctuaire.

Claveau : pierre taillée en coin.

Collatéral : bas-côté, nef latérale d'une église.

Comte : du latin *comes*, compagnon. Sous les Carolingiens, le comte est le représentant du roi dans une circonscription territoriale appelée comté.

Commise : en droit féodal, confiscation par un seigneur du fief de son vassal qui n'a pas respecté ses obligations.

Convers : frère convers, sœur converse. Personnes qui n'ont pas reçu les ordres et qui, dans les couvents ou les monastères, remplissent les emplois subalternes.

Coutume : usages et pratiques juridiques ayant pris force de loi.

Croisillon : bras du transept.

Cul-de-four : voûte ayant la forme d'une demi-coupole.

Dauphin : en 1349, après l'acquisition du Dauphiné de Viennois par Philippe VI, l'usage se fit de donner cette terre au fils aîné du roi. Le premier «Dauphin» ainsi nommé fut Charles V.

Déambulatoire : galerie de circulation tournant autour du chœur.

Dendrochronologie : science qui permet de faire des datations à partir des cernes d'accroissement des arbres et d'en déduire des phénomènes écologiques propres à la période considérée.

Déprise agricole : abandon provisoire ou définitif de terres agricoles, naturel ou volontaire, conduisant à l'établissement d'une friche herbacée puis, à terme, à l'établissement d'un milieu forestier.

Dîme : dixième partie (ou fraction variable) des récoltes versées à l'Église ou usurpée par le seigneur.

Douaire : biens que le mari assigne à sa femme pour en jouir si elle lui survit.

Doubleau : arc renforçant le berceau d'une voûte.

Droit régalien : droit qu'avait le roi de percevoir les revenus des évêchés vacants (la régale temporelle).

Écrouelles : plaies d'origine tuberculeuse. Le roi de France touchait les écrouelles de ses sujets malades le jour de son sacre. On pensait qu'il avait le pouvoir de les guérir.

Épure : dessin à grandeur d'exécution, tracé sur le sol ou sur un mur et servant de modèle pour la taille des pierres ou des pièces de charpente.

Excommunication : peine ecclésiastique qui exclut un chrétien de la communauté des fidèles. L'excommunication mineure le prive des sacrements. L'excommunication majeure lui interdit l'inhumation en terre bénite et les relations avec les autres fidèles.

Féodalité : de *feodum*, fief. La féodalité désigne essentiellement l'ensemble des relations entre vassaux et seigneurs. Relations avant tout familiales et héréditaires et les alliances se traduisent par des mariages. L'apogée du système féodal se situe entre le Xe et le XIIIe siècle. C'est une organisation sociale et politique très hiérarchisée.

Fief : terre ou autre bien donné par le seigneur à son vassal afin qu'il puisse remplir les services auxquels il s'est engagé envers lui.

GLOSSAIRE

For : «Le "for intérieur" désigne dans la juridiction ecclésiastique le tribunal de la conscience de chacun. Le «for extérieur» désigne l'autorité de la justice s'exerçant sur les personnes et sur les biens. En vertu du "privilège du for", les clercs sont justiciables seulement des tribunaux ecclésiastiques.» (R. Delort, *La vie au Moyen Âge*)

Gabelle : impôt indirect sur le sel.

Galilée : narthex ou porche spacieux. L'espace, dérivé du massif carolingien, précédant certaines nefs romanes.

Gothique : «barbare». Terme péjoratif appliqué par les hommes de la Renaissance à l'art du Moyen Âge qui succède à l'art roman.

Hommage : acte qui lie un vassal et un seigneur : le seigneur doit à son vassal la protection et la concession d'un fief ; le vassal se reconnaît comme étant l'«homme» de son seigneur et lui doit fidélité, aide militaire, financière et conseil.

Hommage lige : un vassal pouvait prêter hommages à plusieurs seigneurs mais réserver l'hommage lige, c'est-à-dire un lien plus fort que les autres, à un seul d'entre eux, auquel il apportait en priorité son aide militaire en cas de conflit entre les différents seigneurs desquels il tenait ses fiefs. Les rois de France essayent d'imposer l'hommage lige à leurs vassaux directs dès le XIIIᵉ siècle.

Honneur : bien foncier et charge que le seigneur concède en jouissance à un haut fonctionnaire jusqu'à cessation de la charge de ce dernier.

Hourd : coursière en bois formant surplomb en couronnement d'une courtine, d'une tour ou de l'ensemble d'une enceinte, pour battre le pied de la muraille de tir.

Humus : mélange de composés organiques provenant de la décomposition de la matière organique morte.

Immunité : privilège accordé par le roi à certains grands domaines, le plus souvent ecclésiastiques. Ils étaient ainsi soustraits au contrôle du souverain et de ses représentants. L'exercice des droits publics y était confié au bénéficiaire de l'immunité.

Jachère : terre culturale qu'on laisse temporairement reposer sans y pratiquer de récolte.

Jacquerie : révolte violente des paysans dirigés essentiellement contre les seigneurs en 1358.

Jacquet : surnom donné à celui qui effectuait le pèlerinage de Saint-Jacques-de-Compostelle.

Jambage ou piedroit : montant vertical de porte ou de fenêtre supportant un arc ou un linteau.

Lice : espace compris entre deux enceintes ou entre une enceinte et un fossé et qui servait en temps de paix aux tournois, d'où l'expression «entrer en lice».

Linteau : pierre horizontale posée sur des jambages et fermant par le haut une baie rectangulaire.

Maison forte : demeure seigneuriale fortifiée ne constituant pas le centre d'un fief, d'une châtellenie.

Manse : exploitation agricole censée fournir de quoi vivre à une famille. Elle est concédée en usufruit par le maître.

Marche : région frontalière à caractère militaire. Le commandant d'une marche est appelé marquis.

Manouvrier ou brassier : paysan possédant peu de terre et louant ses bras aux voisins ; par opposition au laboureur qui détient un train de labour.

Moineau : bastion plat bâti au milieu d'une courtine longue.

Narthex : porche clos précédant la nef.

Oculus : petite baie ronde sans réseau intérieur.

Ogive : nervure diagonale sur laquelle repose la voûte. Quatre nervures semblables se croisant au sommet de la voûte forment une croisée d'ogives.

Ordalie : épreuve judiciaire par l'eau, le feu, etc. censée établir la culpabilité ou l'innocence d'un accusé au moyen d'une intervention divine.

Paix de Dieu : mise en place par l'Église

à partir du Xe siècle afin de limiter les guerres privées, elle proclamait l'inviolabilité de certains lieux, par exemple des églises, et de certaines catégories de personnes (femmes, enfants, pèlerins, clercs, etc).

Palynologie : science qui étudie les pollens et les spores actuels ou fossiles.

Place forte : tout espace entouré par des fortifications et formant un ensemble indépendant : ville, forteresse, etc.

Pendentif : construction en forme de triangle sphérique renversé employé pour passer du plan sphérique au plan circulaire sous une coupole.

Pollen : produits sexuels des végétaux élaborés par les étamines dans les fleurs mâles.

Pragmatique sanction : règlement édicté par Charles VII (Bourges, 1438) limitant les interventions du Pape dans l'Église de France et reconnaissant au roi le droit de légiférer sur cette dernière.

Réforme grégorienne : mouvement de rénovation de l'Église (XIe-XIIe siècle), auquel le pape Grégoire VII (1073-1085) a laissé son nom, et qui visait à affranchir l'Église de la tutelle des laïques.

Réserve : partie d'un domaine réservée à l'exploitation directe par le maître et ses agents.

Rinceau : ornement composé d'une tige feuillue recourbée en forme de volute.

Route ou Compagnie : petites unités composées de mercenaires et organisées le plus souvent sous le commandement de bâtards de la noblesse, de cadets de famille ou d'anciens clercs. Les Compagnies se regroupent parfois pour former de véritables armées, appelées alors les «Grandes Compagnies». Elles disparaîtront à la fin du XIVe siècle.

Salique (loi) : à l'origine, article inscrit dans la Loi des Francs Saliens (rédigée à la fin du Ve siècle) stipulant que l'héritage ne pouvait être transmis à une femme. Il réapparaît au XVe siècle afin de légitimer la dynastie des Valois contre celle des Lancastre : «La couronne de France ne peut tomber de lance en quenouille.»

Serf : non-libre. Son statut, le plus souvent héréditaire, le plaçait sous l'étroite dépendance du seigneur. Il était frappé de diverses incapacités et soumis à certaines obligations et redevances.

Sempervirent : se dit notamment d'un arbre qui conserve ses feuilles en hiver (ex : le chêne vert est sempervirent).

Sidérolithique : se dit d'une roche riche en concrétions ferrugineuses (ou en fer, au choix).

Sole : chacune des parties d'une terre soumise à l'assolement ou à la rotation.

Taille : prélèvement opéré par le seigneur, en vertu de son droit de ban, sur les ressources de ses hommes. D'abord arbitraire, irrégulière et généralement perçue en nature, la taille devient au XIIe siècle une redevance annuelle fixe, perçue en deniers.

Tambour : élément cylindrique de colonne.

Tour-lanterne : tour percée de fenêtres élevée à la croisée du transept et servant à éclairer cette partie de l'église:

Terrage : prélèvement direct opéré par l'agent du seigneur sur la récolte d'un tenancier et proportionnel à cette récolte.

Tonlieu : droit de péage et de marché sur les marchandises transportées par terre ou par eau.

Transept : nef transversale qui coupe la nef principale d'une église et lui donne le forme d'une croix.

Travée : portion d'un édifice comprise entre deux supports.

Trêve de Dieu : serment qui interdisait la guerre pendant certains jours de la semaine et certaines périodes de l'année. Les contrevenants s'exposaient à l'excommunication. Voir Paix de Dieu.

Triforium : galerie de circulation ouverte au dessus des bas-côtés de la nef.

Tympan : panneau inclus dans un portail entre l'arc et le linteau.

BIBLIOGRAPHIE

HISTOIRE

◆ CONTAMINE (Philippe), *La Guerre de Cent Ans*, Que sais-je, Paris, 1968

◆ CONTAMINE (Philippe), *La Guerre de Cent Ans*, PUF, Paris, 1994

◆ CONTAMINE (Philippe), *Au Temps de la Guerre de Cent Ans*, Hachette, Paris, 1994

◆ CONTAMINE (Philippe), *La Guerre au Moyen Âge*, PUF, Paris, 1994

◆ DELORT (Robert), *Le Moyen Âge : Histoire illustrée de la vie quotidienne*, Le Seuil, Paris, 1982

◆ DELORT (Robert), *Les Animaux ont une histoire*, Le Seuil, Paris, 1984 et 1993

◆ DUBY (Georges) *Des sociétés médiévales*, Gallimard, Paris, 1971

◆ DUBY (Georges), *L'an Mil*, Gallimard, Paris, 1974

◆ DUBY (Georges), *Le Temps des cathédrales*, Gallimard, Paris, 1976

◆ DUBY (Georges), *Le Dimanche de Bouvines*, Gallimard, Paris, 1973

◆ FAVIER (Jean), *La France médiévale*, Fayard, Paris, 1983

◆ FOSSIER (Robert), *Paysans d'Occident, XIe-XIVe siècle*, PUF, Paris, 1984

◆ GAUVART (Claude), *La France au Moyen Âge*, PUF, Paris, 1996

◆ HEERS (Jacques), *Précis d'histoire du Moyen Âge*, PUF, Paris 1992

◆ HEERS (Jacques), *Le Moyen Âge, une imposture*, Perrin, Paris, 1992

◆ LE GOFF (Jacques), *La Civilisation de l'Occident médiéval*, Arthaud, 1975

◆ LE GOFF (Jacques), *Pour un autre Moyen Âge*, Gallimard, Paris, 1977

◆ PERNOUD (Régine), *Pour en finir avec le Moyen Âge*, Le Seuil, Points Histoire, Paris, 1977

◆ COLLECTIF, *De l'Europe féodale à la Renaissance*, sous la direction de Georges Duby, Le Seuil, Paris, 1985

◆ COLLECTIF, *Histoire de la France rurale, des origines à 1340, vol. 1, Histoire de la France rurale, de 1340 à 1789, vol. 2*, sous la direction de Georges Duby et Armand Wallon, Le Seuil, Paris, 1975

◆ COLLECTIF, *Le Moyen Âge en Occident, des barbares à la Renaissance*, sous la direction de Michel Balard, Hachette, collection Université-Histoire, Paris, 1990

◆ COLLECTIF, *Histoire de France*, sous la direction de Jacques Carpentier et François Lebrun, préface de Jacques Le Goff, Le Seuil, Points Histoire, Paris, 1992

◆ DOSSIERS D'ARCHÉOLOGIE : *Les Francs ou la Genèse des nations*, n° 223, mai 1997

◆ COLLECTIF, *La France de l'an Mil*, sous la direction de Robert Delort, Le Seuil, Points Histoire, Paris, 1990

◆ L'ARCHÉOLOGUE, DOSSIERS D'ARCHÉOLOGIE NOUVELLE : *Trésors mérovingiens, l'Héritage des Francs*, n° 29, avril-mai 1997

LES CROISADES

◆ DELORT (Robert), *Les Croisades*, Le Seuil, Points Histoire, Paris, 1988

◆ TATE (Georges), *L'Orient des croisades*, Gallimard, Découvertes, Paris, 1991

◆ HISTORIA : *Croisades, Légendes et Contrevérités*, n° 39, janv.-fév. 1996

CLOVIS

◆ NOTRE HISTOIRE CLOVIS, *La Naissance de la France*, n° 132, avr.1996

◆ ENQUÊTE SUR L'HISTOIRE *La Vérité sur Clovis*, n° 17, 1996

◆ ROUCHE (Michel), *Clovis*, Fayard, Paris, 1996

JEANNE D'ARC

◆ DUBY (Andrée et Georges), *Les Procès de Jeanne d'Arc*, Gallimard, Archives, n° 50, Paris, 1073

◆ PERNOUD (Régine), *J'ai nom Jeanne la Pucelle*, Gallimard, Découvertes, Paris, 1994

◆ L'HISTOIRE : *Jeanne d'Arc, une passion française*, n° 210, mai 1997

RELIGION, SPIRITUALITÉ

◆ DUBY (Georges), *Saint Bernard, l'Art cistercien*, Flammarion, Champs-Flammarion, Paris, 1981

◆ LE GOFF (Jacques), *La Naissance du purgatoire*, Gallimard, Paris, 1981

◆ SIGAL (Pierre-André), *L'Homme et le miracle dans la France médiévale*, Le Cerf, 1985

◆ VAUCHEZ (André), *La Spiritualité du Moyen Âge occidental (VIIIe-XIIe siècles)*, PUF, Paris, 1975

◆ VAUCHEZ (André), *La Sainteté en Occident aux derniers siècles du Moyen Âge*, 2e éd. De Boccard, Paris-Rome, 1988

◆ VAUCHEZ (André), *Histoire des saints et de la sainteté chrétienne*, T. VI (1054-1274) et T. VII (1275-1545), Hachette, Le Livre de Paris, Paris, 1986

BIBLIOGRAPHIE

◆ VAUCHEZ (André), *Les Laïcs au Moyen Âge. (Pratiques et Expériences religieuses)* Le Cerf, Paris, 1987
◆ HISTORIA : *Inquisition et Intégrisme*, n° 47, mai-juin 1997

SAINT-JACQUES DE COMPOSTELLE

◆ BARRAL I ALTET (Xavier), *Compostelle le grand Chemin*, Gallimard, Découvertes, Paris, 1993
◆ VIELLIARD (Jeanne), *Le Guide du pèlerin de Saint-Jacques de Compostelle*, 5e éd. Librairie philosophique J. Vrin, Paris, 1990

LES TEMPLIERS

◆ PERNOUD (Régine), *Les Templiers, Chevaliers du Christ*, Gallimard, Découvertes, Paris, 1995
◆ L'HISTOIRE : *Enquête sur les templiers*, n° 198, avr. 1996

VIE INTELLECTUELLE

◆ LE GOFF (Jacques), *Les Intellectuels au Moyen Âge*, Le Seuil, Paris, 1976
◆ VERGER (Jacques), *Les Universités du Moyen Âge*, PUF, Paris, 1973

ARTS

◆ FOCILLON (Henri), *Le Moyen Âge roman et gothique*, Librairie Armand-Colin, Paris, 1938
◆ PRESSOUYRE (Léon), *Le Rêve cistercien* Gallimard, Découvertes, Paris, 1995
◆ ERLANDE-BRANDENBURG (Alain), *Les Sculptures de Notre-Dame de Paris au musée de Cluny*, Réunion des Musées nationaux, Paris, 1982
◆ ERLANDE-BRANDENBURG (Alain), *La Dame à la Licorne*, Réunion des Musées nationaux, Paris, 1989
◆ GOUREVITCH (Aaron J.), *Les Catégories de la culture médiévale*, Gallimard, Paris
◆ JOUBERT (Fabienne) *La Tapisserie en France au Moyen Âge*, Éd. Ouest-France, Rennes, 1981
◆ MÂLE (Emile), *L'Art religieux en France à la fin du XIIIe siècle*, Hachette, Le Livre de Poche, Paris, 1990

ARCHITECTURE

◆ BARRUOL (Guy) et ROUQUETTE (Jean-Maurice), *Itinéraires romans en Provence*, Zodiaque, 1992
◆ BARRUOL (Guy), *Provence romane II*, Zodiaque, collection La Nuit des temps, La Pierre-Qui-Vire (40 vol. consacrés à l'architecture romane ont été publiés aux Éditions du Zodiaque)
◆ BOURNAZEL (Éric) et BARRAL I ALTET (Xavier), *Les Hauts lieux du Moyen Âge en France*, Bordas, collection Le Voyage culturel, Paris, 1990
◆ CAMILLE (Michaël) : *Le Monde gothique*, Flammarion, Paris, 1996
◆ ERLANDE-BRANDENBURG (Alain), *L'Art gothique*, Mazenod, Paris, 1983
◆ ERLANDE-BRANDENBURG (Alain), *Le Monde gothique, la Conquête de l'Europe, 1260-1380*, Gallimard, L'Univers des formes, Paris, 1987
◆ ERLANDE-BRANDENBURG (Alain), *Quand les Cathédrales étaient peintes*, Gallimard, Découvertes, Paris, 1997
◆ FOCILLON (Henri), *Le Moyen Âge roman, Art d'Occident*, Librairie Armand Colin, Paris, 1938
◆ ERLANDE-BRANDENBURG (Alain) et MEREL-BRANDENBURG (Anne-Bénédicte), *Histoire de l'architecture française du Moyen Âge à la Renaissance, IVe siècle-début XVIe siècle*, Mengès, Paris, 1995
◆ PETZOLD (Andréas), *Le Monde roman*, Flammarion, Paris, 1995
◆ COLLECTIF, *La Ville médiévale, des Carolingiens à la Renaissance*, sous la direction de Jacques Le Goff, Le Seuil, Paris, 1980.
◆ DOSSIERS D'ARCHÉOLOGIE : *Les Bâtisseurs du Moyen Âge*, n° 219, déc. 1996, janv. 1997
◆ GRODECKI (Louis), *Le Vitrail roman*, Fribourg, 1977
◆ PANOFSKY (Erwin), *Architecthure gothique et Pensée scolastique*, Éd. de Minuit, Paris, 1967
◆ ROUQUETTE (Jean-Maurice), *Provence romane I*, Zodiaque, collection La Nuit des temps, La Pierre-Qui-Vire

SOCIÉTÉ

◆ CONTAMINE (Philippe), *La Noblesse au Moyen Âge*, PUF, Paris 1976
◆ CONTAMINE (Philippe), *Des Pouvoirs en France (1300-1500)*, Presse de l'École Normale, Paris, 1992
◆ DUBY (Georges), *Les Trois Ordres ou l'Imaginaire du féodalisme*, Gallimard, Paris, 1978
◆ DUBY (Georges), *Guerriers et Paysans, (VIIe-XIIe). Premier essor de l'économie européenne*, Gallimard, Paris, 1973
◆ DUBY (Georges), *Guillaume*

BIBLIOGRAPHIE

Le maréchal ou le meilleur chevalier du monde, Gallimard, collection Folio histoire, Paris, 1973
◆ DUBY (Georges), *Dames du XIIe siècle*, 3 vol., Gallimard, Quarto, Paris, 1995 et 1996
◆ DUBY (Georges), *Le Chevalier, la Femme et le Prêtre. Le mariage dans la France féodale*, Hachette, Paris, 1981
◆ COLLECTIF, *Histoire de la France*, Larousse, Paris, 1970
◆ DUBY (Georges), *Hommes et Structures du Moyen Âge*, Mouton, 1973
◆ COLLECTIF, *Histoire de la vie privée*, sous la direction de Philippe Ariès et Georges Duby, Le Seuil, collection L'Univers historique, 5 vol., Paris, 1985-1987
◆ PIERRE (Michel), *Le Moyen Âge*, Hachette, Paris, 1996
◆ COLLECTIF, *Histoire de la famille*, T. 1, sous la direction de André Burguière, Christiane klapisch-Zuber, Maurice Segalen et Françoise Zonabend, Librairie Armand Colin, Paris, 1986
◆ COLLECTIF, *L'Homme médiéval*, sous la direction de Jacques Le Goff, Le Seuil, Points Histoire,

Paris, 1994
◆ DUBY (Georges), *Moyen Âge, De l'amour et autres essais*, Flammarion, Paris, 1988
◆ HEERS (Jacques), *L'Occident aux XIVe et XVe siècles : aspects économiques et sociaux*, PUF, Paris 1994
◆ HEERS (Jacques), *La ville au Moyen Âge en Occident : paysages, pouvoirs et conflits*, Hachette, Paris, 1992

VIE QUOTIDIENNE
◆ BRUNEL-LOBRICHON (Geneviève) et DUHAMEL AMADO (Claudie), *Au Temps des troubadours, XIIe-XIIIe siècles*, Hachette, collection La Vie quotidienne, Paris, 1997
◆ DELORT (Robert), *La Vie au Moyen Âge*, Le Seuil, Points Histoire, Paris, 1982
◆ FABRE (Daniel), *Carnaval ou la Fête à l'envers*, Gallimard, Découvertes, Paris, 1992
◆ GAGNEPAIN (Bernard), *Histoire de la musique au Moyen Âge*, Le Seuil, collection Solfèges, Paris, 1996
◆ HEERS (Jacques), *Le Travail au Moyen Âge*, PUF, Paris, 1982
◆ HEERS (Jacques), *Fêtes des fous et Carnaval*, Fayard, Paris, 1983

◆ HEERS (Jacques), *Fêtes des fous et Carnaval*, Hachette, Paris, 1997
◆ HEERS (Jacques), *Le Clan familial au Moyen Âge*, PUF, Paris, 1993
◆ IMBERT (Jean), *Histoire des hôpitraux en France*, Privat, Toulouse, 1982
◆ JACQUART (Danielle) et MICHEAU (Françoise), *La Médecine arabe et l'Occident médiéval*, Maisonneuve et Larose, Paris, 1996
◆ LAURIOUX (Bruno), *Le Moyen Âge à table*, Adam Biro, Paris, 1989
◆ MEHL (Jean-Michel) *Les Jeux au royaume de France*, Fayard, Paris, 1990
◆ PASTOUREAU (Michel), *Rayures. Une Histoire des rayures et des tissus rayés*, Le Seuil, Paris, 1995
◆ REDON (Odile), SABBAN (Françoise) et Serventi (Silvano), *La Gastronomie au Moyen Âge*, (150 recettes de France et d'Italie), 2e éd., Stock, Paris, 1993
◆ TOUATI (François-Olivier), *Maladie et Société au Moyen Âge*, De Boeck, Bruxelles, 1997
◆ VERDON (Jean), *Le Plaisir au Moyen Âge*, Perrin, Paris, 1996

VIE ÉCONOMIQUE
◆ *La Bourse et la vie. Economie et religion au Moyen Âge*, Hachette, Paris, 1986
◆ FAVIER (Jean), *De l'Or et des Épices. Naissance de l'homme d'affaires au Moyen Âge*, Fayard, Paris, 1995

LITTÉRATURE MÉDIÉVALE FRANÇAISE
◆ DICTIONNAIRE DES LETTRES FRANÇAISES, sous la direction du cardinal Georges Grente, T. I *Le Moyen Âge*, vol. préparé par Robert Bossuat, Louis Pichard et Guy Raynaud, de Lage, Paris, 1964. (*Édition entièrement refondue et augmentée sous la direction de Geneviève Hasenohr et Michel Zink*), Paris, 1992. Réimpr. 1994. (concerne les auteurs qui vécurent et les textes qui furent écrits sur le territoire de la France, en latin, langues d'oc et d'oïl. Signale les traductions existantes en français moderne.)

◆ LITTÉRATURE FRANÇAISE, collection dirigée par Claude Pichois, Arthaud, Paris : T I, *Des origines à 1300*, par Jean-Charles Payen, 1970 T II, *1300-1480*, par Daniel Poirion, 1971.

◆ BADEL (Pierre-Yves), *Introduction à la vie littéraire du Moyen Âge*, Paris, 1969.
◆ ZINK (Michel), *Littérature française du Moyen Âge*, Paris, 1992.
◆ MARCHELLO-NIZIA (Christiane) et GALLY (Michèle), *Littératures de l'Europe médiévale*, Paris, 1985. *(Pour une vue d'ensemble, qui dépasse les frontières de la France médiévale.)*

◆ COLLECTION BIBLIOTHÈQUE DE LA PLÉIADE, Gallimard (œuvres traduites) :
◆ *Chrétien de Troyes, œuvres complètes*, sous la direction de Daniel Poirion, 1994
◆ *Tristan et Yseult, les premières versions européennes*, sous la direction de Christiane Marchello-Nizia, 1995

◆ COLLECTION LETTRES GOTHIQUES, Hachette (texte et le plus souvent traduction) :
◆ *Chanson de Roland*, Ian Short, 1990
◆ CHRÉTIEN DE TROYES, *Erec et Enide*, Jean-Marie Fritz ; *Cligès*, Charles Méla et Olivier Collet ; *Chevalier de la Charrette*, Charles Méla ; *Chevalier au lion*,

David Hult ; *Conte du Graal*, Charles Méla : volumes aujourd'hui réunis et complétés pour La Pochothèque, sous le titre *Chrétien de Troyes, Romans*, 1994
◆ *Lais* de Marie DE FRANCE, éd. K. Warnke, trad. Laurence Harf, 1990.
◆ *Lancelot du Lac*, T. 1 et 2, éd. Elspeth Kennedy, trad. F. Mosès, 1991
◆ *Chansons des trouvères*, anthologie de Samuel Rosenberg, Hans Tischler, avec la collab. de Marie-Geneviève Grossel, 1995.
◆ *Fabliaux érotiques*, Luciano Rossi, 1992.
◆ GUILLAUME DE LORRIS et JEAN DE MEUN, *Le Roman de la Rose*, Armand Strubel, 1992.
◆ FRANÇOIS VILLON, *Poésies complètes*, Claude Thiry, 1991.
◆ CHARLES D'ORLÉANS, *Rondeaux et Ballades*, Jean-Claude Mülhethaler, 1992.
◆ ANTOINE DE LA SALE, *Jehan de Saintré*, Joël Blanchard et Michel Quereuil, 1995.

◆ COLLECTION CLASSIQUES GARNIER (éd. et traduction)
◆ RUTEBEUF, *Oeuvres complètes*, Michel Zink, 1990.
◆ *Chanson de Guillaume*,

François Suard, 1991.
◆ JOINVILLE, *Vie de Saint Louis*, Jacques Monfrin, 1995.
◆ COLLECTION GF-FLAMMARION (texte et traduction le plus souvent)
◆ ADAM DE LA HALLE, *Jeu de Robin et Marion, Jeu de la feuillée*, Jean Dufournet, 1989.
◆ *Aucassin et Nicolette*, Jean Dufournet, 1984.
◆ *Fables françaises du Moyen Âge*, Jeanne-Marie Boivin et Laurence Harf, 1996.
◆ *Farce de Maître Pathelin*, Jean Dufournet, 1986.
◆ *Farces du Moyen Âge, Roman de Renart*, 2 vol., (huit branches) Jean Dufournet et Andrée Méline, 1985.

◆ COLLECTION STOCK-MOYEN ÂGE (traduction seule le plus souvent) :
◆ JEAN D'ARRAS, *Mélusine*, Michèle Perret, 1979.
◆ *Bestiaires du Moyen Âge*, Gabriel Bianciotto, 1980.
◆ *Quinze joies de mariage*, Monique Santucci, 1986.
◆ CHRISTINE DE PIZAN, *Le Livre de la Cité des Dames*, Thérèse Moreau et Eric Hicks, 1986.

◆ GUILLAUME DE MACHAUT, *La Fontaine amoureuse*, éd. et trad. Jacqueline Cerquiglini-Toulet, 1993.
◆ COLLECTION BOUQUINS, LAFFONT (traduction seule) Sous la direction de Danielle Régnier-Bohler :
◆ *La légende arthurienne, Le Graal et la Table ronde*, 1989. Sous la direction de Danielle Régnier-Bohler,
◆ *Splendeurs de la Cour de Bourgogne. Récits et chroniques*, 1995.

◆ COLLECTION 10/18, PLON
◆ *Anthologie des troubadours*, bilingue, Pierre Bec, 1979.
◆ *Anthologie des grands rhétoriqueurs*, Paul Zumthor, 1978.
◆ RENÉ D'ANJOU, *Livre du cuer d'amours espris*, Susan Wharton, 1980.
◆ Christine DE PIZAN, *Cent ballades d'amant et de dame*, Jacqueline Cerquiglini, 1982.

POÈMES
◆ RUTEBEUF, *Poèmes de l'infortune et autres poèmes*, Gallimard, collection Poésie/Gallimard Paris, 1986).

TABLE DES ILLUSTRATIONS

TABLE DES ILLUSTRATIONS

TABLE DES ILLUSTRATIONS

XVIe s. Paris, musée du Moyen Âge de Cluny. © RMN/G.Blot. Saint Louis rend la justice in *Vie et miracle de Saint Louis*, par G. de Saint-Pathus, vers 1330-50. Paris, BNF. © AKG
76-77 Saint Louis en majesté in *Registre des Ordonnances de l'Hôtel du Roi*. Paris, Archives nationales. © H. Josse. Sceau de Philippe Auguste, 1180. Paris, Archives nationales. © J. Vigne. Édouard Ier d'Angleterre rend hommage à Philippe le Beau, 1297-1299 in *Les Grandes Chroniques de France*, J. Fouquet. Paris, BNF. © AKG
78-79 Cavaliers croisés in *Roman de Méliadus*, ms., XIIIe s. Paris, BNF (Ms Fr. 1463). cl BNF. Urbain II prêche le départ pour la croisade, miniature, J. Fouquet. Paris, BNF (Ms Fr. 5594 fol. 19). cl BNF. Prise de Jérusalem et du Temple in ms. XIIe s. Paris, Bibl. de l'Arsenal. © Édimédia.
80-81 Siège de Tyr in ms., XVe s. Paris, BNF (Ms Fr. 6594 fol. 205). cl BNF. Bateaux de croisés, miniature, J. Fouquet. Paris, BNF (Ms Fr. 5594 fol. 269 V). cl BNF. Le Krach des chevaliers, Syrie. © Scope/J.Guillard.
82-83 Hommage du roi Edouard III au roi Philippe VI in *Grandes Chroniques de Saint-Denis*. Paris, BNF. © Édimédia. Les bourgeois de Calais in *Chroniques de Saint-Alban*, miniature du XVe s. Londres, Lambeth Palace Lib. © Bridgeman/Giraudon.
84-85 Détail d' *Abrégé de la chronique de Monstrelet*, ms. latin, XVe s. Paris, BNF. © Édimédia. Bataille de Poitiers, ms., XIVe s. Vienne, Bibl. nationale (Cod 2564 fol 413). © AKG. Charles V fait Duguesclin connétable in *Chronique de Duguesclin*, O. le Danois. Chantilly, musée Condé. © Giraudon. Assassinat de Louis de Valois in *Abrégé de la chronique de Monstrelet*. Paris, BNF. © AKG Entrée de Charles VII à Rouen in *Abrégé de la chronique de Monstrelet*. Paris, BNF. © Édimédia.
86-87 Jeanne en paysanne, lettrine historiée, XVe s. Paris, BNF. © Édimédia. *Jeanne d'Arc*, miniature, sans doute de la fin du XIXe s. © AKG. Jeanne au bûcher in *Vigiles de Charles VII*. Paris, BNF. cl BNF.
88-89 La grammaire, la rhétorique et la dialectique in *Satiricon de Marcianus Capella*, miniature, XIIIe s. Paris, Bibl. Sainte-Geneviève. © Giraudon. La Sagesse in *Bible de Sainte-Bénigne*, XIIe s. Dijon, Bibl. municipale. © Édimédia.
90-91 Astrologue avec astrolabe in *Psautier de saint Louis*, ms., XIIe s. ou XIIIe s. Paris, Bibl. de l'Arsenal. © Édimédia. *L'Homme au centre de l'Univers*, codex latin. Lucques, Bibl. Statale. © Scala.
92-93 Étudiants au travail, bas-relief en marbre, tombe de G. da Lagnano, fin XIVe s. Bologne, Musée civique. © Scala. *Discussion entre un juif, un chrétien, un musulman et un gentil*, ouvrage de philosophie de R. Lulle, début XIVe s. Paris, BNF. © Édimédia. Les sphères concentriques in *Mélanges scientifiques, philosophiques et zodiaques*, par G. de Metz, 1276. Paris, Bibl. Sainte-Geneviève. © Édimédia.
94-95 Saint Paul, détail d'une bible historiée, XIVe s. Paris, BNF. © Édimédia. Globe terrestre, Martin Behaïm. Paris, BNF. © Giraudon. Panneau de marqueterie par Fra Giovanni da Verona. Vérone, Santa Maria in Orano. DR.
96-97 *L'Horloge de Sapience*, ms. de H. Suso. Bruxelles, Bibl. royale Albert Ier (BR. IV 111 v). © Bibl. royale Albert. Ier. Paysan apportant son grain au moulin, miniature flamande. © Édimédia.
98-99 Lettrine in *Miroir de la salvation humaine*, J. Mielot. Bruxelles, Bibl. royale Albert. Ier. © Édimédia. Jongleur, plaque émaillée. Coll.part. DR. Blasons in *Armorial le Breton*, ms., XVe s. Paris, Archives nationales. DR.
100-101 Chien, lettrine ornée in *Commentaire de l'Apocalypse*, B. de Lebiana, ms., XIe s. Paris, BNF. © Édimédia. Lion in *Bestiarium de Ashmoleum*. Oxford, Bodleian Lib. DR. Paysage d'été in *Carmina Burana*. Munich, Bayerisches Bibl. © Édimédia. Serpent, plaque de bronze, XIIes ou XIIIe s. Coll. von Hirsch. © Édimédia.
102-103 Célébration d'un mariage in *Décrets de Gratien*, miniature du XIIIe s. Laon, Bibl. municipale (Ms 372 fol. 153). © Giraudon. Gorgones cultivant

TABLE DES ILLUSTRATIONS

TABLE DES ILLUSTRATIONS

TABLE DES ILLUSTRATIONS

TABLE DES ILLUSTRATIONS

TABLE DES ILLUSTRATIONS

TABLE DES ILLUSTRATIONS

TABLE DES ILLUSTRATIONS

TABLE DES ILLUSTRATIONS

INDEX

INDEX

INDEX

INDEX

INDEX

INDEX

LIEUX DE VISITE

LIEUX DE VISITE
ADRESSES ET HORAIRES

PÈLERINAGES		PAGES
BORDEAUX		*215*
ÉGLISE SAINTE-CROIX Place Renaudel 33000 Bordeaux (Gironde) ☎ 05 56 00 66 00 (Office du Tourisme) ou 05 56 94 30 50	*Ouvert du lundi au samedi :* *9 h-12 h et 15 h-17 h.* *Fermé le dimanche.* *Visites guidées sur rendez-vous* *pour individuels et groupes.*	
CONQUES		*210*
ÉGLISE SAINTE-FOY 12320 Conques (Aveyron) ☎ 05 65 72 85 00	*Ouvert tous les jours et toute l'année 8 h-21 h.* *Visites guidées ponctuelles en juillet-août et* *sur rendez-vous le reste de l'année (y compris* *pour les groupes).* *Orfèvrerie religieuse médiévale ouverte en* *juillet-août 9 h-12 h et 14 h-19 h. Le reste de* *l'année, 9 h-12 h et 14 h-18 h du lundi au* *samedi ; 9 h-11 h et 14 h-18 h le dimanche.*	
LE PUY		*209*
CATHÉDRALE DU PUY 43000 Le Puy-en-Velay (Haute-Loire) ☎ 04 71 09 38 41 (Office du Tourisme) ou 04 71 04 17 19	*Ouvert tous les jours et toute l'année* *9 h-18h.* *Visites guidées sur rendez-vous* *pour individuels et groupes.*	
MOISSAC		*211*
CLOITRE DE MOISSAC 6, place Durand-de-Bredon 82200 Moissac (Tarn-et-Garonne) ☎ 05 63 04 01 85	*Ouvert 1er juillet-31 août : 9 h-19 h.* *1er septembre-15 octobre: 9 h-12 h* *et 14 h-18 h.* *16 septembre-15 mars : 9 h-12 h et 14 h-17 h.* *16 mars-30 juin : 9 h-12 h et 14 h-18 h.* *Visites guidées du 20 juin au 15 septembre à* *heures fixes et le reste de l'année sur rendez-* *vous (groupes sur rendez-vous uniquement).*	
SAINT-GILLES DU GARD		*206*
ABBATIALE SAINT-GILLES 30800 Saint-Gilles-du-Gard (Gard) ☎ 04 66 87 33 75 (Office du Tourisme) ou 04 66 87 41 31	*Ouvert 1er avril-30 septembre : 9 h-19 h.* *1er octobre-31 mai : 9 h-17 h.* *Visites guidées sur rendez-vous* *pour individuels et groupes.*	
SAINT-GUILHEM-LE-DÉSERT		*207*
ÉGLISE 34150 Saint-Guilhem-le-Désert (Hérault) ☎ 04 67 57 44 33 (Office du Tourisme)	*Ouvert 1er juillet-31 août : 10 h-12 h* *et 14 h-19 h.* *1er décembre-31 janvier : 12 h-17 h.* *Le reste de l'année : 10 h-12 h et 14 h-18 h.* *Visites guidées sur rendez-vous* *au 04 67 57 42 44.*	
TOULOUSE		*207*
BASILIQUE SAINT-SERNIN 13, place Saint-Sernin 31000 Toulouse (Haute-Garonne) ☎ 05 61 11 02 22 (Office du Tourisme) ou 05 61 21 80 45	*Ouvert tous les jours et toute l'année* *1er juillet-30 septembre :* *9 h-18 h.* *1er octobre-30 juin :* *9 h-12 h et 14 h-18 h.* *Visites guidées en juillet et en août.* *Crypte accessible toute l'année.*	

TOURS 214

BASILIQUE SAINT-MARTIN
Rue Descartes
37000 Tours (Indre-et-Loire)
☎ 02 47 70 37 37
(Office du Tourisme)

Ouvert Pâques-30 septembre : 8 h-19 h.
1er octobre -Pâques : 8 h-12 h et 14 h-18 h 45.
Visites guidées sur rendez-vous
pour individuels et groupes.

VÉZELAY 212

BASILIQUE DE LA MADELEINE
89450 Vézelay
(Yonne)
☎ 03 86 33 23 69
(Office du Tourisme)

Ouvert 1er juin-30 septembre : 6 h-20 h.
1er octobre 31 mai : 7 h-19 h.
Visites guidées sur rendez-vous pour
individuels et groupes. En juillet et août,
visites guidées tous les jours pour individuels
(sur demande auprès de l'Office du Tourisme).

FORÊTS, VILLAGES ET JARDINS

COULOMMIERS 234

COMMANDERIE DES TEMPLIERS
CENTRE DE CULTURE ET D'HISTOIRE
77120 Coulommiers
(Seine-et-Marne)
☎ 01 64 65 08 61

Ouvert 1er février-30 novembre : 14 h-18 h
du mercredi au dimanche, et jours fériés.
Groupes sur rendez-vous (visites-conférences).
Animations culturelles, ateliers et centre
de loisirs (vacances scolaires), stages,
chantiers de restauration.
Jardin médiéval ouvert 1er avril-2 novembre.

GRAMBOIS 226

84 240 La Tour d'Aigue
(Vaucluse)
OFFICE DU TOURISME
☎ 04 90 77 96 29

À voir : les remparts (XIVe siècle),
le château de Grambois (grosse maison forte)
l'église Notre-Dame de Beauvoir et l'ermitage
Saint-Pancrace.

MONPAZIER 232

24540 (Dordogne)
OFFICE DU TOURISME
☎ 05 53 22 60 38

À voir : la place du 19 mars 1962 bordée
de galeries et de «cornières», l'église Saint-
Dominique, la maison du chapitre (XIIIe siècle).

MONTREUIL-BELLAY 225

49260 (Maine-et-Loire)
OFFICE DU TOURISME
☎ 02 41 52 32 39

À voir : le château (enceinte du XIIIe siècle),
la collégiale Notre-Dame (XIVe siècle), l'ancien
grenier à dîmes (1428), la place du marché,
les bords du Thouet.

PAIMPONT 218

35380 Plélan-le-Grand
(Ille-et-Vilaine)
SYNDICAT D'INITIATIVE
☎ 02 99 07 84 23

CENTRE DE L'IMAGINAIRE
ARTHURIEN
Château de Comper-en-
Brocéliande
56430 Concoret
☎ 02 97 22 79 96
(Annaïk Chauvel,
Claudine Glot)

Le château de Comper, derrière son rempart
médiéval et ses étangs, est le point
de rencontre idéal pour les amoureux
du domaine celtique.
Expositions chaque année sur des thèmes
différents, mais se rattachant toujours
à la «Matière de Bretagne» (les origines
et légendes de la Table Ronde). Animations
culturelles de qualité (conférences, musique,
spectacles).
Librairie (plus de 300 titres sur la Bretagne,
iconographie, documentation).
Promenades guidées en forêt.

LIEUX DE VISITE
ADRESSES ET HORAIRES

SAINT-LOUIS		**230**
57820 (Moselle) **OFFICE DU TOURISME** ☎ 03 87 25 39 71		
SAINT-VÉRAN		**228**
05350 (Hautes-Alpes) **OFFICE DU TOURISME** ☎ 02 92 45 82 21	À voir : les maisons traditionnelles à fustes, le temple et son quartier (Le Villard), la chapelle de Clausis, le musée de Saint-Véran, l'église.	

CHÂTEAUX

BONAGUIL		**256**
47500 Saint-Front-sur-Lémance (Lot-et-Garonne) ☎ 05 53 71 90 33	Ouvert juillet-août : 10 h-19 h. Juin : 10 h-12 h et 14 h-17 h. Septembre-novembre et 1er février-fin mai : 10 h 30-12 h et 14 h-17 h. Fermé en décembre et en janvier. Visites guidées toutes les heures. Groupes sur rendez-vous uniquement.	
CHALUSSET		**250**
87260 Saint-Jean-Ligoure (Haute-Vienne) ☎ 05 55 79 04 04	Ruine non accessible à la visite car trop dangereuse. Le château vient d'être racheté par le Conseil régional pour restauration. Simplement visible de loin.	
CHÂTEAU-GAILLARD		**243**
27700 Les Andelys (Eure) ☎ 02 32 54 04 16 POSTE 213 (Mairie) OU 02 32 54 41 93	Visite libre du 15 mars au 15 novembre, tous les jours sauf le mardi et le mercredi matin : 9 h-12 h et 14 h-18 h . Visites guidées à 10 h, 11 h, 14 h 30, 15 h 30 et 16 h 30. Groupes sur rendez-vous (écrire à la mairie).	
COUCY		**254**
02380 Coucy (Aisne) ☎ 03 23 52 71 28	Horaires d'été (mai à août) : lundi-vendredi : 10 h-12 h 30 et 14 h-18 h 30 ; samedi : 10 h-12 h 30 et 14 h-19 h ; dimanche : 10 h-19 h. Fermé le 1er mai. Horaires de mi-saison (mars et avril, septembre et octobre) : lundi-vendredi 10 h-12 h 30 et 14 h-18 h ; samedi 10 h-12 h 30 et 14 h-18 h 30 ; dimanche et jours fériés 10 h-18 h 30. Horaires d'hiver (novembre à février) : lundi-vendredi 10 h-12 h 30 et 14 h-16 h 30 ; samedi 10 h-12 h 30 et 4 h-17 h ; dimanche 10h-17h. Fermé le 1er et le 11 novembre, le 25 décembre et le 1er janvier. Visites guidées et groupes sur rendez-vous auprès de l'Office de Tourisme de Coucy.	
FOUGÈRES		**240**
83, place Pierre Simon 35300 Fougères (Ille-et-Vilaine) ☎ 02 99 99 79 59	Ouvert mi-juin-15 septembre : 9 h-19 h. 15 septembre-30 septembre : 9 h 30-12 h et 14 h-18 h. 1er février-Pâques : 10 h-12 h et 14 h-17 h. Pâques-mi-juin : 9 h 30-12 h et 14 h-18 h. 1er oct-31 déc : 10 h-12 h et 14 h-17 h. Fermé en janvier. Visites guidées à 9 h, 10 h, 11 h, 14 h, 15 h, 16 h, 17 h, 18 h. Groupes sur rendez-vous.	

GISORS

256

Place Blanmont
27140 Gisors
(Eure)
☎ 02 32 27 60 63

Seuls le parc et le donjon se visitent librement.
Pour le château, visites guidées uniquement.
1er avril-30 septembre :
en semaine, 10 h, 11 h, 14 h 30, 15 h 45 et 17 h ; le week-end, 10 h, 11 h, 14 h 30, 15 h 15, 16 h et 17 h.
Octobre, novembre, février, mars :
en semaine, visites guidées pour groupes, sur rendez-vous ;
le week-end, visites à 10 h 30, 14 h 30 et 16 h (groupes uniquement sur rendez-vous).
Renseignements visites guidées :
02 32 55 59 36
Fermé en décembre et janvier.

HAUT-KŒNIGSBOURG

258

67700
Kintzheim-Orschwiller
(Bas-Rhin)
☎ 03 88 92 11 46
ou 03 88 82 50 60

Ouvert 1er juin- 30 septembre : 9 h-18 h.
1er octobre-31 octobre :
9 h-12 h et 13 h-17 h.
1er avril-31 mai : 9 h-12 h et 13 h-18 h.
1er mars-31 mars : 9 h-12 h et 13 h-17 h.
1er novembre-28 février :
9 h-12 h et 13 h-16 h.
Ces horaires sont susceptibles d'être modifiés en cours d'année.
Fermé le 1er janvier, le 1er mai et le 25 décembre.
Visites guidées sur rendez-vous.

LOCHES

248

Place Charles VII
37600 Loches
(Indre-et-Loire)
☎ 02 47 59 01 32

Ouvert 2 janvier-14 mars : 9 h-12 h et 14 h-17 h.
15 mars-30 juin : 9 h-12 h et 14 h-18 h.
1er juillet-15 septembre : 9 h-19 h.
15 septembre-30 septembre :
9 h-12 h et 14 h-18 h.
1er octobre-31 décembre :
9 h-12 h et 14 h-17 h.
Fermé le 25 décembre et le 1er janvier.
Visites guidées sur demande.
Groupes sur rendez-vous ou selon les disponibilités du moment.

MONTSÉGUR

253

09300 Montségur
(Ariège)
☎ 05 61 03 03 03
(OFFICE DU TOURISME)

Ouvert tous les jours et toute l'année (il s'agit d'une ruine). Accueil et information sur place 1er mai-30 septembre : 9 h-19 h.
29 mars-30 avril et 1er octobre-30 novembre : 10 h-17 h.
Visites guidées sur demande, groupes sur réservation
Musée ouvert 1er mai-30 septembre : 10 h-13 h et 14 h-19 h.
29 mars-30 avril et 1er octobre-30 novembre : 11 h-16 h.

ORTENBERG

246

67750 Scherwiller
(Bas-Rhin)
☎ 03 88 92 25 62

Accès libre (ruine), à pied uniquement.
À Scherwiller, prendre la direction de Châtenois (D35, Route du Vin). Prendre la route goudronnée à droite dans le premier grand virage. Puis, à pied, suivre le rectangle rouge GR5 pendant 40 min.

LIEUX DE VISITE
ADRESSES ET HORAIRES

PIERREFONDS		258
60350 Pierrefonds (Oise) ☎ 03 44 42 72 72	*Ouvert 2 mai-30 juin : 10 h-18 h.* *1er juillet-31 août : en semaine 10 h-18 h ;* *dimanche et jours fériés 10 h-19 h.* *1er septembre-31 octobre et 1er mars-30 avril :* *en semaine 10 h-12 h 30 et 14 h-18 h ;* *dimanche et jours fériés 10 h-18 h.* *1er novembre-28 février : en semaine* *10 h-12 h 30 et 14 h-17 h ;* *dimanche et jours fériés 10 h-17 h 30.* *Fermé les 1er janvier, 1er mai, 1er novembre,* *11 novembre et 25 décembre.* *Visite guidée et groupe sur rendez-vous.*	
SARZAY		254
36230 Sarzay (Indre) ☎ 02 54 31 32 25	*Ouvert tous les jours 10 h-12 h et 14 h-19 h* *(18 h du 1er novembre au 1er avril). Visites* *guidées sur demande. Groupes sur rendez-vous.*	
SEPTMONTS		249
02200 Septmonts (Aisne) ☎ 03 23 74 91 28	*Ouvert 1er mars-30 septembre : en semaine* *10 h-19 h ; samedi, dimanche et jours fériés* *9 h-19 h. 1er octobre -28 février : en semaine* *14 h-16 h 30 ; samedi, dimanche et jours fériés* *10 h-16 h 30.* *Visites guidées et groupes sur rendez-vous.*	
VILLANDRAUT		246
33730 Villandraut (Gironde) ☎ 05 56 25 87 57	*Visites guidées uniquement.* *Juin-septembre : tous les jours* *10 h-12 h 30 et 15 h-19 h.* *Juillet-août : tous les jours 10 h-19 h.* *Octobre-mai : en semaine sur rendez-vous ;* *samedi, dimanche et jours fériés 14 h-18 h.* *Groupes sur rendez-vous.*	
VINCENNES		250
Avenue de Paris 94300 Vincennes (Val-de-Marne) ☎ 01 43 28 15 48	*Ouvert octobre-mars : 10 h-17 h.* *Avril-septembre 10 h-18 h.*	
VILLES		
AIGUES-MORTES		375
OFFICE DU TOURISME Porte de Gardette 30200 Aigues-Mortes ☎ 04 66 53 73 00	*Visite guidée de la tour de Constance* *et des remparts.* *Voir aussi Notre-Dame-des-Sablons.*	
AVIGNON		378
OFFICE DU TOURISME 41, cours Jean-Jaurès 84000 Avignon ☎ 04 90 82 65 11	*Visites : le palais des Papes, le pont Saint-Bénezet,* *le Petit Palais (musée). Voir aussi : le palais* *du Roure (Centre de documentation), la livrée* *Ceccano (bibliothèque municipale), Notre-Dame-* *des-Doms, Saint-Agricol et Saint-Didier.*	
BASTIDES		374
DOMME (24250)	*Office du tourisme :* ☎ 05 53 28 37 09	
MONPAZIER (24540)	*Office du tourisme :* ☎ 05 53 22 68 59	
VILLEFRANCHE-DE-ROUERGUE (12200)	*Office du tourisme :* ☎ 05 65 45 13 18	

BOURGES *364*

OFFICE DU TOURISME
21, rue Victor-Hugo
18000 Bourges
☎ 02 48 24 75 33

Visites : la cathédrale Saint-Étienne et le palais Jacques-Cœur. Voir aussi : l'hôtel des Échevins, la maison de la Reine Blanche et la maison de Pelvoysin.

CARCASSONNE *377*

OFFICE DU TOURISME
15, boulevard Camille-Pelletan
11000 Carcassonne
☎ 04 68 10 24 30

*Visite : le château comtal.
Voir aussi : les remparts et la basilique Saint-Nazaire.*

DINAN *363*

OFFICE DU TOURISME
6, rue de l'Horloge
22100 Dinan
☎ 02 96 39 75 40

*Visites : le donjon du château, la tour de Coëtquen et la tour de l'Horloge.
Voir aussi : les remparts, Saint-Sauveur et le cloître de l'ancien couvent des Cordeliers.*

MONTPELLIER *376*

OFFICE DU TOURISME
78, avenue du Pirée
34000 Montpellier
☎ 04 67 22 06 16

À voir : la tour des Pins, la tour de la Babotte, la cathédrale Saint-Pierre et l'hôtel de Varennes (musées).

PARIS *338*

OFFICE DU TOURISME
127, avenue
des Champ-Élysées
75008 Paris
☎ 01 49 52 53 54

Visites : la cathédrale Notre-Dame, la Sainte-Chapelle, la Conciergerie (Palais de Justice), le Musée national du Moyen Âge de Cluny. Voir aussi : Saint-Germain-l'Auxerrois, Saint-Étienne-du-Mont, Saint-Germain-des-Prés, Saint-Julien-le-Pauvre, la salle basse du Louvre, la tour Jean-sans-Peur, l'hôtel de Sens et l'hôtel de Clisson.

PÉRIGUEUX *372*

OFFICE DU TOURISME
26, place Francheville
24000 Périgueux
☎ 05 53 53 10 63

À voir : la cathédrale Saint-Front, l'église Saint-Étienne de la Cité, le château Barrière, la tour Mataguerre, le logis Saint-Front, la maison des Consuls, l'hôtel d'Abzac de Ladouze et l'hôtel Sallegourde.

POITIERS *370*

OFFICE DU TOURISME
8, rue des Grandes-Écoles
86000 Poitiers
☎ 05 49 41 21 24

*Visites : la salle des pas perdus du palais des comtes de Poitiers (palais de justice), le baptistère Saint-Jean, l'hypogée des Dunes. Voir aussi : Notre-Dame-la-Grande, Sainte-Radegonde, Saint-Hilaire-le-Grand, la cathédrale Saint-Pierre, l'hôtel de Fumé et la tour Maubergeon.
À découvrir : des manuscrits et ouvrages médiévaux à la Maison du Moyen Âge (médiathèque François-Mitterrand).*

ROUEN *358*

OFFICE DU TOURISME
25, place de la Cathédrale
76000 Rouen
☎ 02 32 08 32 40

*Visites : l'abbatiale Saint-Ouen, l'église Saint-Maclou, la musée des Antiquités et le donjon (tour Jeanne d'Arc).
Voir aussi : la cathédrale, l'aître Saint-Maclou, le Gros-Horloge et les maisons à pan de bois.*

SARLAT *373*

OFFICE DU TOURISME
Place de la Liberté
24200 Sarlat
☎ 05 53 59 27 67

À voir : la chapelle de Temniac, la chapelle des Morts, la chapelle des Pénitents bleus, l'église Sainte-Marie et la maison des Consuls.

STRASBOURG   354

OFFICE DU TOURISME
17, place de la Cathédrale
67000 Strasbourg
☎ 03 88 52 28 22

*Visites : la cathédrale Notre-Dame, le musée
de l'Œuvre Notre-Dame, l'église Saint-Thomas.
Voir aussi : les ponts couverts, l'ancienne
douane, la maison Kammerzell, l'hôtellerie
du Corbeau, la Grande Boucherie, Saint-Pierre-
le-Jeune et le grenier d'Abondance.*

TOURS   366

OFFICE DU TOURISME
78, rue Bernard-Palissy
37000 Tours
☎ 02 47 70 37 37

*Visites : le château royal, l'abbaye Saint-Julien
(musée du Compagnonnage) et la Psalette.
Voir aussi la maison de Tristan.*

MONASTÈRES

AUBAZINE   281

ABBAYE D'OBAZINE
19190 Aubazine
(Corrèze)
☎ 05 55 84 61 12
ou 05 55 25 79 93

*Ouvert au public uniquement en juillet et
pendant les trois premières semaines d'août.
Durant cette période, visite libre ou visites
guidées à 11 h, 15 h 30 et 16 h 30.
Le reste de l'année, l'abbaye ne se visite
qu'exceptionnellement (se renseigner
à l'avance).*

CERISY-LA-FORÊT   300

ABBAYE
50680 Cerisy-la-Forêt
(Manche)
☎ 02 33 57 34 63

*Ouvert 15 mars-11 novembre :
10 h 30-12 h 30 et 14 h 30-18 h 30.
Visites guidées tous les jours en juillet-août,
du mardi au dimanche le reste de l'année.
Groupes uniquement sur rendez-vous.*

CLUNY   274

ABBAYE
71250 Cluny
(Saône-et-Loire)
☎ 03 85 59 12 79

*Ouvert 1er juillet-21 septembre : 9 h-19 h.
29 mars-30 juin : 9 h3 0-12 h et 14 h-18 h.
22 septembre-31 octobre : 9 h 30-12 h
et 14 h-17 h.
1er novembre- 30 novembre : 10 h-12 h
et 14 h-16 h.
1er décembre-7 février : 10 h-11 h 30
et 14 h-16 h.
8 février-28 mars : 10 h-12 h et 14 h-16 h 30.
Fermé les 1er mai, 1er novembre, 11 novembre,
25 décembre et 1er janvier.
Groupes sur rendez-vous.*

FONTENAY   278

ABBAYE
21500 Fontenay
(Côte-d'Or)
☎ 03 80 92 15 00

*Ouvert toute l'année 9 h-12 h et 14 h-18 h.
Visite guidée sur rendez-vous
(commentaires en anglais, allemand ;
fiches en anglais, allemand, néerlandais,
italien et espagnol).*

FONTEVRAULT   283

ABBAYE
49590 Fontevraud l'Abbaye
(Maine-et-Loire)
☎ 02 41 51 71 41

*Ouvert 1er juin-22 septembre : 9 h-19 h.
23 mars-31 mai : 9 h 30-12 h 30 et 14 h-18 h 30.
22 septembre -31 octobre : 9 h 30-12 h 30
et 14 h-18 h.
2 novembre -22 mars : 9 h 30-12 h 30
et 14 h-17 h 30. Fermé les 1er janvier,
1er novembre, 11novembre et 25 décembre.
Groupes sur rendez-vous.*

JUMIÈGES 266

ABBAYE
76480 Jumièges
(Seine-Maritime)
☎ 02 35 37 24 02

Ouvert 15 avril-15 septembre :
9 h 30-18 h 30.
16 septembre-14 avril :
9 h 30-12 h 30
et 14 h 30-17 h.
Fermé les 1er janvier, 1er mai, 1er novembre,
11 novembre et 25 décembre.
Visites guidées toutes les heures.
Groupes sur rendez-vous.

LE MONT-SAINT-MICHEL 270

ABBAYE
50116 Le Mont-Saint-Michel
(Manche)
☎ 02 33 60 14 14
ou 02 33 60 14 30
(OFFICE DE TOURISME)

Ouvert 2 mai-30 septembre :
9 h-17 h.
1er octobre-30 avril :
9 h 30-16 h 30.
Fermé les 1er janvier, 1er mai, 11novembre
et 25 décembre.
Visite libre ou visites guidées.

SAINT-MARTIN-DU-CANIGOU 268

ABBAYE
66820 Casteil
(Pyrénées-Orientales)
☎ 04 68 05 50 03

Visites guidées uniquement.
15 juin-15 septembre :
10 h, 12 h, 14 h, 15 h, 16 h et 17 h
(dimanche et jours fériés 10 h, 11 h, 12 h 30,
14 h, 15 h, 16 h et 17 h).
15 septembre-15 juin :
10 h, 12 h, 14 h 30, 15 h 30 et 16 h 30
(dimanche et jours fériés 10 h, 11 h, 12 h 30,
14 h 30, 15 h 30 et 16 h 30).
Fermé le mardi d'octobre à Pâques

TOULOUSE 286

COUVENT DES JACOBINS
69, rue Pargaminières
31000 Toulouse
(Haute-Garonne)
☎ 05 61 22 21 92

Ouvert toute l'année 10 h-19 h.
Fermé jours fériés.
Se renseigner auprès de l'Office
de Tourisme (05 61 11 02 22)
pour les visites guidées et les visites
de groupes.

VILLENEUVE-LÈS-AVIGNON 283

CHARTREUSE
30400 Villeneuve-lès-Avignon
(Gard)
☎ 04 90 15 24 24

Ouvert 1er avril-30 septembre :
9 h 30-18 h 30.
1er octobre-30 mars :
9 h 30-18 h.
Fermé les 1er janvier, 1er mai, 1er novembre,
11 novembre et 25 décembre.
Visites guidées (gratuites) uniquement sur
rendez-vous.

SANCTUAIRES

AMIENS 324

CATHÉDRALE NOTRE-DAME
80010 Amiens
(Somme)
☎ 03 22 71 60 50

Visite libre tous les jours, sauf
le dernier dimanche de septembre,
de 8 h 30-12 h et 14 h-19 h (en saison
ouverture sans interruption 8 h 30-19 h).
Du 1er octobre au 30 mars, fermeture
à 17 h (18 h le samedi).
Pas de visite durant les offices (dimanche
à 9 h, 10 h 15, 11 h 30, 18 h).
Visite guidée sur rendez-vous (durée 1 à 2 h).

LIEUX DE VISITE
ADRESSES ET HORAIRES

BEAUVAIS	325
CATHÉDRALE SAINT-PIERRE 60000 Beauvais (Oise) ☎ 03 44 48 11 60	*Ouvert 1er mai-31 octobre :* *9 h-12 h 15 et 14 h-18 h 15.* *1er novembre-30 avril :* *9 h-12 h 15 et 14 h-17 h 15.* *Visite de l'horloge 4 fois par jour* *(10 h 40, 14 h 40, 15 h 40 et 16 h 40).* *Visite guidée sur rendez-vous* *(durée 1 h pour la cathédrale, 25 min* *pour l'horloge).*

CHARTRES	318
CATHÉDRALE Place de la Cathédrale 28000 Chartres (Eure-et-Loire) ☎ 02 37 21 75 02	*Ouvert tous les jours et toute l'année :* *7 h 30-17 h en hiver ;* *7 h 30-19 h en été.* *Pas de visites durant les offices* *(le dimanche matin à 9 h 30, 11 h et 18 h).* *Visites guidées :* *de Pâques à la Toussaint, à 10 h 30 et 15 h* *tous les jours sauf le dimanche matin* *et le lundi matin ;* *de la Toussaint à Pâques, à 14 h 30* *tous les jours.* *Groupes uniquement sur rendez-vous.*

GERMIGNY-DES-PRÉS	296
ORATOIRE 45110 Germiny-des-Prés (Loiret) ☎ 02 38 58 27 03	*Ouvert tous les jours et toute l'année :* *8 h 30-19 h en été ; 9 h-18 h en hiver.* *Visites guidées uniquement* *sur rendez-vous.*

JOUARRE		**294**
ABBAYE 6, rue Montmorin 77640 Jouarre (Seine-et-Marne) ☎ 01 60 22 64 54	*Église abbatiale ouverte 10 h-12 h tous les jours sauf le mardi.* *Crypte ouverte 10 h-12 h et 14 h-18 h.* *Tour romane ouverte 10 h-12 h et 14 h-18 h.* *Visites guidées sur demande.* *Groupes sur rendez-vous.*	

SAINT-RIQUIER		**331**
ÉGLISE ABBATIALE 80135 Saint-Riquier (Somme) ☎ 03 22 28 85 38	*15 février-31 mars : en semaine 14 h-18 h ; samedi, dimanche et jours fériés 9 h 30-12 h et 14 h-18 h.* *1er avril-30 septembre : 9 h 30-12 h et 14 h-18 h.* *1er octobre-15 nov : en semaine 14 h-18 h ; samedi, dimanche et jours fériés 9 h 30-12 h et 14 h-18 h. Fermé 15 novembre-15 février.* *Visites guidées sur rendez-vous.* *Groupes sur réservation.*	

SAINT-DENIS		**306**
BASILIQUE 2, rue de Strasbourg 93200 Saint-Denis (Seine-Saint-Denis) ☎ 01 48 09 83 54	*1er avril-30 septembre :* *lundi-samedi 10 h-18 h 30 ; dimanche 12 h-18 h 30.* *1er octobre-31 mars :* *lundi-samedi 10h-16h30 ; dimanche 12h-18h30.* *Fermeture possible lors des offices religieux.* *Visites guidées à 11 h 15 et 15 h.* *Pour les groupes réservation obligatoire (environ un mois à l'avance).*	